醴润梨园

戈林滇

北京市通州区政协教文卫体委员会
北京市通州区梨园镇人民政府 编

团结出版社

《醴润梨园》编委会

前　言

　　1840年鸦片战争以后，中国逐步成为半殖民地半封建社会，国家蒙辱、人民蒙难、文明蒙尘，中华民族遭受了前所未有的劫难。从那时起，实现中华民族伟大复兴，就成为中国人民和中华民族最伟大的梦想。现如今，这个梦想就要在我们这一代人手中实现了。想到即将启动的梨园地区文史专刊的编撰工作，我想到了"醴"字，用它来赞颂中国共产党的丰功伟绩，赞颂中国人民和中华民族的伟大以及中华文化的博大精深最合适不过了。

　　"醴"，《尔雅》言："甘露时降，万物以嘉，谓之醴泉。醴泉乃谓甘露也。"古人又云："甘雨时降，万物以嘉，高者不少，下者不多，此之谓醴泉。"而今，推广其义，"醴"已不简单谓之雨、甘雨，"醴"即"德"也，亦即天地之德、明德、大德、美德。则《醴润梨园》，亦可理解为《德润梨园》。而"德"，也不简单只谓人之"德"了，天地之德、民之德、社会之德、政党之德，均谓"德"，实天地间亘古不变之法则，亦即"道"也。

　　全心全意为人民服务，是谓"明德"，为中华民族谋复兴，是谓"大德"，亦皆为政党之"德"。拾金不昧、美人之美，是谓民"德"；清正廉洁、勤政为民，是谓官"德"；爱国、智慧、包容，是谓社会之"德"。《尔雅》注曰"祥"，祥者，善也。夫天地顺而四时当，民有德而五谷昌，祥莫祥于是矣。这就是中国人民对于"祯祥"的理解，而最触动我的确是那"民有德"的民德。是啊，天地不顺，且而四时不当之时，民有德、社会有德就是最大的吉祥。

2023 年 7 月 29 日至 8 月 1 日，受台风"杜苏芮"北上影响，京津冀地区连续出现强降雨天气，最大雨强超 700 毫米，为 140 多年以来最强极值，多个地区发生洪涝和地质灾害。在这样的危急时刻，中国共产党和政府领导人民全力抗洪抢险，人民军队第一时间冲到了最危险的地方。河北省、天津市等多地启动蓄滞洪区，献县永定河流域泛区 48 个村庄因分洪需要暂时离开家园。房山区、门头沟区、海淀区多名基层干部和年轻救援队员在抗洪抢险中献出了自己宝贵的生命。历史告诉我们，无论是 1998 年抗洪抢险、2008 年的汶川地震抢险，还是我们刚刚战胜的新冠肺炎疫情，亦或是今天我们正在全力投入的抗洪斗争，每当人民群众的生命财产受到威胁之时，中国共产党始终和人民在一起，人民军队始终和人民在一起，中国共产党员总是冲在发生危险的最前线。而我们的英雄的、无畏的、朴实的中国人民也总会舍小家、为大家，无畏逆行、众志成城，这就是我们这个时代最光辉的政党的德、社会的德、民族的德，是明德，是大德。

对比百年未有之大变局时局中的美西方国家，美国、加拿大山火持续数月不熄，过火面积达十多万平方公里，而美、加政府却束手无策。日本政府对世界各国人民及本国人民坚决反对其核污染水排海声浪视而不见，执意推进其核污染水排海计划。这是什么"德"，是无"德"。《说文》云：王者，天下所归往也。亦即仁义所在曰王。仁义所在，是即民所归往也。试问这样无"德"的西方政体、无"德"的西方政党、无"德"的西方政客，还痴心妄想着阻挡遏制中华民族的崛起，世界人民的反映会告诉你答案，时间会告诉你答案，历史也终将会告诉你答案。

这里，读者可能会说，您所描述的这些都是政党、政府与社会层面，在遇到突发重大事件时展现的"大德"、"明德"，这又与今天您要编撰的这本书中所记述的梨园地区的文史有什么关系呢。

国家、社会最小的单元是家庭，家庭又是由每一个具有独立法定义务的自然人组成的。家庭中每一个人的"德"，外化出来就是这个家庭的家风，生活、工作在一个地区内的自然人或社会人，每一分子的"德"，外化出来就是这个地区的社会风气。同样，一个国家、一个国家的政党、政府，在世人的眼中，在历史的记忆中，也同样会有一个与之相应的体现那些人们"德"的水平的品质标签，这应该就是所谓的国风、党风与政风吧。

我们有幸生活在这个拥有5000多年历史文明的美丽古老国度，有幸生活在这个伟大时代，见证着这个伟大时代的历史发展进程。作为一个独立的自然人、社会人，我们如何加强自身修养，把自己美好的品德展现给别人、展现给社会，并以之影响、提升、促进自己家庭或单位的成长。

老子曰："修之身，其德乃真；修之家，其德乃余；修之乡，其德乃长；修之国，其德乃丰；修之天下，其德乃普。故以身观身，以家观家，以乡观乡，以国观国，以天下观天下，吾何以知天下之然哉？"是啊，我们每一个人如果都能够时刻注重修身、修心，我们的德就可以朴实纯真，将此原则贯彻于治家，我们的德就可以绰绰有余，将此原则贯彻到乡里，我们的德就可以成为乡里的楷模。将此原则用之于国家，我们的德就可以使民心真朴，风气纯正，路不拾遗，夜不闭户。如果能够将此原则贯彻于天下，就可以使纯正之德普遍广大，若皓月当空，无处不照，天下安定，和睦相处也就不再是单纯的梦想。这不正是习近平总书记关于全球文明倡议所擘画的美好图景吗。

荀子曰："蓬生麻中，不扶而直；白沙在涅，与之俱黑。兰槐之根是为芷，其渐之滫，君子不近，庶人不服。其质非不美也，所渐者然也。故君子居必择乡，游必就士，所以防邪辟而近中正也。"所以，我在想，无论是"孟母三迁"的典故，还是"陶母封鲊，反书责儿"的历史史实，都告诉我们一个重要的道理，一个地区的社会风气对于一个人成长是多么的关键，而这个地区社会风气、乃至这个国家的国风，对于这个地区的发展，或者是对于这个国家与民族的复兴又是多么的重要，她离不开我们每一个人的共同参与与努力。

如今，随着北京城市副中心落地通州，梨园地区经济社会发展日新月异，城乡居民总体收入以及城乡居民收入比等重要指标，率先走在了全区、全市，及至全国东部八个省市前列。原梨园地区行政区划也已细化调设为梨园镇和文景、临河里、九棵树、杨庄、玉桥等多个街道的设置方案。《醴润梨园》就是记述这一地区历史上重大的事件与人物，记述这里的人民在重大事件面前做出的重要选择，以及展现的朴实的民风与民德。真心希望广大读者，借《醴润梨园》细微洞察到通州梨园地区那诚朴善良的民风。

醴润梨园九棵树临河如画，德惠文景三坟典[1]环球惟宰。

借一语集梨园地区多个地名的联句与读者共勉。

程行利

2023 年 8 月

---

[1] 三坟、五典、九丘、八索是中华文明中极具代表的重要文献，在这里泛指中华优秀传统文化精华。

目　录

历史沿革

古迹遗存

史海钩沉

旧闻轶事

生产生活

民生琐记

文艺生活

历史沿革

梨园镇历史沿革

■ 孙连庆

　　梨园镇位于通州区中部，北京城市副中心西南部。设镇初期，东邻张家湾镇；西与朝阳区毗邻；南与台湖镇相望；北与永顺镇相接，辖19个行政村，34个自然村，总面积24.8平方公里。梨园地区地势平坦，土壤肥沃，气候温和，适宜人类居住和开展生产活动。从宋庄镇菜园村、梨园镇半壁店、于家务等地考古发现表明，距今一万年的新石器时代初期，已有先民在该地区活动。

　　今通州地区属中原农耕民族与北方游牧民族杂居的地区，先后有山戎、匈奴、乌桓、鲜卑、孤竹、肃慎、突厥、奚族、靺鞨（mòhé）、契丹、女真、蒙古族、满族等民族不断交流、融合，生息繁衍。从梨园地区的小街、砖厂、西小马庄、高楼金、车里坟、九棵树等村出土的汉、唐、金、元、明代古墓群以及三间房村出土的墓志铭、大稿村出土的清代瓷器窖藏都说明，该地区具有悠久的文明史和深厚的文化积淀。

　　中国的行政区划的演进，是一个逐渐发展完善的历史过程。五帝（黄帝、颛顼、帝喾、唐尧、虞舜）时期，天下曾经分为冀、兖、青、徐、扬、荆、豫、梁、雍九个州，今通州域内的梨园地区属于冀州。但在那个时代，国家的形态、制度还在萌芽状态，所谓"州"，还不是行政区划，而只是一个地理方位的概念。舜帝以冀州地域南北广远，而燕山地区在北方，取其"阴幽肃杀"之义，将今北京、天津及河北部分地区称为"幽州"。今梨园地区属幽州。

禹贡九州图

到了夏商王朝，今北京地区出现了蓟国，今梨园地区属"蓟"国管辖。西周中期，周公奭的封地燕国逐渐强盛，蓟国被吞灭，燕国将都城自"燕下都"迁至"蓟城"。今梨园地区属燕国渔阳郡。

公元前 221 年秦始皇统一全国，仍沿袭燕国旧制，设置渔阳郡，今梨园地区属渔阳郡。

西汉汉高祖刘邦十二年（前 195），今通州地区地处中原连通辽东的咽喉要地，交通枢纽的重要作用日益显现。为此，在此地设置路县，县治在今古城村。今梨园地区属渔阳郡路县。

西汉末年，孺子刘婴初始元年（公元 8 年）王莽篡汉称帝，建立"新"朝，次年，建年号"始建国"。改全国大部分郡、县名称。改"渔阳郡"为"通路郡"、"路县"为"通路亭"，郡治所由今密云区梨园村移至通路亭所在地。今梨园地区属通路郡通路亭，"亭"即是"县"。

王莽新朝地皇四年（23），刘邦九世孙刘玄兴兵复兴汉室，各路起义军遵奉其为皇帝，建"更始"年号。更始元年（23），恢复汉朝郡县制度。"通路亭"复为"路县"，"通路郡"复为"渔阳郡"。今梨园地区属渔阳郡路县。是年,西汉皇室后裔刘秀,率领各路绿林军北上河北，得到当地大官僚、大地主的支持，收编河北强大的起义军——铜马军后，在潞水之东击破大枪、尤来、五幡等部起义军，称帝恢复汉室，以东都洛阳为都城，史称东汉（**后汉**），建年号为"建武"。

建武元年（25），刘秀改"路县"为"潞县"，仍属渔阳郡。今梨园地区属渔阳郡潞县。次年（26）二月，渔阳郡太守彭宠反叛。连年战乱，潞县包括今梨园地区生民遭受战乱之苦。

东汉建安六年（201），因渔阳郡被乌桓占踞而被丞相曹操废除，曹操在幽州蓟城建广阳郡，今梨园地区属广阳郡潞县。建安十年（205）八月，曹操率大军北征乌桓。次年，开凿泉州渠自泃河口通潞河，运输粮草。此时的潞县因陆路、水路交通便捷而成为曹军物资基地。得胜后，曹操复置渔阳郡，今梨园地区仍属渔阳郡潞县。

延康元年（220），曹操之子曹丕称帝，建"魏"国。曹魏皇初元年（220），曹丕废除渔阳郡，在幽州蓟城设置诸侯国燕国。今梨园地区属燕国潞县辖域。

魏元帝曹奂咸熙二年（265），相国、晋王司马炎称帝，废"魏"建"晋"，建年号"泰始"。泰始元年（265），在蓟城仍设燕国，今梨园地区属燕国潞县。晋武帝司马炎死后，皇族八王为争夺皇位相互攻杀，史称"八王之乱"，使中国北方经济遭到严重破坏。匈奴贵族刘渊兴兵灭晋，建立赵国，史称"前赵"，刘曜于公元318年建年号"光初"。次年，羝族大将石勒联合汉族贵族，举兵占据幽燕地区，建立割据政权，史称"后赵"，未建立年号。后赵废除燕国，复设渔阳郡，治所设在今三河市城子村。今梨园地区属后赵渔阳郡潞县。

后赵国君石祗永宁元年（350），鲜卑族前燕国君慕容儁，率军攻占幽州，废渔阳郡，设燕郡，今梨园地区改属燕郡潞县。

前燕慕容暐建熙十一年（370），羝族前秦皇帝苻坚攻灭前燕，占据幽州，仍设燕郡于蓟城，今梨园地区属前秦燕郡潞县。

前秦苻丕太安元年（385），原在中山（今河北省定州）称王的后燕慕容垂攻占幽州蓟城，沿用前燕郡县设置，今梨园地区属后燕燕郡潞县。

后燕慕容盛长乐元年（399），鲜卑族北魏道武皇帝拓跋珪，率军攻破燕都，进而占据黄河以北广大地区，废除燕郡，并将渔阳郡治南迁至雍奴（今天津市武清区东八里），扼制潞水通道。今梨园地区属北魏渔阳郡潞县。

北魏永熙三年（534），丞相高欢把持朝政，拥立元善见为皇帝，迁都于邺城（今河南省临漳县城西四十里），史称"东魏"，建年号"太平"。渔阳郡治还迁今三河县城子村，今梨园地区属东魏渔阳郡潞县。

东魏孝静帝元善见武定八年（550），高欢死，其次子高洋夺得皇位自立，称帝建"齐"，史称"北齐"，都城仍设在邺城，建年号"天保"。渔阳郡治所未变。天保八年（557），高洋修建北齐长城，遗址在今梨园地区自北向南穿过潞县境。

北齐后主高纬隆化元年（575），鲜卑族北周武帝宇文邕灭北齐，占据黄河流域和长江中下游流域。渔阳郡、潞县设置未变，今梨园地区随之属北周。

北周幼主宇文阐大定元年（581），丞相杨坚废帝自立，建立隋朝，建年号"开皇"。今梨园地区随渔阳郡潞县属隋朝管辖。开皇三年（583），隋文帝杨坚以人口减少，设郡过繁，下诏罢除诸郡，只存州、县两级政权机构。于是，渔阳郡被废，今梨园地区随潞县直属幽州。

隋炀帝杨广大业三年（607），朝廷为了加强对各地的统治，取消范围大、权力重的州级政权，又下令设郡，在蓟城置涿郡，今梨园地区随潞县属隋朝涿郡。

武德元年（618），唐高祖李渊建立唐朝，废旧郡改设"州"，涿郡复称幽州，今梨园地区随潞县属幽州。次年，河北起义军首领高开道自立为"燕王"，建都渔阳（今天津市蓟县）。另一支河北起义军领袖窦建德自立，建"夏国"，建都洺州（今河北省永年县），各自割据一方，威胁新建立的唐王朝政权。李渊率唐军占领幽州蓟城，镇压这两支农民起义军。为此，于武德二年（619）改渔阳郡为玄州（也称"元州"），析潞县东部置临沟县，上隶河北道幽州，领潞、临沟、渔阳（今天津市蓟县）、无终（今河北省玉田县）四县。贞观元年（627），废除玄州，裁撤临沟县，所辖地域划归潞县。今梨园地区随潞县上隶幽州。唐玄宗李隆基天宝元年（742），朝廷下诏，天下州级政权机构全部改为"郡"，"幽州"易名"范阳郡"。今梨园地区随潞县属范阳郡。唐玄宗李隆基天宝十五年（756），安禄山反叛称帝，僭号称"燕"，今梨园地区随潞县属燕。唐肃宗至德二年（757），安禄山被杀身死，史思明又反叛。唐代宗李豫宝应二年（763）春，史思明之子史朝义部下李怀仙献范阳降唐。范阳郡复称"幽州"，今梨园地区随潞县改属幽州。

唐朝末年，地方势力相互征伐，全国四分五裂。唐哀帝李柷[1]天祐四年（907），梁王朱温灭唐，称帝建立"梁"，史称"后梁"，建都汴梁（今河南省开封市），中国的五代十国时期开始了。后梁太祖朱温开平元年（907），今梨园地区随潞县属后梁。

后梁乾化元年(911)八月，原燕王、卢龙节度使刘守光称帝，国号"大燕"，以幽州为都城，改元"应天"。乾化二年（912），晋王李存勖派遣周德威领兵三万会合各路军马攻打大燕。次年，幽州城破，大燕被灭除。由于刘守光统治期间残暴不仁，因此燕国又被称为"桀燕"。"桀燕"仅存二年，今梨园地区随潞县曾属"桀燕"。

后唐清泰三年（936），河东节度使石敬瑭造反，苦于兵力不足，向契丹皇帝耶律德光求助，许诺将燕云十六州割让给契丹，联兵攻灭后唐。其时耶律德光34岁，石敬瑭45岁，但石敬瑭甘心作儿皇帝，建"晋"，史称"后晋"，建都汴梁（今河南省开封市），建号"天福"。天福元年（936），今梨园地区随潞县改隶后晋幽州。

后晋天福三年（938），即耶律德光会同元年，燕云十六州划为契丹国土，并在幽州设陪都，称"南京"。在南京设南京道幽都府，今梨园地区随潞县改属契丹南京道幽都府。

辽圣宗耶律隆绪开泰元年（1012），南京道幽都府易名"南京道析津府"。为保障供给，开萧太后运粮河，将辽东税粮运至南京。太平年间（1021—1031）因辽国捺钵文化需求和保障萧太后运粮河水运，辽廷分武清北部和潞县南部区域设漷阴县。今梨园地区随潞县及漷阴县上隶

---

[1] 柷 zhù：古书上说的一种树。

南京道析津府。

原潞县人马植，向北宋提出"联金灭辽"战略构想。北宋宣和二年（1120），马植代表宋朝与金国缔结"海上之盟"，相约攻灭辽国。宣和四年(1122)十二月(1123年1月)，金兵攻辽，夺取燕京。金向宋索取"燕京代租金"一百万贯、米二十万石后，将燕京移交给宋。宋改燕京为燕山府。今梨园地区随潞县改隶北宋燕山府。宣和七年十二月(1126年1月)，鉴于宋朝军力疲弱，金国败盟毁约，挥兵南侵。金军攻入长城，攻陷燕山府，夺走长城内六州并继续南侵。宋徽宗靖康二年（1127），北宋灭亡。金在燕京设永安路析津府，今梨园地区随潞县改隶析津府。

金国海陵王完颜亮天德三年（1151），为建都城，治理高梁河（即元代通惠河前身)开通漕运，将原设在河南浚州的"通州"称谓移至潞县，取"漕运通济之义"，在潞县设置"通州"，领潞、三河两县。贞元元年（1153）金国把首都从今黑龙江阿城迁到燕京，改燕京为"中都"，并将永安路析津府改为中都路大兴府，今梨园地区随潞县改隶中都路大兴府通州。

金宣宗完颜珣贞祐三年，即蒙古乞颜部大可汗铁木真十年（1215），蒙古铁骑攻破长城，占领通州和中都，并在原金中都设燕京路大兴府，今梨园地区随潞县改隶燕京路大兴府通州。

元世祖忽必烈至元元年（1264）、九年（1272）将"燕京路大兴府"先后易名为"中都路大兴府""大都路大兴府"，通州所属潞县及梨园地区随之改隶。此时，通州成为蒙古族人重点移居的地区。至元十三年（1276），升漷阴县为漷州，领武清、香河二县。至元二十一年（1284）改大兴府为"大都路总管府"，通州所属潞县及梨园地区改隶之。

元顺帝妥欢帖睦儿至正八年，即明太祖朱元璋洪武元年（1368），明军在大都城内设北平府，同时，将潞县并入通州成为直辖区。洪武十四年（1381)降漷州称漷县，属通州管辖。明成祖朱棣永乐元年（1403）决定，将首都从南京迁至北平府，为此大兴土木，建筑北京城，并将"北平府"改称顺天府。今梨园地区随通州分别改隶北平府、顺天府。

明思宗朱由检崇祯十七年（1644），吴三桂勾引后金兵入关，并合兵击溃农民起义军，攻入北京。后金定都北京，改国号为"清"。清世祖爱新觉罗·福临顺治元年（1644），在北京仍设顺天府，又在元年、七年（1650）、十四年（1657），在通州先后设置通州兵备道、通密兵备道、通蓟兵备道，管理京东八县（通、三、武、宝、蓟、香、宁，外加一座漷县城）全部军政事务。漷县地区改属清顺天府。顺治十六年（1659）撤漷县并入通州，成为通州直辖区。清康熙八年（1669）通蓟道改称"通永兵备道"（办事机构设在今通州三中老校址、女师胡同西北侧），掌管京东11府、州、县全部军政事务以及永定河、潮白河河务。今梨园地区随通州上隶顺天府通永道。

清宣统三年（1911）中国资产阶级革命的先驱者孙中山，领导辛亥革命，推翻了清政府，建立中华民国。民国元年（1912）沿袭清制，仍在北京地区设立顺天府。今梨园地区随通州隶属之。

民国三年（1914），民国政府将全国所有不领县的州级行政机构降级为"县"，通州降称"通县"，同时顺天府改称"京兆特别区"，今梨园地区隶属京兆特别区。十七年（1928）民国政府由北京迁往南京，京兆特别区改称"北平市"，直隶省改称"河北省"，今镇域改属河北省。

1933年春，日本侵略者铁蹄践踏到长城以南地区。5月22日，日军从占城村炮击通县城，炸毁清真寺大殿和民房数百间，炸死炸伤40余人。中国军队第29军和东北军开炮还击，日军被迫停止炮击。6月4日，日军侵入通县城。根据中日《塘沽协定》中的有关规定，7月17日，日军撤出县城。梨园地区毗邻县城，居民生活受到极大惊扰。

根据国民政府与日寇签订《塘沽协定》的规定，在冀东地区建立滦榆区和蓟密区两个非武装区。通县县城南城垣东西延长线以北，划入蓟密非战区，而以南区域仍为国民党政府控制区。蓟密区专员公署自北平市迁至通州城内文庙内。

1935年11月25日，大汉奸殷汝耕在日寇特务机关操纵下，网罗勾结一小撮卖国贼，在通州文庙内拼凑了一个具有政权性质的"冀东防共自治委员会"，12月25日，又改称"冀东防共自治政府"，辖冀东22县和唐山市、秦皇岛海港。

1937年7月29日，伪冀东政府驻通县保安队第一总队队长张庆余，第二总队队长张砚田及教导总队第二区队队长沈维干联手组成指挥部，领导驻通县保安队万余人举行武装起义,迫使伪政府迁往唐山市。次年,日寇将"冀东防共自治政府"与先已成立的华北"临时政府"两个傀儡政府合并,设立伪河北省冀东道。今梨园地区隶属伪河北省冀东道。

1940年,国民党副总裁、大汉奸汪精卫公开投敌,在南京成立伪国民政府,伪河北省政府隶属伪国民政府。同时日寇废除冀东道,在北平市内设置燕京道,今梨园地区属伪政府燕京道。

1944年,人民抗日武装逐渐发展壮大,侵华日寇败相已露,当年6月,日寇撤销燕京道,在唐山市设置伪河北省冀东特别行政区,通县及今梨园地区隶属于这个行政区。

1945年8月15日,日本帝国主义宣布投降,9月3日,在投降书上签字。中国人民取得抗日战争的最后胜利。国民党河北省政府在通县文庙内设立第五专区衙署,今梨园地区属之。是月,中共领导的冀东各县抗日民主联合县撤销,各县各自成立人民民主政府。是年10月,通县民主政府在今西集镇侯各庄村成立,县机关设在该村西北角圆通庵内。

1948年12月14日,驻通县国民党军队全部撤退到北平城内。人民解放军随即进驻县内,通县全境宣告解放。析县城及关厢农村建立通州市。同时,冀东第十四军分区进驻通县文庙。通县民主政府机关自西集迁到张家湾村。今梨园地区上隶第十四军分区。1949年8月,河北省人民政府在通县文庙设置河北省行政督察专员公署(即通县专区),下辖14县镇,今梨园镇域隶属通县专区领导。1958年4月,通县、通州市合并建立北京市通州区,今梨园地区隶属通州区管辖。1960年2月,撤销通州区,恢复通县建制,今梨园地区属通县辖域。1997年4月,撤销通县,设立北京市通州区,今梨园地区隶属通州区管辖。

1914年,今梨园地区为通县第六、第七区辖域;1934年改属第五自治区;1936年属第五警区;1946年属张家湾乡、大稿村乡管辖;1948年12月,今梨园地区西部属八区管辖,东部属六区管辖。1950年5月,改属第六区管辖,区公所驻张家湾。1956年7月,撤区并乡,今梨园地区属土桥乡、大稿村乡辖域。1958年9月,全区普遍建立人民公社,今梨园地区属张家湾公社辖域。1961年10月,划小公社范围,今辖域属土桥、大稿村两个公社管辖。1965年5月,撤销土桥、大稿村两公社，原土桥公社所属小街、梨园、北杨洼及大稿村公社所属刘老公庄、西小马庄以西 11 个村划归城关公社，其余划归张家湾公社管辖。1972 年，将张家湾公社西北部 7 个大队和城关公社 12 个大队共 34 个自然村合并，增设梨园人民公社。1983 年 5 月，撤销梨园公社，改设梨园乡，乡政府驻梨园村。1986 年乡政府迁驻车里坟村东，沿用乡名。1990 年 4 月，在梨园乡基础上改设梨园镇。1997 年，撤销梨园镇，设立北京市通州区梨园地区办事处。2000 年，在梨园地区办事处设立建制镇，复称梨园镇，行政区域范围不变，实行"一套人马、两块牌子"。

2020 年 8 月，撤销梨园地区办事处建制，保留镇建制。

改革开放以后，随着农村城市化的推进，镇域内部分行政村进行"旧村改造"，2008 年域内陆续设立社区居委会。2013 年，伴随文化旅游区建设，占用梨园镇部分土地，区域面积减至 19.87 平方公里。2017 年北京城市副中心开始建设，镇域城市化进程提速。2020 年，梨园镇共有 36 个社区居委会。是年 8 月始，梨园、北三间房、北杨洼 3 个村划入玉桥街道；曹园划入文景街道；李老公庄划入杨庄街道；九棵树、刘老公庄、西总屯、东总屯、西小马、孙王场、车里坟等 7 个村划入九棵树街道；小街一队、小街二队、小街三队、砖厂 4 个村划入临河里街道。镇域北与杨庄街道、九棵树街道相邻；东与临河里街道、张家湾镇相接；南与文景街道相望；西与朝阳区毗邻。镇域面积约为 9.2 平方公里，辖 10 个行政村，17 个社区居委会。

（孙连庆，通州区史志办原史志科科长，通州区政协特邀文史委员）

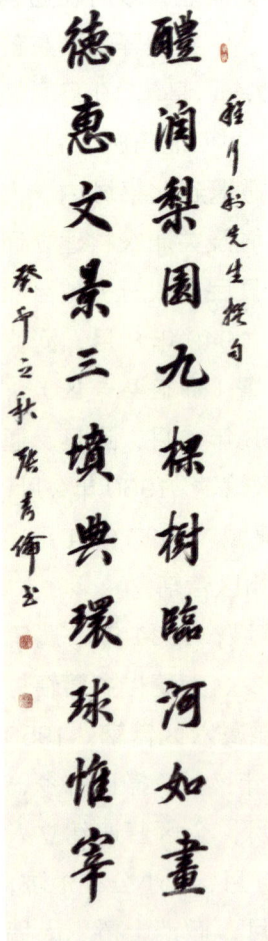

醴润梨园九棵树临河如画
德惠文景三墳典环球惟宰

程邨和先生撷句

癸卯之秋 张秀伟书

梨园镇各村村史概述

■ 刘福田

今通州区梨园镇镇域，在北京城市副中心的辐射范围内，属通州城区，八通线城铁、地铁 7 号线均位于镇域东部，多条高速公路经过镇域，还有 103 国道等多条东西向斜穿镇域的地面交通干道和众多条南北向城市道路使之连通，让镇域交通四通八达，为这里的城市发展注入活力，很多在北京中心城区上班的人，也选择落户此处，图的就是个交通便利。城市建设快速发展，面貌日新月异，让这里的历史和文化，成了需要抢救性保护的对象。

梨园本来是个不大的乡镇，成立时间也并不多久，但它地理位置比较特殊，距离通州城区不远，曾是天津进入北京中心城区的必经之地，所以交通特别发达。向前追溯，梨园镇发达的交通，取决于它通州古城郊台地东南边缘的地理位置，镇域除了交通便利，还有其它很多地域特征，它们融入历史，也就成了镇域各村村名的由来和村史了。

梨园镇历史较久远的村庄，大多位于镇域北部，这里在通州古城郊台地边缘以内，可以更早地出现人类活动，从 1975 年 8 月在梨园镇北三间房村西南土岗处出土的青砂岩石斧等新石器时代遗物可知，今梨园镇北三间房村和梨园村附近，早在新石器时代就有了人类生产生活踪迹。同时在这里发现的金代石棺及墓志，更证明起码金代这附近已有一个村庄名叫"台头村"，北京地区称村的聚落一般历史都比较悠久，其历史可能早到东汉三国时期。今台头村的名字虽然已湮没于历史，但它附近村落的历史都可能更前追溯，比如梨园镇因以称名的梨园村。

梨园村"相传，早在唐代，该地为李姓庄园主所有，种植各种果木、花草，住有看园之人，故曾有李家花园之名。"（《北京市通县地名志》）从新石器时代就有人类踪迹，到唐代出现聚落，这中间还经历过什么不得而知，唐之后五代、辽（宋）而金，以在此发现金代的墓志可知，起码金代时附近已有台头村，而梨园村则是明代迁徙民所建，"明代迁徙民至此，因园中有梨树，称今名。"（《通县地名志》）也就是说，梨园这个名字是因为明代移民至此，看到了这里生长的梨树，建立人居聚落就叫梨园了。至于这些梨树是否为唐代李家花园所植梨树的遗存，那就不得而知了。而其近邻的北三间房村也是至清末才出现的聚落，但这里人居聚落的历史却与梨园村一样悠久。清末在这里地势较高之处，住有看坟、做鸡毛掸子和缝鞋的三户人家，始称三间房村，后以区域方位称今名。

小街村历史也很悠久，今村形成于元代。元初张家湾已成为漕运枢纽，古潞水故道一支自镇域西北而来，在此弯转入元通惠河。张（张家湾）通（通州）大道经此，并在此权入大都（今北京），岔口路边出现店铺，规模较之附近张家湾和通州为小，故称小街。但其实这里曾发现很多辽代瓦砾遗迹，说明辽时这里已有人居。1983年村东南出土唐代潞县（今通州）录事孙如玉墓志铭，铭文明确记载此处唐时已有人居聚落，名"临河里"，可见这里人居历史非常悠久，按北齐时筑土长城于其侧，且张家湾一带建有"临河古戍"，巡查土长城并通往"临河古戍"之路经此，其人居史可追溯至北齐。

葛布店村建成于明代，位于镇域西北，元代时这里在古潞水故道一支岸边，"曾为南方漕运来的丝织品葛布集散地和其它货物交易场所"（《通县地名志》），也就是建于通惠河支流上的一个丝织品漕运小码头，故名。元末，元通惠河淤塞，这里的码头被弃用，至明代移民至此屯垦，废弃码头被移民占为聚落，沿称为葛布店村。据载，该村清代还被写成过"割皮店"，究竟是音误还是后来这里又出现了新的职业已不可考。不过此处近临通州城，两种可能性都有，这个村庄记载历史有限，但以其所处位置看，其人居史应该也很悠久。

北杨洼村虽处台地边缘但地势低洼，古时应是一处水湾，古潴水一支流经此处，至明初移民时排水造田，这里才被开发，杨姓至此定居建村，"故依姓和地貌而名杨家洼"（《通县地名志》），后以方位称今名。

镇域以上村落大体位于古潴水北面一支一线，属于通州古城区台地边缘，不管记载成村历史长短，除北杨洼村之外，人居史都应比较久远。

九棵树村在葛布店村南、北杨洼村西，史志记载其成村时间已是清代，因位于通州城南大道旁，首来此处定居者有多个姓氏，便按照这里到通州旧城南门共植有99棵树而称村名，始称九十九棵树村，1936年简称今名。

东、西总屯，位于九棵树村西南、镇域西部，也是清代成村，原名总布屯，村名由总督兼布政使合称简化而来，因这里当时是直隶总督兼布政使的封地。这块封地面积不小，因为耕种后同时形成两个聚落，分称东、西总布屯，后简称今名。

东、西总屯村西南，分别是刘老公庄村和李老公庄村，这两个村都建于明代。志载这两处明代时分别为刘、李两位太监（俗称老公）封地，雇人耕种形成聚落后分别曾名刘公庄和李公庄，清朝末年同时改成今名。

镇域西南为半壁店村。半壁，有两种说法，一说所建房屋屋顶只有半面，不像本地普通房屋那样有前后坡面，这种建筑风俗源于陕西，有挡风和集雨的用处，但在本地没有这方面实际的需要，除非来这里的是陕西移民，一开始还保留了出发地的建筑风俗习惯。第二个说法可能性更大，那就是"所建房子一半开店"（《通县地名志》），这也是志书所记，这种情况在本地区也更合情合理。半壁店这个地方，在明代通惠河改道通州东北以后，临近张家湾和通州进出北京东南的近路，于路旁开店，较为合理。志载，半壁店"明代已成村。村民至此于古庙西侧定居……"

　　大、小稿村在梨园镇西南部、半壁店村东南、原大稿沟北侧，明代成村，其初也是多姓氏相继至此定居。大稿沟也是古灅水故道遗迹所成，明初这个地方非常荒芜，来此定居的移民见此地荒草茂盛，草杆高壮，成村之初称之为稾村，稾是枯稾，干枯了的粗壮草茎，引申意还有贫穷，这说明了明初移民初到此处时的荒凉。不过正所谓人勤地不懒，古灅水故道支流之畔，沉积的土壤本就肥沃，开垦出来后，种出的庄稼也是杆粗苗壮，稻麦的禾杆就叫作稿了，于是稾村变成了稿村，字形一变就变出了美好。清初圈地，此地因土地肥沃被旗丁圈占，在村子周围另设有南北场院和投充人（失去土地的汉人）居住地，于是又分散出自然村南场、后场和辛庄（初名新庄）等，这几个小自然村后均归属于小稿村。小稿村原属于稿村的一部分，1946年独立成村，以聚落较小，故名。

　　曹园村在稿村东南，萧太后河北、大稿沟迤南，志载其"明代已成村。曹姓迁徙民首至该地定居建村，以经营菜园为主，故曾名曹家园，1949年后简称今名。"（《通县地名志》）曹园所处位置水资源便利，确实比较适合种菜。近有学者联系红楼梦作者曹雪芹家在张家湾曾有600亩典地一事，推测曹园有可能是曹家当年圈地，这个可能性也很大，附近的稿村都被旗丁圈占了，水资源便利的曹园更有可能，这里沿萧太后河到张家湾曹家墓地也很近，说不定就属于曹家当年在这里跑马占圈，霸占了原住民的菜园子，也不管原菜园叫啥，曹家占了就改叫曹园了！真如此，曹园的曹可能就是曹雪芹家的曹。

　　将军坟村位于梨园镇域的最南端。志载：将军坟"清代已成村。此处先后葬有清朝三位将军。一为孙姓……二为父子将军二人……康熙元年卒……均葬此地。命役看守，清末形成聚落，故名。"（《通县地名志》）。

　　将军坟村北面有三个带有马字的村庄，分别是大马庄村和东、西小马庄村，这三个村庄的形成真的跟马有关系。按1990年《通县地名志》：大马庄村"明景泰年间，官府规定顺天府农民代官养马，时称马户，先后在此地东西形成大小三个聚落，为官府养马，此位于中，时称马家庄；清代因其聚落较大改称大马家庄，以示与东、西马家庄相别。1949 年后简称今名。另一说，为马姓首居于此而名。"志书也没有给出定论，但按此地这三个村庄地貌及周边环境论，这一区域真的很适合养马。此三村为古潞水故道支流遗迹大稿沟和元通惠河故道所夹，水源便利，牧草茂盛，古代养马一般都是选择这样的地形，以方便马匹的管理。所以三村以养马称名的可能性更大。

大马庄村东北是魏家坟村，按志书记载，这个村子成村于清末，原本为清代一个魏姓官员的墓地，终年设役看守，在 1900 年前后始成聚落，故名。这是镇域内比较典型的因守墓人而形成聚落的情况。问题是魏家坟究竟埋的哪位官员？目前的说法有二，一说清代某知县魏继樗，这与志书记载吻合；一说所埋者为明末崇祯内阁首辅魏藻德。魏藻德是明代通州所出惟一一位状元，又官至内阁首辅。

大马庄村正北为公庄。按 1990 年《通县地名志》记载：公庄"明代已成村。据《北京史》载，明仁宗时，宫中宦官各有封地，由宦官直接管理。龚姓宦官占据此地，形成聚落，故依姓曾名龚家庄。1936年前后，依谐音称公家庄，简称今名。"志书说得已很明白，这公庄与刘老公庄和李老公庄性质差不多，都属于宫中太监封地性质。按明代制度，宫中比较有资格的太监，年老出宫后都会给一块封地养老，太监死后也就埋葬于其封地，说封地或说坟地都差不多，一开始选的就是风水好的地方。

公庄东北还有一处因坟地得名的村庄，叫车里坟村，虽然这里最早也是块坟地，这块坟地可不是普通坟。按 1990 年《通县地名志》记载：车里坟"清代已成村。车里（今云南景洪）人死后葬此，由刘姓守墓，形成聚落后，曾名车刘坟。1936 年前后，因此人曾任云南车里军民宣慰使司，故以车里（土司名）而名。1946 年曾改名为车家庄，1949年复称今名。""车里"原为云南景洪地区傣族人聚集地，最早称"产里""彻里"，都属于音译，这个地方以产大象和矮狗著称，归属中央政权后向朝廷进献土特产。

史载清顺治十八年（1661），车里原宣慰使的后裔刀穆祷，率众投诚清朝，因此恢复了车里司。云南景泰地区民国时还曾设置车里县，后车里县改属今西双版纳傣族自治州，车里之名就消失了。今车里坟村已经规划搬迁，但因为有这段历史，村址所建社区被更名为云景里，云景的寓意就是云南景洪，如此，车里坟村也算是历史留痕了。

车里坟西还有一个村叫孙庄，1990 年《通县地名志》载：孙庄"清代已成村。赐予孙姓至此定居，接管明代官田，形成聚落后，曾名孙公庄。清光绪初（约 1875 年）改称孙家庄。1936 年前后简称今名。"志书对孙庄这个记述有令人玩味之处，被赐地的孙姓接管的是明代官田，一开始却叫孙公庄，这个"公"字让人联想到附近带"公"字的村名，依其最初命名"孙公庄"来看，明代时也极有可能是某位太监的封地。

孙庄东北是孙王场村，孙王场村也是清代接管明朝官田所建，接管者孙王二姓，"在该处南、北二地各设场院，住有看场护院之人，1936 年前后，相继形成两个聚落，曾分称孙家场、王家场。1955 年为兴建中国科学院第五研究所，将王家场南迁孙家场址，二村合并，故称今名。"（《通县地名志》）孙王场村南是元代通惠河故道，此时的通惠河因明嘉靖七年（1528）河道调整被弃用，附近土地才被官赐渐成人居聚落。孙庄、孙王场等村应该都是这种情况。

孙王场村和车里坟村中间向东南一线，都是元通惠河故道，这里还曾有一个小自然村叫洼子，洼子村为梨园村所辖自然村，但以地貌方位论，它更应该算是元通惠河故道遗迹。这个小村是 1949 年后才由梨园村部分村民迁建，目的当然是就近耕种附近的田地。因村庄周围地势低洼，形成聚落后就称洼子了。

梨园镇域东南只有一个较大的聚落，叫高楼金村。这个村子是 1946 年这里撤销警区建乡时，由 4 个自然村落组成，它们分别是小高力庄村、楼子庄村、金庄村和花庄村，高楼金村名就是由前三个自然村村名各取 1 字组合而来。现高楼金村基础于小高力庄村，而小高力庄村更早又是由东、西小高力庄两个村合并而来。东、西小高力庄村为清代所建，村民则由今张家湾镇大高力庄村迁移而来，说起大高力庄村，那历史可就悠久了。

大高力庄村张家湾镇"元代以前已成村。据记载，隋、唐时高丽流民迁徙至幽州（今北京）后，分散到各地定居建村，该村在此时形成，以怀念故土而名高丽庄，此地曾有高丽坟。元代曾在张家湾建有高丽寺，明代依旧寺址重建，改名广福寺。"（《通县地名志》）由高丽庄到高力庄，由高丽寺到广福寺，标志着迁徙至此的高丽人逐渐分散和汉化，到明代时高丽人已完全同化为汉族。史实是高力庄村始建于唐贞观年间，在今凉水河以北属建村较早又规模较大的民居聚落，附近后来其它聚落的形成，都有大高力庄村开枝散叶的成分。小高力庄村成村是这种状况的直接结果。1990年《通县地名志》记载：小高力庄"清代已成村。村民由高丽（力）庄迁此，形成东、西两个小聚落，因西南近高丽庄，而名小高丽庄，习称东小高丽庄、西小高丽庄……"

组成高楼金村的自然村庄，在小高力庄村之外还有楼子庄村，志载楼子庄村"明代已成村。娄姓迁徙民首至此地定居，依姓曾名娄家庄。清光绪年间改称娄子庄。1936年前后，因在高处建房一座，远观似楼，称今名。"另外，金庄村东距楼子庄村1里，清末成村，金姓首至此地定居因姓而名。

并入高楼金村却没有在村名中留下痕迹的是花庄村，原因是它在农业合作化后期才并入高楼金村。花庄村也是清代成村，花姓首至此地定居建村，因姓而名花庄村。花庄村虽因历史原因没有在高楼金村名中留下痕迹，但城铁八通线和7号线建成，两条线路交驳，有个车站站名就叫花庄，这算是对此缺憾的弥补了。有关组成高楼金村的这几个自然村落，还流传着"坐楼观花"的风水和一个有趣的"三家坟"传说，其中牵扯到的三家坟地，分别是窦家坟、马家坟和曹家坟，曹家坟与曹雪芹家有没有关系，目前不得而知，有待史学专家考证。

梨园镇镇域还有一个历史文化积淀非常深厚的村庄，直接和北运河漕运有关，它的村名就来自漕运码头——砖厂。砖厂村在梨园镇东部，北运河西畔，村东、南绕村还有一条玉带河，玉带河原为北齐护土长城河，元代开挖通惠河，这条河被引为通惠河张家湾镇土桥村以下河段补充水源，与通惠河直接连通。砖厂村在玉带河右岸，它距北运河故道也不远，因此被用为漕运码头，专门用来存放北运河漕运而来的砖瓦。

按1990年《通县地名志》：砖厂村"明代已成村。明成祖朱棣即位后，于永乐五年（1407）至十八年（1420），历时13年完成北京皇宫及都城主要建筑，所用之砖大部分经运河漕运至此存放，再转运北京。形成聚落后，故名。"这里记载的时间可能有问题，本地俗话"先有张家湾，后有北京城"，说的是元代修建元大都（今北京）时，皇宫和都城所用的建筑材料就来自张家湾，其中砖瓦更是大宗货物，然而这些砖瓦当时在哪里堆放呢？除了这里也没有别的地方了，而且当时元代通惠河修成启用，这里也完全可以作为砖瓦码头。志书记砖厂村作为漕运砖瓦码头始于明初，可能是漏记了它元代的历史。

有关梨园镇域各村村名由来及其村史，追溯起来并不容易，原因前述，但这种追溯又很有必要，尤其今天。通州区建设北京城市副中心，梨园镇域已全部进入城区规划，如今梨园镇域剩下的村庄已经不多，而且都还在这种进程之中。应该过不了多久，梨园镇可能就见不到村庄了，取而代之的是城市街道和社区，因此我们更应该留下它们的历史记忆。

（刘福田，通州区政协特邀文史委员，北京市作家协会会员）

梨园源自"梨园"

■ 马建忠

　　今天的梨园镇是北京市通州区中部偏西的一个乡镇，成立50年来，经历了人民公社及乡、镇的建制，一直沿用着"梨园"这个名字。说到"梨园"，人们很容易想到梨树，或者是与文艺戏剧梨园行相关，但是这里的梨园，却是源自通州一个古村庄——梨园村，这就要说到梨园村的成村历史了。

　　相传梨园村自唐代起已形成聚落，从今天梨园地区发现的诸多唐代墓葬也可证实这一点。到了明、清时期，通州旧城南门外从"八神庙"往南，沿当时的"东大道"及其东侧的"小河"再往南延伸，到现在的砖厂、土桥而后往西，到过去的苗场村、东小马、曹园、魏家坟、孙王场、东总屯再到通州新城南门外，葛布店转到八神庙，这一片千余亩的土地都为京城一李姓家族占有。据村里的老人讲，明朝时，李家是京城的大户人家，祖上立有军功，当时在此建有庄院，庄院的前后有花园、草场、水井、良田、场院、畜栏、池塘流水，林木茂盛，引人入胜。春夏之时流传这样的歌谣"桃花开了杏花谢，枣花管梨花叫姐姐"。槐、柳、榆、桑、苹果、李子、梨、杨槐、松等树木遍植于房前屋后，坡前沟侧，果树以桑、枣、梨为多，被人称为"李家花园"。到了清代，李家逐渐败落，近千亩土地相继变卖，最后只留下场院及周围的房屋和树林，一些逃荒来到此地的人在李家闲置废弃的房屋居住下来，随着逃荒至此的人口越来越多，最初的张姓人家成为老户，以后陆续有刘、吴、谢、庚这几大姓在此安家落户，逐渐形成村落。日子久了，大家都习惯称该地为"李园"，又因村中有大片梨树，"梨"与"李"谐音，慢慢地被叫成"梨园"。老人说，今天的"梨花园"小区所在地在1945年日本投降后被美国军队一个汽车队占着，当时老年间的梨树还有呢，主要是雪花梨和鸭梨，也有京白梨，后来又先后为"通县采货局"、梨园轧花厂后库、通县供销社仓库所所在地，据说上个世纪70年代这儿还有几棵老梨树和松树呢。现在这个楼群叫"梨花园小区"也算是应了这个缘故吧。

1972年之前，梨园村属于城关公社的管辖范围，1972年4月，通县革命委员会向北京市革命委员会请示，拟成立梨园人民公社，很快得到了批复，将城关公社南部12个大队和张家湾公社西部的7个大队，共34个自然村划出，成立梨园人民公社，总面积24.83平方公里。

1972年12月8日，这一天梨园人民公社正式成立，当时高楼金大队和小街大队都想把公社办公地争取到自己的大队，或许梨园公社和梨园村都叫"梨园"的缘故，最终公社筹备人员还是将临时办公地点设在了当时梨园西队的场院。因没有空余的办公用房，公社筹备人员将梨园西队的马棚简单收拾一下便入驻办公。村民高庆仁家新盖的五间大房紧邻西队场院，他得知公社筹备处需要做临时住宿时，主动把上房腾出来给筹备处用。当时公社还没有食堂，村干部就主动安排"号饭"在社员家吃，工作人员按规定交钱交粮票，轮流在社员家中吃饭。就这样，梨园公社社址扎根在了梨园村。

作为一级政府，需要有自己的办公地，虽然办公地点还没有确定，但肯定是要建房，刚组建的梨园公社没有多少家底，处处都需要用钱。党委书记带领大家调查研究，集思广益，发动群众，紧锣密鼓的为建新办公地点开始筹备材料。建房需要木料，公社就动员组织各生产队社员去运河边伐树；需要用砖，就前往土桥砖瓦厂、窑店砖瓦厂、通县战备窑及河北省购买红砖或蓝砖，资金不足砖不够，就组织社员打土坯。就这样，大家像蚂蚁搬家一样，克服困难，一点一点积攒，用了几个月时间，终于将材料准备齐全。

1973年初，梨园公社正式选址梨园村北，京津公路南侧，原梨园长途汽车站附近，占地11.6亩，计划建房65间，为了节约成本，前四排为砖瓦房，后面的几排采用棋盘心的建筑方式。1973年底，办公用房建成，梨园公社由原梨园西队办公室迁至新的办公地点。

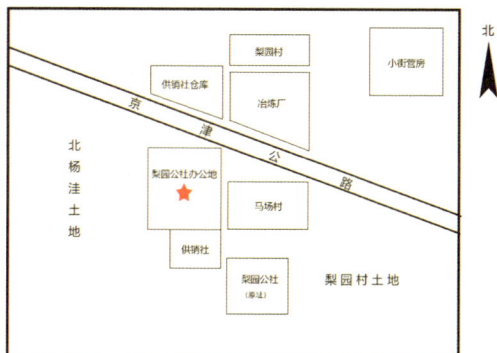

1973年，梨园公社位置示意图（吴玉绘）

1985年，经通县人民政府、通县水产局、梨园公社协商，梨园公社原社址包括地上建筑物以100万元的价格划拨给通县水产局，同时经通县县委批复同意，征用梨园大队位于车里坟村东的耕地5.35亩，投资110万元，建了一栋4层办公楼和其他配套设施，1986年6月，办公楼建设完成，梨园乡办公地乔迁新址。后为了适应城镇建设发展需要，1998年8月再次搬迁，搬至现镇政府所在地——云景东路80号。

梨园镇政府现址

（马建忠，张家湾中学退休教师）

车里坟村的前世今生

■ 耿　祥

据《通县地名志》载：车里坟村在清代已成村。车里（今云南景洪，人死后葬此，由刘姓为其守墓，形成聚落后，乾隆《通州志》载车刘坟，1936 年，因此人曾任云南车里军民宣慰使司，故以车里（土司名）而名，1946 年曾改名为车家庄，1949 年复名车里坟至今。

我是生在长在车里坟村的，据村里老人相传，关于车里坟村的由来有这样一个传说，有一年车里土司进京觐见皇帝时，因病去世，按照习俗应将遗体运回云南，但因路途遥远，便请来风水先生为其挑选一处吉地安葬，风水先生根据车里土司的生辰八字推演一番便说：你们以骡马驮尸，无论走到哪，尸体掉落之处便是吉地，于是在返程途中，行至今车里坟村时尸体掉落，便安葬于此。因附近还有一李姓家族墓地，时间久了，人们也称作车李坟。1936 年正式改名车里坟，1946 年为何改名为车家庄，从没听老人说过。可能因西集镇有一个叫车家屯的村子，因在域内语音相近易造成误读而改的吧。

车里坟村地处北京城市副中心的 155 平方公里之内，推进城市化进程步伐加快，撤村改居已提上日程。为了让子孙后代能够了解他们先祖曾经生活繁衍的地方，了解它的发展和变迁，体会今天的幸福生活来之不易，寄托一缕乡愁，我应编写组邀请，把关于车里坟村的传说和如今的变化整理出来，因为是代代口口相传，文字记载亦不全面，或许会有不准确和有错误的地方，只为能够把村庄的人文历史资料保存记录下来。

车里在古代为地名，位于今云南省景洪州。车里也曾写为"彻里""撤里"或"车厘"。据《车里宣慰世系简史》记载，早在南宋孝宗淳熙七年（1180），傣族首领帕雅真就率傣族先民们入主勐泐（音 měng lè，今西双版纳）建立以景洪为中心的"景陇金殿国"。自称为王，是西双版纳第一代召片领（傣语中意为广大土地之主）。宋理宗（1205—1264）时期，岛亨龙继承父位时，宋理宗将汉姓"刀"赐给了岛亨龙，一直延续至今。

元代以前，这里是倭泥、貂党诸族杂居之地，与中原王朝并无过多连通。元代至元年间，元世祖忽必烈的蒙古大军途径这里时顺势招抚了当时的车里召片领，在此置"车里军民总管府"，领六甸。后又置耿冻路耿当、孟弄二州，对其实行羁縻政策。

据《元史》记载，泰定二年七月戊申朔（1325年8月9日），"大、小车里蛮来献驯象"。此后，元朝中央政府内乱，国力消弱，大、小车里叛离元朝不再入贡。

到明代洪武十五年（1382），第八代召片领刀坎归顺明朝，改置车里军民府，以刀坎为知府（从

明代车里司所在位置

三品或正四品）。洪武十七年（1384）改置军民宣慰使司，刀坎为第一任宣慰使，治所就在车里（今景洪）。后来车里傣族人叛附不时，天启七年（1627）叛离明朝投附缅甸。到清朝顺治十八年（1661），车里原宣慰使的后裔刀穆祷，率众投诚清朝，又恢复了车里司。到民国十七年（1928），开始设置车里县。1949年后，此县改属西双版纳傣族自治州，车里一名消失。

宣慰使是世袭罔替的，非直系血亲是不能继承的，从第一代刀召领帕雅真传至第38代的刀世勋，历经776年（1180—1956）。这里还有必要介绍一下最后一代傣王——召孟罕勒（刀世勋）先生，他生于1928年，是最后一代车里军民宣慰使，先后四次当选全国政协委员。1950年，刀世勋曾随西南民族代表团到北京观礼国庆阅兵和群众游行，10月3日党和国家领导人在怀仁堂接见各民族代表团，召存信（西双版纳傣族自治州原州长）和刀世勋向毛主席献了礼。

前文提到，相传有车里军民宣慰使司觐见皇帝，病死后葬于车里坟，但遍查资料，均无详细记载，而村内于60年代出土过一具女性干尸，1974年，该村在平整耕地时，又挖出一清代男性尸体，据推测，该男尸有可能是当时车里人墓葬，但从墓葬出土时死者随葬品只有胸口一枚玉佩和数枚顺治铜钱来看，似乎不符合车李军民宣慰使司的身份，因此推测死后葬在车里坟的可能是某一代的宣慰使随扈人员。虽然无法确定死者身份，车里坟村名与车里宣慰使司相关是肯定的，2001年，车里坟村完成了旧村改造，因"车里"为云南景洪一带，故新建小区为云景里小区。

车里坟村的村民住上了楼房，居住条件彻底得到改善。不仅如此，人们的文化生活和精神面貌都从根本上得到了改变。2004年，车里坟村在梨园镇率先实行集体资产产权制度改革，昔日的农民变股东，在村政事务上有了较大发言权，车里坟村村民真正成为车里坟村的主人。

如今的云景天街大道南北贯通，北达运河商务区，南至国际环球影城，道路两侧商铺林立，居民楼、商业楼鳞次栉比，六车道的云景公路车水马龙，南来北往热闹无比。有谁想到二十几年前这里还是一道臭水沟呢？公交车站明确标名云景里站，又有谁想到这里曾经有一位云南景洪车里人在这里客死他乡呢？车里坟村随着城市化进程已名存而村已不在，现在已划归九棵树街道管辖，为了忘却而纪念，以撰此文，也是对当年逝者和即将消失的村庄的一种怀念。

（耿祥，车里坟村村民，原通州区农委农产品产销公司职工）

通州梨园将军坟村名考

■ 丁兆博

　　通州梨园将军坟村，位于萧太后河北岸，大稿沟西侧，清代形成村落。此处因有将军陵墓而得名。据《京郊清墓探寻》[1] 记载，此处埋葬的是清初功臣苏鲁迈及其子孙，书中也有对苏鲁迈生平、苏鲁迈及其子孙园寝之详细描述。有守陵人在此居住，后逐渐形成村庄。循这一线索，查阅《清史稿》《八旗通志》等资料，可对其有比较清晰的认识。

　　据《清史稿》记载，苏鲁迈及其子事迹如下：

　　初，从叶臣攻永平，先登凡二十四人，苏鲁迈其一也。

　　苏鲁迈，嵩佳氏，满洲正蓝旗人，世居栋鄂部。父逊札哩，归太祖，太祖录其长子苏巴海，授牛录章京。天命三年，苏鲁迈从伐明，攻抚顺，树云梯先登。六年，授牛录额真。复从伐明，取沈阳、辽阳。天聪元年，从阿敏伐朝鲜，攻义州，苏鲁迈以二十人先诸军登城。三年，从太宗伐明，攻克洪山口城。予世职备御。其从叶臣攻永平也，城上火器发，苏鲁迈面中枪，不退；敌砲裂自焚，冒火援云梯上，城遂下。上遣医视创，赐号"巴图鲁"，赉牲畜、布帛，进世职游击。

---

[1] 冯其利，《京郊清墓探寻》，北京，学苑出版社，2014 年

复从伐明，取旅顺，略宁远，战必先众，恒以被创受赏。崇德元年，从武英郡王阿济格伐明，将入边，攻雕鹗城，砲伤口，因以残疾家居。顺治间，恩诏，累进三等阿思哈尼哈番（《八旗通志》载："顺治七年九月三遇恩诏晋爵"）。康熙元年十一月，卒，谥勤勇（《八旗通志》载："赐祭，如典礼"）。苏鲁迈子苏尔济、逊哈、三塔哈、鄂洛顺、翁鄂洛。

苏尔济，顺治初以噶布什贤辖从入关，与噶布什贤—噶喇依昂邦（前锋统领）锡特库击败李自成将领唐通于一片石。（《八旗通志》载："顺治元年，随睿亲王多尔衮讨流贼李自成"）三年，从端重亲王博洛徇福建，败明将姜正希於汀州，予世职拜他喇布勒哈番。七年，卒。

鄂洛顺，事圣祖。以二等护卫从建威将军佛尼埒讨吴三桂，败其将高定；以前锋统领从裕亲王福全击噶尔丹。有功，累迁江宁将军。卒。（《八旗通志》载："三十年任江宁副都统，三十四年擢江宁将军，四十四年七月卒，予祭葬如例"）

翁鄂洛，事圣祖。从征南大将军赉塔讨吴世璠，师自广西入，战石门坎，败其将何继祖；再战黄草坝，复败继祖，获詹养、王有功。薄云南，歼胡国柄，逐捕马宝、巴养元等。以功进三等阿达哈哈番。

据《八旗通志》载，次子逊哈袭苏鲁迈爵位，三子三塔哈袭长子苏尔济爵位。

从以上记载可见，苏鲁迈最初跟随努尔哈赤征战，又历皇太极、福临两代，于康熙元年因伤病去世，官职为三等阿思哈尼哈番，即后金官制之"三等梅勒章京"，也就是汉语中"副将"。苏鲁迈一直以"先锋队""敢死队"队员的角色冲锋在前。攻打抚顺、永平、旅顺、宁远和朝鲜义州时都是冒着火器和炮火冲在最前的，因此被赐号"巴图鲁"——即勇士。苏鲁迈所受最重的伤是因其攻打雕鹗城（今张家口赤城县雕鹗镇）时冲锋在前被炮火击中面部致残，此后居家休养，其子继续于军中征战，而后全家扈从入关。苏鲁迈之子苏尔济在关外一片石击败李自成大将唐通，鄂洛顺参与讨伐吴三桂、噶尔丹并立功晋升江宁将军，翁鄂洛从征南大将军赉塔讨伐吴世璠，均是勇猛善战的骁勇战将，因此康熙皇帝恩赐其家族京畿通州土地予以安葬。因鄂洛顺为江宁将军，因此民间称其家族墓地为将军坟。

据冯其利书中所述内容可知较为具体的发展变革情况：

"将军坟"墓地占地7-8亩，周围原植松柏，有两通赑龙墓碑，一为立于康熙二年的苏鲁迈墓碑，一为立于康熙四十六年的鄂洛顺墓碑。另有三塔哈之墓地在村中紧邻住户，以塔松、柏树、杨树围绕。

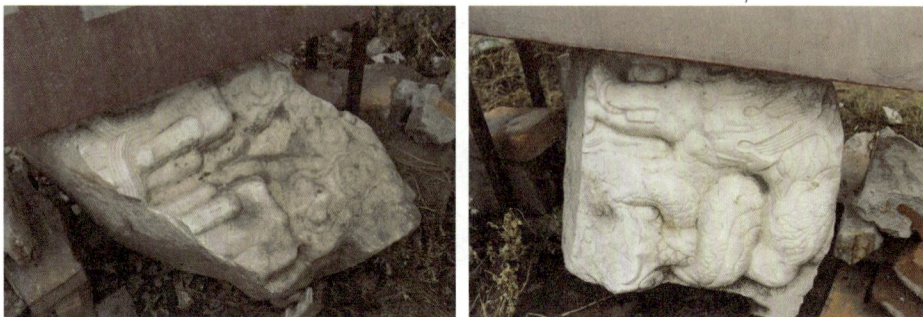

将军坟赑龙碑碎块（来源：新浪博客—石仪天下）

将军坟陵墓，历史上由姚姓一家照应。姚家先祖是甘肃兰州人，因上京告状滞留京城，后被安顿到通州为苏鲁迈家族守陵，目前姚家后人是姚永茂（1943年出生）一家。

据姚永茂先生回忆：将军坟曾在日伪时期被盗掘；1958年墓地周围树木被全部砍伐运走；1967年将军坟两通墓碑被砸毁，赑龙被就地掩埋，碑身被运到大队（后为刨花板厂厂址）。1985年，平整土地时将村中墓地（三塔哈墓地）铲平，发现灵柩及随葬品，由村委会委托姚永茂先生上交相关部门。姚永茂先生在1999年与苏鲁迈后裔孙树卿先生尚有联系，孙树卿先生一家当时居住在前门附近，有两个儿子，长子长媳均为大学教授、学者，全家和睦幸福。

（丁兆博，北京物资学院档案馆史志办主任，江苏省社科院中国大运河文化带建设研究院特聘学者，中国社会工作联合会特邀专家，通州区政协特邀文史委员）

北京通州曹园村地名历史探佚

■ 丁兆博

在北京通州梨园镇有一座村庄，其历史上的名称叫做"曹家园"，如今叫做曹园村。关于此地如何得名，有一种说法是因为明朝有曹姓人家在此聚集耕种菜园。如果其说为真，那么依据华北绝大多数村庄命名方式，应该叫做"曹家庄""曹家村""曹各庄""曹辛庄"等等，与当地其他村庄命名方式保持一致。但为什么唯独此处起了一个这么与众不同的名字呢？就算是遭遇明末清初战乱，全村曹姓人家逃尽了，那么这就成了"无主之地"，早就另属他人、另起别名了。如果此处到了清朝还能保留原名，那么此处一定还有原住民，大概率会有曹姓的孑遗，但据当地镇政府调查统计，目前其全村没有一户人家姓曹，这却是很大的疑点。

另外，如果此处居民将耕地作为菜园使用，那麻烦更大了：从汉朝起的土地制度就规定，只要耕种土地就有农业税，粮食是可以作为税赋上缴的，蔬菜却不能，甚至有的朝代不许占用大片耕地种菜。如果所说为真，那这些先民不但不担心上缴粮食充作税赋，还要冒着这么大的风险种菜，这不值得怀疑么？那就有两个推测：要么这些先民并非在此种菜，要么在这种菜的先民有"超农民待遇"。有"超农民待遇"的耕种者，在历史上也出现过，但是明朝没有，清朝却有。

曹园村地名背后的种种疑问，可能蕴含着不简单的历史背景，需要一一解答，本文试图从历史中钩沉相关证据，为拆解谜团进行推测。

地方志拾遗

北京通州现存最早的地方志是明嘉靖二十八年修撰的《通州志略》，没有记载乡村建置情况。清康熙三十六年修撰的《通州志》只记录了乡屯名称，没有记载村庄。清雍正二年修撰的《通州新志》只有主观性内容，地理、建置以及制度建设等内容被完全舍弃，因此也没有记载。清乾隆四十八年修撰的《通州志》中，才首次出现"曹家园"的记载，并注明"离城六里"。清光绪二年修撰的《通州志》也依例进行了记载，其位置说明为"城南六里"。民国三十年《通县志要》中记载，曹家园隶属于当时的"第五警戒区"。

清乾隆四十八年修撰的《通州志》中，还出现了施家园、南姚园、北姚园、于家园。清光绪二年修撰的《通州志》详细注明了这些村庄的方位：南、北姚园（城南十七里），于家园（城西十五里），杜家园（城南二十二里）。民国三十年《通县志要》中也有于家园、施家园、南姚园、北姚园的记录。

在这几部地方志中，"×家园"在近百个村庄中占极少数，在命名方式上也完全不同。称"园"而不称"村、庄"，称"某家"而不称"某姓（各、辛）"，这使其在大多数华北村庄名称中显得格外特殊。斟酌其记载时代并结合相关资料了解，在清朝近畿地区的确有这样的地名命名方式。大多是在京中的王公大臣圈定了近畿某地作为自家菜园、果园、庄园后，安排奴仆或者佃户为其耕种。在此情况下，庄园主的姓氏就是此处庄园命名的主要因素。因此曹家园的耕种者不必姓曹，姚家园的耕种者也不必姓姚，真正的冠名者却是京城中皇帝身边的贵戚宠臣。

解决了"园"的命名规则问题，下一步可针对这个"曹家"解谜了。这是哪一个曹家呢？是不是大家所想的那个曹家呢？

红学实证钩沉

《红楼梦》第五十三回"宁国府除夕祭宗祠 荣国府元宵开夜宴"

中，详细描写了宁国府贾珍除夕前收取外埠农庄进献收成和年货的内容。在贾珍盘问中可知，宁国府有"八九处庄子"，荣国府有"八处庄子"。到宁国府运送货物的乌进孝是宁国府的"庄头"，他的兄弟则是荣国府的庄头。贾家过年的年货、收入很大一部分要依赖于农庄，除了自家留用外，还要分配一些给"族中子侄"，着重给"那些闲着无事没进益的叔叔兄弟们"。这一年遭遇连月阴雨，收成大减，在贾珍的认知中"真真是叫别过年了！"

曹雪芹既然能这样写，其生活中则一定有此经历，由此可知曹家在全盛时期也是有庄园的。那庄园是否就是如今所说之"曹家园"呢？这就要从红学探佚路径继续深入。

康熙五十四年，曹颙病逝后由皇帝指派曹頫承继曹寅一脉并出任江宁织造，着其上报家产情况。曹頫在折子中奏报，自查织造府财产有以下几项：

京中住房二所；

外城鲜鱼口空房一所；

安徽含山县田二百余亩，芜湖县田一百余亩；

扬州旧房一所；

通州典地六百亩；

通州张家湾当铺一处，本银七千两；

此外并无买卖积蓄。不敢隐瞒。

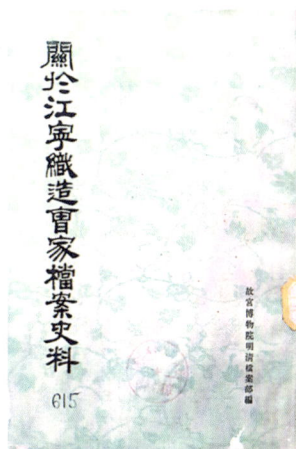

康熙五十四年，曹頫上报的家产折

　　此处虽然出现了"通州典地"，但它是不是小说中贾家的庄园、现实中曹家的庄园？小说中乌进孝进献物品中有"御田胭脂米""鲟鳇鱼""獐子""狍子"这些近畿和关外土特产。如果曹家居于南京，这些自然是稀罕物。如果居于北京菜市口，这个时期的农庄收入则是命脉所系。综合这些元素来看，小说中的农庄位置和北京通州契合度很高。那能据此判断通州这六百亩地就是曹家园吗？还不能，我们需要继续理清曹家遭遇。

　　雍正五年，曹家因"九王夺嫡"期间"站队错误"被皇帝清算抄家，一应财产全部被雍正皇帝赏给了继任江宁织造绥赫德。绥赫德在清查曹家财产后给雍正皇帝呈上一折，除了有限的房产田地之外，还有一大堆当票、别人借债的欠条（三万二千余两），"上闻之恻然！"（《永宪录》记载）。这一君一臣以为抄出来个大富之家，不料却是个实实在在的"空架子"！经绥赫德建议，皇帝"大发天恩"拨给了曹家"蒜市口十七间半"房子居住使用。此时无论是京中与通州资产，还是江南各处财产，应该都归绥赫德所有了，但是绥赫德能消化得下去吗？曹家回京后没有生计，沾亲带故的贵戚们能眼睁睁看着曹家老小挨饿？

　　绥赫德被委任江宁织造抄没了曹家之后就颇有不满，作为满族大臣好吃懒做惯了，最爱的就是掳掠来大把的银子坐吃山空。原以为抄江宁织造这个"肥缺"的家能抄个金山银山出来，却事与愿违。出任江宁织造，却又要费心劳神搞质检，一不留神还要被皇帝申斥、罚俸，所以其在任内并不用心勤勉。到了雍正十一年的时候，绥赫德被革职，回内务府听差。这一年七月，老平郡王讷尔苏（时任平郡王为其长子福彭，曹雪芹表兄）——也就是曹雪芹的姑父想了个法子惩治绥赫德：

　　老王爷听说绥赫德在任内坐吃山空，将原来曹家的江南财产全部变卖了，得银子五千两。于是老王爷就差遣家人通过一个古玩商声称要买绥赫德家的古玩（其实那古玩大部分原来就是曹家的），买之前要先拿来鉴别鉴别，古玩商给了个五千两的市场参考价。老王爷鉴赏一些日子后称自己没钱，要向绥赫德借银五千两来买。这显然是冲着他变卖曹家家产得利而来的，绥赫德自然是哑巴吃黄连，只能将古玩和剩余的三千八百两银子奉上。结果又遭到了时任平郡王、定边大将军福彭的申斥。双方都将此事上报了宗人府，结果雍正皇帝批示："绥赫德著发往北路军台效力赎罪。若尽心效力，著该总管奏闻。若不肯实心效力，即行请旨，于该地正法。钦此。"还说他"于织造任内，种种负恩"。皇帝和绥赫德都清楚这一丝君臣关系的脆弱，一个吃了哑巴亏、一个清除了一枚无用的棋子。而两代平郡王都是皇帝倚重的军事指挥人才，出头护佑曹家，皇帝也不会不给面子。所谓曹家的"百足之虫，死而不僵"，也就是这个意思。

因此，通州的地产再次回归曹家也就成为一种可能。此地如果原属曹家，那曹家是怎样获得的？为什么叫做"典地"？到了绥赫德手中是否改过名字，如今是否又改了回去？绥赫德坐吃山空，大概率是不会经营这些庄园的，他有没有给抵押成银子？抵给谁了？这一系列问题又须考察更加宏大的历史背景和更大量的历史资料了。

八旗通志的旁证

关于清朝的土地制度和土地所有权，是一个很大的话题，而且资料不成系统，被隐藏的历史比较多，绝大多数采用旁证的形式来管窥其一二。关于本文涉及的土地问题，本文主要从《八旗通志》以及相关研究成果中寻求资料，作简要说明。

（一）跑马圈地

清初，朝廷为了赏赐"从龙入关"的勋戚，将近畿通过统计造册的"无主耕地"划拨给他们，谓之"旗地"。然而受赏的八旗贵胄并不想从事稼穑，只想获得地面的物产，因而驱使自家奴仆到旗地耕种。在此情况下，这些八旗贵戚想方设法多圈多占，将近畿土地瓜分殆尽。据《八旗通志》所载资料计算，北京通州被圈占的耕地达 4222 顷 74 亩零 2 分（旧制），占通州全境耕地的 55.9%。

满洲八旗的建立，初始是以"入则为农，出则为兵"为原则的，但是随着历史的发展，在关外已经发生分化：大部分八旗旗民从事农业生产，少部分"壮丁"服役成为"八旗兵丁"。入关的这部分八旗军本就不从事农业生产，大量从事农业的旗民还留在东北地区。因此随着土地的增加，可供驱使的奴仆也越来越不够用，于是这些八旗勋贵开始将圈来的耕地向外开放租种，同时接受"带地投充"的地主与佃户，更有将耕地"典卖"出去迅速换取大量现银的，这一切导致了圈地和典卖、租种的泛滥。于是从顺治到康熙初期，朝廷屡次对圈地、典卖作出规定，最终只允许旗地在八旗以内买卖，只能将土地租种给本旗内包衣、奴仆，最终于康熙二十四年前后停止圈地。清初的"跑马圈地"乱象逐渐平静，而旗地作为资源与财富，在此后的"典"与"赎"中发挥着特殊功能。

（二）恩荣颁赏

康熙皇帝于顺治十一年三月十八日（1654 年 5 月 4 日）出生，由孝康章皇后选八位乳母、保母（不同于保姆），正白旗包衣曹玺之妻孙氏成为其一。康熙皇帝 3 岁出天花，孙氏日夜陪伴于紫禁城西墙外一处别馆。此情此景下，二十六岁的孙氏夫人成为十七岁的孝康章皇后的重要依靠。及至玄烨病愈，孝康章皇后和孝庄太后均有大表其功的想法。其时孝庄太后自领"上三旗"，自然就是正白旗的"旗主"，即便是拨赐一些土地给曹家也是在权力范围之内。但既然强调是"典地"，那很可能是由太后指示正白旗亲近的皇亲国戚典卖些土地给曹玺一家做为恩赏，这也在情理之中。通州在顺治初年原划拨旗地共计 4002 顷 14 亩零 2 分，由豫亲王归葬地可推知两白旗当时所属旗地大多自今"国贸""八王坟"一带沿通惠河（故道）两岸向东延伸。因此曹家的这块典地如果包含今日之曹园村，则并不意外：地主同属正白旗身份，无可非议；位置远离京城，不太张扬；归属于重镇张家湾，显出价值；派曹玺出任江宁织造，人地分离较远，低调不张扬。

此后，清朝土地制度明确下来，相关规定也越来越严格，这块土地的归属权除非有重大变故，则一般不再改变了。及至康熙皇帝慢慢长大，对嬷嬷孙氏的感激越来越诚挚、对"嬷嬷爹"曹玺也越来越重视、对"嬷嬷兄弟"曹寅的能力越来越信任并委以重任，曹家渐渐成为皇帝宠臣、"包衣"中的上等门户。因而这块地的归属在相当长一段时间内是稳定的。曹家将佃户安排其内耕种生产与经营，自然将其命名为"曹家园"也是合乎规律的。

（三）曹园命运

如前所述，随着时间的推移，曹家的命运果然出现了重大变动，做为恩赏的"典地"自然也被剥夺了。这片土地的所有权可能有以下几个变动路径：

其一，所有权归于内务府，成为官有旗地。这之后极有可能通过平郡王内外活动、讨回一部分地亩到王府名下，以供曹家在蒜市口生活期间生计。

其二，所有权归于绥赫德。绥赫德在江南就任江宁织造，公务尚不能用心，对这种稼穑农事应该更不感兴趣。当时按律又不能买卖这类地亩，又因为路途遥远、收益等待期漫长，很可能被绥赫德从"官赎"的渠道换成了钱，就又成了官有的了。也有一种可能，此地块是在绥赫德被罢免后重新归属内务府的。

无论是哪种变动路径，最终可能都是在"蒜市口"时期内为曹家生计做出了一些贡献后，成为"官有旗地"。土地归公后，也无须再行命名，其命名也就延续着以前的名字。

曹家在乾隆初年的政治变动中彻底崩溃，连平郡王府也不能保全他们了，以至于子孙飘零、生活困穷、无所维系。敦诚、敦敏的诗集所反映曹雪芹沿通惠河向东的行迹，则能够探知他对故地的追忆。

大胆的猜测

由以上分析资料佐证，我们可以大胆推测：曹园村即清乾隆、清光绪、民国地方志中记载之"曹家园"；此曹家园应与曹雪芹家族有千丝万缕的联系，甚或因曹家而得名；今日曹园村部分土地应属于曹𬤇奏折中所记载"通州典地六百亩"之中；有清一代，曹家园土地归属命运多舛，至晚在乾隆初期成为"官属旗地"，地名得以保留。

编者按：

本文从曹雪芹家族兴衰以及八旗土地制度视角推测曹园村的名称由来。为该地名释疑和历史钩沉提供了一个思路和探索，并非定论。

随着国家清史编纂研究工程推进，满文内务府档案进一步解译，曹园村名背后的历史将更加明晰。届时期望有更具说服力的文章解此谜团。另据当地居民记忆，附近还有"曹家坟"旧地名。上世纪轰动一时的曹雪芹墓石出土地点也距此不远。曹雪芹家族与通州千丝万缕的联系如能进一步厘清，也将为红学研究开辟出一新途径。

临河里名称的由来

■ 耿　祥

　　2003年12月，地铁八通线正式开通，梨园境内设有九棵树站、梨园站、临河里站，或许许多人都有点困惑：城铁自入通境域后，依此都是以原地名而命名，如紧邻九棵树村的九棵树站，紧邻梨园村的梨园站，唯有紧邻小街村却命名临河里站。如果从字面意义上看，临河里至少应该是紧邻河道而命名，可临河里无论是距离萧太后河还是北运河都有相当一段距离，那临河里这个名字从哪来的呢？

　　原来，在1983年春季，当时的土桥砖瓦厂在掘土时，在小街东南方向出土一盒墓志铭，墓主人是唐德宗贞元十四年（公元799

京津公路与临河里路交叉口（2023年摄）

年）葬此的孙如玉。墓志铭志文首题为"平州卢龙府折冲都尉乐安故孙公墓志铭并序"，序中言孙公名如玉，祖籍乐安（今安徽省霍山县东），曾在潞县（今通州区）任录事（掌管文书），后调任平州卢龙府折冲都尉（唐代府级军职，掌管府兵的操演、调度、宿卫以及戍边、作战的军队主管）。在职间，其"主乡曹、立纲纪"20余年，"恩布闾阎"。于"贞元十四年二月四日（798年3月6日）忽奄"，埋葬在"潞县潞城乡临河里"（今通州区梨园镇小街村）。墓志铭清楚记载："念陇钏锻缺，魂埋路川，东有潞河通海，西有长城暮山，南望朱雀林兼临河古戍，北有玄武垒至潞津古关。并是齐时所置。子子相承、万世不朽……"

在孙如玉墓葬出土不久，在该墓北侧百余米处，又出土一方唐代公孙封墓志铭，其首题为"唐故处士"南阳公孙府君墓志铭并序。序文介绍公孙封祖籍南阳，先辈定居潞河（今通州区）。其"性高尚闲，亦不言禄"，大历十二年（777）死于南阳行溏里别墅，埋葬在"潞城南潞城乡之平原"。序中的"潞城"指的是潞县县城，今通州区在唐代称潞县，潞城就是指今通州城（今通州城东北部位）。"潞城南"乃今通州城南，而该墓志即出土于通州城南的梨园镇小街村东，与志文所载位置正好相合。在序文之后的铭中，前两句曰："原莽莽兮堑口茔，左潞水兮右长城"。其中的"潞水"，就是潞河。

以上两处墓葬出土墓志铭均明确记载了墓葬所在之地东临潞水，西有长城（北齐土长城），且在孙如玉墓志铭中明确提到，埋葬在"潞县潞城乡临河里"，因唐代时，沿用的"里、坊"制，由此可见，在唐代就已经有临河里这个名称，今小街村当时就属临河里管辖。

2020年，通州区区划调整，将梨园镇的小街三队村、砖厂村划出，成立街道，沿用了临河里这个名称，为临河里街道办事处。

通过这两处墓志铭，我们也得以了解到，北齐所修土长城依潞水走向而建，且在唐代时，该地仍有古戍（城堡），因此，2003年地铁八通线临河里车站的命名以及2020年通州区临河里街道办事处的设立，与这两处墓葬的墓志铭有着千丝万缕的联系。

古迹遗存

华北首见的东汉砖窑址群

■ 周 良

2002 年 1 月的中、下旬及 2 月的上旬，北京市文物研究所的考古专家王青林、李华等，率队在通州区梨园镇小街村南的大型基本建设工地，进行古墓葬、古遗址的发掘中，发现了东汉小砖窑遗址群，共 16 座，其中还有一座唐代小砖窑正好和一座东汉的小砖窑相吻。这在北京地区为首次发现。

这处古代小砖窑遗址群，都残存着砖窑的下半部，全部处在同一个层面上。砖窑残顶距地面一般在 50 厘米左右，平面的大小也相差无几。它们的下部结构基本一致，均由窑道、窑门、窑炕和烟道等部分组成。主体平面都为马蹄形，只是烟道地方稍平。

窑道的长短不一样，多数的为直道，少数的为弯道，还有的一道分为左右两个岔道，各连着一座窑体；窑门为弧券顶，都是锹镐掏挖而成，券顶抹泥，使光滑平整，不掉土渣，保证头顶安全；窑灶部分的平面似等腰三角形，灶沿是三角形的底，两腰稍微外弧，灶坑较深，因为那时烧砖的燃料主要是柴木，烧一窑砖需要量大，产生的炭灰很多，深一些便于储存；与炕沿等高或者稍低的位置应当安置一个铁制的灶篦，但是没有一个小砖窑遗址中有这种器具；窑炕（又称窑床、砖床）即用来码放砖坯的结构，都很平整，抹一层泥，平面宛若梯形，炕沿就是这梯形的上底，平直，下底略现弧线，靠窑身边沿设方筒形烟道，梯形的两边也稍弧，残存的窑壁抹着泥，已经烧红；烟道多为单数，1、3、5数不等。

窑床上有的还幸存一层未出窑的条砖，从此可以知道当年砖坯的码放方法。砖坯码放成放射线状，侧陡放平，纵成一线，砖端相顶。两行砖坯间留有砖厚一样的空隙，作为火道。推断第二层砖坯也是陡放，但与下层砖坯码成45度角。那第三层砖坯则是与底层砖坯相迭，如此循环相间码置，使窑内砖坯上下形成网格式火道。柴木的高温由近及远，由下至上，反过来又自上而下，由烟道将所余不多的热量拔出，后面的火力又接续上。如此充分利用高温热量，将砖坯烧成红砖。若用蓝砖，还要从窑顶上往下注水，让水慢慢渗入窑内，使砖色变蓝，此就是还原焰烧砖法。可以看出，今通州区汉时的烧砖技术颇高。

这处古代小砖窑遗址群中，有几座小窑址较为集中，在近150平方米内，分布着6座窑址，北部一排3座，窑门向北；南部也有3座窑址，其中2座为东汉时期的窑址，一条窑道，两座的窑门虽然相对，但不在一条直线上，而是东北—西南排列着；偏东的一座唐代小窑址，窑门向南，窑身的左面打破了一座东汉窑址的顶部。相吻的两座不同时代的窑址内，砖床上都还残留着部分遗砖，原位存放。这两座窑址至少相隔400年，不意相遇，且成相吻状，更为难得一见。形制大体相同，而略有区别，唐代的砖窑设烟道5条，道孔略大，这样可以加快高温在窑内的循环速度，缩短烧成时间，提高烧成质量，技术上有很大进步。

在这些汉代砖窑遗址的附近，发掘了数十座汉墓，在未行勘探的附近耕地中，不免仍然存在着不少汉墓。这就表明了汉代有一种丧葬风俗，即就地烧砖砌墓。窑址相对集中和分散情况，则又表明当时设有烧砖作坊，以供应多数平民需用。同时还表明当时的林木很丰盛。自然环境优良，不然怎么能供给烧砖的燃料呢？

这群窑址的南面有一条大沟顺洼地而行，这又证明当时条形洼地曾是一条河，制砖坯，烧蓝砖，砌墓壁，都需要大量的水，而砖窑遗址的附近，经过勘探，没有发现一口水井。可见，砖窑群所需的大量清水，都需要从那条临近的河中去取。这条河到元代曾穿过在今土桥村西所建广利上闸，更证明了郭守敬曾疏浚利用这条汉代就存在的河进行漕运，那就是通惠河。这就有力地反证，元代通惠河不是从通州城方向南流而来，到高丽庄东入白河的，而是从北京方向东流而来，到高丽庄东入白河的。

这群古代砖窑遗址的发现，可以见证历史上诸多的问题，这处北京首见的东汉小砖窑遗址群发现在通州区，但它反映的文化是北京的，也是华北的。

（周良，已故，通州区文物管理所原所长）

北齐长城在通州区走向

■ 周 良

　　提起长城，国人无不骄傲自豪。其东起"天下第一关"之河北省山海关，西抵"天下雄关"之甘肃省嘉峪关，腾跃于北国崇山峻岭之间，绵延逶迤，气势雄伟，堪称世界之最。今人研究长城者众多，也产生不少著名专家，罗哲文先生即为长城学者代表人物。有关长城研究著述与文献资料亦颇多，异彩纷呈。但是很少有人提及北齐所筑长城。因此条土长城曾经自西北向东南斜贯今通州区全境，现虽几乎无存，但作为本区文物工作者，不能不予以重视，兼之有条件踏查与搜集相关资料，故可将北齐土长城在今通州区内走向略述一二。

　　先言有城。唐《故莫州长丰县令李君墓志铭》中载：长丰县令李丕"卒于潞县"，于贞元七年（791）"葬于县之南三里，潞水之右"，铭曰"屹然孤坟，长城之东"。此志石出土于清康熙间，农夫用之堵塞田间水渠，被时人倪赐麟、贾肇瑞发现。赠送金石爱好者刘锡信收藏之，信作以记。唐时潞县县城在今通州旧城北半部。即今新华大街以北，里河沿街以南、北运河以西、通州宾馆以东这片城区。志中言"县南三里"处，正是旧城（明洪武元年筑）南关一带，里数相合。其言"潞水"即指今北运河，自北向南流，李丕所葬处恰居河右，地理位置亦合。铭中所吟"长城之东"，清楚表明是坟设在"长城"东侧，可见北齐长城确在。又唐《平州卢龙府折冲都尉乐安故孙公墓志铭》中载：

前潞县录事孙如玉于贞元十四年（798）卒后葬于"潞县潞城乡临河里"，序中自诩墓地风水之好时道"东有潞河通海，西有长城暮山，南望朱雀林兼临河古戍，北有玄武垒至潞津古关，并是齐时所置"，铭曰"临高原兮长岗川，孙公宅地兮茔其间"。志石于 1983 年春出土于梨园镇小街村东之北京市土桥砖瓦厂取土坑中。当年 7 月，我在文物普查时闻讯而收集之，现藏于区文物管理所内。志石一合，平面正方，边长 47 厘米，志盖呈覆斗形，上线刻十二生肖像；志底纵刻小楷铭文，首题"平州卢龙府折冲都尉乐安故孙公墓志铭并序"，志文叙述孙如玉"累代物望，恩布闾阎"，另记其卒时葬地。志石出土具体地点在小街村东南约 300 米处。是村位于通州城东南 2 公里处，唐时乃潞城乡中一村，称临河里，因东滨潞河（今北运河故道）故名。元、明、清三代数百年间，是大运河北端码头张家湾去通州、北京必经之途，为适应南去北往旅客需要，于村中路侧设肆置摊，以备购求，其繁华胜似北京、通州街市，约定俗成，渐以"以街"代称。志序中言"西有长城暮山"，表明墓地西边所见长城突然矗立如山，并且向南延伸至"朱雀林"处。（今张家湾皇木厂村处）犹在临潞河险要之地设置戍所。尤其重要一点是志文明确指出墓西之"长城"、墓南之"临河古戍"、墓北之"玄武垒"（即今通州城）及"潞津古关"，皆为"齐时所置"，齐者北齐也。从两合唐代墓志铭所载可以充分证明，北齐确曾修筑一条土长城经过今通州区域。

又明嘉靖所刊《通州志略·古迹》载："长城岗，一在州城北三四里，俗传蒙恬所筑遗迹也；一在州城南十里，延潞直达漷县而南，年代莫考"。"漷县长城，在县东北一里。"俗传并不可信，但通州城西北三四里有一段残断长城是真，且明时所存并非一段，而是两段，尚且延潞河直穿漷县（今通州区域南部）。"延潞"其实当时也不准确，而是今张家湾以北一段长城"延潞"，而以南一段却是延港沟河（北魏时筍沟）。清光绪版《通州志·古迹》云："长城"在"州南漷县东北一里，南抵武清，北接通州，即长堤之异名也"所言"长堤"乃指港沟河右岸堤防，因长城筑在港沟河右岸（西岸），傍河而走，以之作为堤防亦未尝不可，故城、堤互称，互为"异名"理所当然。明潞县八景之一"长堤回燕"与武清八景之一"长堤细柳"中之"长堤"，均系指北齐长城而言。

再《日下旧闻考》引《昌平山水记》云："（顺义）县西南二十里有天柱村，三十里有苇沟村，村东临温余河渡，渡南有长城遗迹。《辽史》："'顺州（今顺义）南有齐长城。城东北有华林、天柱二庄，辽建凉殿，春赏花，夏纳凉者也'。齐长城，天保中所筑。沈括曰：'幽州东北三十里有望京馆，东行少北十里余出古长城'即此。"此载告诉今人，北齐土长城自昌平始，东南穿顺义而至今通州区域。《读史方舆纪要·顺天府·武清县》曰："县西南三十里有长城故址，延袤数百里，相传战国时燕所筑。"相传不确，而延袤数百里为真，指出北齐长城穿今通州区后即入武清县而达海河。

次道北齐何以筑此长城。北齐乃东魏齐王高洋所建，为文宣帝，年号天保，建都于邺（今河北省临漳县西南），国土有今晋、冀、鲁、豫及内蒙古中南部，西与西魏抗衡，南同萧梁对峙，北和柔然、契丹相敌，东有渤海、东海屏障。高洋深知南梁偏安，不事北征，不在话下。欲并西魏而北边常扰，故连年统兵北讨，巩固边防。但其畏惧北陲强族柔然和契丹侵犯，便于天保六年（555），发夫180万筑长城，"自幽州北夏口至恒州九百余里"，次年"自西河总秦戍筑长城东至于海"，"率十里一戍"，仍惟巩不保安全，于八年（557）又"于长城内筑重城，自库洛拔而东至于坞纥戍，凡四百里"。可见，文宣帝畏敌之甚。目前，"库洛拔"与"坞纥戍"二地名俱未可考，但此时大筑"重城"而且是在"长城内"，非常明确，距离已很肯定，今推算之，自昌平长城起筑土长城，东南行至渤海岸海河口也大概有400里。是否可以断定，北齐土长城筑于天保八年而大方向是今昌平、顺义、通州、武清，直至渤海岸？此次抢筑土长城，是在平原上修筑，与老长城依山就势，视险而修不同，经过一番踏勘之后，巧妙利用大河，采取城、河结合，相依为险。通州以北段，傍温榆河，通州段先傍潞河，后傍港沟河（古笥沟，亦潞河别道），武清段继续傍潞河，经直沽至海。河居外手，城在里手，居高临下，便于控制、防守，可谓胜算。此次筑城应是赵郡王、仪同三司、定州刺史、加抚军将军、六州大都督高睿，其又天保六年"领山东（今山西）兵数万监修长城"，八年"曾都督库推以西黄河以东长城诸镇军事"，"慰抚新迁，量置烽戍，内防外御，备有条法，大为兵民所安"。如此推断似应不为舛误。

现在来谈北齐土长城所经今通州区状况。土长城从顺义县西南苇沟村来，沿温榆河西岸与金盏淀西缘至今通州区永顺镇西马庄西，越通惠河（古高梁河）南行，经今农业部印刷厂东，折东走（明正统间筑通州新城时，其南垣即利用北齐长城），至旧城南门外折往东南，经窑厂、梨园镇小街村东，至张家湾镇皇木厂村，且于此建成所，继而沿港沟河右岸，经漷县镇靛庄、漷县、三黄庄、沈庄、西黄垡，穿觅子店乡军屯、龙庄、罗庄，出通州区域入武清县，经青坨村西南直达海河，跨河沿右岸至渤海。六七十年代平整土地中，将西马庄西之"长城岗"遗迹平掉。备战烧砖修防空洞，将通州新城南垣（北齐长城遗址）挖掉；旧城南门外窑厂村正建在北齐长城向东南折转处残顶上，今尚存约百余米，基宽约15米，坡上长满枣树棵；张家湾镇土桥村部分房舍亦建于土长城遗址上；皇木厂村南北狭长，约500余米，中间高脊，是土长城遗迹，1997年旧村改造中，发现脊处切面貌夯层；港沟河右岸长堤，我在1982年、1983年文物普查时，仍断续残存数段，不过没有当初那样高峻宽阔。至于顺义、武清是否还残存北齐土长城遗迹，我没有条件去踏查研究。

小街村唐墓

■周　良

　　说到唐墓，通州区内发现的可不少，诸如通州城新华大街13号区委大门内、宋庄镇大邓各庄西、马驹桥镇柴家务村西南、梨园镇梨园村北、西集镇大沙务村东、漷县镇王楼村中、潞城镇召里村西北、张家湾镇坨堤村西北、于家务回族乡东垡村东北、永乐店镇南堤村北、台湖镇口子村东……这些地方在六七十年代平整土地的时候，都曾发现过唐代墓群。在宋庄镇大庞村村东，至今尚存着被破坏了的壁画墓下半截。这都是在1982年及次年文物部门进行普查时，听亲见亲历的农民介绍的，根据他们叙述情况，再到发现唐墓的地里进行实地调查，有时还能见到一两块唐时的沟纹砖头，确信老百姓反映的不是信口开河。然而出土的全部文物都几乎被破坏了，只能看着零零散散破唐砖哀叹不已。

　　文物部门连一座唐墓都没见过吗？不！在1983年6月，在今梨园镇小街村东南600米处的土桥砖瓦厂内，在那庞大的掘土机取土的坑中，见到了一座被机器掘毁但仍能看出基本结构的唐代墓葬。

　　这座残存的墓葬是独室砖墓，平面呈正方形，边长3.1米，规模不小。墓门向南，券顶已毁。墓顶是四角攒尖式，从残存的折肩部位判定，四角都是砖砌的仿木支柱，檐子处是砌的仿木檩条，砖磨得很细，柱、檩圆直，弧度准确，没有一块敷衍草率的砌在那里。室内靠北壁处，砌条形棺床，长如室，宽1.4米，高0.6米，不知是原来就没有棺木，还是没有糟朽的棺木被人拆走去做劈柴，抑或去打制什么器具了，反正是无影无踪。内中随葬的陶器基本破碎，应该有铜镜或其他金属器物，然而不见了。使人欣慰的是，在里面收集了两件釉陶三节罐的残品，很有意义。

这两件残品大小相差无几，都是泥质红胎，胎体较薄而匀，捏制与轮制相结合的做法，外面刷的绿釉稀薄，都已剥落。幸运的是，两件残器中一件残失其上部，一件残失其下部，合起来，可以知道完整器物的造型和结构。按完整的计算，全高43、口径10、腹径21、足径23厘米。器盖平口，阔沿，高座，塔形，沿下对应捏制4乳突以防罐身微倾时滑落。罐身分为3节。上节是罐的主体，侈口，卷沿，束领，圆肩，球腹，环底，死嵌坐在中节的口内；中节承上启下，起衔接作用，矮短，有两环粗棱，好像是一块浅盘，撇口圆沿，收腹，下面与下节连为一体；下节为嗽叭口，短领，瓜棱形扁腹，高筒大喇叭足，筒的腰部环两道凸弦纹，下面接着捏堆一圈粗绳纹，下面接着对镂双孔4组，足口重唇（足墙像双层嘴唇一样出现高低两圈凸棱）。

此罐外形为3节，实际只有上节能盛放东西，下2节中间虽然都是空的，是为了减轻重量，是为美观，不是为多盛物品，上节与下面2节不通。造型多变，结构允当，线条柔缓，富丽精美，它融捏、轮、镂、堆、刻等制陶技术为一体，是唐代釉陶器物的代表作品。表明了唐时今通州区，制陶业非常发达。同时也为研究当时的社会生活、建筑技术提供了可靠依据。

小街村在唐代称临河里，东临潞河而名，上属潞城乡，即距潞县县城（今通州是城东北区域）较近，潞河的通航促进了此村的发展，所以在村的周围，存在着不少唐代的墓群，在村南、村北、村东都曾发现过唐代墓葬，这些墓葬为我们研究通州的历史提供了真实的依据。

金代石宗璧夫妇墓出土瓷器及相关研究

■ 李　兵

　　内容摘要：石宗璧墓位于今北京市通州区梨园镇三间房村。1975年在此发现两座金代墓葬，其分别为石宗璧墓和推测为其夫人纥石烈氏葬墓。两墓经考古出土了大量的随葬品。为便于学界研究、完整地展示与利用这批材料，该文进行了墓葬地梳理工作：首先，对两墓出土瓷器进行了完整地梳理；其次，将两墓出土瓷器进行窑口的分类及具体描述；第三，对石宗璧夫妇墓出土瓷器所反映的相关问题进行探讨。

　　石宗璧墓位于今北京市通州区梨园镇三间房村，1975年8月，因推土取料，发现了两座石椁墓（编为一号、二号墓）。[1]二号墓位于一号墓西北侧5米，石椁形制，结构与一号墓相同，正中有板灰痕迹及氈毯残片，系木质骨灰盒及其朽毁的袱套。[2]北京市文物管理处会同通县有关部门对两墓进行了发掘清理，因两墓未被盗掘，墓室结构和出土文物均保存的较为完整，并且一号墓发掘出了墓志铭，此

---

[1] 北京市文物管理处:《北京市通县金代墓葬发掘简报》,《文物》1977年第11期,第9页。

[2] 北京市文物管理处:《北京市通县金代墓葬发掘简报》,《文物》1977年第11期,第12页。

外，两墓还出土了瓷器、陶器、铜器、金银器、铁器、骨梳等随葬品。这些珍贵的出土文物大多收藏在首都博物馆。

时至今日，我们通过这两座墓葬的考古简报和馆藏两墓出土的实物资料进行研究，其中墓内出土的墓志及瓷器类文物为研究通县地方史和金代瓷器提供了实物依据。为便于学界利用与研究，本文拟对两墓出土瓷器类文物进行概述，并在此基础上对其中金代定窑瓷器进行初步研究，涉及分类、制造与装饰技法。

一、墓主人身份及生平简介

（一）一号墓

一号墓出土墓志一合，大理石质，志盖为覆斗形，铭文三行九字，楷书"故宣威将军石公墓志"。志文楷书三十一行，行三十三字（漏一"大"字、讹一"恃"字）。根据墓志内容，可得知一号墓主为石宗璧，生于辽天庆四年即北宋徽宗政和四年（1114），于金大定十五年即南宋孝宗淳熙二年（1175），死在汾州大和寨（今陕西省北部佳县一带）。金大定十七年（1177）葬于通州潞县。石宗璧金史无传，因"父荫"入仕，曾出任掌管酒类专卖大权的职务，因不侵占公家的财产，将酒税的盈余全部上缴朝廷，得到了朝廷的嘉奖，越级提拔他为显武将军，后又升为博平县尉等官职，最后升迁至正五品宣威将军，属于金代的汉族官员。

（二）二号墓

二号墓内发现银簪、坠饰等具有女性特征的随葬品，出土报告推测墓主应为石宗璧的女性家属。据石宗璧墓志载："公娶纥石烈氏，封武威县君"。据《金史·后妃传下》："自钦怀皇后没世，中宫虚位久，章宗属意李氏。而国朝故事，皆徒单、唐括、蒲察、仆散、纥石烈、乌林荅、乌古论诸部部长之家，世为婚姻、娶后尚主，而李氏微甚。至是，章宗果欲立之，大臣固执不从。"[3] 可见，纥石烈氏是金代统治阶级的重要氏族，是女真的贵族。金代汉族官员与女真贵族之间的联姻，说明了金代的一种汉化方式。

二、两墓出土瓷器

笔者通过馆藏石宗璧夫妇墓出土瓷器文物、考古发掘简报的线图和照片统计瓷器类文物的细目（见表一）。因馆藏石宗璧墓出土文物并未明确标识是一号或二号墓出土，遂笔者通过尺寸、线图和图片将馆藏瓷器出土于一号或二号墓进行区分。

根据以上列表统计，两墓共计出土瓷器38件套，其中一号墓10件套，二号墓28件套，馆藏31件套。笔者通过对馆藏器物的仔细辨认并请秦大树老师、吕成龙老师进行部分器物的窑口鉴定，将石宗

表一：石宗璧墓出土瓷器统计表

名称	窑口	年代	数量	尺寸（厘米）	釉色	纹饰	墓葬（见于考古报告）
定窑白釉刻花葵瓣碗（图1）	定窑	金	1	高6.8，口径18.4，底径10	白釉	刻花	一号
定窑白釉玉壶春瓶（图2）	定窑	金	1	高14.8，口径5，底径4.9	白釉	无	一号
定窑白釉刻折枝萱草纹盘（图3）（图4）	定窑	金	2	高2.7，口径14.7，底径5.8 高2.7，口径14.7，底径5.5	白釉	刻萱草纹	二号，报告3件，首博2件
定窑白釉刻折枝萱草纹盘（图5）	定窑	金	1	高1.9，口径11.7，底径8.5	白釉	刻萱草纹	一号
定窑白釉碗（图6）	定窑	金	1	高4.6，口径12，底径6.5	白釉	无	一号
定窑白釉碗（图7）	定窑	金	1	高3.5，口径7.5，底径2.5	白釉	无	一号（定窑素小杯）
定窑白釉碗（图8）（图9）	定窑	金	2	高4，口径8，底径2.5 高3，口径7.5，底径2.5	白釉	无	二号（定窑素小杯）
定窑白釉撇口碗（图10）（图11）（图12）	定窑	金	3	高4.2，口径16.5，底径5.5 高4.2，口径16.7，底径5.3 高4.2，口径16.5，底径5.5	白釉	无	二号
定窑白釉碟（图13）（图14）	定窑	金	2	高1.2，口径7.5，底径3.2	白釉	无	一号
定窑白釉刻折枝萱草纹碟（图15）	定窑	金	9	高1.1，口径7.8，底径6	白釉	刻萱草纹	二号报告10件，首博9件
定窑白釉盘（图16）	定窑	金	1	高2.5，口径12.3，底径5.3	白釉	无	二号
定窑碗	定窑	金	1	高8，口径16.5			一号，未藏首博

3《金史》：后妃传下·章宗元妃李氏，中华书局1975年版，第五册，第1528页。

定窑白釉玉壶春瓶	定窑	金	1		白釉		调拨其他博物馆
鸡腿瓶		金	1	通高38，口径7			未藏首博
磁州窑黑釉梅瓶（图17）（图18）	磁州窑	金	2	高21，口径3.9，底径7 高21，口径3.9，底径7.6	黑釉	无	二号
磁州窑黑釉带楞罐（图19）（图20）	磁州窑	金	2	高8.3，口径7.2，底径4 高7.8，口径7.2，底径4.5	黑釉	无	二号，报告3件，首博藏2件
磁州窑黑釉罐（图21）	磁州窑	金	1	高8.5，口径7，底径4	黑釉	无	二号，报告2件，首博藏1件
耀州窑青釉鏊沿洗（图22）	耀州窑	金	1	高4，口径11，底径6	青釉	无	一号
龙泉务窑白釉碗（图23）	龙泉务窑	金	1	高3，口径8，底径3.5	白釉	无	二号

璧夫妇墓内出土瓷器判定为定窑、磁州窑、耀州窑和龙泉务窑产品，其中耀州窑1件套，磁州窑5件套，龙泉务窑1件套，其余均为定窑瓷器。笔者对各窑口器物进行分类和描述，并按照造型进行分类。

（一）定窑

两墓共计出土定窑瓷器30件套，馆藏24件套，分别为葵瓣碗、玉壶春瓶、盘、碟等。

1.白釉刻花葵瓣纹碗1件（图1），葵瓣形。敞口，芒口，深腹，窄平式浅圈足，圈足满釉。碗心刻荷叶莲花纹。内外施白釉，微泛黄，釉面肥润光洁，胎体坚硬轻薄。

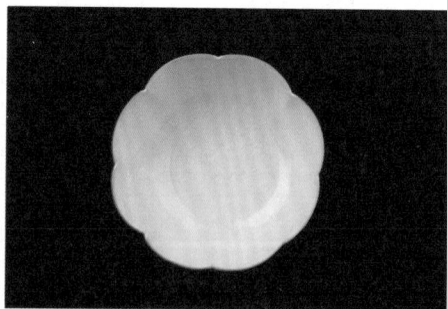

图1　定窑白釉刻花葵瓣纹碗

2.白釉玉壶春瓶1件（图2），敞口，粗长颈，垂腹，圈足，圈满釉。

通体施白釉，釉色泛黄。

图2　定窑白釉玉壶春瓶

3.白釉折枝莲纹盘3件，分为两种形制。A型：敞口，芒口，弧壁，小圈足（图3）（图4）。B型：直口，斜壁，大圈足（图5）。盘内心均刻一束折枝萱草纹。

图3　定窑白釉刻折枝萱草纹盘

图4　定窑白釉刻折枝萱草纹盘

图5　定窑白釉刻折枝萱草纹盘

4.白釉碗7件，分为三种形制。A型：敞口，芒口，深弧壁，平底满釉(图6)。B型：敞口，芒口，深弧壁，小圈足，圈足满釉(图7、8、9)。C型：撇口，芒口，浅弧壁，小圈足，圈足满釉（图10、11、12）。均无装饰纹样，制作不甚规整，釉面有杂质、粘沙等，为定窑一般产品。

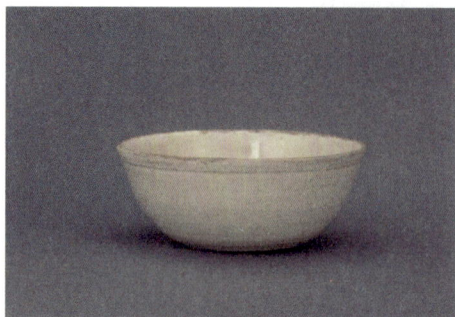

图6　定窑白釉碗

图7　定窑白釉碗

图8　定窑白釉碗

图9　定窑白釉碗

图10　定窑白釉撇口碗

图 11　定窑白釉撇口碗

图 12　定窑白釉撇口碗

5.白釉碟 11 件，分为两种形制。A 型：敞口，芒口，浅弧壁，圈足，圈足满釉，无装饰纹样（图 13）（图 14）。B 型：敞口，芒口，浅弧壁，平底无釉，碟心刻一束折枝萱草纹，绘画较写意，不甚清晰（图 15）。两种造型的碟均制作不规整，釉色白中泛青，釉面有杂质，为定窑的一般产品。

图 13　定窑白釉碟

图 14　定窑白釉碟

图 15　定窑白釉刻折枝萱草纹碟

6.白釉盘1件（图16），敞口，芒口，浅弧壁，圈足，圈足满釉，白釉泛黄，施釉不均匀，釉面有杂质。

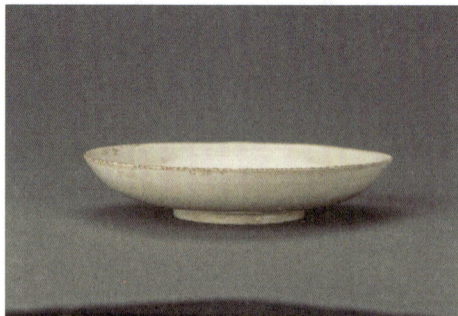

图 16　定窑白釉盘

（二）磁州窑

磁州窑产品只有石宗璧夫人二号墓出土，为磁州窑的窑变黑釉。

1.黑釉梅瓶2件（图17）（图18），小口，短颈，丰肩，腹下渐收，圈足无釉。器表施黑釉，施釉不及底。胎质疏松，釉色黑亮，制作不甚规整，为磁州窑一般产品。

图 17　磁州窑黑釉梅瓶　　　　图 18　磁州窑黑釉梅瓶

2.黑釉罐3件，分为两种形制。A 型：直口，短颈，丰肩，腹下

渐收，圈足无釉。颈部至腹部有 8 道出脊，两两一组，共计四组，器表施黑釉不及底（图 19）（图 20）。B 型：直口，短颈，鼓腹，腹下渐收，圈足无釉。器型与 A 型基本一致，釉面无出脊，施釉不到底。这两种黑釉罐胎质略粗，釉面有杂质，釉质不均匀，釉色较亮（图21）。

图 19　磁州窑黑釉带楞罐

图 20　磁州窑黑釉带楞罐

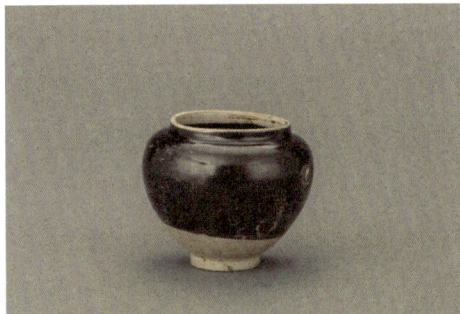

图 21　磁州窑黑釉罐

（三）耀州窑

两墓中只有石宗璧墓出土了 1 件耀州窑产品，即青釉錾沿洗（图22）高 4 厘米，口径 11 厘米，底径 6 厘米，直口，腹微鼓，卧足，足内无釉，口沿侧附月牙形錾耳，耳下附环形系。外口沿饰两道凹弦纹。内外施青绿釉，釉面莹润。此器以釉色和造型取胜，釉色浓深润泽，造型独特，展示了耀州窑青瓷的烧造水平。

（四）龙泉务窑

两墓中只有石宗璧夫人墓出土了 1 件龙泉务窑产品，白釉碗（图

图 22　耀州窑青釉鋬沿洗

23），敞口，弧壁，圈足，通体施白釉，碗心有一圈涩胎。此碗釉面较粗糙，底足及碗外壁留有粘砂，底足施釉。碗心涩圈为涩圈叠烧法，龙泉务窑第四期发现，亦为金代典型的烧造方法。[4] 此时龙泉务窑接近停烧，遂墓内仅出土一件龙泉务窑产品，且质量不佳。

图 23　白釉碗

三、相关问题的讨论

（一）石宗璧墓出土定窑瓷器反映了金代定窑制瓷业的繁盛

金代是定窑制瓷业最为繁盛的时期，生产规模与产品数量均达到了顶峰。定窑窑址涧磁岭 A 区第四期遗存前段为金代前期，即从北宋灭亡（1127）至海陵王正隆五年（1160），后段为金代中后期，年代从金世宗大定元年（1161）至蒙古军队占领曲阳的兴定三年（1219），窑区的产量很大，细白瓷的产量均占出土器物总数的89.5％至98.1％，细白瓷的种类较单调，主要有碗、盏、杯、钵、盘、碟、盒、器盖、小瓶等，比较有代表性的是敞口斜曲腹碗、薄唇碗、斜曲腹盘等。[4] 涧磁岭窑区持续生产高质量的产品，产量达到了峰值，A区、C区两个发掘地点最厚、最丰富的地层均为金代，金代是定窑生产的极盛期，特别是大定以后，统治者的清明政治，使北方地区的制瓷业全面发展。[5] 石宗璧墓为金大定十七年（1177），此时金代已经迁都北京，并实现了北方地区的统一，北京当时最大的瓷窑龙泉务窑已经停烧，定窑的制瓷业达到了顶峰。北京瓷器口金大定元年至七年之间（1161—1167）吕恭墓，官至修武校尉，从八品上，出土定窑白釉5件（粉盒1件，白釉碗2件，白釉瓶2件）[6]，北京石景山八角村金皇统三年（1143）赵励夫妇墓，授"将仕郎"，正九品，出土定窑瓷器6件（白釉执壶1件，白釉碗3件，白釉葵口盘1件，白釉粉盒1件）[7]，及石宗壁墓，这些金中期墓葬，均以出土定窑白釉瓷器为主，根据墓主人的等级亦反映出定窑白釉瓷器的数量和质量，素面器居多，石宗璧墓出土的白釉刻花葵瓣纹碗属于细白瓷中的精品。另，这几个金墓出土的定窑白釉瓷器的器型较单一，均以碗、盘、碟为主要器型。这些墓葬出土的定窑瓷器与定窑窑址的生产情况相互印证，此时期定窑处于生产的繁荣时期，以生产日常实用器为主，器型种类减少，印花和素面器普遍流行。

（二）石宗璧墓出土的耀州窑青釉瓷反映出的民族特色

石宗璧墓出土耀州窑青釉鋬沿洗，是金代耀州窑青釉瓷中的

---

[4] 秦大树：《定窑涧磁岭窑区发展阶段初探》，《考古》2014年第3期，第92页。

[5] 秦大树：《定窑涧磁岭窑区发展阶段初探》，《考古》2014年第3期，第94页。

[6] 王清林、王策：《瓷器口出土的金代石椁墓》，《北京文物与考古》2002年第12期，第88页。

[7] 王清林、周宇《石景山八角村金赵励墓墓志与壁画》，《北京文物与考古》2002年第12期，第183页。

精品，具有浓烈的游牧民族风格。錾沿洗是由唐代的金银器的錾耳杯演变而来，1970 年陕西省西安市南郊何家村窖藏出土了金银器、玉器等 1000 余件，其中仕女狩猎纹八瓣银杯、掐丝团花金杯、舞伎八棱金杯[8]，杯柄带指垫环，颇具独特风格。发展到辽代指垫加宽加大，如内蒙古通辽市吐尔基山辽代墓葬出土的单耳八棱金杯[9]，安徽六安县花石咀宋墓出土的银錾耳杯[10]。中亚文化通过草原丝绸之路传到中国北方，辽代器物在其造型等方面保留自身特点并融合中亚和汉族的文化元素，形成自己独特的风格。錾耳是耳下面的圆环，具有游牧文化的特色，錾耳能够系在腰带上或绑在马背上，手指插入錾耳，在马背上饮酒也很稳当。随后此种錾耳造型为瓷器所仿制，錾耳杯体加大，去掉底足，在宋代的官窑、定窑、钧窑、耀州窑均有烧造。金代耀州窑生产数量并没有减弱，而且还有所发展，除供当地所用外，耀瓷还远销全国各地。[11] "耀窑……初烧青器，仿汝而略逊，后烧白器较佳……，其色甚白，有似熟菱米之白不等"。[12]耀州窑址出土的 K 型洗（考古号：85IT13③：21）[13]与石宗璧夫妇墓青釉錾沿洗相似，釉色较暗。与其时代较晚金大定二十四年（1184），北京地区出土的金乌古伦窝论墓出土 2 件耀州窑月白釉錾沿洗[14]。这 2 件錾沿洗与石宗璧青釉錾

---

8 陕西省博物馆、文管会革委会写作小组：《西安南郊何家村发现唐代窖藏文物》，《文物》1972 年第 1 期，第 30-40 页。

9 内蒙古文物考古研究所：《内蒙古通辽市吐尔基山辽代墓葬》，《考古》2004 年第七期第 52 页。

10 安徽六安县文物工作组：《安徽六安县花石咀古墓清理简报》，《考古》1986 年第 10 期，第 916 页。

11 杨东晨：《论金元时代的耀州窑》，《河北陶瓷》1991 年第 2 期，第 28 页。

12 许之衡原著、叶喆民译著：《饮流斋说瓷译著》，紫禁城出版社 2005 年版第 34 页。

13 山西省考古研究所、耀州窑博物馆编：《宋代耀州窑址》，文物出版社 1998 年版，彩版六 2。

14 袁进京、王武钰、赵福生：《北京金墓发掘简报》，《北京文物与考古》第二辑，第 216 页。

沿洗器型相似，尺寸略大，釉色更为精美，细润光亮，有玉质感。耀州窑青釉鋬沿洗是具有游牧民族风格的器物，出土于金代官员的墓葬中，与金代游牧的民族风格息息相关，同时也代表金代耀州窑烧造的最高水平。

（三）石宗璧墓出土瓷器反映的金代北京地区中、低官员墓葬用瓷的构成

1141年，南宋朝廷与金国签订《绍兴和议》，南宋向金国称臣并纳贡割地，两国逐渐形成稳定的社会发展环境。之后，金海陵王执政时期大力推行汉化政策，1151年，决定由上京迁都燕京，改名金中都，世宗时期与南宋和平相处，促进了社会生产的恢复和经济的繁荣。金大定十七年（1177）属于金世宗时期，此时社会稳定，经济发达，北方地区的手工业得到了长足的发展。陕西铜川耀州窑、河北定窑和磁州窑等瓷业飞速发展，生产力和产品质量有所提升，并销往全国各地，而北京辽金时期最大的本地瓷窑龙泉务窑，到此时已经停烧，所以此时期北京地区的用瓷以输入瓷为主，本土瓷器少见。石宗璧墓出土38件瓷器，其中37件均为输入瓷（见表三），以距离北京地区较近的河北定窑、磁州窑的器物最多。说明金代中期，北京地区中、低官员墓葬用瓷的构成主要为河北定窑、磁州窑，部分为陕西耀州窑及其它地区窑口的瓷器，本土瓷器少见。

表三：石宗璧夫妇墓出土各窑口瓷器统计表

总数	定窑	磁州窑	耀州窑窑	未知窑口	龙泉务窑
38	30	2	1	1	1
占比	78%	13%	2%	2%	2%

四、结语

本文通过对石宗璧墓出土瓷器类器物的梳理，将随葬在一号或二号墓的瓷器进行了大致地整理和推测，并对出土瓷器的窑口、釉色、制作、装饰技法和纹饰等方面进行了初步整理和分析。石宗璧墓出土的定窑瓷器刻划花装饰较多，且纹饰多为宋金流行的萱草纹，质量上乘，为金代定窑中的精品。

　　本文亦通过石宗璧墓出土瓷器的构成，来探讨金代中期关于定窑、耀州窑的发展情况，从而证明金代中期定窑、耀州窑还处于繁荣发展时期，能够生产出高质量的精品瓷器，耀州窑烧造出具有游牧民族风格的精品瓷器。而金代中期，北京地区的用瓷情况也发生了变化，以使用本土瓷器为主转变为使用输入瓷器为主，加速了本土瓷窑的灭亡。石宗璧墓有明确的下葬时间的纪年墓，其出土的定窑瓷器对学界研究金代墓随葬瓷器的规格、数量、纹饰、作用等方面提供了实物证据。

　　（李兵，首都博物馆副研究员）

九棵树明墓随葬金代瓷枕函

■ 周 良

　　1992 年 4 月 11 日，文物所同志得悉，通州区梨园镇九棵树村一村民家发现存有刻字方石两块，乃知是"大明诰封武德将军神武中卫正千户刘公墓志铭"一合，记述刘贵从燕王朱棣靖难立功之事，正德中卒，葬于通州城南。访问这家主人得知，此墓志是去秋浇麦修渠之时出土，同出土者还有一件绿釉瓷盒，便求一见，乃是绿釉刻花瓷枕函。遂告之出土文物应交国家，务必妥善保护，不准售赠他人。次日，即与该村书记并去其家，再次宣传文物法，将所出两件文物收归文物部门收藏。

　　枕为每人必用之物。《事物原会》载："神农作枕"。"枕"字从"木"，大概人类起初当以一段树干作枕入眠或歇息。至商代，便有"玉虎枕"出现，乃当时单池国

九棵树村出土的金代瓷枕函
（通州区博物馆收藏）

所献与纣王。自此以后，各种质料与造型的枕头相继问世，千姿百态，珍品倍出。沿至唐代，方有枕函出现，咸通间进士司空图有诗曰："偶然楼上卷珠帘，往往长条拂枕函。"枕函也称枕匣，因枕头中间可以放置物件故名。《宋史·李光传》就有其"尝置匕首枕匣中"之记载。可见，唐宋时代，枕函已普遍使用。瓷枕始于唐而兴于宋。通州区出土的瓷枕函，平面呈长弧形，长39、宽26、均高11厘米，身、盖合口严实，甚为合体，比例恰当，线条柔和，造型美观。身的内底坦平，微示卧足，腹等高弧侈，直口平沿；盖口如身，圆肩弧敛，顶面缓斜。合之，后高11.5厘米、侧高12.5厘米、前高9厘米，悠然圆润，适合一般成年人枕用，仰、侧咸宜，函内若收放金银珠宝饰物，可保无虞，若贮之以镇脑清神的药物，其健身作用当愈强。

此枕函胎质疏松，白中闪粉，瓷性较低，薄厚一致。其盖表施草绿厚釉，面刻花纹，分内外二区。边缘环刻一道弦纹，坡肩环刻数道弦纹，规整中又见潇洒。外区呈狭环，内刻牡丹散瓣，流畅自然，颇显娴熟；内区缓平开阔，刻有折枝牡丹，叶纹洗练，瓣纹繁缛，寓意富贵。由于入烧之时釉流积线内，故此花纹呈现墨绿之色，深浅映衬，更显秀丽。圆望处率意环刻数道弦纹，高低飘荡自如，有如流水行云，富有流韵。枕面的内壁线刻毒蝎一只，肥身长尾，望之寒栗，栩栩如生；身之口部环刷一笔绿釉，前部靠底处亦草刷一笔，随心所欲，颇见洒脱，其余均露胎，身之腰部、外底亦环刻弦纹数道，与盖之弦纹呼应。既具古朴、典雅、和谐之美，又有实用、合体、舒适之效，堪称佳品。

尤为珍贵者，是枕函外底残留淡墨楷书年款二行，系匠人用笔润墨随意写在胎坯之上，右纵书"大定廿年□枕□……"，左纵书"（shí）大定二十年四月二……"，因墨水渗入瓷胎，故虽埋于地下凡五百年许，水浸土咬，墨迹尚然可见。由于二行墨款下部被烟油污染，字迹已不可辨，然仅此残迹亦甚难得。

在北京地区，只有龙泉务窑址曾出土一件辽代三彩器，带有"寿昌五年"之年款，而今存辽瓷百千，有年款者别无他例。此次通州区出土瓷枕函底部写有金"大定廿年"之年款，大概在今存金瓷中尚属首例，因而打破了"金代无瓷"之旧说。

高楼金村出土明代戴芳墓志

■周　良

　　1995 年 6 月，梨园镇高楼金村西南施工中出土一合明故戴处士墓志铭。汉白玉制，志盖纵长 50、横宽 48.5、厚 8.5 厘米；志底纵长 50.5、横宽 49、厚 8 厘米。盖刻玉柱体篆额 3 行，行 3 字，为"大明故戴处士墓志铭"，是太常寺少卿、会稽陈刚所书，稳健柔美；志底纵刻小楷 25 行，行 28 字，首题为"明故戴处士墓志铭"，为翰林院国史编修、仁和江澜所撰，中书舍人，莱阳周文通书丹，工正刚劲。研读志文，受益非浅。

　　一、志文表明地名变迁情况。唐太宗亲征辽东，俘虏高丽民分住于幽州地区进行屯垦，遂出现高丽庄村名，此村名直至元代尚然沿称，《元史·河渠志》载：通惠河"东至通州高丽庄入白河"。但在戴芳墓志中载：明成化癸卯年（1483）九月，戴芳"葬高力庄之原"，"丽"变成"力"。但是在嘉靖间所修《通州志略·舆地志》中又载：通惠河"东至高丽庄入潞河"，仍用"丽"字。表明在明代，"丽""力"混用。然而有清一代，一直用"力"字，直至于今可见，"高力庄"写法最晚已在明成化年间出现，至今已有 500 余年历史。

　　志文又载戴芳自北京德胜关里"徙居通津张家湾，创业于中码头"，可知明代中期张家湾运河段已经分设上、中、下 3 座码头，今张家湾镇北马头村（原上"马头"）亦此时始称。

二、补证历史事件。《明史》记载在洪武、永乐年有 5 次大移民运动，其中只记第二次迁民运动言将"江浙"富户迁至北京附近，以实京师，其余 4 次皆为晋、豫等省地少人多处迁贫民至北京地区垦居，以卫北陲。但志文载："永乐初，取天下富民实京师。"可见，迁移富民不仅是江浙省者，而是"天下"。此即补历史记载之不足。

三、志文宣传勤俭持家、孝亲诲子、乐善好施、乡里和谐等中华传统美德，对于今天经济、政治、文化、社会建设有重要借鉴意义。戴芳"创业于中码头，不惮江湖之险"，"业益饶裕"，其"疏财仗义，乐善好施之心拳拳"，"卒之日，惟以勤俭孝敬遗训子侄"，这些言行，亦值得今人学习，发扬其优良品德。

东小马村出土清人木乃伊

■周　良

　　1994 年 6 月 9 日上午，通县梨园镇机务站张志强同志在该镇东小马庄东开机掘土时，在距地面 1 米深处，忽然发现一巨大墨漆棺材，立即报告该镇蹲点抓麦收工作的领导。此事马上报到县文物主管部门，古墓得到及时清理。继 1988 年张家湾镇北仪阁村东出土两具清初干尸后，再次发现两具清中后期干尸，轰动全县，因现场保护完好，因此也揭开了干尸形成的秘密。

　　此次发现的巨大棺材原来是一杉木椁，南北向，长 3.1、宽 1.33、高 1.32 米，椁板厚 17 厘米，暗销咬榫结构，相当严实，六面油饰黑漆厚约 0.5 厘米，内之气不能出，外之水无以入。椁内并列平放二棺，头北尾南，黑漆厚亮照人，形制相同，大小相等，柏木所制。长 2.42、宽 0.63、高 0.83 米，棺板厚均 15 厘米，构造如椁，严丝合缝，四外罩漆厚约 1 厘米，水、气不透。底上均铺一层香灰，厚 4 厘米；继铺一层宣纸，厚 3 厘米；继严置一块柏木薄板，厚 2 厘米，视为寝床；继铺一条团寿字黄缎丝绵褥；继为仰身直肢葬尸体，须发浓密，皮肉干硬而略有潮气，男者长 1.6 米，女者长 1.44 米，上身各着 4 层寿衣；继盖条形卡颈百蝶花鸟纹印花布面丝绵寝被，凡空隙处塞严长绒绵团和长方体宣纸香灰包及少量木炭；继严置 2 厘米厚柏木制子盖，面刻海棠池，内绘金蔓缠枝莲、雅墨龙珠及花草拐子纹。如此，棺内原存空气极少，尸体内水分被吸潮物所取，有细菌亦不能使皮肉腐烂，反而窒息而死；外部空气、水分丝毫不能入内，细菌也无从而入；加之棺椁埋于高处黄粘土质之中，雨水易流少渗，地上水位又低，环境干燥。这些就是干尸形成的秘密，其防腐措施之研究可谓深矣！这是我国古代劳动人民智慧的结晶。

其随葬衣物多为平日所用，二尸同有者为凹形团寿字黄缎枕、无领对襟马蹄袖团龙珠纹蓝色锦袍和免腰开脚五蝠捧寿纹黄缎棉裤。男尸独有者为胸补横幅绣双凤梅松纹黄缎条被、无领右衽马蹄袖五蝠捧寿纹黄缎棉袍、无领右衽长袖方锦夹蓝褂、盘领宽袖右衽绣金边团龙珠纹蓝锦袄、纳底高勒补云纹白布袜、千层底补莲瓣长筒黑尼靴、黄缨银座水晶珠顶黑尼帽、系双珠缨络绣梅佩袋、系蓝缨长方形绣博古纹荷包、系绣套银嘴珐琅杆铜锅烟袋、丝线锦套扁弧形铜烟盒、宝扇形锦套檀木如意柄胡梳及七色圆饼形水晶片等；女尸独有者为盘领右衽云凤盘肠纹黄缎袄、对开百褶折枝莲纹蓝锦裙、盘领宽袖右衽绣金边八宝纹蓝锦袄、蓝色绣鹅莲纹系带尖鞋与长背元宝顶黑尼帽等。其面料之华丽、刺绣之精美、制作之优良，颇能反映我国古代纺织技术与工艺水平之高，令人赞叹不已。

当月13日夜，机手赵永立又在同地发现，一椁二棺，系清末墓葬，报县文物部门清理后得知女尸已干，男者胖而后死，尸体正在干化。此二尸防腐措施与上述二尸者有两点不同，一是底层铺3厘米厚石灰；二是灰上铺4厘米厚香味中草药末与松木锯末，搀和均匀；尸体四周空隙塞严绵团木炭外，主要还是长方形宣纸中药锯末包。此不仅有吸潮作用，而且有杀菌灭虫消毒作用，较之更为科学，今可借鉴。

众所周知，通州区地处北京东南部，地势低洼，气候潮湿，地下水位较高。就是在这样一种自然条件下，竟然多次出土（以前曾出现过几次）古代干尸，这到底是怎么回事呢？从近年来两次出土的清人干尸的情况来考察，其形成的原因主要有以下几个方面：

一、地理环境是傍河高地。前者在凤港河北岸高地，后者在元代至元年间郭守敬督修的通惠河南岸高地。雨水在墓地处积存不住，很快流入河中，即使渗入土中的雨水，一部分蒸发而出，一部分渗走而去，墓地处长时期保持干燥，此乃是干尸形成的因素之一。

二、圹坑土质系纯洁黄色粘土。二座墓圹坑土质均为纯净的黄粘土，碱性很小，故对棺木侵害不大，此也是干尸形成的因素之一。

三、棺木所髹（xīu）数道生漆。殓尸棺木内外髹以生漆，内朱外黑，尤其是外部黑漆髹达1厘米之厚，将棺木封严，既不能透水，也不能透气，这是干尸形成的关键因素。生漆硬膜，坚韧耐久，极难腐蚀，不仅有效保护棺木，而且将棺木缝隙弥实，使棺内尸体与棺外气体、水分完全隔绝。外部空气与水分丝毫难以透入棺内，能够腐尸的细菌也不能随而入内，以补充棺内细菌的不足。

四、棺内所塞各种吸潮物质。因张家湾镇干尸出土现场被严重破坏，棺内除知有夫妻二尸及所用衣褥外，不知还有没有其他防腐物品。而梨园镇出土干尸因由考古工作者亲自清理，则棺内的物质知之甚详。棺内男女二尸皆着四层衣服，贴身上穿单褂，外套棉袄、棉袍、袱袍，下服棉裤，脚登棉靴（鞋），头戴棉帽，下铺棉褥，上盖棉被，头枕棉枕，空隙处塞有木炭、长方形宣纸香灰包和长绒绵团，严严实实，几无空间；棺内有子棺，上下各由2厘米厚柏木板组成，子棺底与外棺底之间，平铺两种吸潮物品，下层是4厘米厚香灰（烧香余灰），上层是3厘米厚黄色原书宣纸。这也是干尸形成的关键因素。由于棺内空间极少，因此依空间而存在的细菌也必然很少，细菌生存与繁殖所需的氧气也必然很少，有限细菌随着氧气消耗而消亡断绝，外部细菌不能入内，所以尸体难以腐烂；尸体虽静置棺内，但也在不断运动，其所渗出的油脂与水分渐渐被周围吸潮物质吸收，逐渐形成木乃伊。由于女尸瘦小，而且先殓时长，因此开棺时尸体干化程度较高；男尸肥大，而且后殓时短，故开棺时尸体干化程度较低。

五、棺内放有灭菌防腐药物。尽管尸体散发腐臭气味（还伴着微量中草药味），也不落一只苍蝇。证明尸体或衣物中含有一种杀菌驱虫的药物，这被在与后者同时出土的另一对干尸的棺内所放药物所证实。这对干尸的棺木除髹封生漆与尸体所穿衣物外，棺内底部铺有3厘米厚一层石灰粉，上再铺4厘米厚一层由锯末、炭渣与中草药拌和的物质，空间除塞木炭外，主要还是由上述三种物质组成的宣纸包。

如此，棺内所置物品不仅有吸潮作用，而且有灭菌驱虫防腐作用，比上述第四条所述更有科学性。

在我国西北沙漠地区，古代木乃伊屡见不鲜，其主要原因是由于特殊的地理环境和干燥气候等自然条件形成的；在我国南方也偶曾发现不曾腐烂的古代尸体，但很少见木乃伊，在那样阴雨绵绵，气候潮湿，土壤水分充裕的条件下，古尸不腐，鲜如新葬，其防腐措施是相当科学的，值得深入研究。

在北京通州区地势低洼处发现古尸木乃伊确是鲜见的，其形成的秘密由于文物工作者的清理被揭示了，这个科学的防腐措施是需要今人深入研究和很好借鉴的。

漫话明清御窑金砖

■ 李广成　康和中

　　明代通州曾建有两个金砖储备场所，一在今梨园镇砖厂村（旧属张家湾镇），一在今永顺镇新建村。所谓金砖，乃朝廷委官监制烧造，用于皇家宫殿、园林、陵寝等建筑，有特殊标记的极品澄泥方砖。

一、御窑村和御窑金砖的确认

　　据史料记载，明永乐四年朱棣决定营建北京皇宫城池之时，在南直隶苏州城北三公里、毗邻大运河的陆墓（因唐代中书侍郎陆赞葬地而名）乡，有一个地方土质多锰，早在 5000 年前新石器时期就能够烧制黝黑发亮、质坚、壁薄的蛋壳陶器，属于黑陶文化区。明代开国之初，此地的窑户，曾为都城南京皇宫烧制过墁地方砖。然而，在迁都北京时，因百废待举，工程浩繁，奉命重建北京皇城的泰宁侯陈珪、刑部侍郎张思恭，为节约财力、物力、民力，不拟再在此设厂烧砖用于北京宫殿建筑，只想在北京附近设黑窑厂就近烧造，不足部分再派给顺天府及山西、山东有关府州民窑去完成，这样即省时省力，更可免去转运劳顿之苦。

　　当时"命工部征天下诸色匠作，俱赴北京听役"中的制砖能工巧匠，经几番烧制的墁地砖，从颜色到质量，都难与未来富丽堂皇的宫殿相匹配，而皇帝朱棣对正在施工的奉先殿（后改称皇极殿，清顺治二年定名太和殿）将墁铺什么样的地砖又十分关注，于是陈珪等人把北京烧制的和南京库存的地面砖，同时呈请皇帝审定。尽管库存的苏州地面砖工艺还较粗糙，但比北京烧制的要坚硬而细腻，最终还是钦定苏州府陆墓乡烧制。遂敕令"苏州府地方官并巡抚，永为朝廷督造"。于是乎任务紧急，迅速组建起泥水作、焙烧作、小木作、大木作、印作、柴厂、歇房、陶灵祠等机构和用房。自此，这里制造地砖质地细腻坚硬，色泽黛青古朴，制作缜密精巧，产品敲之声响，剖面无洞，永乐帝赐名为御窑。上述烧造工人、车船转运户及服务性行业户，渐成聚落，人们便将它称作御窑村。

金砖这个名称出现比御窑村称名晚。更多的砖瓦史研究者认为，御窑村烧造的地砖，贵重如金，平明如镜，细腻如脂，敲击能发出金石声，因此被人们称之为金砖，并写入朝廷的奏章、档案及各种史书典籍中，成为独一无二的正式名称。亦称澄浆砖，凡是尺七以上者均可称金砖。

二、金砖工艺精细，成本昂贵

烧制金砖，首先是选上好的锰土，要将挖取的锰土进行澄浆淋泥，在晒到半湿半干的时候，倒入熬好的糯米汤，再经千百次的翻、捣、摔、揉，此过程中还要进行"醒泥"，目的是去除泥中胶质性气，达到融合滋润，以防干裂。最后将醒泥压入模具内，做成规规矩矩砖坯，再择一侧面印上几方条形阳纹印记，表明制造朝代、承造单位及窑坊窑匠等。据说清乾隆、嘉庆年间的金砖模具，是用上等硬木由小木作精工做成，即平直方正又光滑而拥，以保障挤压坯料时或见湿见干不变形。

砖坯制成后，放入专门储藏的砖坯房中上架摆好，然后关上门窗，用5个月左右时间将其阴干。当目测、触摸砖坯已达到入窑烧制程度，就入窑焙烧。焙烧时，一要砖坯不能直接受火，二要根据散湿、增硬、兑变的不同阶段，采用不同燃烧柴料。但不管火力强弱，均需把握逐渐和均匀这两个原则，操作全凭经验。所以在焙烧过程中，必须由焙烧作作头日夜看守现场，直接负责监造的官吏，此时也不敢须臾怠慢，要反复巡视监察。

烧造一批金砖，基本用一年时间，从春天取土制坯，经入窑焙烧，到洇水闷窑，最后出窑，整个过程中若气候和制作环节通畅，一般多在第二年元宵节左右，方能见到成品。金砖出窑后，首先进行检查筛选：一要查它的侧面上是否漏打御窑标志的戳印；二要看表面有无炸纹；三要看有无走形；四要看颜色深浅是否一致；五要看是否烧透，将被验砖立在另一块砖面上，用木槌击之，听声音正不正，用以检查密实度和烧彻度。据《大明会典》记载，明嘉靖年间，烧造五万块金砖，竟用了三年时间。其中既需繁重的体力劳动，又需精湛的工艺与丰富的经验，且周期较长，景德镇的官窑瓷器烧制也只不过三个月时间。可见那时烧造一块金砖，不计此后运输、保管费用，其成本就相当于当时上等白米一石价格。而乾隆年间，金砖工艺愈加精细，造价可能会更高一些。

三、金砖经包装，从水路运至通州储备

对于选定的金砖，要像官窑瓷器一样，首先用黄纸包封，然后装入木制包装框里，用稻草甚至棉花挤垫，再用稻草绳捆扎木框，以增加运输震动时弹性，最后装上船经大运河运至通州。明代运砖用船并无定制，急时用专用船，不急由漕船捎带。清康熙年间，每年农历正月，在苏州、松江、常州、嘉兴、湖州等府白粮漕船起航北上时，明确每船捎带金砖具体数额，到达通州验收后存入金砖厂储备，尔后遂成定制。

历史上通州先后曾有两个金砖厂，大体以通州石坝码头建成为界定时间，即明嘉靖七年（1528），此之前，苏州御窑金砖储存在现今梨园镇砖厂村的金砖厂，因那时入京的日用百货、皇家建筑材料，多在张家湾的上码头起卸转运。之后，金砖储存在现今永顺镇新建村的金砖厂。工部根据工程规格（有时要事先定造）、

苏州御窑金砖博物馆馆藏金砖（图片来源于网络）

用项，派员到通州金砖厂进行挑选，然后将选定的金砖陆运到施工现场（如明代十三陵，清代的东西陵、承德避暑山庄等）。

除上述两个金砖厂外，据通州老辈人讲，曾有人亲眼得见，在通州西仓，即现今北京红旗机械厂院内仓廒里，储存过苏州御窑金砖。房内有宽大的楸木架子，架子背后书写"大清某朝某年造"字样，架子分层，每层有三分之一金砖边长的隔档，每隔档立放一块砖，人站架子边对砖的品相一目了然。据有关清代史书记述，金砖是"随漕船到通一并交兑"，和"工部派员至通检选金砖"，也可以证实老辈人所讲可信，由此我们也能了解当年金砖储存状况的一斑。

四、金砖具有收藏、实用双重意义

在封建社会，金砖是皇家的御用品，其中砖上都有苏州府督造字样。而清宗室的亲王、世子、郡王、贝勒、贝子府，有的也墁铺这种地砖，其质地可能也非常好，但绝对不可使用带有御窑苏州府戳印的金砖，其印记多为"窑户某某造"，或"窑户某某"，"作头"或"匠役""某某造"。至于百姓，乃至一品封疆大吏，宅院中绝不可私藏私用带有苏州府御窑戳印的金砖，否则会因越制引起杀头之祸。但也有例外，如明代与唐寅、祝允明、徐祯卿被喻为吴中四才子的书画家文征明（1470—1559），晚年家中有一块上好金砖，并为其特做了一个硬木架子，每天悬肘在砖上练字，因此对书写提按用笔多有感悟，由此还引起同乡祝允明的羡慕与嫉妒。也许文征明的这块砖是他做翰林院待诏时，由明世宗朱厚熜所赐也未可知。

另外，据清代笔记小说记述，乾隆南巡时，在苏州听到文征明曾在金砖上练字故事，很想亲自体验一下，于是时任苏州巡抚的尹继善（1695—1771，官至文华殿大学士兼军机大臣），立马从御窑村取来明万历年间留窑的一块样品金砖。乾隆皇帝将毛笔蘸水，在砖上一番笔走龙蛇后，感觉不滑不涩，颇似宣纸效果，便发出金砖练字，省研墨抻纸，反复为之，不费一文的感慨。并传谕旨，带回百块，以备诸皇子习字。此时尹继善趁机奏请，结果皇帝赏给了他一块金砖，后来尹的儿子《萤窗异草》作者庆兰，继承了这块金砖并在上边练过字。不过，清末民初之际，确有一些收藏者，以家藏一块金砖为荣耀，尤其文人墨客为了练习书法，梦寐以求想得到一块金砖。他们多为金砖特意做个架柜，摆在客厅或书房，即有尊崇显示之意，也为自己练字实用。

明清御窑金砖，如今已成历史文物，且民间藏量很少。金砖制作仅从永乐十八年算，至今已有近600年历史。民国建立，不再烧造金砖。加之天灾战乱、居住迁徙、人事变迁、历史久远，所以留存下来的不多。近年来有文章报道在苏州御窑村姚兴明手里，藏有多块金砖，其中还有两块为明正德年间烧造。我们从上世纪八十年代就开始在通州、北京市内搜集金砖，本世纪初始，还驾车到千里之外苏州，高价收购民藏金砖，已收集有明代、清代不同皇朝不同尺寸的金砖18块。

我们所藏金砖，大多有原配的精制硬木砖架砖柜，品相完整、印章一般三个，最多者竟有五个，现就其中两块金砖烧造年代、规格、重量列表如下：

| 朝代 | 印记 | | 古代市制尺寸 | | 重量 |
	序号	印款文字	边长	厚度	（公斤）
明	1	嘉靖三十七年细料贰尺方砖	二尺	四寸	90.2
	2	陈□龙 直隶苏州府等管工官通判佘玄熙丞 贡橄			
	3	窑户杨□造			
清	1	乾隆十六年成造细料金砖	一尺 六寸	三寸	43.3
	2	江南苏州府知府刘愭署知事卢师武管造			
	3	长一尺六寸　宽一尺六寸			
	4	二甲钱君荣			

　　金砖在收藏市场，目前还未引起普遍重视，对一块金砖的评估及价位，有待于流通中形成共识。可喜的是，中央电视台鉴宝栏目，曾展示一块民藏金砖，经专家鉴定，其估价不菲。另据笔者所知，近来书法界一些方家也在渴求。总之，从收藏角度，必然讲究品相、年代、印款、质地、颜色，以及是否有配套精致架柜等等；若兼重实用，还要考虑砖的尺寸和毛笔在砖上书写效果。而真正论及金砖优劣，还会涉及明清两代陶政"官搭民烧""分派窑户，遣官监造"等管理形式，对此本文不再赘述。

史海钩沉

具有重要史料价值的孙如玉墓志铭

■ 孙连庆

根据现有史料，我们知道西汉初始建路县，治所在今古城村，称路城。东汉初，路城毁于战火，路县治所东迁至今三河市城子村。后来，西迁至今通州城址。那么，何时西迁至白河以西通州城址呢，史籍则没有明确记载。而 1983 年在梨园镇小街村出土的唐代孙如玉墓志铭，为我们了解唐代潞县（东汉路县改称潞县）的情况提供了一些线索。这些线索告诉我们，在唐代，潞县治所便已迁至通州古城。

1983 年 6 月，土桥砖瓦厂在小街村东南取土坑内，出土了唐代孙如玉墓志。该墓志由艾叶青石制成，为平面四方形，每边长 47 厘米。覆斗形志盖，

（唐）孙如玉墓志（一）

中厚9厘米，边厚4.5厘米。
志盖四角线刻牡丹花，四坡面
线刻十二生肖，每坡面三个，
均为站立状。各生肖身披圆领
袈裟，前肢内掩，头、颈呈鼠、
牛、虎等各生肖形象。志底厚
7厘米，额方形，篆刻"孙公
墓铭"四字。志底四角刻"×"
纹，四边刻双线，中刻纵线，
纵线间刻楷书志文。序文首题
"平州[1]卢龙府[2]折冲都尉[3]乐
安[4]故孙如玉墓志铭并序"，
共13行，每行20字；铭2行，每行23字。

（唐）孙如玉墓志（二）

正文：

平州卢龙府折冲都尉乐安故孙如玉墓志铭并序

唐贞元十四年戊寅岁秋八月甲申日

故平州卢龙府折冲都尉、前潞县录事[5]乐安故
孙公，讳如玉，享年七十有一。比无疒[6]染，以贞
元十四年二月四日忽奄，发引于潞县潞城乡临河里。

公顷年授上府都尉，兼本县录事，主乡曹、
立纲纪廿年以上。其源流世禄以未荣，泊公祖讳
处艺、父讳仁贵，自上门传命，问乡县酋豪，累

---

[1] 平州，西晋始置，唐沿袭旧制，也称北平郡。治所在卢龙县，即今河北省卢龙县。

[2] 卢龙府，唐代始置，因域内有卢龙山故名。

[3] 折冲都尉：唐代实行府兵制，军队隶属于州县。卢龙府内置折冲都尉和果毅都尉各一员，统帅府兵，下设长史、兵曹等。折冲都尉和果毅都尉为地方军事长官。

[4] 乐安县，孙如玉的祖籍，西晋始置，唐因之，旧址在今浙江省仙居县。

[5] 录事：公府内部官，相当于汉代郡主簿之职。官秩从七品。

[6] 原文为疒字旁，加九字。电脑打不出。音jiu，意为"病"。"疚"与其为通假字。

代物望，恩布闾阎。何期奄化风烛，俄顷百年！君子曰："有字如此，善人不保，寿而不得其终，可哀恸也！"

念陇钶鍜缺[7]，魂埋潞川，东有潞河通海，西有长城蓦山，南望朱雀林兼临河古戌，北有玄武垒至潞津古关，并是齐时所置，子子相承，万世不朽，今人可听也。

公嗣子文林郎、试左金吾卫兵曹参军敬新、次子敬超、敬芝等并尽礼书于墓门……

铭曰：临高原兮长岗川，孙公宅地分莹其间。旷野萧条兮潞津南，冥冥寞寞兮秋月闲。儿女望兮哭号天，苏氏瞻痛兮泪涟涟。

通过墓志我们可知，墓主人为孙如玉，享年 71 岁。孙如玉生前并没有感染疾病，在贞元十四年二月四日，也就是公元 798 年 2 月 4 日盍然去世。798 年 9 月 21 日葬于潞县潞城乡临河里。

孙如玉的坟冢在潞河（今北运河）旁边，东边有潞河，河通海，龙潜于水；西边靠近长城，可见西山，虎踞于山；南面不远是一片森林，雀栖于林；北面背靠潞县城池到古关，正合玄武之说。坟冢居于此，左有青龙，右有白虎，前有朱雀，后有玄武[8]，四方都有神灵保佑，真是选在"吉地"了。后世子孙在祖辈的阴德庇护下，万世不朽，后世的人们是可以看到的。其长子敬新职衔为文林郎、试左金吾卫兵曹参军，次子敬超、敬芝等祭奠后，郑重的将以上书写在墓门。

从志文中，我们可以提取到一些重要的信息：首先，志文中说"玄武垒"，即潞县城池是在"齐时所置"。齐，即北齐。清代通州籍学者刘锡信在所著《潞县治考》一文中，根据对史料的深入研究，对县治迁至潞河西时间作出了自己的判断。他写道：潞县"徙治潞河西，虽年代莫考，疑当在齐周置渔阳郡之时。"齐，即北齐；周，即北周。北齐存在于公元 550 年至 577 年；北周存在于公元 557 年至 581 年。

---

[7] 念陇钶鍜缺：念，考虑。陇，同垄，坟墓。钶，音 rì，钝，无棱角。鍜，音 xiá，竖重之状。缺，音 kuǐ，戴帽之状。此句形容坟头圆形，像无棱角而坚固沉重的帽子。

[8] 卢龙府，唐代始置，因域内有卢龙山故名。

刘氏的判断在时间上比较宽泛。刘氏生活在清乾隆年间，即1736年至1795年，距离北齐已有一千二百年；而孙氏生活在唐贞元年间，即公元785年至805年，相距北齐只三百年，可见，墓志所记似乎更为可信。

其次，墓志序文中还有"潞津古关"的记述。潞津，指潞河靠近潞县城河段，那里是重要的渡口；古关，即在那里设置的一个具有防卫性质的关隘。秦代所建的蓟（今北京）襄（今辽阳）驰道经过潞县城与潞河向东，是中原连接东北地区的重要孔道，这条驰道对于两个地区的经济文化发展至关重要，历代都极为重视。因此，北齐在潞县城附近潞河上设置关隘，以加强管护。依据以上两条线索，可以推断出潞县治所从三河县城子村西迁至潞河以西，极有可能是在北齐年间。

在墓志序文中有"西有长城蓦山"一句。刘锡信在所著《通州长城考》一文中，记载了清乾隆年间通州境内北齐长城的情况："州城西北四里有古长城，迤北接连顺义，南近通惠河北岸而止。逾河而南复间存一段，又变而东西横亘，再南为西门外入都孔道。考其形势，长城本绵连南北，似挑通惠河及修西门外通京石路掘断者。又，唐李丕墓志石，得之城南，其铭曰：屹然孤坟，长城之东。可见，长城自北绵亘而南，唐时城西南遗址尚存也。"从文中可见，东西向的一段很短，

（清）刘锡信《长城考》（局部）

位置在西门入京道路迤北与通惠河之间。京通石道，修建于清雍正七年，即1729年。所掘废土存放何处，刘氏不得而知，因此，认为是北齐长城的一部分，对于这段记述，可以认为只是刘氏的推断或猜测。从刘氏文中可见北齐长城总体是西北——东南走向的。从以上资料中可以得出两个结论：其一，从小街村西与通州西门外四里位置划一条直线，大概是北齐长城的走向。那么，北齐长城应该是通过今梨园地区的。其二，现在的文保单位，所谓"北齐长城遗址"存疑。在孙氏墓志序文中，有"北有玄武垒至潞津古关"句，没有提到北齐长城，可见，当时的潞县城南至小街村之间没有长城。而刘氏文中所引唐李丕墓志中，有"屹然孤坟，长城之东"句，李丕墓志的出土地点在清代通州城南，说明自唐代起，那里没有长城。刘氏对清代北齐长城遗迹在通州境内走向的记述是"长城自北绵亘而南"，未见通州城南关存在长城遗址的记载。梁启超先生对于史料辩疑曾有多条意见，其中之一说"对于同一历史事实，几部史料的记载相互矛盾的，以离史迹最先最近者为可信。当时当地当局之人留下的史料，是第一等史料。"在时隔一千二百多年后的今天，突然出现"北齐长城遗址"，已属失常，并且，在未提出任何新依据的情况下，尤其可疑。

而墓志序文中"东有潞河通海"一句，说明在唐代，潞河的位置就在今小街村东，一千多年间河道虽有摆动，但变化不大。墓志序文中还有"南望朱雀林兼临河古戍"。说明当时在今张家湾一带有一大片树林。在唐代，今张家湾地区还没有开发，那时的"临河古戍"，可能是一个军事哨所一类的防卫机构。清代乾隆年间的《潞河督运图》中，在图卷开头的张家湾部分，绘有一座烽火台。看来，在那个地方设置防卫设施，至少是始于唐代，一直延续到清代。

一盒墓志所提供的信息毕竟有限，随着更多考古发现的出现，我们会对过往岁月有更加深入的了解和认识。

民族融合过程的物证：金石宗璧墓志

■ 高红清

1975 年 8 月，北京市通县梨园人民公社砖厂大队（今通州区梨园镇砖厂村），因推土取料，发现石椁墓两座（编为一号、二号墓）。北京市文物管理处会同通县有关部门对两墓进行了发掘清理。在清理过程中还利用出土文物在现场举办了小型展览。其中一号墓出土石宗璧墓志一合。

石宗璧墓志为汉白玉制，盖、底平面同大，横 60、纵 61 厘米。盖呈覆斗形，右上角残缺，正中纵刻楷书题额 3 行，行 3 字，为"故宣威将军石公墓志"；底厚 9 厘米，正面纵刻小楷志文 31 行，满行 33 字，书体效颜，浑厚有力。首题为"大金故宣威将军、河东路第一将正将兼知大和寨事、上骑都尉、武威县开国子、食邑五百户石公墓志铭"。墓志今藏首都博物馆。

墓志志文如下：

"大金国宣威将军、河东路第一将正将兼知大和寨事、上骑都尉、武威县开国子、食邑五百户石公墓志铭

通州乡贡进士郑肩撰

公讳宗璧，字国宝，实古燕周市人也，世为石姓。公祖讳庆资，亡辽。故棣州刺史、宫苑使。故宣威将军、靖难军节度判官兼邠州观察判官讳全，公之父也。

……

噫！昊天弗吊，疾及善人！于（大）定十五年十二月二十四日感疾，终于位，时年六十一。官至宣威将军，勋上骑都尉，爵开国子。

窃谓人之处世也，孝于其亲，忠于其君，决事以义，抚民以仁。历榷酤之职，致官府羡余；授边庭之任，使强虏不敢窥伺。公实兼此，余者尚何云云也！噫！古人吾不得而见之矣！得见如公者，斯可矣。

公娶克石裂氏，封武威县君。长子钧，忠翊校尉、前京兆府高陵酒监；次子锐，尚未仕。女孙瑞英、秀英、皆幼。

以大定十七年四月四日，葬于通州潞县台头村之新茔。礼也，公长子忠翊高朗有气岸，尝乘暇过我一语倾盖，欢如平生。以渠父卜葬，请肩以文志于墓，恳切数四，竟不能让，遂为。

铭曰：'忠于其君，孝于其亲。以威禁暴，以恩结民。决事以权，赒急以仁。百姓诣美，愿借仁人。虽历百世，令名益新。'

大定十七年四月四日

……"

根据墓志可知，墓主石宗璧字国宝，古燕周市人。生于辽天庆四年（1114），金大定十五年（1175）十二月二十四日卒，享年六十一岁。世为石姓。祖石庆资，在辽朝任棣州刺史、宫苑使。其父石全，官至宣威将军、静难军节度判官、兼邠州观察判官。石宗璧以父荫入仕，授显武将军，任太原府丰赡库副使，又任博平尉。累迁振威将军，河东路第一将正将，统马步军一千五百余人，辖与西夏国接壤边境三百里。大定十三年（1173），兼大和寨使。官至宣威将军、勋上骑都尉，爵开国子。娶克石裂氏，封武威县君。长子石钧，忠翊校尉，前京兆府高陵酒监。次子石锐。孙女瑞英、秀英。

这里最应引起人们注意的是石宗璧的夫人是位女真人。

"克石裂"也写作"克石烈"。石烈是一个常用词，指一个行政层级。石烈之下又分为更小的单位"瓦里"或"弥里""抹里"。克石烈是一个具体的石烈（分部）的名称，意思大概是一个叫作克的分部。在一些史料中"纥石烈"也写作"克石烈"。这是因为语音随着时间的变化出现的混淆。无论如何，克石裂是一个女真姓氏。石宗璧的婚姻实际上属于不同民族之间的通婚。这是怎么发生的呢？

女真族是我国古代北方的游牧民族，当其分布于"白山、黑水"间之时，保持着与中原汉族迥然不同的民族特色。据《金史·世纪》记载，金始祖函普解决了部族间的纠纷，赢得了部族人的信任，为感谢函普，"以青牛一，并许归六十之妇。始祖乃以青牛为聘礼而纳之，并得其赀（资）产。后生二男，长曰乌鲁，次曰斡鲁，一女曰注思板，遂为完颜部人"，这反映女真先民早期男就女家的"从妻居"婚俗。另外，宇文懋昭的《大金国志》记载：（女真）"既成婚，（婿）留于妇家，执仆隶役，虽行酒进食，皆躬亲之。三年，然后以妇归。妇用奴婢数十户，牛马数十群，每群九牝一牡，以资遣之。"男子婚前或婚后，须在妻母家服劳役若干时间，作为娶妻的代价。这种婚俗称为"服役婚"，它实际上是"从妻居"婚俗的残留。

这种较为和平的婚俗之外，女真早期流行"抢婚"。《金史·欢都传》记载："初，乌萨扎部有美女名罢敌悔，青岭东混同江蜀束水人掠而去，生二女，长曰达回，幼曰滓赛……昭祖及石鲁以众至，攻取其赀产，虏二女子以归。昭祖纳其一，贤石鲁纳其一，皆以为妾。"可见此时抢婚习俗盛行。

在家族内，还有"收继婚"。"父死则妻其母，兄死则妻其嫂，叔伯死则侄亦如之，无论贵贱，人有数妻"，"取妇于家，而其夫身死，不令归宗，则兄、弟、侄皆得以聘之，有妻其继母者"。

金建国后，女真传统的婚姻习俗在吸收中原婚姻制度和习俗的基础上逐渐发生了变化。这种情况与"猛安谋克杂厕汉地"密切相关。在得到广大的中原地区后，女真统治者"虑中国怀二、三之意"，从控制中原汉民的军事目的出发，遂将大量女真猛安、谋克户"自本族徙居中土，与百姓杂处"。金代有几次大的女真人户南下迁徙：

金太宗天会十一年秋，"起女真国土人散居汉地，棋罗星列，散居四方，令下之日，比屋连村，结屯而起"。

金熙宗皇统元年，南北和议达成后，"……始创屯田军，及女真、奚、契丹之人，皆自本部徙居中州，与百姓杂处。……凡屯田之所，自燕之南，淮陇之北，俱有之，多至五、六万人，皆筑垒于村落间"。

　　海陵王完颜亮即位后将都城迁至燕京，"恐上京宗室起而图之，故不问疏近，并徙之南"，又把大批猛安、谋克户迁到中都、山东、河间等地。

　　在后期，由于受到蒙古族的攻击，金宣宗南渡。河北女真人户又大量迁入河南。

　　经过上述络绎不绝的南迁之后，有将近三分之二的女真人户分布在中原的广大区域内，黄河流域遂成为一个女真等北方民族与汉族错杂而居的局面。

　　这样一种民族聚居局面下，不同民族之间的通婚在所难免，而且，金朝统治者也倡导与支持不同民族间通婚。《金史·兵制》记载："及其得志中国，自顾其宗族国人尚少，乃割土地、崇位号以假汉人，使为之效力而守之。猛安谋克杂厕汉地，听与契丹、汉人昏因以相固结。"

　　石宗壁联姻克石裂氏，正是在这种历史大背景下发生的。石宗壁与夫人克石裂氏养育两子，即石钧和石锐。不仅如此，在元代，女真人大规模改汉姓。金代迁徙而来的女真人，其民族特征进一步消亡，与生活在中原的各族几无差别。这种历史上的民族融合既是中华民族共同体的真实存在，也是其坚实基础。石宗壁墓志记载的史实是民族融合过程的明证之一。

　　（高红清，首都博物馆副研究员）

五百勇士血洒梨园——庚子之战钩沉

■ 丁兆博

1900 年（清光绪二十六年）8 月，英、俄、日、法、德、美、意、奥等帝国主义列强组成联军对中国发起大规模入侵战争。日、俄、英、美、法组成的联军从天津大沽口经天津、杨村、河西务、张家湾、通州一路直犯北京。在此战线上，通州无疑是列强军队的入侵重点，一是通州各仓存有大量粮食，二是拥有水路运输便利条件，三是可以据此掩护后方补给线。因此北运河沿线各节点毫无疑问地成为了战斗的爆发地。作为通州的南大门，张家湾无疑是战争的重点。如今通州梨园镇大部分地区在清末尚属张家湾管辖，因此本文所述战斗之战场亦包括今梨园镇，而此战最终的战场就是在梨园地界内。现将《义和团运动文献资料汇编（日文译卷·日军参谋本部文件）》其中涉及这次战斗的译文引用并转述如下：

日、俄、美、英、法五国联军（行军序列按此安排执行）于 1900 年 8 月 10 日晚按计划从天津杨村进犯到张家湾附近。由于 1860 年英法联军入侵北京时在张家湾遭遇到较强抵抗，因此各国联军此次也战战兢兢。后来的事实证明，同 1860 年那次一样，五国联军的入侵在张家湾遇到比较有效的抵抗。日军做（作）为先头部队重新调整了兵力，将俄军一个步兵大队、一个炮兵中队编入以期加强力量。同时部署："日军独立骑兵于 11 日凌晨 3 点 30 分从马头出发，向潞县和三间房方向推进，搜索张家湾侧背；日军前锋部队经苏庄、烧酒巷向张家湾推进，俄军参战部队续行；日军左侧卫经潞县、枣林庄、瓜厂向周庄推进；日军主力部队于凌晨4点30分从小马头北端出发，到达里二泗时分出一个步兵大队做右侧卫，经果各庄向张家湾推进。"

8月11日，日军独立骑兵经潞县、东郭庄、岱头、路官于8点到达三间房，9点在牌楼营遇到清军回撤兵勇，左侧卫共同进犯，逼退清军余部。11点到达周家庄西侧，派出侦查兵力向小马庄、大各儿两个方向侦查，均遇到清军优势步骑兵。日军独立骑兵队被牵制在周家庄不能前进。

日军主力部队骑兵于7点50分到达里二泗，一路未见防守清军，继而于8点45分抵达张家湾南端并侦查到张家湾西侧有清军步兵约100人。日军"尖兵队"在黎明前于里二泗附近迷路，重新寻路搜索，至9点15分抵达张家湾东南方向一千米处，与清军守卫部队（约200—300人）相遇，随即展开枪战。清军拼死抵抗，背靠张家湾城西村庄防守。此时日军催促俄军炮兵中队支援，但是俄军炮兵屡屡发生行军序列混乱情况，直至战斗打响也未能集结并形成有效队列。日军前部主力汇合后再次袭击防守清军，10点20分清军防守战线失守，双方军队近身展开了肉搏战，最终清军退守张家湾城内。

日军左侧卫部队于9点27分到达牌楼营，遇到守卫清军约300余人，随即开战。日军山炮中队对阵地持续轰击约15分钟，只有轻武器的清军死亡四五十人、多半受伤撤回城内防守。同时，日军继续沿张家湾城外向北推进，于下午1点入侵土桥并继续向后街进犯。下午1点30分，清军一支步骑兵约二三百人从小街和楼各庄突袭而来，两军相距二三百米，展开激烈战斗。1点40分左右，日军炮兵、骑兵和前部主力部队到达战场。战至2点15分，炮火完全覆盖了清军阵地，经过不到7个小时的抵抗，张家湾最终陷落。清军剩余兵勇向张家湾西北方向撤退（即今梨园方向），五国联军前锋于8月11日下午2点30分向梨园方向进犯。日军侦察部队从小街向前推进接近通州城，从后面调上来的野炮兵中队在梨园附近展开阵地，并于3点35分向通州城墙发射榴弹试探，通州城南门东西两侧逐渐起火，城头稀稀落落的巡逻兵没有进行任何还击就没了踪影。下午五点左右，日军停止了炮火，与俄军协商扎营。日俄两国军队组成的五国前部部队在梨园至张家湾故城一带宿营。宿营期间除了日军左侧卫部队在"大各儿"村受到清军兵勇局部反击外，其他方向没有遇到反击。

在日军炮火中陷落的张家湾

至此，对这次战斗资料记述基本结束。不难看出这样几个事实：

第一，日军自从甲午战争捞到便宜后就成了侵华的急先锋，甲午战争是其早有预谋、早有布局的结果。庚子之战无疑是其他列强又给了日本一次侵犯中国的借口和机会，其目的在于再次向清政府勒索赔款，意图殖民中国。自此后亡我民族之野心日益膨胀，以至始于1931年的侵华战争计划也都根源于这一时期。

第二，1900年庚子之战的入侵外敌史称"八国联军"，从陆路入侵北京的是前述五国列强。此时德国、奥匈帝国和意大利军队正在从胶州湾向南侵犯。我国渤海、黄海海岸线均被战火点燃，清军岸防不利之根源在于前期一系列不平等条约，海军无舰可战之祸端仍然源于甲午战争。

第三，清军陆军防卫部队战斗惨烈，从天津一路回退防守，收效甚微。清军在张家湾和小街战斗中参战部队是从天津方向撤回的武卫军残兵，总数不到五百人，武器是老旧的毛瑟枪。在开战前一天夜里，二十个营的原有兵力被调往通州和北京，张家湾只留下这五百名孤独的勇士。面对拥有大规模炮兵力量的五国联军（据日军统计，张家湾参战部队超过八千名步骑兵和 80 门火炮），他们毫无惧色、东挡西杀，还一度牵制了日军侧翼的步伐，但最终捉襟见肘的防卫还是没能保住张家湾。

最后，退守战场的勇士在遭到炮击、伤亡惨重的情况下没有进入通州城，可能在梨园西侧树林中与通州做了最后的诀别。这支军队的统帅——长江水师大臣李秉衡于张家湾城破之时，在小街附近服毒殉国。开战前，李秉衡虽然是江宁督军，但其本人却在北京（这也是清政府区别对待满汉官员的狭隘民族主义思想在作祟，对握有兵权的汉族官员严格控制和监视）。清政府临时决定调其赴天津防卫的时候，李秉衡手中并没有军队，单枪匹马赶往天津。结果李秉衡在途中时天津即陷落了，只能赶往杨村，然而与杨村守军擦肩而过，于是拨转马头急速追赶，在河西务与后撤的军队以及从江宁、武汉北上的军队汇合组织防御。李秉衡率领的一万五千人大半是一个多月前刚刚招募的新兵，从华东华中等地奔赴而来，喘息未定即加入战斗。他们挂着武卫军的名号，实际上经历过战阵的士兵少之又少，大部分士兵连枪炮都还没有学会使用。因此大部分军队在河西务、马头等地的一系列战斗中消耗殆尽，撤至张家湾的残兵只有不到五百人。

带着这些几乎与"民夫"无甚区别的"武卫军"试图防卫北京的李秉衡将军，不知其殉国前会有何感慨？会不会想起昔时与冯子材将军共同抗法、取得谅山大捷之豪情？会不会想起甲午战争防卫胶东的惨烈和为《马关条约》直言谏诤的愤怒？会不会想起自己在山东抵抗德军进驻胶州湾却被罢免的屈辱？还是会想起五天前在杨村时，前有五国劲敌，后被"釜底抽薪"的悲壮……这一切都随着七十岁的老将军服毒自尽而无从知晓。李老将军和五百名勇士孤勇却难解国之倒悬，拼死也难唤醒朝廷，唯有血洒梨园庶可化碧。

参考资料

[1]. 国家清史编纂委员会，《义和团运动文献资料汇编（日文译卷·日军参谋本部文件）》，济南，山东大学出版社，2012 年

[2]. 赵尔巽，《清史稿》（列传二百五十·李秉衡），1927 年

由"台头村"定位通州古城郊——梨园镇

■ 刘福田

公元 1975 年 8 月，今梨园镇梨园村东北、北三间房村西南高土岗处制砖取土，意外出土金代石棺墓葬一座，出土金代宣威将军石宗璧墓志一合，按墓志所载，其"以大定十七年四月四日，葬于通州潞县台头村之新茔"。由此志文可知，此处墓葬附近，金代时应有一座村庄名"台头村"，此村名从未见诸地方史书记载，但村名称"村"，应该是金代当时就有一定历史了。"村"字用来称人居聚落，首见于三国时期，至晋代时普遍使用，通州区以村为名的聚落，一般都有比较长的历史。此外村名"台头"，说明村庄一侧及附近有高岗或台地，而"台头"二字，还强调了较大范围地貌在此分界，台头村一侧接连台地，另一侧则地势低洼，故有"台头"之名。

研究历史不可局限于具体的点，点要连线，线要成面，面再架构成体，才能得出全面立体且相对确凿的结论，局限于点，只能是结果本身，强行推论，可能导致荒唐和荒谬。如此墓志出土之处，周边是怎样的地质地貌就很重要，溯源到远古时代，整个北京小平原都是古渤海"北京湾"。造就北京小平原的是河流带来的泥沙和沉积物，而这里主要是古灅水也就是现在的永定河冲积扇下游，这包括今通州区北运河（古沽水）右岸全部地域，甚至还包括古蓟城（今北京城市西南部）和通州古城区的垄岗和台地地貌。

如何推定通州古城区当时是台地地貌呢？这从其区域海拔数据就可以知道，此外还有它周围地貌，通州古城区台地甚至和古蓟城台地都曾经连为一体。北京小平原由古海湾演进成雍奴薮，雍奴薮进一步淤散为众多淀泽，其中北京和通州周边就有数个，比如北京西北的海淀（海甸）、通州西北的金盏淀、通州东南的延芳淀，还有北运河岸边的佩泽、谦泽等，都属于原雍奴薮范畴，而当雍奴薮尚未淤散前，古蓟城和古通州都已露出水面。

通州古城区较高地势的形成，肇源于古潕水某次大洪水，大洪水冲积出垄岗台地，较早地露出了水面，因此才有人类聚居，不过这些垄岗台地之外，周边仍是大片汪洋。随着河流继续携带泥沙沉积抬高水底，古海湾渐成淡水湖泽，再后来垄岗、台地和岛屿周围，露出水面的地域逐渐扩展，慢慢地可以更多人居。通州古城区台地正是这样形成，但当扩展到台地自然边缘，这种扩展也只能暂时中止，等待水面进一步下降，由此形成台地的边缘明显高于它另一侧的地貌，这就是所谓"台头"。

通州古城区垄岗、台地地貌形成，是北京小平原由北向南演进过程的一部分，台地西北一侧，由于在前的沉积而普遍地势抬升，虽仍遗有东西向河道和湖泽地貌，这种台头的特征却不如东南明显。但台地东南缘就不一样了，按照正常流体力学规律，古潕水河道正应沿其东南缘流淌，这会使这里的"台头"地貌特征凸显。今梨园镇梨园村东北金代墓志出土处，正好处在这个台地的东南边缘。可以想象，按照流体力学一般规律进一步演进，当台地迤南又经历某次大洪水形成新的垄岗台地，古潕水河道还将继续南移，又会在新的台地东南缘形成新的河道，造就出新的"台头"地貌。

可是这个进程被一次突发地震扰乱，地震导致了南苑——通州地质断裂出现，它同时还抬高了今凉水河以北和今大兴区地势，这不仅使古潕水河道突然南移，且为它最终改变流向不再经过通州埋下伏笔。这次地震更直接地造就了通州古城区台地以南到今凉水河故道以北的台湖地貌，台湖地貌中的台因垄岗地势抬升，湖则主要是古潞水故道遗迹。远古时自然形成的河道不像人工调整的那样规范，它还往往不止一条，甚至干脆是漫流。史料记载：沽水入潞乱流。这说的是古沽水。古潞水也是一样，河流选择走哪一条河道，在地势已经形成的前提下，主要地取决于河流水量，而河流水量在不同时期和不同季节都不一样，水量一般时它大体上按流体力学一般规律，但当发生大洪水时，那就可能横冲直撞了。

当然也不是没有规律，规律就是水流量越大，河道越趋向正前，而随着流量递减，河道越趋向按照流体力学一般规律，这两者之间就会形成扇形冲击面，这个冲击面上河道下游呈放射状，下游河道不止一条，整个洪泛区都可能是它下游河道。如果这种洪泛的点再不固定呢？那可不就是"乱流"了吗？所以通州古城区台地到今凉水河故道之间，凡低洼之处都属于古潞水河道遗迹，而区域内的垄岗、台地和岛屿，也是古潞水洪泛冲积而成，但一形成又变成了河道阻碍，当这一地区地势被总体抬升后，它们就变成了台，而那些洪泛河道则被断续成湖，这就是这一区域台湖地貌的成因。

今梨园镇南侧界临台湖镇，两个镇在地貌成因上大体一致，区别只是梨园镇北部部分镇域原就属于通州古城区台地边缘，它们台的地貌更早地形成。如此通州古城区台地东南边缘和它以南的台湖地貌还是有一定差异，这一差异也就界定了台湖地貌的北部边缘，在台湖地貌区域内台、湖间杂，这些间杂的湖泽又因为其成因而隐含着一些河道的影子，这正是元代郭守敬选择在这一区域开掘通惠河的原因，一路疏通湖泽成为河道，以尽可能减少人工开掘的土方量。

元通惠河河道的选择是这样，辽萧太后运粮河的选择也是这样，不过那些被选择的湖泽成因却不尽相同。萧太后河人工疏通的湖泽，虽然也可以算是古潞水漫流的河道遗迹，但它原来并没有一条这个方向的河道，它是古潞水漫流河道遗迹的横向串联，有点接近大运河沟通东西向水系的原理，萧太后河部分河段也经过今梨园镇域，但已是镇域南部边缘。元通惠河河道就是斜穿镇域了，它属于凉水河北岸台湖地貌的北部边缘和通州古城区台地东南边缘交汇地带，这也正是古灅水曾流经的地方。

关于元代通惠河流经通州的河道，学术界存在两种不同观点，一种观点认为是流经通州旧城，沿今玉带河方向流到今张家湾东入白河；另一种则以通州已故文史专家周良先生亲自踏勘考证而来，认为元通惠河过今朝阳区杨闸后，即转向东南流，经今朝阳区重兴寺村后入今通州区界，继而经通州西火车站、科印厂以下斜穿今梨园镇域，至今张家湾镇土桥村南折，沿今玉带河下游河道入白河。这两种观点所称的通惠河故道都经过通州，也都经过今梨园镇域，不同之处只是入通州境后到土桥村之前的河段具体经过哪里？笔者比较认同后一种观点，为此也曾经做过一些考证，按照地域海拔，前一种观点在通州旧城西河道拐弯处会有数米高积水，明代通惠河调整河道当初也有这样的记载，事实证明河道这样走几乎是不可能的。此外就是周良先生对自己观点的考证有理有据，确实就有过那样的一些河道遗迹在那里摆着。

不过周良先生对此的考证也有过前后差异，他一开始认为通惠河自杨闸村以东"……为了减少落差，弃（金代）闸河故道东南折延长河道，经今潞河中学南湖、葛布店、北杨洼、小街、土桥，于张家湾入白河。"这也是新版《通县志》中的记述，按此，与他后来考证的科印厂以上的通惠河故道并不矛盾，但新考证的科印厂以下部分，通惠河故道则是沿梨园镇孙王场村、车里坟村、洼子村、高楼金村一线到土桥村，再下游也没有疑问。为什么会有这种观点上的自我矛盾呢？因为后来的考证中他在这条线上发现了重要的通流（通州）上、下闸，尤其是通流下闸的遗迹，这证明元代通惠河河道的关键性证据。

其实周良先生前后差异的考证结论都有一定的客观依据，尤其是河道遗迹，后一种观点因为有了通流上、下闸的遗迹作为证据更为可信，但前一种观点沿线也确实有古河道存在的证据，那这两条发生了分合的河道是否都曾经存在过呢？

按照流体力学规律，自然河道本来就应该这样，不同流量时河流会选择不同河道，比如当河流水量不大时，它前向的河道就可能因为泥沙容易沉积而阻塞，这时候河流就会向两边选择，低洼一边会成为新的河道，这也正是河道会沿台地边缘形成的原因。但当水量比较大时，河流向前的动能也同时加大，又可能冲开之前的阻塞而恢复之前的河道，正常年份水量分荣枯，那某一点下游就可能分流两条或两条以上的河道，不同流量时主流河道不同，发生洪水时其中一条或几条河道又会成为溢流河道，如果地势大趋势不变，这种分流的河道到下游往往还会再次合流，这样的例子不胜枚举。发生大洪水时可能性就更多了，不但洪泛点以下任何一个辐射方向都可能成为河道，还可能冲积出新的垄岗、台地，后来居上，它甚至还能变之前的垄岗、台地为岛屿。

以此来看周良先生前后差异的考证观点，或者差异的观点并不矛盾，只不过前一种观点是考证出了一条古河道，它未必就是元代通惠河故道，后一种观点则更多指向它就是元代通惠河故道，前后的考证事实是考证出了两条古河道，这两条古河道还都是古潥水故道。按照已经做出的分析，依据第一条古河道，大体可以勾勒出通州古台地的东南边缘，第二条古河道则可能正是元代通惠河故道，它更早地还可能是古潥水较大水量时的主流河道。不仅如此，这两条河道还可能同时并存，凉水河以北地势抬升，此地台湖地貌形成以后，两条古河道还可能同时存在，相互之间还有枝杈交叉。

这样理解，前后观点差异所带来的一些问题也就可以迎刃而解了，比如葛布店村，按照《通县地名志》记载："明代已成村。曾为南方漕运来的丝织品葛布集散地和其它货物的交易场所，故名。……元代郭守敬主持开凿的通惠河故道曾经此。"后面考证元代通惠河故道不经此地，那这个应该也是个漕运小码头的葛布店是不是就不对了？未必！与通惠河通连的支流河道经过这里，建一个葛布小码头怎么了？葛布才有多重，几条小驳船就可以转漕。别以为只有大运河才有漕运，与之连通的所有河流都有过。还有小街村，唐代发现的墓志说它时称临河里，但未说明所临之河，后来有说所临之河为北运河或玉带河，但这两条河流离这里都有相当距离，为什么所临之河就不能是前一种观点所指的那条古河道呢？这里古河道遗迹可是至今尚存！

　　流经今梨园镇域的除了这条古河道、元代通惠河和萧太后河之外，还有一条至今犹在的河道，它就是镇域西南的大稿沟。大稿沟虽然经过后来疏挖调整，但它之前起码也有河道的影子，按照前文分析判断，它同样也是古㶚水故道遗迹，只不过不是流量很大的一条支流罢了。再除此，今梨园镇域内还有一条河流叫玉带河。玉带河也和萧太后河一样只有一小段经过镇域，它在镇域东北部，大体流向是由北往南，那当然与古㶚水无关，但那条河来头一样不浅。经考证，它甚至是今通州区第一条人工河——北齐"护土长城河"！它比同样流经今通州的隋唐大运河永济渠还早。这个问题这里就不赘述了，只说这里的地质地貌。北齐土长城有一段也经过镇域，选择修筑土长城除了大方向之外，肯定也要考虑具体选址，那沿着某一台地边缘选择也应该最省力，城墙内低外高也更利于防御，这大约就是通州古城区台地的东侧边缘了……

　　由此我们基本就可以明确今梨园镇域在古代的地质地貌。文明史开端，镇域北部为通州古城区台地东南边缘，即"台头"位置，镇域南北向中部为古㶚水数条古河道遗迹，镇域南部与今台湖镇接壤为台湖地貌，属由古渤海"北京湾"演变而来的广袤的雍奴薮……同样是1975年8月在今梨园镇梨园村东北、北三间房村西南高土岗处制砖取土时，还出土了一件磨制的石斧，属新石器时代人类用来挖掘或砍斫的石斧，该石斧为灰绿色，石核磨制，出土时斧刃已钝，说明曾经长期使用。这在通州区并不多见，说明此处起码那时就已经露出水面，有了人类足迹。

　　沿至宋辽对峙之初，这里为辽人占据，南部雍奴薮淤散，今凉水河南为延芳淀，河北台湖地貌更著，"台头村"位置也更为凸显，辽沿至金，"台头村"名已被刻进了墓志。金代，海陵王升潞县为通州，从台头村这个地名就可以知道，这里已成为通州古城郊，此地迤北为通州古城区台地，迤南则地势较快速下降为古河道遗迹和台湖地貌，那就是荒郊野外了。今梨园镇域当时位置，正好在城郊和郊野之间，这样的地方有哪些区位特征呢？

　　最先一个就是极佳的墓葬之地。按照传统风水讲究，台地本身就是"靠"，前方古河道又弯弯曲曲，属于"有情水"，更（gèng）前台湖地貌中的台还可以做点穴的"案"……通州区域内哪里都有古代墓葬，但若论发现墓葬的规模和密度，那就没有哪个地方能超过梨园镇了。梨园镇古代墓葬区位，在"台头村"通州古城区台地边缘一线和古河道地貌之间，因为这个地域作为墓葬风水最好，这一区域正好是今梨园镇镇域中北部。这一带也确实考古发现了较多墓葬，而且有很多汉墓，这说明起码自汉代起，此处已经是通州古城郊地貌，尽管那时候路县或潞县城治，还没有迁来潞水以西。梨园镇域墓葬年代久远且数量众多，这从镇域所属村庄名称上也可看出：将军坟、魏家坟、车里坟等都直接显示在村名里了，还有李老公庄、刘老公庄、公庄甚至孙庄等，事实上都与作为墓地有关，那都是因为这里的墓葬风水好，又在城郊方便祭奠。当然墓葬风水固然好，也不是谁都有资格埋在这里，否则还会更多。

　　北齐时梨园镇域东侧，通州古城区台地东缘又修筑起土长城，潞县城治同时迁到潞水西岸的今通州大街以北，台地地位提升加之土长城的修建，使土长城以东潞水以西成为墓葬风水更好的地方，这一区域唐代以降墓葬也随之增多，已出土李丕、孙封、孙如玉三合唐代墓志更是直言此处风水之妙，其中尤以孙如玉墓志描绘生动："魂埋潞川，东有潞河通海，西有长城暮山，南望朱雀林兼临河古戍，北有玄武垒至潞津古关，并是齐时所置……"孙封、孙如玉墓志，还进一步点明墓葬地点为潞县潞城乡某地，说明起码唐时，这个地方"台头"以下区域也已经露出水面，人居面积增加，行政进一步细化到乡一级机构，而且县名潞县而乡名潞城乡，明确其区位就是城郊，大概相当于我们今天的城关乡镇一类称谓，今梨园镇大部都已经可以人居。

　　除了墓葬，今梨园镇域还考古出了众多古窑址，这也是作为古城郊的基本特征。北京地区沧海桑田的地质变迁，致整个地区都有地质土层颗粒均匀，适合烧制砖瓦等建筑材料的特征，但目前发现古代窑址规模和密度最多的，也是今梨园镇地区，这里原因也不复杂，古城郊又近水的地方，这种产业当然最先发展。古城建设需要砖瓦，古法烧制砖瓦需用大量土壤，城市不能就地取材，但又不能离城太远，烧制工艺还需要大量水……所有这些指向便都是古城郊近水的地方了。待到更多地方沧海桑田之后，烧制砖瓦的地方才分散起来，哪里都可以烧，又哪里都不会太集中了。

2002 年 1 月至 2 月，在梨园镇小街村南，今北京地铁八通线土桥站附近进行抢救性考古发掘时，一次性就集中发现 16 座汉代马蹄形砖窑遗址，窑址周围还发现不同家族不同葬式的大规模汉墓群……

由通州古城郊地貌特征而来的除了墓葬和窑址，还有道路。古代道路有人为需要而修筑和自然形成两种，但说到根本还是决定于地质地貌。一般先是走的人多了，而后又因为需要而人为修筑，其中河流一侧或两侧堤岸最容易出现路，因为它天然地就方便人走，又古代更依赖漕运，但漕运和陆运往往不可分割，所以码头又叫马头，漕运的终点就是陆运的起点，反之亦然。前述梨园镇域不大，在古代却有多条河流，这些河流一般还都有漕运之用，它们的堤岸和码头自然也会走出多条路来。

今天的梨园镇域路网非常发达，最著名一条横穿镇域的路是103 国道，它还叫京津公路（现名九棵树东路），是北京东南进京的重要通道，以前甚至是主要通道。那历史上的梨园镇域又曾经有过哪些道路呢？事实是这一区域自古以来路网就很发达，这和它自然地貌有关，也与它相对于通州和北京的位置有关，当然与运河漕运同样密切相关。

先说自然地貌而来，前述经过梨园镇域的古代河流较大的就有数条：萧太后运粮河、古㶟水由上游分流的三条古河道（其中一条元代发掘成通惠河）、因北齐土长城而来的"护土长城河"也就是今天的玉带河。这么多河流的河堤都可能有人走，这就是镇域内后来一些道路的前身。

当然不会是每一条河流两侧堤岸都成为道路，那还要看有多大需求，还要根据需求做出某些调整。最先成为道路的应该是北齐土长城内侧，自当时张家湾"临河古戌"沿北齐土长城内侧"护土长城河"一侧堤岸到潞县（今通州）城，这就是后来的张家湾至通州大道。北齐"护土长城河"本来是无心插柳，今土桥村以上就转到土长城外面去了，道路当然不能再利用它的堤岸，那又怎么上行呢？当然是怎么便捷怎么来。由此指向潞县城，今梨园镇小街村正在这条线上，参照小街村名的成因，可知小街一名就因它在张家湾至通州大道上，以此处路两侧建有商旅店铺，比通州和张家湾的同类街道为小而称小街，由小街再到潞县城，直接就上了通州古城区台地，选最近的路走就行了。

按 1990 年《北京市通县地名志》，小街形成应为元代通惠河修成以后，不过又记其村址考古曾发现很多辽代瓦砾，这就有点含糊了，到底是什么时候形成的？直到 1983 年村东南出土唐代孙如玉墓志，载明唐时这里就有聚落名临河里。村名称里，又说明它的历史还应该更早，那可能早到什么时候呢？大约就是北齐。北齐修筑土长城之后，这里在长城以里可以人居，此处又临河，张家湾（时为临河古戍）到潞县城的路经过这里，此处建村方便村民生产生活，应该是那时候这里就形成了聚落。北齐到唐代时间不久，但经过了北周和隋，到唐代时村名以村庄临河而称临河里，自然在情理之中。

不过村名临河里，其所临之河究竟是哪一个呢？前述这河就是古灅水缘通州古城区台地留下的古河道遗存，它不是元代发掘的通惠河，但属于与它同一个时代同一种性质，它甚至早在通惠河开通之前就已存在。按志书所记推敲，这条河道还就是在小街村附近弯转偏南汇入元代成为通惠河的古河道。如此又发现它另一个成因：这条古河道在此偏南弯转，正好拦在了北齐时临河古戍到潞县城直接往西的路，不想两度修桥过河就只能在小街村河弯外让过河道才行，因此这条路更应该经过小街村。

此外还有一个蹊跷之处：当时的临河古戍"张家湾"到潞县城不远，脚程应该也就是一两个时辰，这么短时间用得着在临河里（小街）这个地方歇脚或采买吗？史志明确起码元时这里就该叫小街了，如无其它原因，这么短的路途中间出现这个"小街"有点不可思议，除非这里是一个三岔路口！

没错，这里就应该有一个三岔路口！尤其是起码元代张家湾成为北运河大码头之后。张家湾作为漕运码头，应该在辽圣宗疏通萧太后运粮河时就已开端，但辽南京城在今北京西南一带，由张家湾到辽南京有陆路需求，沿萧太后河一侧堤岸走就行了，事实上那里本来也有一条路，后来叫京张大道，由张家湾直通北京。今北京建立在元大都基础上，元大都相比辽南京和金中都位置向东北扩大，如此一来张家湾进京就不能只有京张大道这一条路了，否则到城中心和城北部就不够便捷，那应该怎么走呢？

此前，通州文史学者的说法大多是走张家湾到通州的路，然后再从通州到北京，这么走当然可以，但显然绕道了，况且为了道路通畅不可能走通州城里，那就应该走西南城外，事实上通州城外西南还真有这样一条路，比如今天的杨秀店、五里店等村都因此路而名，问题是这条路还是张家湾到通州的大道吗？当然不是，那它们应该在哪里分岔呢？按照两点一线最快捷路径，这两条路的分岔点就应该在今小街村附近。现在的 103 国道也就是京津公路也经过这里，这条路走的大约就是当年这条岔道了，当然得北移到当时古灅水支流的左岸，所以起码自元代起，张家湾到通州的大道上还有一条直接到北京的岔道，这条岔道就在今小街村附近分出，此外这里近临河弯，还可能有小码头，因此这里才出现小街，后来张家湾以上北运河改道，张家湾码头衰落了，张家湾到通州的大道也随之衰落，这个三岔路口没有或不繁华了，小街也就变成了小街村，但它还是属于路边位置，因为从此进京的岔路又发展成天津到北京的"官马大道"。

京津公路在通州可算是一条重要道路，但通州很少有人完全清楚它的历史，事实是这条路与天津明永乐二年（1404）筑城建卫同时。天津地名的由来，据说是燕王朱棣造反由此津渡而名，朱棣造反成功了，津渡就成了天子津渡，简称可不就是天津吗？他造反从这里津渡成功了，那以后就得防着别人再造反从这里津渡，于是在这里建"卫"驻兵，所以天津又叫"天津卫"。其实自元代京杭大运河通航，天津这个地方就很重要，随着朱棣在这里建卫，北京与天津陆路交通也变得更为重要，这条陆路最早也主要是傍着运河外堤而建成的土道，百姓却称之为"官马大道"。

大道由沿途地方官府营造，一段一段拼接而成，但直到清代才基本完成，官府的车马队，行人，车辆都可以在官道上行驶，那时候还没有公路一说，一直就叫"大道"。民国1921年此路又经大规模重修并加夯筑，也就越来越像一条公路了。此路始称公路，最早的名字应该是"平津公路"。1938年，为增强北平（今北京）与天津这两个战略要地之间的联系，先在路面铺石子，1941年又改筑混凝土路面，这才开始成为"公路"。1949年后此路又经过多次重修，渐成为北京到天津和塘沽的主干道，经过北京、天津和河北，最终成为今天的103国道。

由于张家湾曾是北运河上的重要码头，很多进京物资必须在此下船登陆，而今梨园镇域又是张家湾进京的必经之处，途经今梨园镇域的进京道路就非常发达。除了作为京津公路前身的这条张家湾到通州的进京岔道，当时更重要的一条路是张家湾入京官道。这条路在萧太后运粮河北畔，经今梨园镇将军坟村，此道始于辽、金，盛于元代，衰落于清嘉庆十一年（1808）张家湾以上运河改道。今北京广渠门外原有神木厂，就是因为储存通过这条路运送进京的皇木得名，后因张家湾码头废弃，神木厂内长满荒草，又被称为"荒厂"了。不过这条路也算盛极一时，在当年可是张家湾码头进京的第一大道。

张家湾当年进京的道路，除以上两条还有一条专门运送旅客，因为张家湾还一直是北运河上重要的客运码头。这条道路在元代通惠河与萧太后河之间，在今梨园镇东小马庄西口至魏家坟村东口还有残留。此道明代形成，明明是运送旅客，却被称为"驴道"，因为当时运送旅客的主要的运输工具是驴。当时在张家湾与北京朝阳门外都设有驴店，驯养毛驴用以"驮脚"，这些驴经过特殊驯养，俗称顺槽驴或对槽驴，驮送旅客时只顺路前行，任鞭抽棍打绝不下道。半壁店村就在这条驴道旁边，村庄得名应也与此有关。

以上曾经经过梨园镇域的古道今多废弃，但取而代之的是更加稠密的现代路网，包括经过镇域的城铁和多条高速公路，梨园镇交通发达的状况延续至今。

曾经作为通州古城郊的梨园镇域，地质地貌而来的特征和发展不止于上述，上述算是它的主要方面。历史永远是连续的，梨园镇现代发展也是在某些历史特征的基础之上，比如当年的农业合作化，后来的改革开放和今天北京城市副中心的建设进程，梨园镇以在通州城区近郊的区位和交通发达等优势总是能得到率先发展，改革开放时的乡镇企业就特别发达。今天梨园域内所有村落已经搬迁上楼，或者有一天梨园镇所有村庄都会消失，但它们的历史已经融入了这片土地，并将永远融入这片土地的灵魂。

元代通惠河通州段经过今梨园镇域

■ 孙连庆

　　元代通惠河，从水路沟通了通州与大都的运输联系，尽管运输效率不尽如人意，但其作用依然是十分重大的。元时通惠河的通州段，主要是指今朝阳区杨闸村至张家湾入北运河河段。这段河道的走向，在新版《通县志·漕运·元代漕运》对于这段河道的记载是这样的：自杨闸村以东"……为了减少落差，弃（金代）闸河故道东南折延长河道，经今潞河中学南湖、葛布店、北杨洼、小街、土桥，于张家湾入白河。"而葛布店、北杨洼、小街均在梨园镇辖域以内，这就是说，元代通惠河通州段的大部分，经过了今梨园镇域。

　　地方志书是具有权威性的资料书，其基本要求就是"言之有据"，但限于篇幅，在志书中对于记述的依据没有展开。作为这部志书的常务副主编，在撰写这一段文字时的主要根据有以下几点：

根据一：明代《漕河图志》

　　该书作者是王琼，明弘治九年(1496)成书，共8卷。王琼在弘治朝（1488—1505）任工部郎中，曾负责管理河道三年。其间，见到总理河道侍郎王恕所编著的《漕河通志》14卷(今已佚)，便依其体例，增减史料，重新编排，定名《漕河图志》。书中以2卷篇幅，详细绘出通州至仪真段今江苏省仪征市京杭运河全图，记载了沿河闸坝、浅铺、河湖、济运诸泉等情况，并对各地军卫管辖范围、历

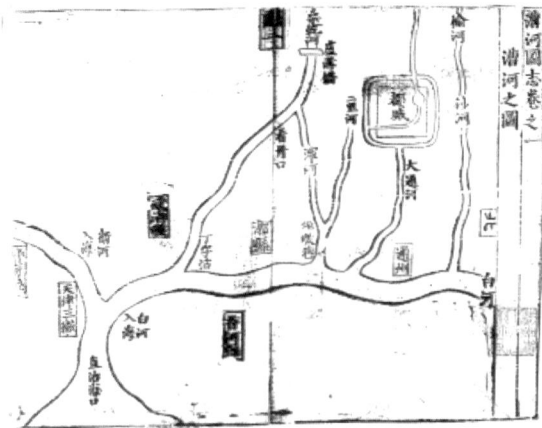

《漕河图志》（局部）

代漕运兴衰、各项管理制度有较详记载，还收录了永乐十年至弘治六年（1412—1493）有关运河的奏议、元代以来的碑记。最后，还全面记述了当时的漕政管理制度。该书保留了明朝前期大量原始资料，是研究京杭运河前期工程技术史不可多得的资料。

该书成书于弘治九年即 1496 年。这个年份对于通州来说具有特殊的意义。其一，这个年份距吴仲主持，将通惠河河道改由通州城北入运河的嘉靖七年即 1528 年，提前 32 年。所绘河道应是元代旧有河道，即郭守敬主持开挖的通惠河。其二，通州新城建于明正统十四年即 1449 年，也就是在《漕河通志》成书之前 47 年。该书所绘的是新城建成后，新旧两城连接后的通州城。所标明的河道与通州城的具体位置与河道的具体走向，是在新城建成后的情况。这一点很重要，对于我们确定通州上闸的具体位置与河道走向提供了参考依据。

1998 年中国水利出版社出版了姚汉源教授编著的《京杭运河史》，其中在会通河（即通惠河）中的附图，所标明的元代河道走向与《漕河通志》相一致，进一步说明了河道的走向。如图可见，通惠河是沿着通州城西面、南面通过的。王琼身为弘治朝工部郎中，肩负管理河道之责；姚汉源先生曾任北京水利水电学院（现华北水利水电学院）教授、副院长，是中国水利史学创始人之一，在水利史研究方面有深厚的造诣并取得了重大成就。因此，《漕河通志》和《京杭运河史》资料的权威性应该是真实可信的，是可以作为我们探讨通惠河通州段走向的参考依据的。

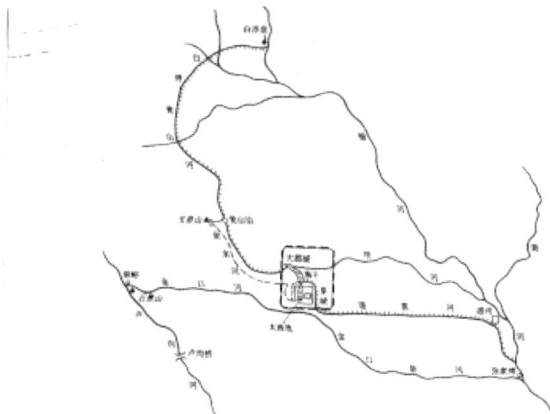

图 3-10-2 元代通惠河示意图

元代通惠河示意图（《京杭运河史》附图）

根据二：明代通州西仓的选址

众所周知，通州新城是明代统治者为了防御残元瓦剌军的袭扰、护卫西仓和后南仓修建的。西仓建于永乐初，为什么选址于通州城的西南部呢！其原因是这样的：元代晚季，通惠河已经淤塞不通，经由通州向北京（元时称"大都"）转运粮食和其他物资，主要经过通州北面的坝河运输。到明永乐四年（1406），成祖朱棣决定兴建北京宫室的时候，不但通惠河风光不再，坝河也已不通了。大批粮食物料蜂拥而至，巨木、砖石不像粮食可以化整为零，只得在张家湾建立砖厂、花板石厂、皇木厂暂存，再陆路转运北京。粮食则在通惠河能够断续通航时，可由水路运输，但旧有河道毕竟长期疏于治理，船行不畅，能够顺利到达北京的极少。于是，选择靠近通州城池西南高地暂存，久而久之形成仓群，永乐七年（1409）定名西仓。

那时，漕运的终点在张家湾，而漕仓选址既没有在张家湾，也没有选择通州城内，而是通州旧城西南，这是为什么呢！在笔者看来，西仓的选址有两个重要因素：一是近河，即靠近通惠河，便于装卸；二是近城，即靠近城池，便于管理与看护。而造成这种局面的主要原因是通惠河时通时塞，运输不畅。在通州城西南设置西仓，既是无奈之举，同时也是为了便于卸载、转运和护卫皇粮。这是通惠河流经通州城西南面的又一证据。

根据三：清乾隆《日下旧闻考》

《日下旧闻考》是于敏中受乾隆皇帝指派，在清朱彝尊《日下旧闻》的基础上删繁补缺、援古证今、逐一考据而成，是迄今所见清代官修规模最大、编辑时间最长、内容最丰富、考据最详实的北京史志文献资料集。于敏中(1714—1780)，字叔子，一字重棠，号耐圃，江苏金坛人。清朝重臣，出身簪缨世家。乾隆朝状元。曾历任内阁学士，兵部、刑部、户部侍郎，军机大臣等职，颇受乾隆皇帝的信任，又授文华殿大学士衔，任上书房总师傅，《四库全书》馆总裁。《日下旧闻考》始修于乾隆三十八年（1773），成书于乾隆四十七年（1782）。全书分为十八门，沿用《日下旧闻》的体例和编次目录，但内容和篇幅较原书大为增加。编辑期间参阅古籍近二千种，收集保存了大量有关北京史志，尤其是清代顺、康、雍、乾四朝中央机关及顺天府、宫室、苑囿、寺庙、园林、山水、古迹诸方面的建置、沿革及现状的原始资料，具有很高的历史和学术价值。

《日下旧闻考·卷一〇九·京畿·通州二》记载："通流上下二闸，上闸在州治西门外，西至普济闸十里；下闸在南门外西北，至上闸五里。元至元二十九年（1293）始建木闸曰通州闸，延祐以后修石闸，改名通流。"《日下旧闻考》引用《漕河图志》对元代通惠河河闸的记载，其中，普济闸址即今杨闸村附近。"上闸在州治西门外，西至普济闸十里；下闸在南门外西北，至上闸五里"，上闸的位置，应在城西五里店附近，下闸应该在今葛布店小区附近。既然河闸在葛布店小区附近，通惠河河道必流经那里无疑。

根据四：葛布店小区的发现

2005 年前后，笔者参加了区规划局有关地名的一次研讨会，在会上，亲自听到规划局尹工程师介绍说，1985 年至 1989 年修建葛布店居民小区时，在地下发掘出一座码头遗址。当时，据专家考证：是元朝转运"葛布"的专用码头，小区因此得名"葛布店"。码头遗址是元代河道的遗迹，与前述通惠河走向正相吻合。而在元代除了郭守敬主持开挖的通惠河，未见其他河道，说明通惠河曾经流经葛布店。

根据五：通州解放初期地址勘探结果

在关于通惠河通州段走向文稿的形成过程中，笔者曾与已故规划局负责地名编制的韩万珍老师进行过探讨。据韩老师介绍，通州解放初期，为开展大规模经济建设，有关部门在全区曾经进行地质勘探普查。其中，发现自今朝阳区五里店，经原科学印刷厂、潞河中学南湖、葛布店、北杨洼、小街、土桥至张家湾一线，是一条呈抛物线形的古代人工河道遗迹。韩老师说，自然河道蜿蜒曲折，不会形成规则的抛物线形状，因此，这条河道遗迹被认为是人工河道。韩老师还说，当年地质普查的资料，保存在通州区规划分局。而这条河道遗迹，与明代《漕河图志》所标明的通惠河通州段走向基本一致，说明河道遗迹，就是郭守敬主持开挖的通惠河通州段河道。

综上所述，元代郭守敬主持开凿的通惠河通州段，其走向是经过原通州新城西面、南面流向张家湾的。那么，葛布店、北杨洼、小街村为梨园镇辖村，元代的通惠河的确流经了该镇域。在那个时代，张家湾至大都（今北京）的陆路通道也经过域内，陆上，车水马龙，熙熙攘攘；河上，剥船往来穿梭，棹歌悠扬。这种情景延续了两个多世纪，葛布店的葛布市场，延续至明代前期。今镇域内的先民服务漕运商运，居民安居乐业，地区经济繁荣。

消失的"漕运古道"

■口述：朱善希　白桂生　整理：朱勇

在通州区梨园镇，流传着这样一句顺口溜："土桥砖厂行宫庙，小街梨园八神庙，曲了拐弯到通州"。据当地老人说，这个顺口溜自明代就有了，一直流传至今，之所以有这样一个顺口溜，与通州的漕运历史有着不可分割的关系。

历史上曾有"北京是座漂来的城市""先有张家湾，后有北京城"的说法。永乐四年（1404），明成祖朱棣下诏兴建北京皇宫和城垣，永乐六年（1406），开始大规模营造北京，货运繁忙。当时修建北京城、紫禁城、十三陵等所用建筑材料，几乎都是从南方各省水运而来，然而此时通惠河水势浅涩，张家湾便成为京杭大运河的终点。大批物资暂存于此，再转运至北京。像今天梨园镇的砖厂村，就是当时用来储存通过运河从南方运来，修建皇宫所用砖石的场地，而张家湾镇的皇木厂村在当时便是储存修建皇宫所用木料的地方。这么多货物，在张家湾卸货之后，需要先运往通州城内，再运往京城，但是砖石、木料等这些体积大、重量重的物品，运输就成了当时的一大难题。

今梨园镇的北杨家洼村位于通州城南关城门外，由北杨家洼向东南经梨园、小街约5里路就到了砖厂村，由砖厂村再向东南，可达张家湾的土桥村和皇木厂村，最终抵达漕运码头张家湾。于是，当时人们便沿着这个走向，在原有小道的基础上筑出一条土路，并且沿道路两侧每隔约500米打一口井用来取水。夏天天气好时，采用马车运送，冬天便就近打来井水，泼在道路上，待结成冰后，使用滚木的方式来运送这些物资，当冰面出现凹凸时，再泼水使其平整。

因此文章开头提到的那一句顺口溜："土桥砖厂行宫庙，小街梨园八神庙，曲了拐弯到通州"，准确地描述出了这条漕运古道的走向以及所经过的村庄。该道路自张家湾、皇木厂向西北，过土桥村进入今梨园镇砖厂村，自砖厂村东、行宫庙村西（今属砖厂村）继续向西北，由小街村中穿过，再经梨园村东、三间房村西经北杨洼村出梨园镇，到达八神庙，再向北直达通州城南门。当时沿该路各村还修有寺庙，供过往行人及本村村民祭拜祈福，由于该道路总体走向为西北——东南走向，而修建寺庙又是依照路的走向沿路而建，因此也就出现了北杨家洼观音寺，小街南神庙这样坐南朝北或者坐东朝西的独特现象。

清代时，这条道路依然被继续使用，皇帝和娘娘出京城前往里二泗、张家湾都要由此经过，今天梨园镇砖厂村东南还有行宫庙这个地名，相传便是因为当时皇帝、娘娘出宫前往张家湾，在此地庙中歇脚而得名。

数百年过去，经此道路运输，用来修建皇宫的木材、砖石不计其数，一根皇木往往就达到2吨，一些材质好的，诸如金丝楠木、金星紫檀，一根就有3吨多重。当时明清两朝修建皇宫铺地所用砖石，百姓称其为"金砖"，这里的"金砖"并非是说由黄金制成的砖，而是因为所用砖石全都为苏州造，因为当地的澄泥含锰量高，烧出来的砖质地坚硬，每块砖重200多斤，需要4个人才能抬动，烧一批就需要1年多的时间，因为造价高，所以称其为"金砖"。而用来修建大殿前台阶的条石长度更是达到9米左右，宽度近3米，厚度也有一米多。可见，运输如此多的货物再经长途跋涉需要耗费大量的人力物力，为了节省人力，人们想到用滚木拖运的办法。据明代《两宫鼎建记》记载："三殿中道阶级大石长三丈、阔一丈、厚五尺。派顺天府等八府民夫二万，造旱船拽运。派同知、州判、县佐贰督率之。每里掘一井以浇旱船、资渴饮。计二十八日到京，官民费计银十一万两有余。"这里提到的旱船是指运输石料的大车，只能在冬季进行拖运，沿途每里挖一口井，以井水浇路结冰，由军夫、民夫拖运装载巨石的大车，即旱船，在冰上缓慢移动，一路拽运至工地。这里记载的是从房山等地往城内运送石材的情景，而江苏、河南等地的石材则需要经运河运送至张家湾，再由张家湾用此办法运送至通州城内。

这么多重型物资，经年累月由这条道路运送至通州城内，加之道路整体为土质道路，且每年冬季要泼水使其结冰，遇到水患灾害，雨水顺其而下，导致水土流失，逐渐地出现道路路面沉降，形成一条沟壑，最窄处仅能容一辆马车经过，因此马车经过该处时都需要提前有人去前方探查，确认对面是否有马车驶来以确保能顺利通过。

至清代晚期，洋务运动兴起，公路、铁路逐渐发展起来，1855年黄河改道后，运河山东段逐渐淤废，运河漕运逐渐衰退。清光绪二十七年（1901），李鸿章奏请废漕，清政府批准停止漕运，南北漕运至此终止。据民国《通州志要》记载："清

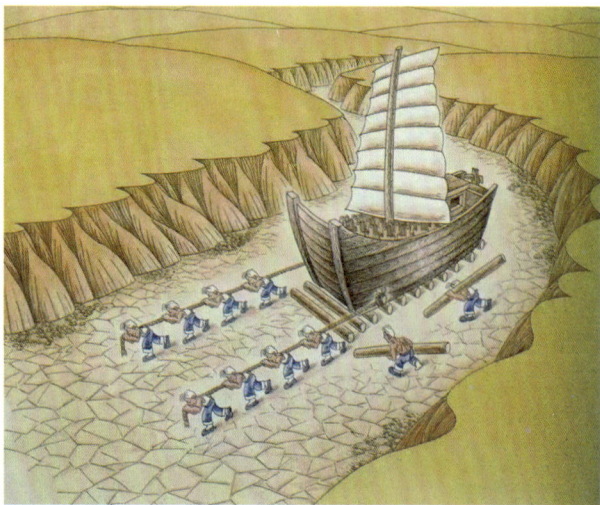

民夫拖拽旱船场景

末实行海运而废河运，其后铁路建筑完成，运河不复修浚，运输之利益全无矣"。随着北京至天津之间公路以及津浦铁路的修建，这条漕运古道也完成了其历史使命，形成的沟壑也因长期雨水蓄积形成河流。

据小街村老人回忆，运河停漕到新中国成立前，屡次水患，尤其是民国二十八年（1939）大水，顺着这条沟壑冲下家具、钱柜等物品。新中国成立以后，国家兴修水利、疏浚河道，这条由道路演变而来的河流水流清澈，附近村民还可以下河游泳摸鱼，路边水井也可饮用。到了七八十年代，工业发展迅速，但是由于当时大家的环保意识不强，工厂废水和附近居民废水均排入其中，导致水质污染严重。90年代，在河上加盖水泥盖板，俗称"盖板儿河"，但是每到夏天，仍旧能闻到刺鼻难闻的气味。2000年以后，梨园镇大力开展旧村改造，改造过程中，将该沟彻底填平，至此，这条"漕运古道"彻底消失在历史的长河中。

（朱勇，北京畅响九州文化传播有限公司编辑）

砖厂拾遗

■ 马景良

通济寺透露的信息

黄成章雍正《通州新志》选有嘉靖二年林大章的《重修通济寺记》（下简称《记》），文如下：

"夫通济寺者，乃通州潞河土桥之西，大道之南，坐西向东之古刹也。创始之由，厥碑在焉，但历岁渐远，多为风日霜雨所摧。败寺虽有通济之功景，不无隳废之患，繇（遥）是正德八年秋八月，偶因敕掌砖厂事，内官监太监辛（公）通等便道过寺。驻节游览，哀闵前人之功，遂发重修之愿慨捐。恩赐金帛俸米之馀，以为市材鸠工之费。不数月日，能令殿宇山门堂庑方丈厨库等处，以及阶台沟渠墙垣等，制髹形黝垩等饰，无不整旧而如新者。其钟鼓炉瓶幡幢几案之设，亦无不备焉。所以诸佛增光，游人欢喜。

"住持妙峰等恐泯厥迹，征余言以记之。予惟建寺为难，而能修前人之破寺为尤难。何也？盖常人之心，惟欲自显其名，自扬其德。能继前贤之志，能修荒废禅宫，无彼此之分者，近世不多觏也。吾独于通济而见辛（公）通等之为善矣。

"噫，通济一刹，乃祝寿祈福劝善改恶之所。故为僧者智慧，无不圆通慈悲，自无不普济，不孤寺之名也，合辛（公）通等又能济寺之屯修否？为泰亦不孤通济之寓意耳。予辞不获，记其墅而铭云：鸣乎，通济清净之地，无僧不修，无事不济，太监辛（公）通重修破废添裔，传灯幢幡弗坠，祝君佑民千万，亿岁钟鼓，长鸣法轮不退。

"我为题铭天花现瑞，八部归依宏门法会，无法不通，无往不利，诸佛慈光，大明当世！"

《记》中"敕掌砖厂事，内官监太监辛（公）通……驻节游览"一句耐人寻味。这些信息，无论对于解读了解砖厂至张家湾一带历史，还是解读嘉靖《通州志略》（下简称《志略》），都提供了宝贵线索和有力佐证。

两个砖厂之考

《志略》卷二——建置——文职公署条目下记有两个料砖厂：其一说"料砖厂，在张家湾，永乐间设。原置于新开路，弘治间改于广利桥西。属工部管，修仓主事，监收砖料居之"。其二说"花板石厂在张家湾，铁锚厂在张家湾，料砖厂在张家湾，以上三厂，俱内官司之"。此处"厂"在志书"建置——文职公署"条目下，指的是行政设置，系办事机关，不是生产第一线。

《志略》中用的是"厂"字，而非"场"字。按常理，前者指建筑物内，后者指露天。联系到明代"东厂""西厂""内厂"等衙署，也可证明这一点。

《志略》中工部所辖料砖厂说得很详细，办公地址是由新开路搬到广利桥西。新开路，嘉靖《通州志略·建置志》记载"……在州城南新开路，距州八里"。广利桥，《漕河图志》载：广利闸在张家湾中马头西，上至通流下闸十一里，下至闸河口三里。元至元二十九年（1292）始建木闸，名"河门闸"，延佑年（1314—1320）以后，修石闸，改名"广利"，本朝重修，通流下闸今通州南门外，时闸河口在今高丽庄一带。从记载看，工部所辖料砖厂稍东南迁2—3华里，但应在今砖厂村域一带。因此工部所辖砖厂应在弘治年间由新开路迁至今砖厂村。

此外，《志略》中三个衙署同记，只说在张家湾，具体在张家湾哪里,不详。不过管理机构说得很明了——"内官司之"。《记》中"通州潞河土桥之西,大道之南……敕掌砖厂事,内官监太监辛公通……驻节游览",这就是说内官监所辖砖厂也在今砖厂村域一带。

东黑窑厂与卸货场

在《志略》卷三——漕运志——仓场条目下:"东黑窑厂,城东南八里,先年领价烧造砖瓦,以备修仓之用。则不惟费用不赀,且多逋付。自嘉靖……"城东南八里,正符合今砖厂村所在位置,这里的黑窑厂并不含贬义,就是烧制砖瓦之所,亦称窑地。《志略》中列在"仓场"条目下,说明不是"衙署",为烧制砖瓦之所,所烧制砖瓦以备修仓之用。说明东黑窑厂是工部管辖的建材加工厂,位于砖厂村。

皇城的建设,所需用料均由内官监负责采购和管理,所用砖石等建材主要依靠运河沿线的砖窑厂,这就需要砖石卸货场。但是《志略》没有这个卸货场的具体记载,不过依据文献记载可推断,康海所见《通州改建砖厂记》中,刘汝靖因"旧厂去河五六里,舟不能达,砖至又雇车转般(搬)"改建砖厂。《大明孝宗敬皇帝实录卷三十四》记载"弘治三年(1490)正月,命改建料砖厂于张家湾之浑河口。"今梨园镇砖厂村域一带与张家湾镇所辖浑河口距离在五六里范围内,迁址前,这个货场也应在砖厂村附近。

两个迁址之考

结合《志略》,便会清晰看到以文职公署为核心的四处场所、两条线。四处场所分别是:工部所辖料砖厂、内官监所辖料砖厂、工部所辖黑窑厂、内官监所辖卸货场。这四处又构成两条线。一条线是:工部——料砖厂——黑窑厂,以修仓为主;另一条线是:内官——料砖厂——货场,以明代帝都建设筹备材料为主。

文献记载中:工部所辖衙署和内官监所辖卸货场均有迁址,而且原记载统称为料砖厂,还都有"弘治"字样,很容易就让人想到

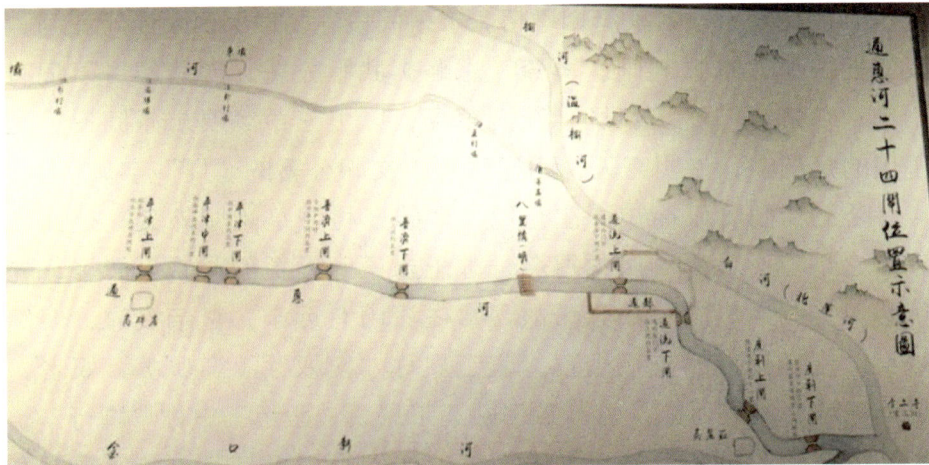

砖厂域内广利上闸与广利下闸

是一回事。但从迁入和迁出看：工部所辖料砖厂是自新开路迁入广
利桥西，内官监所辖卸砖货场是由广利桥迁出至浑河口。从时间上
看：工部料砖厂是弘治间（1488—1505），这十七年内，哪一年迁
入都可以。内官监所辖卸货场明确记载为弘治三年（1490）。从迁
移距离上看：工部料砖厂近乎是一个平行移动，内官监所辖卸砖货
场却是向东南迁移5—6华里。

《记》中明确说正德八年（1513）辛（公）通等到"通州潞河
土桥之西，大道之南"驻节办理"敕掌砖厂事"，此时距弘治三年
（1490）有23年之久。起码可证明这期间内官监料砖厂衙署没有
动迁。故弘治三年（1490）改建于张家湾浑河口之料砖厂，应视为
内官监所辖卸货场。历史上皇木厂村有："南到砖头山，北到小张湾"
之说。皇木厂南即浑河口附近，说明此地确有很大砖石场，但没有
砖厂名份，这也同时证明卸货场与衙署分置两地。

砖厂村由来断想

查《志略》文职公署条目，今砖厂村域不止两个料砖厂，同时
还记载有：张家湾巡检司，在土桥西，永乐间置；提举司，永乐间设，
在张家湾；广利闸，属户部。宣课司，永乐间设，在张家湾土桥北，

盐仓检校批验所；张家湾烟墩桥，永乐间设，属户部；大使厅三间，大使衙一所，在广利闸。再查《志略》武职公署，囿苑条目下记有崇教坊草场、鸣玉坊草场、花园草场，以上三草场俱永乐间设，这里用的是场字，说明露天，明显区别于文职公署的"厂"字。

以上我们可以得知，在明代，今砖厂村域是州城外又一处衙门聚居之地。可推断砖厂村得名，源于永乐间设置的料砖厂衙署，先民也可能与当时官员沾亲带故。富住深山有远亲，官亲投靠，聚落成村。说黑窑厂窑工们聚落，窑工夙称"窑奴"（窑驴），奴者，居衙属地，不大可能。说料砖厂搬运工居所。搬运工史称"脚行"，据《通州志》的粥厂、义地的记载：他们生活极其悲惨，冬季没有活干，又无盘缠回不了家，只能靠粥厂施舍维持生命，因病冻饿而死者，只有少数能入义地，多为就地席头卷掩埋。

总之，《重修通济寺记》虽然是一篇修庙的记录，但对于砖厂这片热土的明代建都之功，实属不可多得的金石证言，其价值远超一次施工记录，故开篇全文抄写，以利永远铭记。

（马景良，通州区作家协会会员，通州区大运河文化研究会会员，潮白文友会会员）

梨园的明军草料场

■ 马景良

明嘉靖《通州志略·武职公署》囿苑条目下记有三个"草场"：崇教坊草场，在州城南新开路，新开路，距州八里；鸣玉坊草场，在州城南，距州五里；花园草场，在州城西南五里。以上三草场俱永乐间设，后军都督府委官一员督领；通州左等四卫、天津三卫、涿鹿卫官军采纳，静海等卫青草以纳，备官军、侍卫官军使用。"

从方位看，上述三个草场，绝大部分设在今梨园镇域内。"草场"通俗理解是草料场，即草料仓库。百度百科解释：草料场 官署名。简称"草场"。也就是负责战马的草料的放置、购买、储存、流转等事场所，《通州志略》将其放在武职公署条目下，为官署无疑。

兵马未动粮草先行，足见其重要。在这个地方设草料场，更显通州驻军的重要。史书记载，明代通州驻军不同于其他驻军：既要负责皇城守卫与宫廷侍卫，又要承担通州城的巡警与驻防；它的职官设置与职掌既不同于一般外卫，又与其它亲军卫有所区别。

文中"后军都督府委官一员督领"，即属后军都督府。明朝军队的最高行政管理机构是五军都督府，五个都督府分别为：中军都督府、左军都督府、右军都督府、前军都督府、后军都督府。后军督府管辖范围大致包括北直隶（与今北京市、天津市、河北省大部和河南省、山东省的小部相当）、大宁都司（别名，北平行都司，今翼辽交界处）、万全都司（今河北省北部）、山西都司、山西行都司。

担此大任，基础是大量驻军。据明万历通州志记载：通州卫原额，官（军）二千六百余员；旗军四千余名（明代卫所下总旗、小旗编制之总称。因任务或驻地不同，又有屯种旗军、操备旗军、守城旗军、京卫旗军、外卫旗军等）通州左卫原额，官军三千三百二十八员，京操及运粮杂差、外见操官军一百五十员；马队官军舍馀三十四员；步队官军舍馀一百一十六员。通州右卫原额，马步官军官军五千六百员；京操及运粮杂差、外见操官军三百八十八员；马队官军舍馀三十员；步队官军舍馀三百五十八员。神武中卫原额，马步官军官军一万一千二百员；京操及运粮杂差、外见操官军七百七十员；马队官军舍馀一百七十三员；步队官军舍馀五百九十七员。定边卫原额……

《读史方舆纪要·卷十一》："明初大兵由直沽下通州，元主遂北走。永乐以后，为积储重地。"这个草场的设置（积储重地），还是主要得益于当时漕运。明官府于永乐十六年（1418），在张家湾建通济仓，据《漕河图志》记载："张家湾起盖仓厫七十间，立名通济仓。"周之翰《通粮厅志》认为通济仓始建于永乐十三年（1415）。说明在朱棣政权稍稳，便在这里建通济仓。《通州志略》载：崇教坊、鸣玉坊、花园三草场俱永乐间（1403—1424）设。说明今梨园镇域内三草场与通济仓为同一时间段设置。

伴随英宗朱祁镇命运多舛，仓厂建筑也出现问题。《明英宗实录》记载说：正统元年（1436年）十一月"修张家湾通济仓，先是管粮通政使李暹奏：'欲移置张家湾通济仓於通州行在，户部、工部议：如所请令漕运总兵官都督金事王瑜，量遣运粮军三千人兴役。'至是瑜奏：'臣所领运粮船二万有奇，今两处交纳河道稍得疏通，若并于一处不免阻塞，况通济仓虽有损敝，易为修葺，若欲移之，则所费数倍，三千人必不能办，请仍旧修葺为便从之。'"

正统二年（1437）三月，"行在工部奏：昨以都督王瑜言，将修葺张家湾通济仓，遣匠视之，十坏八九，臣见京城及通州尚有空仓可以贮粮，如稍不足则于大运西仓傍增造为便，上敕行在户部工郎都察院锦衣卫各遣官一员往察利害以闻。"

正统二年九月，"改通济废仓为通州四卫草场，从提督、京仓通政使李暹奏请也。""四卫草场"与嘉靖《通州志略》载今梨园三草场正符。

正统四年（1439年，夏四月）"庚寅，张家湾通济仓草场火，凡烧草二十三万束有奇。""三千人兴役"可见通济仓之大，"通济仓草场火"，应是通济仓处另有一草场。或许就是压垮偌大通济仓这匹骆驼的最后一根稻草。"改通济废仓为通州四卫草场。"应是通济仓废后，其占用土地归入了通州四卫草场。

从这个记载中，不难看出当时的兵强马壮，国家强盛。

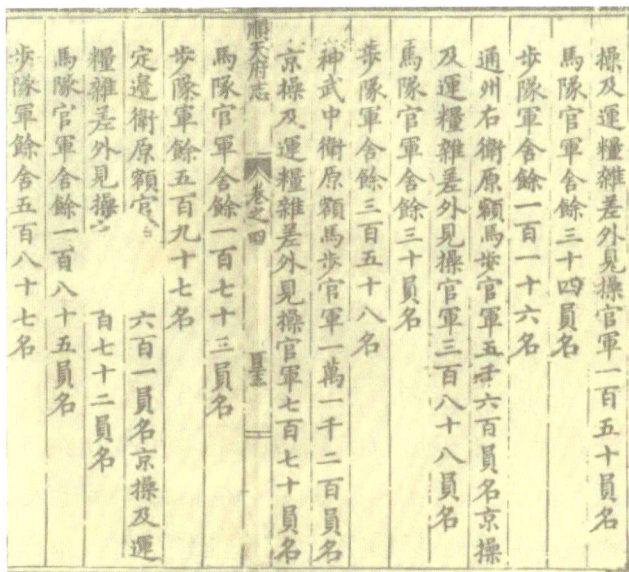

明万历年《顺天府志》记载通州驻军情况

西小马庄东姓由来

■口述：东淑玲　整理：许全新

　　在北京市通州区梨园镇西小马庄有一东姓家族，这个家族的姓氏——东姓在中国姓氏里面属于较稀少姓氏。史载，东姓源于远古三皇之首太昊伏羲氏之风姓。据《路史》载，伏羲氏之后东蒙氏后人有居于东方者，以居地为氏，后改东氏。伏羲生活在古宛丘（今河南周口一带）。源自伏羲部落的东姓在五帝虞舜时仍是极受尊重的。周尸佼撰《尸子》云："伏羲之后，舜七友有东不识，《广韵》作东不訾"；晋陶渊明《圣贤群辅录》载："（东不訾）舜七友，并为历山雷泽之游，皇甫士安作《逸士传》云：视其友，则雄陶、方回、续牙、伯阳、东不訾、秦不空、灵甫之徒，是为七子。"东不訾后代遂成东姓；宋丁度等编《集韵》中也载有东不訾；明夏树芳辑《奇姓通》亦云："《升庵集》：东不訾为舜七友之一"。

　　东氏最著名堂号有"友舜堂""玉林堂"等。东氏郡望平原郡乃西汉高祖元年（前206年）置，相当于今山东省西北部平原县一带。据祖籍梨园镇西小马庄的桥梁专家东玉振先生所撰《西小马东姓家族》一文记述，今日西小马之东姓，就来自山东。

　　据学界考证，东姓始祖东不訾世居太原墟，东姓起自明代由山西祖居地衍迁到山东郡望地最后迁徙到北京的主要路线是自山西洪洞—河北清河—山东平原（含聊城、临沂、济南、潍坊等地）—北京。

现居北京市海淀区太阳园社区的东玉振先生在其所撰东姓家族谱系专文中写道："百家姓曰：'赵前孙李，周吴郑王……匡国文寇，广禄阙东'"，其中之"东"，即我们的族姓。此姓在北京乃至中国，都属稀少之姓。但在北京市通州区，原通县南约三里地（1.5公里）的西小马庄，即是我们（这支）东姓祖居之地。该村虽然不大（解放时也就有约百户人家），居住着邓姓、周姓、李姓、宋姓、陈姓、卢姓、石姓、张姓、刘姓、田姓、康姓等姓氏。然东姓仍为该村第一大姓，且居住历史最久，无论从人口、户数等均使然。

《西小马东姓家族》一文中记载：我们村虽坐落在距县城（南）才三华里，但在当年已经是自北向南、隔着果园、东总屯、刘老公庄、然后才到西小马庄。西小马庄之南有大稿村、铺头村等大一些的村庄。前几个村庄都不大，略小于西小马庄。另外，由于历史的原因，在刘老公庄和大稿村都有我们东姓族人移居那里。移居刘老公庄的东河—东玉富父子一家；移居大稿村的有东玉荣—东礼（随他母亲移居其姥姥家）一家，还有后来东衡的一家。

"说起东姓，我们既无家谱，也无任何文字记载依据，就像史上传说的好多种姓的家谱一样，我们仅有一个口头传说。据东瑞（已过世，终年九十六岁，为近代我们西小马庄东姓之最长寿者）所说，我们的老祖宗东启龙、东启凤兄弟俩，原自山东省某地（具体时间地址均不详）迁来通县城南西小马庄落户。当时兄弟两人有一人无子，经有子一方过继给另一人，遂代代繁衍，历经若干年方形成解放后的西小马庄东姓家族。所以说，西小马庄东姓家族实乃一人（东启龙或东启凤）之后。随着时间的推移，东姓繁衍扩大，渐渐形成南院和北院两部分"。其中，南院依地理或族群分四支，北院分三大支。

据现生活在西小马的村会计东淑玲统计，解放初期，西小马东姓共计十九户八十三口人，繁衍生息至现今实存有五十八户一百五十二口人。迄今为止，东姓依然是西小马村原住民中的大姓。

（许全新，北京畅响九州文化传播有限公司编辑）

葛布店与九棵树

■口述：郝德华 整理：许全新 徐 畅

　　葛布店与九棵树曾经都是自然形成的村落，位于通州区梨园镇，因葛布店村人口较少，因此在新中国成立以后，一直属九棵树村管辖，但据史料考证，葛布店成村早于九棵树村。

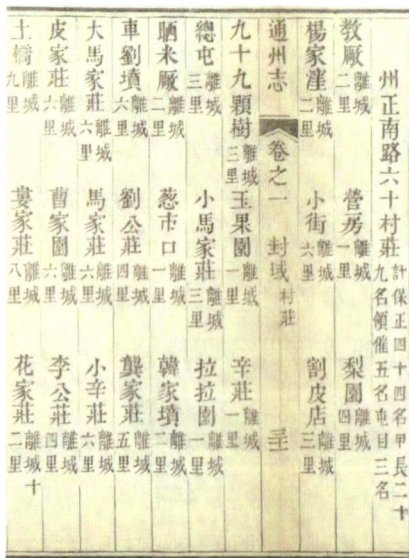

清乾隆四十八年（1783）
《通州志》中载记"九十九棵树"

　　说到葛布店，首先得从中国古人夏衣布料葛布说起。葛，植物名。多年生蔓草。其茎的纤维所制成的织物叫葛布，俗称"夏布"，质地细薄。除作衣料，魏晋以来多用制巾。葛之产地，一为吴越，一为岭南。据《通县地名志》记载：葛布店，位于通州区梨园镇北部，在通州镇中心南 1.8 公里。明代已成村。曾为南方漕运来的丝织品葛布集散地和其他货物的交易场所，故名。乾隆《通州志》记载曾名割皮店，1936 年前后恢复葛布店。1987 年开始将该村拆除，在原址建葛布店南里和葛布店北里两个居民小区。

葛布店村名中的葛布，原意应是指古人夏衣面料之葛布。据村中老人回忆，相传通州南门外有家"葛布店"，店主姓葛（音），专门卖布匹鞋底等物，同时也可以住宿。后因八国联军入侵，该店家逃离此地。清晚期，有山东逃荒过来的赵、刘、郭、张、燕、崔、杨、侯八户人家在此定居。而郭姓人家又是以葛布做鞋底和替人糊顶棚为生，那有没有可能这郭姓就是以前因战乱逃离的"葛"姓呢？"郭"与"葛"音相近，或为误传，或因战乱而改姓？传说已无从可考，或许真有一家姓葛的商人在此地界经营葛布也未可知，总之，此村名与"葛布"有关，或许也曾经存在过一个经营葛布的店面。

再看"九棵树"，该村于通州城区南部，乾隆《通州志》记载为"九十九棵树"。关于这一地名的由来，也有两种"版本"。一是说"九棵树"在清代时形成村落，最初只有赵、张、金、苗四姓，因该村位于进出通州城的大道旁，从村口至旧城南门的路边共植有九十九棵树，所以被称为"九十九棵树村"，后来人们觉得"九十九棵树村"叫着绕口嫌长，就简称为"九棵树"。

第二种说法是说早年间"九棵树"附近曾有九棵高大的杨树（另一说为槐树），形成村落后以树称地名为"九棵树"。相传，这九棵树下有一口水井，人们常在树下乘凉。有一次，乾隆皇帝微服私访路过此地并在树下乘凉。随从还从树下的水井中打上水来，让他喝了。当乾隆喝完水后，顿感凉爽，便即兴赐予此井为"琼池"，并将为他遮阳的九棵杨树封为"九君树"。但人们觉得这个名字过于文雅，便直接称"九棵树"，村名也因此而得。

这两种说法，前者在1992年出版的《通县地名志》有此记载，后者只是民间传说，一般认为可信度当以前者为主，但后者的故事情节也十分符合乾隆皇帝的人物个性，不能说是完全就是子虚乌有。

有关我国行道树的栽植，其实很早就是一项传统制度。《礼记》记载："孟春之月，盛德在木"，意即春天植树造林是最大的道德行为。植树造林的传统在我国由来已久，古人种树的用途主要有三种：一是"列树以表道"；二是标记国家或者行政权利界线；三是在墓地植树以示哀悼与怀念。

从存世文献看，周代已有"列树以表道"的制度，此后"官道之旁必皆种树"为历代所因袭。《周礼·秋官司冦·第五》载："野庐氏，掌达国道路，至于四畿。比国郊及野之道路、宿息、井、树。若有宾客，则令守滫地之人聚柝之，有相翔者，诛之。"这就说明，早在周朝就设有专职人员负责道路树木的种植与管理，还供给行人的住宿与饮水。春秋战国时，不少诸侯提倡在行道两旁种树，以美化环境。秦始皇统一全国后，就曾命令在当时的秦驰道道旁广植树木。据西汉政论家贾山《至言》中记载："秦为驰道于天下，道广五十步，三丈而树，树以青松，为驰道之丽，至于此也。"秦朝以后，行道树的树种选择则以适应性强、枝叶茂盛、遮荫幅度大的槐、榆、柳树为主。清代尚秉和在《历代社会风俗事物考》一书中描绘说："清时官道，宽数十丈，两旁树柳，中杂以槐。官道六百余里，两旁古柳参天，绿荫幂地，策骞而得，可数里不见烈日。"足见清代的林荫大道已有相当的气魄与规模，其道旁树树种选择，已有规制。

据此推理，当年乾隆皇帝下江南所走通州官道上，通州旧城至今九棵树一段行道树的排列组合方式理应是道路两旁各植柳树三十三棵，道路中间杂植槐树一列三十三棵分开来往两道，三列相加，正好九十九棵，恰与传说所说"九十九棵树村"官道所植树木为柳树槐树相符合，规制与传说两相印证，足见"九十九棵树村"史载其名来历所言不虚。

旧闻轶事

大稿村担架队

■ 王秀珍

1948 年下半年的一天，一位身着便装，自称是八路军的人来到大稿村保长王仁山的家，明确地表示：我们要解放北平！并希望得到你的支持。面对眼前发生的这件事，对于曾经在村里推行过"二五减租"的王仁山来说，他知道自己应该怎么做。

这一年的十一月，一天凌晨，村里突然来了一支部队，头上戴有柳条和野草编的伪装，枪支配备齐全，纪律异常严明，村民面面相觑，当知道是共产党的部队后，村民开始明白，世道要变了，人们奔走相告。被剥削的历史要结束了，天终于亮了，因为中国人民解放军来了。

几天的功夫，村里的墙上出现了用石灰水写的大字标语——"打倒大地主，耕者有其田"，解放军师部、连部驻所的屋墙上挂着从来没看见过的毛泽东、朱德的画像，人们开始听到"同志"的称谓，孩子们围在青年战士身旁学唱"没有共产党就没有新中国……""你是灯塔，照耀着黎明前的黑暗……""解放区的天是明朗的天，解放区的人民好喜欢……"等歌曲，国民党时期通行的关金、法币、金圆券等货币停止使用了，取而代之的是开始使用解放军带来的称之为"边区票"的货币。而此时的北平（即北京）还未解放，龟缩在城里的国民党部队还在负隅顽抗。

解放军进村的第一件事就是在群众中进行宣传动员，组织群众成立战勤组织，短短几天时间，就成立了由傅德林、邢松如、米荣、李德林、王仁山、王文英等人组成的战勤组织，他们筹粮筹草，安排驻扎本村军队的吃住。

1949年1月，解放北平的炮声在响，枪声连串，人民解放军时有伤亡，急需将这批伤员抢救下来，看到这一情况，村民立即自发成立了以王思臣、刘亮为队长的担架队，担架队拥有七八十人，18副担架。据当时的担架队员李光庭回忆：队员有田润之、田昆、张永春、王焕明、邢松会、牛俊启、刘华、田军、曾继光、张维明、田万巨、李德昆……担架是从各户借来的门板。担架队驻扎在朝阳区的马房寺，他们和战士们一起奋战在前线，冒着枪林弹雨将伤员抬往位于大稿村村北的西小马庄战地临时医院，在对伤员进行紧急包扎处理后再将伤员运送到后方治疗。

1949年1月15日，天津解放，北平守军将领傅作义采取了明智的选择——和平谈判，并于1949年1月22日发表文告称：北平的和平解决，是为了"迅速缩短战争，获致人民公议的和平，保全工业商业基础与文物古迹，使国家元气不再受损伤，以期促成全国彻底和平之早日实现。"同时公布了北平和平解放协议的部分条款。这一举动，减少了大量的人员伤亡，也保护了北平这一文明古城，而仅仅成立了9天的担架队也完成了它的历史使命，宣告解散。

1949年春节，是异常欢快的，处处可以听到解放军教唱的歌曲，处处可以看到翩翩起舞的秧歌队，但是让人们更高兴的是人们翻身做主人，即将迎来崭新的生活。

参考资料：《大稿村村史》（1997年）

（王秀珍，大稿村村民）

通州解放后的训俘营

■ 曾 乃

通县 1948 年 12 月 14 日解放不久，随着我军攻打天津、和平解放北平（北京）战略的需要，我中国人民解放军第四野战军所属教导五师奉命从河北三河县调到通县潞河中学墙外铁路南（今小营房、梨园、九棵树、杨家洼、小街一带）组建接收、训练国民党俘虏集训营，简称训俘营。

当时的教导五师下辖 6 个团，每团约 100 多人。师长叫张苏，政治部主任谭后来，我负责参谋部工作。师指挥部设在通县梨园小街村。

由于当时的条件艰苦，加之部队流动不定，所以，作为完成临时性任务的训俘营并没有自己固定的营地和住所，本着艰苦奋斗、勤俭节约的原则，我们的训俘人员绝大多数分散居住在老百姓家里，吃的是小米，一个星期顶多吃上一顿大米或白面。如果改善一次伙食，战友们喜之不尽。

就是这样一班人马，在非常简陋的条件下，于我军解放天津的当天就接收天津宪兵三团少尉（排长）以上俘虏近 200 人，经过严格的教育训练后，此批俘虏中的连、排级军官被充实到我军部队，有些人在大军南下时还成了骨干。

北平和平解放后，原国民党傅作义部队师以下军官都在通县训俘营受训。其中 600 多名青年军成员受训结束后还被送往华北军政大学进一步深造。当时，北平实行了军管，社会上清理出的"渣子"和"涉嫌人员"也都遣放在训俘营教育管理。俘虏中除大部分士兵或中下级军官要求解甲归田，我军给出具证明、开路条、发路费、允许遣送还乡者外，占被俘人员总数约五分之一的伤兵完全由我军负责调养、教育。师以下军官由我军按军阶分期分批集中进行教育培训，每期训练时间约 3 个月。

训练的主要内容有：

（一）政治学习。主要学习唯物辩证法和毛泽东主席的《目前形势和我们的任务》等著作，学习中国人民解放军入城十大原则。

（二）军训。主要是队列训练、出操。

（三）思想教育。主要搞"诉苦水""挖苦根"活动，结合个人家庭境况和家乡人民生活现状，控诉国民党腐败统治给人民带来的痛苦。

我军严明的纪律与人民情同手足的情义、官兵平等一致的关系、言出必行的优俘政策以及解放区人民拥戴我党、我军的具体行动，使受训俘虏感受颇深。经过教育改造，俘虏中存有的敌对情绪逐步消除了，隐藏潜伏的国民党特工也被一个一个地挖了出来，一些国民党部队团以上军官在负伤、调养期间，对我军实行的人道主义政策很感激，态度转变较快。

通县的人民，虽然担负的军队给养任务很重，但每次送到部队的物资总是超额，他们把最好的粮食奉献给了解放军。

出于感化和改造的需要，训俘营中的俘虏在某些方面享受的待遇确实超过了我训俘人员。在伙食供应上，尽管我们吃的是小米，但供应俘虏的（不管是否伤兵）都是大米和白面。每到星期天，俘虏的家眷等还可到训俘营来探视、团聚，我军保证来去自由。

随着训练时间的推移，俘虏心中的疑团逐渐消失，绝大多数俘虏认清了大势所趋，他们在找到了自己（国民党）失败的根本原因是脱离民众、失人心之后，对解放军在人们心目中的地位，慨叹之余不禁由衷地折服，同时也认识到了中国共产党的英明、伟大，很多的俘虏投身到革命的行列里，矢志重新做人。剩下的一少部分国民党部队营、团、旅、师级人员，在大军南下时移交给了华北军区联络部。

教导五师在通县驻扎的半年多时间里，圆满地完成了训俘任务。

大军南下时，教导五师所辖 6 个团交杨思路、陈方忠同志编入了空军。

（吕咸生整理。曾乃，原冀东军区第 14 军分区 16 团政委，离休时任中央第二政法干校校长）

军民理发馆

■口述：齐广臣　整理：白桂生

　　小街村曾经有个理发馆，叫军民理发馆，理发师傅叫齐丛山。齐丛山就是小街村人，解放前，他在张家湾一个私人理发馆学徒，为了干活方便，便在张家湾租房住。解放后公私合营，理发馆由张家湾供销合作社管理，齐丛山因为是理发馆的老人了，也因此转为了城镇户口。

　　那时理发馆很少，小街村、砖厂村、小圣庙村（永顺镇）、梨园村、小街部队等地的人理发都要到张家湾理发馆，加上交通不便，没有公共交通，有的人家连自行车都没有，全靠步行。有的村民就说，如果在小街村附近有个理发馆多好啊，不用走那么远的路。当时这一带属张家湾管理区，很快这个问题反映到张家湾镇供销合作社主任崔俊那里。

　　领导很重视，找到理发馆，商量着怎么更好地方便群众，便有了在小街村开理发馆的打算。正好齐丛山是小街本村人，领导便找到齐丛山，齐丛山想着回村里可以一边理发一边照看家里，一举两得，但是多少年没回家，小街村也没有房子，回去一大家子人住哪……这些问题让齐丛山心里也没底。好在理发馆领导支持他，妻子胡淑敏也支持他回小街村。就这样，1952 年，在张家湾理发馆工作的齐丛山，离开张家湾来到小街村，在小街村南头的邓永胜家，租房为村民理发。过了一段时间有了点积蓄，齐丛山主动放弃了原有的城镇户口，将户口迁回小街村，并在小街村中街置办了三间土坯房，简单整理后，继续从事着理发的营生。因为齐丛山从小学理发，手艺很不错，逐渐在小街村及周边一带小有名气，村里人几乎都到他的理发馆理发，附近十里八村也都会去。

齐师傅理发馆虽小，可一天下来也是十分忙碌，就是因为齐师傅手艺好，服务也好。有时人多排队，齐师傅就会给等候的客人沏杯茶，一边忙着手里的活，一边跟人聊着家常，屋子不大但很热闹。有时小孩没带钱，照样认真理发，服务到位。齐师傅就是这么个人，不急不恼，整天笑呵呵，人缘就是好。

最初，齐丛山的小理发馆是没有名字的，后来为什么叫军民理发馆了呢？这事还得从1953年说起。这一年，有部队到小街村西地里建营房，说是营房，就是支起一顶顶军用帐篷，然后用铁丝网做围墙，用于收治当时从朝鲜战场上回来的伤员，部队那时就叫健康连。当时部队里还有随军家属，住帐篷里很不方便，一些家属就到附近农民家里租房住，条件和生活都很艰苦。

由于随军家属有住在村里的，当时健康连里没有会理发的，部队领导也得知了小街村有个叫齐丛山的开了家小理发馆，于是慕名而来，找到齐师傅，把情况说明，想请齐师傅去连队里给伤员理发，齐师傅二话不说，收拾好一应工具立刻和部队领导来到营房给伤员理发。就这样一来二去时间久了，就有了感情。有一次，部队里一位叫王铁复的领导问齐师傅："您的理发馆名字叫啥？"原来，部队领导考虑到齐师傅老是这样来回跑不行，一是耽误齐师傅给村民理发，毕竟理发馆里还有好多客人等着呢。二是这样来回跑太累了。就想着等战士的伤养好了，就让他们自己去，所以问齐师傅。部队领导这一问，齐师傅这才想起，小理发馆干了这么久了，竟忘了起名字了。他尴尬的笑了笑，不好意思地说："我的理发馆还没名字，您有文化有学问，帮我起个名字吧。"部队领导听后笑了笑，想了一会就对齐师傅说，就叫军民理发馆吧，齐丛山当然是满口答应。部队领导当即就把起好的名字用毛笔写在一块木板上，齐师傅高高兴兴的扛着写着名字的木板回到家，郑重地挂在家门口。从那以后，小理发馆有了自己的名字——

齐丛山（前排右二）全家福

军民理发馆，很快，这个响亮的名字随着齐师傅的手艺传遍十里八乡。

1992 年 7 月 1 号这一天，在齐师傅儿女多次劝说下，已经 72 岁高龄的他才依依不舍的放下手中跟随了他一辈子的理发工具，摘下门口那块挂了三十多年的招牌，这一天理发馆正式停止营业。从 1952 年至 1992 年四十年时间里，已经数不清有多少人在齐丛山的理发馆里理过发了。虽然现在的小街村已经全部搬进楼房，周围也开了不少充满现代科技的理发店，但是小街村老人依旧会记得那个拿着推子、剪子和刮胡刀这些原始工具，整天忙碌着的身影，依旧记得那个代表着军民一家亲的军民理发馆。

（白桂生，小街一队村党支部委员、纪检主任）

小街植棉史考

■口述：李庆峰　姚秀荣　整理：徐　畅

说起小街村种棉花的历史，就要从位于小街村南、京津公路以北的两块石碑说起。这两块碑分别是"满洲电电社员殉职纪念碑"和"棉花事件碑"，碑文揭露了抗日战争期间，日军在通州小街一带进行经济掠夺与军事侵略的罪行。

2019 年，日本金泽大学人间社会研究域经济学经营学系出版了《中华民国时期北京市近郊农村的经济发展与都市化》一书，书中详细记载了小街村在民国时期（1936 年）种棉种粮家畜养殖等详细数据，数据显示，小街村有 7 户植棉大户，面积最大的 18 亩，最少的也有 4 亩。可见，小街村从民国时期开始就

续表

调查编号	经营面积（所有面积）	家庭人口数（在外居住者）	长雇人口	牛	骡马	驴	猪	狗	鸡	棉花	玉蜀黍	豆类	高粱	粟	小麦	胡麻	甘薯	蔬菜	兼业收入
6	48（14）	15						1		8	26	4		2	2	2	6		
126	46.5（31.5）	14（2）			1		1	1	8	10	19.6	5.5		5	3		2	2	
74	45（0）	7		1		1	2	1	1	18	8	4	8	6	3	1			
147	44（44）	17（3）		1			1	2			24	3.2	3.2	6.8		5			
32	43（43）	7				1	1				27.2	6.8				4		29	
162	40（0）	12				1					20.4	5.6	5	6	5		3		80
69	37（37）	14（1）							1	8	1.6	4.4	1.6				2		80

民国时期小街村经营面积 20.1—50 亩的
26 户农户情况（部分）

种植棉花。虽然该书出版于 2019 年，由其统计数据的精确程度可见，该数据应由民国早期日本在华经商的商人所为。可见，日本军国主义侵华之举蓄谋已久，是继 1900 年八国联军侵华之后的贼心不死，是再一次对中国土地的虎视眈眈。

"九·一八事变"后，汉奸殷汝耕在通州设立"冀东防共自治政府"，为其进吞华北备下军事设施。伪冀东政府恃日寇之势，为虎作伥。当时日寇惧怕抗日军民伏击，便迫令当地农民于铁路、公路两侧 500 米内统植棉花矮径植物，并派遣安田秀一等人，以"帮助中国农民栽培棉花传授技术"为名来至通州，"指导"城南京津公路北侧之小街、砖厂等村民种植棉花，可籽棉概由日寇低价强行收购。众所周知，棉花乃重要军需物资，显而易见，安田等人所谓"帮助"中国百姓种棉，实乃赤裸裸之经济侵略，且为日寇侵华之战略措施。

日伪时期，棉花为统制产品，日本在华北成立了多个机构，专门统制收购棉花。与此同时，日伪当局对棉花市场实施了严厉管制，严禁自由买卖交易。

"七七事变"后，日本帝国主义疯狂侵占华北，爱国将领张庆余、张砚田二位将军在抗日统一战线感召下，振臂而起，于 1937 年 7 月 28 日夜，率领保安队万余士兵英勇起义。兵分三路，攻占傀儡政权衙署，活捉殷汝耕，

日伪时期北京通县棉作试验场

围攻日寇兵营，愤刬铁蹄，按巷搜捕侵华日人，共杀死日本官兵 500 余人，其中即有安田秀一。

通州起义失败后，日寇不仅肆杀通州市民，而且胁迫通州人民为被杀日寇于城中修建"慰灵塔"，还逼迫小街村民为安田等人建立"慰灵碑"，当地俗称安田碑。碑身阳面上方，纵篆碑额 8 行 16 字为："通州事件棉花关系殉职者慰灵之碑铭"；其下纵刻楷书铭文，由题额、记事、铭与落款组成。"满洲电电社员殉职纪念碑"，汉白玉制。身高 266、宽 95、厚 25 厘米，阳面正中雕圆角方框，纵刻楷书一行"满洲电电社员殉职纪念碑"，阴面正中雕圆角方框，纵刻隶书铭文 6 行，满行 31 字，铭文在"文革"中凿毁，不清。座后配，艾叶青石制。长 134、宽 64、露高 29 厘米。

1939 年 12 月，华北伪政权颁布实施《棉花输出许可暂行条例》，规定："棉花非经实业部总长之许可，不得输出"，违者除没收物品外，还要处以 3 年以下徒刑或 1 万元以下乃至价额 3 倍之罚金。小街一带村民种植的棉花，收获后被统一收购，据小街村老人回忆，当时收上来的棉花要送往通县的棉花社。这些机构收购上来的棉花，很大一部分运回日本，一部分运往伪满，还有相当多的一部分供给华北日商纱厂做原料，极少的运往华中、华南交换物资。作为军需民用的棉花，最终都被掠夺成为侵华的物资。为了加大对华战略物资

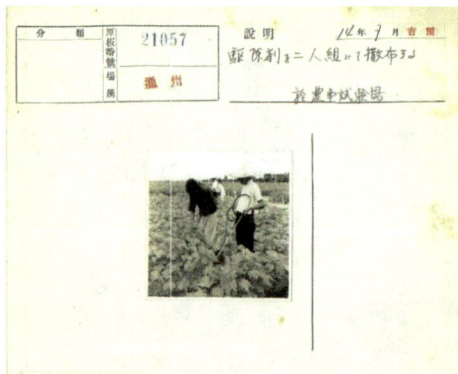

日本侵华时期给棉田打农药（资料）

的侵略，增殖棉花，日军还在通县设立了棉作试验场，从事棉花种植与研究，当地民众的辛苦劳作最终都被掠夺。

抗日战争胜利后，小街村村民仍旧以植棉为生。收获的棉花除了一部分自用外，剩余部分全部拉往通县县城进行销售，补贴家用。

新中国成立后，通县在梨园村成立了轧花厂。小街村生产的棉花留一部分自用，弹棉花，做被子和棉衣，一部分就送到位于梨园村的轧花厂，由厂里将送交的籽棉加工成皮棉销往全国各地。俗话讲"要发家，种棉花"，植棉历史悠久的小街村成为北京周边的主要植棉区，因为棉花种得好，时常会有外地的种棉户前来学习经验。由于棉花的经济效益好，棉花成为小街村主要的经济作物，一个村有五六百亩地全部种棉花，亩产籽棉能达到七八十斤。

50年代初期，村里设有健康连，一些打仗受伤的老兵在此休养。战友文工团的马玉涛、耿莲凤等演员经常前来慰问演出，赶上棉花收获的季节，还会和村民一起下地摘棉花，晚上，还会为村民播放电影。

50年代末期60年代初，小街地区种植的棉花亩产可达到百十斤，当时小麦

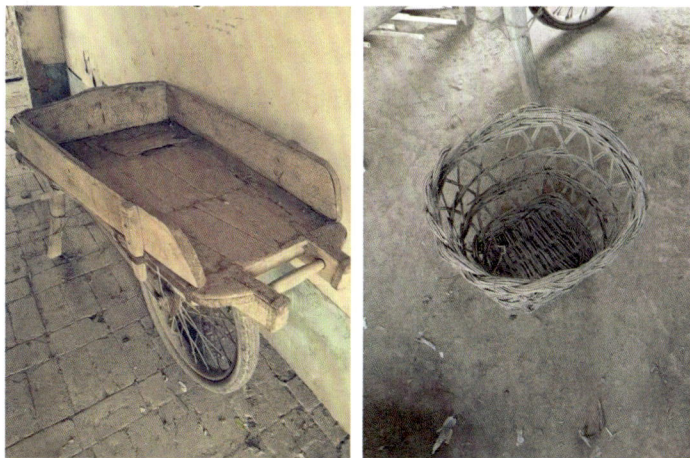

小街村民进城收粪使用的容器和运输工具

背筐（粪萁）

亩产也就一两百斤，棉花亩产能达百斤，也算是高产了。据小街村村民讲，那时，京津公路以西种的都是棉花，以东就种植玉米、小麦、高粱等粮食作物和大白菜、大葱等蔬菜，因为棉花种得好，当时周边的公社都来学习棉花种植经验。小街一带包括高楼金、砖厂等村，植棉总面积也有1000多亩，当棉铃盛开，那就是千亩棉海。

每年农闲时，小街一带的村民每天一大早，推着小推车或者赶着大车来到通县县城挨家挨户收粪和炉灰作为棉田的肥料，那时没有化肥，粪便和炉灰混合后拌匀、晾干，形成"粪球"，留到第二年春天播种时使用，那就是上等的肥料。小街村的许士奎、赵德河、洪树增、王庆等人都曾到通县收过粪。

"枣芽发，种棉花"，每年的三、四月份是棉花播种的季节，小街村的村民们开始男女老少齐上阵，男人们在前面平整土地，挑出一行行的粪沟，女人们则在后面，挎着粪萁，在挑好的粪沟里均匀地撒上粪球，然后从田边的水井中打水进行浇水。为了方便浇水，村民在棉田周边打出三眼大井，节约了来回挑水浇地的时间。

当水将粪和土浸透后，需要将土地压平，然后挑出间距40厘米左右的地垄，一些有经验的老农跟在后面撒种，抓一把棉籽来回抢三回，便可完成三株棉花的播种，株距就好像用尺子量过一样，都能够保证在40—45厘米。在当时的小街村，往往都是张淑敏、杨淑敏、邓永兰、刘秀琴等几个有经验的种棉能手来完成这项工作。

撒完棉籽以后，再用石碾将地垄沟碾实，播种工作就完成了。当棉籽发芽长至5—10厘米后，妇女们就开始间苗，以免棉苗过密影响生长，生出棉苗后，就不再浇水了，靠天吃饭。如遇上雨水多的年份，棉花就会减产。棉花从出苗开始就会滋生蚜虫，这些蚜虫附着在棉花的枝叶上，严重时会影响棉花的生长，因此不定期就要喷洒农药除虫，有时遇上爆发棉铃虫灾害，更是要增加喷洒农药的次数。解放初期，受生产条件限制，给棉田喷洒农药，需要三个人一组共同完成，一个人负责固定装农药的铁桶，一个负责用打气筒给农药桶打气，还有一个人专门用喷雾器喷洒农药，打完一小块地，三人就要合力将农药桶搬至下一处继续喷洒。到了六七十年代，便携式农药喷雾器的出现，大大地减轻了棉农们喷药除虫的工作量，只需要一个人背着农药桶，一手压动农药桶一侧压杆，一手进行喷雾作业，既方便又快捷。期间还会在棉花的花蕾期和花铃期对棉花株进行打叉、掐尖，把发育不好的棉花花蕾和分枝去除，保留最健康的枝杈，以保证棉花的产量。

一般来讲，小街村的棉花一百斤籽棉只能出35～40斤皮棉，剩余的都是棉籽。收获时，整片的棉田结满了雪白的棉花，女人们戴上特制的棉兜子，开始下地采摘棉花，闲暇时，再将收获的籽棉棉籽进行挑选，将体型饱满的棉籽留到第二年开春继续播种。年景好的时候。赶上收成好、棉花价格高的年景，每亩棉田可收益1000多元。

棉花的生长期长，经过几十年反复重茬播种，导致土壤越来越差，种棉出灾，收成每况愈下。70年代后期，小街村就不再种植棉花，改种玉米、小麦等粮食作物。

小街村种棉花的历史已经成为通州一带的趣谈。一些年纪稍长的村民甚至了解通州历史的人都知道旧京津公路通车后两侧不许种植高杆作物的这段屈辱历史，通州文物专家周良曾专门撰文抨击日

罪证碑：左为"满洲电电社员殉职纪念碑"，
右为"棉花事件碑"

本军国主义侵华的恶劣行径，其中，《日寇罪证——安田碑》一文收入《周良文史选集》，《日本侵华罪证碑》收入《潞阳遗韵》。

抗日战争胜利后，"棉花事件碑"和"满洲电电社员殉职纪念碑"被当地村民推倒，废弃于田边。上世纪80年代，为揭露日本侵华罪证，重立二碑。据小街三队村民回忆，90年代还有日本人前来祭拜，被周良撵走。2001年，其被公布为通州区文物保护单位。此二碑是日本侵华的罪证，将永远昭示今人及后代，不忘国耻，振兴祖国，具有重要的历史价值和教育意义。如今，侵华罪证碑仍立于京津公路北侧物美超市前，不时引来路人观看，有爱国者便会传述那段历史。

参考资料：《日寇罪证——安田碑》（周良）

（徐畅，北京市文化产业商会理事，北京畅响九州文化传播有限公司总经理，通州文史研究者）

我参与的《通县志》编修查档工作纪实

■ 赵联宝

我叫赵联宝，男，1967年7月生人，曾服役于北京市武装警察部队第一支队，1990年5月被分配到当时的通县氮肥厂（后改名为北京华飞化工总厂，又改名为北京华飞化工集团总公司）工作，刚进厂时担任厂保卫科干事，1992年3月调至公司党委宣传部任宣传干事，1998年工厂转制，我在家待岗，2001年9月买断工龄，现在通州区梨园镇魏家坟村社区工作。

1996年3月的一天，公司党委宣传部部长赵士成口头告知我，说咱们通县要编写县志，工业口要编写"工业篇"的历史，通县经济委员会让咱们公司出一个人，还得有点写作基础的，党委说让你去经委报到。当时我想，我没接触过写历史、县志一类的东西，自己学历也不高，在我脑海里，县志都是之乎者也一类的文字。赵士成说：经委借调人，也就是完成查阅资料以及初级编写的任务。

这项工作由经委宣传部负责，具体负责人是宣传部的姜理忠，第一天来到经委报到，他简单地向我介绍了编写史志的一些情况，主要工作就是通县志"工业篇"史料的收集，搜集的资料时间范围是自清嘉庆十年（1805）至1995年，形成初稿后由通县史志办负责定稿。这项工作由姜理忠和我，还有另外一位女同志负责完成，这位女同志是中国人民大学毕业的学生张立平。过了几天她来到了编写组，编写组正式成立，设立编写组办公室。在熟悉新工作环境以后，邀请来通州史志办的孙连庆老师，讲解怎么样去查资料，都需要查哪些文字资料，去哪儿查，尽量把与通县工业历史沿革和发展脉络相关的资料抄录下来，越详细越好，我们照着去完成就行了。

按照《通县志》的凡例要求，写通县的工业史，上限追溯到清嘉庆十年（1805），下限截至1995年。日伪时期的史料主要去南京档案馆查；中华人民共和国成立后一直到1958年的通县工业史料要去石家庄档案馆查考，通县划归北京市后的这段工业发展情况，主要在通县档案馆查询。由通县史志办开具查档证明信去各档案馆，再由当地档案馆人员验证明信，方可查阅，不能复印不能拍照，只能把需要的文字史料用笔一一记录下来。

当时由经委副主任王庆带队，我们一行四人坐火车去的第一站——南京。那是1996年的12月份，南方天气很冷，当时条件有限，为了节省差旅费，我们住的普通宾馆，南方没有暖气，屋里很冷，外面天气阴沉，还下着蒙蒙细雨，在南京一个星期时间大约查阅了近百卷宗，从南京返回顺路去的第二站——河北省省会石家庄，档案馆人员热情接待。在查史料过程中，一坐就是一天，每查一卷都得让工作人员帮我们去拿，看完一卷还回去，不能出现一点儿差错。一个星期大约查阅200卷宗史料。

和文字打交道真是件苦差事，先认真阅读，然后把有用的文字史料认真记录下来，不能手懒，更不能断章取义，连标点符号都不能记错，有繁体字，有的还是半文言文，我们都照抄无误。在摘抄的过程中必须字迹工整，不能有错字漏字。长时间翻阅，眼睛很累，有时看错字里行间，回过头来又重新阅读摘抄。

查阅史料最开心的是在南京档案馆和石家庄档案馆，当看见卷宗上面写着"河北省通州专署"和"北京通县"等字样，就觉得眼前一亮，有望能查到所需要的史料。

印象深的是在通州区（1997年9月，通县撤县置区）档案馆查阅资料，得到了档案馆领导的大力支持，第一次去，看了我们的介绍信，知道我们是通州志编写查阅资料人员，负责查阅抄写与通州（县）工业相关的资料，档案馆资料室隋老师热情接待。往后我们每天都在档案馆查阅，有时查阅过于投入就忘记了时间。有一次到饭点了，隋老师想为我们去食堂打饭，当然，我们婉言谢绝，不能给他们添麻烦。查阅一星期，自己根据记录的资料做整理，整理完这一部分，再去档案馆查阅一个星期，这样不至于把查阅的资料漏记或者忘记。

"工业篇"史料查档后形成近 6000 字文字长编，交由通州区史志办存档并最终形成铅字打印稿，最后长编署名是通州区经济委员会。

当年和我一起查档的姜理忠年已古稀，现退休在家；张立平年近六旬，现任北京天元电器有限公司董事长（通州政协文史特邀委员）。

《通县志》最终定稿形成书籍后，于 2003 年 11 月由北京出版社公开出版发行。回忆起当年我们的查档工作，我只是为通州经济发展过程的梳理做了一点儿工作而已，心里也是满满的自豪。通过大家的共同努力，能为后人了解通州工业发展史提供一些资治资料，我想这也就是我们当年查档工作经历的深远历史意义所在。

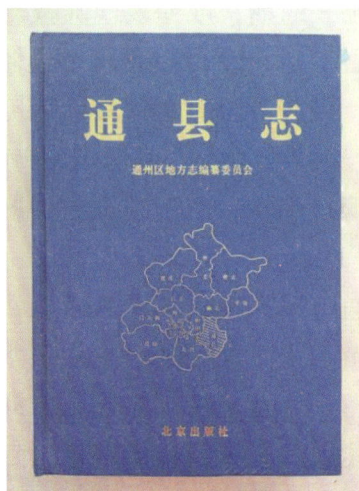

赵联宝参与编修的《通县志》

（赵联宝，武警北京总队第一支队四大队原书记员）

李家园的传说

■ 吴 玉

明隆庆六年（1572），穆宗驾崩，10岁的朱翊钧即位，年号万历。由于朱翊钧年幼，由其生母李贵妃主持朝政，世人称其为李太后。李太后的娘家就在通州永乐店，由于李太后信奉佛教，因此梨园地区有记载的庙宇多修建于那一时期，成为该地佛教的鼎盛时期。

李太后每年都要省亲，必然途经通州南门外大道，过土桥、张家湾到永乐店。话说通州南门外至土桥这段大道历史相当辉煌，从通州城南门外至土桥这一段为"齐长城"的遗址，高高隆起就像一条巨龙，现如今只有小营一段遗址仍在，南门外至土桥这条大道就是建在这条龙脊上。

常言道，一人得道鸡犬升天，李太后主持朝政，家族也自然兴旺发达起来，李氏家族就看上了梨园地区这块风水宝地，李氏家族购买了北起通州南门外小营，南至土桥，东起玉带河，西至车里坟这一大片土地，开始大兴土木。先是拓宽大道，后又建了几座寺庙，如通州南门外的八神庙、杨家洼的菩萨庙，还有梨园庙（今无）、小街庙（今无）。又在小街村南、今砖厂附近修建了一座行宫，供李太后省亲途中休息之用，清朝时改为寺庙，被称为"行宫庙"，据说，清代皇帝和娘娘出巡前往张家湾，也曾在此庙中歇脚。

为了便于管理这片风水宝地，李家人就在今梨园村处建造了一片房屋，在房屋四周栽种了李树、梨树、枣树、柿树和槐树，形成了大片的林区，称为"李家花园"。

有一年，李家一位未出阁的小姐不幸夭折，按照传统风俗，未出阁的女子夭折是不能葬入祖坟的，于是就在李家花园旁边修建了一座规模较大的小姐坟，在墓的四周种植了柏树、松树等常青树。经过多年拓展，两片连在了一起从而形成庞大的林区，南来北往的人们都会在此处休息纳凉，给百姓带来了诸多便利。

到了清代，李家家道中落，遂开始变卖土地维持生活，后来仅剩下位于今梨园村域内的一片地上建筑，但因年久失修，也少有人居住。后来有逃荒至此的难民寄居于此，因李家历来待人宽厚，从未因废弃房屋被人占用而索要地租等物，名声因此流传开来，所以来此居住的人逐渐增多，并在空地开始搭建房屋。因居住房屋多为李家闲置房屋，所建房屋占地也为李家的土地，因此人们习惯的称此地为李家园，又因为此地原有大片梨树，"李"与"梨"又为谐音，逐渐演变成今天的梨园。

李家园的形成给该地区几百年来的繁荣发展和良好民风的形成提供了良好的铺垫，也给人们茶余饭后带来了美丽的传说。

（吴玉，梨园村村民）

半壁店关帝庙的传说

■ 徐　畅　许全新

在京秦铁路之南、通州区与朝阳区交界处，北接杨庄路，南与通（州）黄（村）公路相通的地方，有一明代成村的村落，名叫半壁店，属于梨园镇辖村。该村 1983 年 7 月设村民委员会。据《通县地名志》所载，村民至此于古庙西侧定居，所建房子一半用于开店，形成聚落后，故名。

村中有一关帝庙，说起关帝庙，因关羽生前曾被曹操封为"汉寿亭侯"，死后也曾被谥为"壮缪侯"，因此后人对关公推崇备至，视之为"忠""义"的化身，敬之为神，立庙供奉。而各个朝代的皇帝出于维护自己的统治需要，也就顺应民心不断给关羽加封谥号。宋代时，关羽被追封为"武安王"，明代时，他又被加封为"协天大帝"，到了清代，他再受封为"关圣大帝"。于此以后，各地也随之建起了"关

半壁店关帝庙（韩晟 绘）

帝庙"。

据半壁店村民刘俊影、张士贵回忆，半壁店村的关帝庙规模宏大，为一大三合院，正殿坐北朝南，两侧东西配殿，配殿两侧有耳房，院内东西两排厢房。正殿居中供奉着关羽塑像，周仓、关平塑像位于左右两侧。正中的关公塑像手持《春秋》，身披绿袍，面相端庄，姿态威严，双目凝书，聚精会神。大殿旁边的小耳房中，墙壁之上绘有精美壁画。壁画有飞天等传统文化和神话传说的内容，寓意日月乾坤，山海万象之意，院内东西厢房则为看庙人居住之所。

大庙前有一个大水坑，为挖土堆砌庙基所形成，庙院里有一棵大槐树，树上倒挂有一口大磬，大风之时，旁枝扫磬，嗡嗡有声，余韵悠长。此外，关帝庙院内及后院外分别有一棵大杨树，树种属于毛白杨，树叶夏天之时正面碧绿，背面毛白，树叶页柄韧劲十足，孩童拿来可资束扎头发。院内一棵在西厢房的南边，据传上面盘踞一条巨蟒，每当天旱之时，它会倒垂杨树枝上吸取庙前大坑之水，因此在半壁店一直流传着灵蛇吸水的传说。另一棵在庙院外北边，当时树围六人手拉手方能合抱，当时从北京城前往通州走到双桥就能远远望见那两棵大杨树。两棵大杨树在二十世纪五十年代后期被放倒，里边一棵放倒时树干实心，据说被拉去造船了，外边一棵尤其庞大，放倒之后发现树干已空。民国间该庙已被辟为私塾。现年70余岁张士贵回忆，当年他大哥二哥上私塾就在庙里念书。庙中泥胎塑像犹在，香炉什物已经不知所踪。

据传，解放前该关帝庙有一个求雨的活动，因其求雨特别灵验，故为四邻八乡所熟知，遇到大旱之年，不光是本村村民在此求雨，就是周围四邻八乡也都纷纷跑到半壁店关帝庙中求雨。旧时，求雨活动较为普遍，各地均有不同的方式。半壁店关帝庙求雨活动，多由村中乡贤组织村民前往庙中，先向关老爷焚香祷告，然后请出庙中木雕神龙和临时泥塑草胎神龙，村民俗称为"土龙"，分别由四人抬举头顶，领头先行。选取村中擅长游泳戏水的大人小孩排成两排紧随神龙之后，人人头顶圆笸箩，大人头顶大笸箩，小孩头顶小笸箩，寓意水陆两生的动物"大王八"和"小王八"。众人列队前行，浩浩荡荡出村前往八里桥方向走去。途经水坑、池塘时，头顶笸箩之人以及随行一众村民都会跃入其中，游泳戏水，扑跌翻腾，如此一路游走到八里桥地界，将木龙草龙之所谓"土龙"全都投入水中，众人也纷纷跳入水中尽情戏闹翻腾，继而让其草龙顺水而下，木龙"请"回本庙，求雨活动也算告一段落。据说有时求雨队伍尚未回村到家，村中地界已有降雨，因此该地的求雨一直持续到新中国成立之前。1950年，该庙被拆除。拆庙之时庙中泥胎塑像都填入庙西水沟之中，泥胎破坏之时，人们发现塑像肚子里都装有冥币纸钱一类的物品，想来应是解放前在求雨活动中人们从塑像身后孔洞中塞入。

求雨活动是一项古老的习俗，在科技不发达的旧社会，这也是每逢大旱大灾之年，上至皇室，下至百姓，都会举办的规模不等的祈福活动，人们所谋求的不过是一种心里安慰，虽然解决不了旱情，但是却也给人增添了一份希望。新中国成立以后，国家大力发展科技，破除迷信，求雨活动已基本不见踪影，但是在一些少数民族聚集地，仍旧会保留着这一传统风俗。

三家坟的传说

■ 刘福田

北京城铁 7 号线和八通线在梨园镇东南交驳，这里有花庄站和高楼金站，两个站名都是原来的村名，这些地方早前也都是农村。花庄原来是个自然村，归并到高楼金村，它自己的名字就弄没了，修城铁时命名站名挖掘了历史文化，花庄这个名字才得以重现。

高楼金村是由多个自然村合并来的，花庄之外还有小高力庄村（原由东、西小高力庄村合并）、楼子庄村和金庄村，高楼金村名是由这3 个自然村名各取一字而来。这几个村原本都离得不远，在这几个村庄和它们之间的田地里，曾有三家坟地，还有个"三家坟"的传说呢！传说还牵扯到《红楼梦》的作者曹雪芹。

梨园镇域地处通州古城区台地边缘，又有古灅水（今永定河）故道等河流遗迹，属于后有靠前有照，历来就是选择墓地的风水宝地。古代的众多墓葬就不说了，直到清朝时还是这样，那时的萧太后河弯弯曲曲，属"有情水"，河水清澈，水边还长着茂密的芦苇丛，此河以北都是风水极佳的地方。

先是靠北面出现一个楼子庄，这个村庄明代就有了，楼也是靠啊，在楼子庄到萧太后河的广阔地带风水就更好。清朝时此地被旗人圈占，楼子庄东南、萧太后河北又新建了个花庄，这么一来就有人琢磨了，楼子庄前有花庄，楼前有花，这不正应了一个风水局叫"坐楼观花"？

可巧这一线右侧还有村庄叫金庄，这风水可就更好了。

有家姓窦的最先看上了这里：岂止"坐楼观花"？这里还"豆卧金田""落地成金"呢！于是窦家最早就把坟地选在了这里，叫窦家坟。窦家把坟地选在这里，只因为看上了这里风水好，"撒豆成金"还有助于金庄的发展，属于双赢共生的格局，赶巧窦家的后人还真就发达起来了。

不过看到窦家在这里点穴发达了，便又有人惦记上这块地方了，据说惦记它的人就是曹雪芹的祖上。曹家人想："豆卧金田"能让老窦家发达，不也能让我们曹家发达吗？咱家姓曹啊，把卧在金田里的豆子都装进咱家的"槽"里，那咱曹家不是会更发达吗？于是曹家就在窦家坟上方立了祖，这么一来，曹家还真就更加地发达起来。

曹家抢了窦家的风水，但他们没想到，很快也有人打起抢他们家坟地风水的主意。曹家的"槽"天然地没有什么防御力，显然，马就是它的天敌。果然，不久后，真有个马家就盯上了这个地方，又选在曹家坟的上方做了坟地。

这回好了，"草长精神豆长膘"，豆子进了槽，正好成为马家"马"的饲料，于是马家又发达起来，曹家被吃成了"空空一槽"，开始倒霉了。

这马家也是，把曹家变成了"空空一槽"，自己家也一时发达起来，但要知道任何事物都有相生相克，就没想到将来还可能有姓齐（骑）的打你家坟地风水的主意？或者马家也不是没有考虑，但这时候三家坟地已经挤到离楼子庄不远，再往上没地方埋了，马家人或者因此才有恃无恐。

不过正所谓人外有人天外有天，见这三家拼坟闹得有点太不像话了，花庄村的庄头就想了个变通的主意，他认为这三家都在这里建坟地，不仅折腾他们自己，也把花庄给"吃"穷了，于是，就想到了一个从根儿上破解这三家风水的法子，他在村里集资盖了一座关帝庙，关羽虽然不姓齐，但他是骑马的啊！马在他跨座之下被骑（欺）……这位庄头还在关帝庙庙门之上悬挂了一支马鞭，作镇物！

有关三家坟的传说有一定道理，它还不仅仅是传说，因为此处三家坟地实实在在，也确实分别叫窦家坟、曹家坟和马家坟，其中，曹家坟还出土了曹雪芹墓葬刻石呢！

邢家大院的传说

■ 邢仲山

在通州区，上了岁数的老人都听过一句话：南大化毕，北大化禹，台湖杨，田府吕，归了包堆，不如马桥一个破箩底（张姓，据说粘箩起家）。其实在民国时期，以上这些地主，也就是有钱的大家主，都不如梨园镇大稿村邢家。但是大稿村邢家是如何发达的却没人能说的清楚，只是有这样一个不知该唤作史实还是传说的故事，总之，它在大稿村人嘴里神神的。

邢家祖籍保定府高阳，是灾年老哥俩挑着八根绳过来的，落户在现大稿村一带，开荒垦田，繁衍生息，过着日出而作日落而息的生活。

说是同治年间，有一天皇帝做了一个梦，那梦惊奇得很！皇帝甚至怀疑有人图谋不轨，妄自称孤了。原来，同治梦见京城东北方向，莽莽群山间彤云密布，"抖"地腾起一条金龙，直上云天。同治大惊：本皇主宰天下，何以又有一龙腾空，莫非逆贼歹人另立真龙天子？皇帝身边的京城二品官，窦各庄人氏张义（今属朝阳区）奉旨解梦。在得知梦中境况后，他频频叩首，满脸惊喜，连报三声："吉相！吉相！吉相！"皇帝懵了："如何这般失态？"张义忙道："福星高照啊！"

经张义一番巧解，同治疑心略释，又经张义烘云托月彩绘，同治便"龙颜大悦了"！"金矿！金矿！此乃皇恩浩荡，大清江山遍地生辉啊！"同治当即降旨由张义择人即刻开采！下得殿来，张义汗透官衣——天知道哪儿有金矿。既领圣旨，便受天命，忙派人往东北方向山中勘察。事也奇巧，那生了癞疤一般的荒山秃岭中竟真的卧银藏金！

开金矿得找个心腹管事之人。于是，张义想到大稿村。大稿村邢家与张义家不是姻亲吗？内弟邢四生得一派福相，他忙请一画师将邢四画影图形呈奏皇上。皇上一见，龙颜又大悦："此乃我梦中之人也！"就这样，当时并未显赫的老邢家与"金"字沾上了边，这一沾就不得了，几年后因此致富归乡，邢家在大稿村的穿心河(今已消失)南建此大院。

传说已无从可考，但邢家大院却真实存在。最初的邢家大院占地十多亩，大瓦房十多间，其规模档次，都非城内外平房建筑可比，属于大地主、庄园式建筑群。砖砌围墙高大，朱红大门临街。进门一条大道，两侧均有院落，东边并列两所四合院，四到底式。三进南向，连而隔墙，大小样式一丝不差。倒座房五间，东稍儿间建门楼，硬山搁瓦清水脊。两端砌雕花鸟盘子，汉白玉墀头，砖雕精致。彻上明造，对扇大门，木厚而坚。鼓肚狮首门枕石，方砖地面，两步石台阶，砖砌台基，其宅四间，步步紧上下合窗，其它地方与门楼基本相同。

一进正房五间，二进正房五间，前低后高，东西配房各三间，前出有廊且相通联，地基与门楼相同。第三进

七十年代的邢家大院

正房与倒座房一样，院落小一些。西边一进四合院，形制与东边一进院同。此种等级的民间建筑，无一丝一毫僭越之处，是不可多得的民建典型。

大院里还曾有一个叫邢松鹤的，早年上过大学，在校时参加了共产党地下组织，后来积极投身于反抗国民党统治的斗争。解放后，曾长期在北京市政法战线工作。后来，以坚定的革命信念和丰富的学识，成为新中国驻联合国代表团的首批代表。

新中国成立后，邢家大院曾作过205师613团的团部，土改后又作过大乡乡址、人民公社社址……20世纪90年代，邢家大院因年久失修拆除。

（邢仲山，京洲集团董事长）

魏家坟村 "轿子王"

■口述：王占利　整理：许全新　朱　勇

梨园地界解放前曾有"轿子王"之说。说的是梨园镇魏家坟村王永福家祖上几代人抬轿的老职业。据《通县地名志》载，该地本为清代魏姓官员墓地，终年设役看守，清光绪二十六年（1900）前后始成聚落，故名。现为梨园镇辖村，位于通州城南 4.3 公里、现梨园镇政府驻地大院东约 800 米处。在大稿沟之北，九（棵树）新（河）公路东侧。南至将军坟 1.5 公里。当时南到次渠，北达县城，该村所处地理位置四通八达，正好为村中"轿子王"们租轿抬轿开展业务提供了地利之便。据老人回忆，旧时通州县城距离村中路程是 6 公里，人们结婚经通县城里想找"轿子王"时，通常是自县城里出南关大城门，由县城南门南行三公里至小营果园地界时有一古坟堆形成的高台，登此高台东南望去，便可望见有三棵大杨树绿荫浓密随风飘摇，而一旦看见大杨树，略微熟悉当地地理的人就都知道那地方是魏家坟地界了，即使不太熟悉当地地理的外乡人来村中邀请"轿子王"去抬轿应活，也能凭借指路人口述说"出城门南行三公里就能望见村中有三棵大杨树"便知是魏家坟村。有三棵大杨树作地标，基本人人都能找见该村"轿子王"。

王姓向为魏家坟村中大姓，有东口王和西口王之说。东口王一大家族，西口王一大家族，村中绝大多数人都是王姓，外姓人口很少，有姓史的，姓魏的，姓韩的，老史家、老魏家、老韩家最初也都只有两户人。魏家坟村中王姓有"轿子王"的族系，四邻八乡众人皆知，说的就是魏家坟村民王永福父辈及祖上他爷爷、太爷辈从事抬婚轿的事情，他父亲叫王秉谦，王秉谦父辈属于"殿"字辈，"殿"字辈上一辈属于"永"字辈。他们家可考的姓氏字辈是"……永殿秉锡士"。王永福这一辈人之后，因社会制度变迁和人们新社会生活方式的巨大改变，抬轿这一行业逐渐消失，"轿子王"抬轿规制手艺器物也逐渐失传。

轿子原名"舆"，最早见载司马迁《史记》，至北宋时，轿子尚只供皇室使用，宋高宗赵构南渡临安（今杭州）时废除乘轿的有关禁令，自此轿子才大范围发展到民间使用，成为人们的代步工具并逐渐开始在婚姻民俗礼仪中使用。结婚乃人生大事，北宋晚期汪洙在《神童诗·四喜》中云："久旱逢甘露，他乡遇故知，洞房花烛夜，金榜题名时。"宋以后，每个中国人的人生要实现"洞房花烛夜"的喜事，轿子也自然成了实现这一环节的关键物事，古人对此十分看重。

中国传统婚姻习俗礼仪讲究的是"三书六礼，明媒正娶"。其中"三书"是指婚姻礼俗中的聘书、礼书和迎书；"六礼"则专指由委托媒人求婚至行礼完婚的整个结婚过程中六个礼法，分别是纳采、问名、纳吉、纳征、请期和亲迎。而六礼之"亲迎"环节中的最大重头戏（即人们最关注的重点）就是迎娶新娘时是否使用"八抬大轿"。魏家坟村王氏家族中"轿子王"一支当年所从事的民俗职业，便是负责本村及周围乡镇村落婚礼中迎亲环节的供轿及抬轿工作，王家五代人中有四代人沿袭下来，且家中流传有一顶精致的八抬大轿，因此"轿子王"的名头在当地也是无人不知无人不晓。当时王永福祖上作为一领头指挥的头人，组织族人参与接活，除了抬轿的八人外，还有执仪仗、吹奏乐器一干人等。

传统花轿分"硬衣式"和"软衣式"两种。硬衣式花轿一般都是用木头制作精雕细琢而成，主要在南方比较流行。软衣式主要是用罩以红色的绫罗帷幕，主要是流行于我国的北方。魏家坟王氏"轿子王"家族所使用的软衣式花轿当时也称喜轿。是传统婚礼上使用的特殊轿

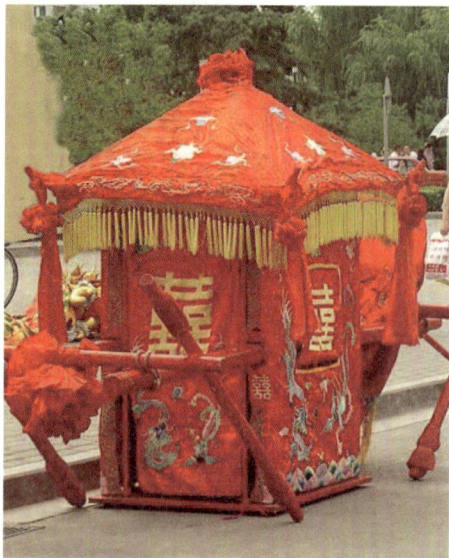

古代迎亲花轿（仿）

子。因其装饰华丽并以红色装饰来显示喜庆吉利，故俗称"大红花轿"。花轿以红色绸缎做轿衣，在四周用彩线绣出"百年好合""龙凤呈祥"等喜庆图案后，套上木轿即成。

据考证，王永福祖上抬轿时的规制礼仪、环节流程有：搜轿、压轿、垫轿、照轿、摆上轿羹、扮上轿、抱轿、哭轿、洗轿、送轿、遇轿、摇轿、接轿、问轿、踢轿等等。至今人们熟知的环节则有压轿、摇轿、接轿、问轿等环节。

压轿

古时，人们对婚嫁非常重视和讲究。男方用花轿迎亲，古人在红事中忌讳"空"字，认为不吉利，所以，去时轿子不能空，里面要坐个亲邻家的十岁左右健康小男娃，俗称为"压轿娃娃"，其寓意一是希望该份婚姻十全十美，二是传统民俗认为童男身上阳气较旺，可以有效驱离想进轿子的魑魅魍魉，童男坐在轿子里可以压稳轿子，以保证能将新娘平安娶回婆家。压轿娃娃必须是年龄在十岁左右的童男，一般情况是不能超过十二岁的。同时，压轿娃也并不是性别和年龄选对就可以，具体挑选还要看长相、看家长人品素养等等。首先压轿娃要长相出众，太丑的两边亲戚见了都笑话一般不行；其次要求压轿娃娃父母健全且人品过硬；第三还要选择和新娘新郎都是生肖属相属于"喜相"的童子，相属"相冲"是万万不行。

摇轿

新娘上轿后行走过程中轿夫们的重头戏就是"摇轿",这也是历代"轿子王"最为拿手的绝活。轿夫们"摇轿"时要摇得轿内新人似在摇篮如梦如幻,需要八个抬轿人步伐的协调一致和肩头用力的默契自然,往往几十年的时间,哥八个心意相通的劳力配合锤炼方可有此娴熟绝活。同时,要将新娘一下子就摇个五内翻滚呕吐难堪,也在轿夫们故意肩头用力失匀和步伐紊乱的微妙之间。所以为了保证新娘不被中途摇昏出丑,娘家一般都会预先给轿夫预备红包小费若干并且叮嘱再三,这个在有的地方叫"稳轿钱"。

接轿

轿子到达婆家家门前时,在新娘下轿之前,新郎需要在堂前对着花轿连射三箭,这寓意着驱赶一路上粘带招引来的邪风煞气,就是中国传统婚俗中所说的"三箭定乾坤",新郎所射三箭分别射灭"天煞"、"地煞"和"轿煞",以此企求未来婚姻平安美满。"轿子王"的轿夫们在这阶段的技术要求就是抬稳轿子调换好角度保证新郎三射三中。古典婚礼仪式里的接轿环节尤其在北方汉族之中最为流行。

问轿

新郎射完"三煞"之后,婆家总理就要带上红包"贿赂"哄诱男女双方两个"把轿娃娃"下轿,这大概是"问轿"环节最精彩一幕,也是村里大人小孩看喜事的小高潮,一般红包若是给少了,新娘子就会抓住"把轿娃娃"不让下轿,总理就要反复喊问轿子里面红包满意了没有,新娘一般矜持着憋住不说话答复,但会依然手抓着"把轿娃娃"不放手,一直听到男方总理把红包给补足了才肯最后放手。问轿环节"轿子王"们的工作依然是抬稳轿子等待大人们用红包糖果和甜言蜜语哄诱"把轿娃娃"下轿。哪村谁家"把轿娃娃"曾经得到的糖果红包最优最多也常常是"轿子王"们日后的一大侃资。

轿忌

"轿子王"们在整个抬轿过程中一个最大的禁忌注意事项,就是要保证轿中新娘始终双脚不能沾上地面一尘一土。这是"轿子王"家族一直坚守的最大行业"讲究"。关于新娘双脚不能沾地的民俗禁忌,魏家坟"轿子王"家族一直口耳相传，这个"讲究"有三个方面：一是传统婚俗当中，一般新娘在当天早上出门之前，双脚就不能沾地，古人认为，新娘子出嫁如果双脚沾地就会把娘家的土地地气带走，对娘家的财运不利；第二个原因，古人认为，地上有很多你看不见的邪祟隐藏着，一般在结婚时，新娘即将与男方阴阳协和，此时女方身上阴气最重，最容易招惹吸附到地上的阴魔邪祟，所以为了要防邪防秽气，就不可以让新娘子的双脚踩到土地；第三个原因是"平地"与"贫地"属于基本谐音。许多地方的风俗，认为如果是新娘踩了平地脚上粘了土的话，说是对新人以后在未来婆家婚姻生活中是属于一种不吉利的暗示。这种风俗在中国人（尤其北方汉族人）中一直流传，而这也就正是魏家坟"轿子王"抬轿行业一度经久不衰的原因。

解放后，国家颁布新的《婚姻法》，提倡人民婚姻新事新办，旧婚礼流程上面最为重要的"八抬大轿"也基本退出了中国的历史舞台，仅在交通不发达的偏远乡镇，还有存在。魏家坟"轿子王"的后人，也自王永福后就不再从事这一古代社会的重要行业。

魏家坟"轿子王"家族当年所从事的职业虽然在该村已经没有了，但在现今中国不少地方，新人结婚时，又开始时兴中国传统婚俗习惯，采用花轿迎娶新娘，虽然迎娶环节有所简化，但也让人们再一次感受到中国传统文化的魅力所在。

"张冠李戴" 菩萨庙

■口述：张会良　张领福　整理：朱　勇

北杨洼观音寺位于通州区梨园镇北杨洼村北杨洼小区内，坐南朝北一进院落，占地约 400 平方米，内有正殿大雄宝殿三间，中间供奉观音菩萨，右为文殊菩萨，左为普贤菩萨。因供奉三尊菩萨，当地人习惯称其为"菩萨庙"。

据《通州文物志》记载，北杨洼观音寺始建于明代。当时运河漕运码头张家湾至通州州城的官道从北杨洼村中经过，该寺庙位于官道南侧，供过往行人及村民奉祀祈福之需，清康熙间，该庙重新修缮，并于庙内种植槐树一棵，便是现在依然屹立在寺庙中的老槐树，古槐胸径 110 厘米，现为国家一级古树。走近看会发现，古槐因历史久远，树干中心已形成空洞，为了更好地保护古槐，现在的古槐树干中心为水泥填充，不仔细看无法辨别。古槐树已成为附近村民祈求平安幸福、慰藉心灵的去处，树身之上挂满了一根根红丝带，每一根红丝带都承载着一个人或者一个家庭的美好愿望。

按照中国的传统，庙宇修建除非受地势的限制，比如山区一般依山而建，朝向顺应山的走势，平原地区的寺庙一般均为坐北朝南，但是北杨洼观音寺位于平原地带，为何偏偏坐南朝北呢？这其中说法不一，大致有两个说法，一是当初修建观音寺时，该寺位于张家湾进京官道南侧，正对着过去通州州城的南城门，为方便过往行人以及善男

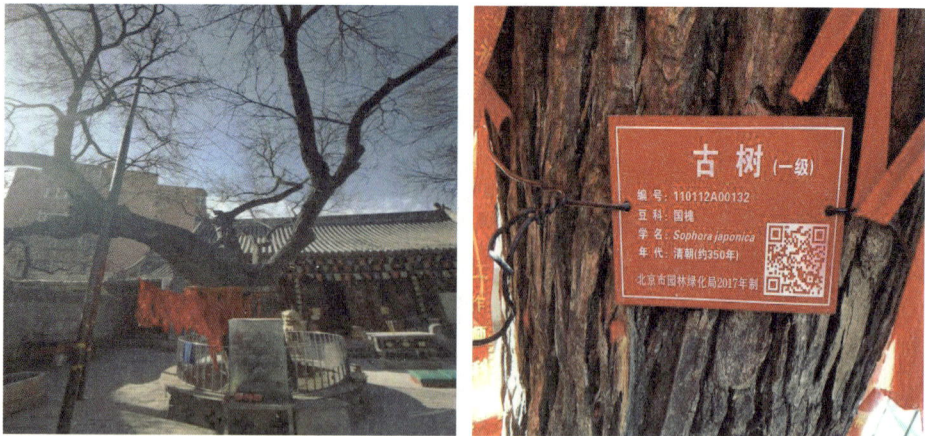

菩萨庙内的古槐树

信女前来进香，因此把观音寺修建成坐南朝北的朝向；另有一传说，据过去该庙中居士所说，此庙前身为北宋杨家将所用马棚，明代时改建成寺庙，沿用了马棚朝向，如果这一说法成立的话，那北杨洼的成村历史又将提前百余年。

新中国成立以后，北杨洼观音寺先后被当作村公所、小学，后又被作为生产队仓库使用，用来堆放农器具、草料等物资，因年久失修，日渐破败。1996年，北杨洼村民集资，重修观音寺，原来的三间大殿修葺一新，又在大殿东西两侧新盖东西耳房各一间，因原来的山门已毁坏无法使用，也是为了更好地保护文物，周良提议将潞城镇康各庄村的张家门楼迁来此地作为山门，因此才有了"张冠李戴"这一戏称。当时周良将张家门楼一砖一瓦都进行编号，搬运至北杨洼，按照顺序进行复刻，完整地保存了张家门楼的原始风貌。

张家门楼是北京乡间传统三合院典型的二门楼的造型，整座门楼木、石、砖质雕刻精美，整体为勾连搭两卷，悬山，筒瓦，前卷清水脊，脊端砌置砖雕花果盘子；后卷为过垄脊，博缝板头雕束花，挑尖梁雕蚂蚱头，蝉肚花牙子，三面设帘架，门枕石首雕卧狮，北面木板隔扇四扇，两侧二级石阶；门楼两侧坎墙为硬山筒瓦过垄脊，仿木砖雕飞檐，正面设四框，内嵌砌高浮雕花鸟，栩栩如生。

北杨洼观音寺重修完工后，立"重修菩萨庙碑"，周良先生亲自

张家门楼

撰写碑文，该碑现位于庙内西南角，正面为周良先生撰写的碑文，背面则镌刻着每一个捐资修建者的名字，以记功德。碑文原文如下：

重修菩萨庙碑记

京门通州之南四里处，新楼幢幢，有平路纵横相隔，古槐凛凛，无腐叶远近之扰，此杨家洼村欣欣向荣之景象者也。村因明初杨姓迁民至此成京屯田耕耘，元代闸河之北湿地，故名。地锁运河码头至京师间，入都出京之孔道，车辚辚马萧萧，日夜不绝于耳，可谓要冲焉。村南古道之侧，明建北向面道佛寺一座，清康熙间重修时始称菩萨庙。殿宇恢宏庄严，内奉三大士，中乃成所作之观音，右为妙观察之文殊，左为平等性之普贤，福荫竖穷三际，横亘十方，村民行人无不仰慧日之普明，荫大云之慈妙，故香火甚盛，长年不辍。夫古代建寺意为劝导善行，降集吉祥，使遐迩士民向教慕义，俱植善果，各种福田，乡里安阜，老少康宁。然而皇朝之季，三山之下，安有吉祥之降？何见福田之现？改革大潮兴起，开放之风迅至，是村张君志良聆听上训，心明眼亮，挂帅擎旗，率领一班人马抓住机遇，众志成城，艰苦奋斗，捷足先登，二年之间，村乘鹍鹏地跨骏马，民欢欢然，景焕焕然，此莫非大士之赐乎？自古民富思安而乘美，而楼群所环之古刹年久失修，山门早圯，正殿甚残，顶破木朽彩脱，独有院中古槐老干童枝，宛若苍龙行空，实与新村情景相悖。为保护文物古迹，干群呼应，自愿集资予以修葺，更有当地名流杨君印禄之热诚，鸠工重建，原貌再现，因保护县保单位康各庄之张家门楼，故借是庙重修之机迁建于此以代山门。此工程始于乙亥榴月，汗水淋漓于骄阳之日，梁檩凌空于秋雨之时，鸱吻耸立于飞雪之际，心诚意坚排除干扰，终竣于翌年梅月，耗资捌拾陆万陆仟陆佰圆。展目而望，恰与层楼交相辉映，争妍斗胜，好生壮观也。若三大士之灵尚在，犹降福无穷耶，使乐无穷耶。此刻王安石诗句当吟否？时丰笑语春声早，其对句当改否？寺静槐苍野兴多。

周良 撰文 孙文启书 丙子年水仙月立

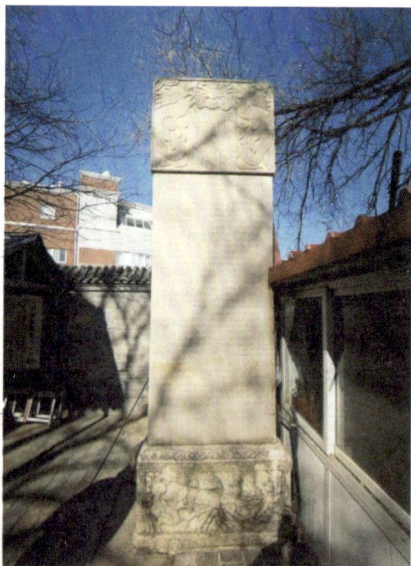

北杨洼观音寺"重修菩萨庙碑"

现在的北杨洼观音寺位于北杨洼小区之内，虽然与四周的高楼住宅显得有些格格不入，但是却见证了北杨洼数百年的沧桑变迁，默默陪伴着北杨洼一代又一代村民。出于防火、环境治理等各方面的原因，寺内已经不再提供烧香祭拜的服务，但是每日前来游览的人仍络绎不绝，其中不乏有本村村民，闲来无事在此小坐，享受着都市里难得的清净，三五人围坐在小石桌前，冬日里享受着温暖的阳光，夏日里在槐树荫下乘凉，喝着自家带来的茶水，聊着家长里短、生活琐事，不知不觉烦闷之情烟消云散。

百仙奇古玩城与华北最大宠物市场

■ 张　建

　　说起百仙奇古玩城，可能有的朋友一时会对不上号，可要说起"通州狗市"，那不仅享誉京城，就连北京周边以及整个华北地区都知道，是华北地区最大的宠物市场。古玩城与宠物市场在通州区梨园镇曹园村东，共占地八十亩左右，大门东向，进门后一条柏油路贯穿东西，路北是古玩区，路南是宠物市场。2017 年，梨园镇曹园村开展旧村改造，宠物市场结束营业。

　　早在上世纪 80 年代末，通州就有一个自发的宠物市场，那时不叫宠物市场，叫狗市，主要是一些大型狗，地点也不在现今的位置，那时经济尚欠发达，通州还没有那么多楼房，也没有现在这么多居民，交易从人们早起遛狗时开始。

　　人们选择的地点很自然地要在城边左右，那时的杨家洼村距城内较近，又恰好地处京津公路的路北，路南是一条大型排水沟，这条排水沟的东上坡儿有一条向南的石子路，最早的宠物市场就自发地在这里形成，人们遛狗之余凑在一起交流心得经验，从狗换狗逐渐演变为现金交易。

　　也就在那个阶段，中国人开始一点点富裕起来，从养大狗向养宠物狗发展，最终发展为养各种宠物。那时全国也还没有一个宠物市场，也没有互联网，通州这个原始市场经口口相传和坐机电话向四面扩展，由周围的天津、唐山、廊坊、石家庄、太原，一直传导到全中国，而那时来这里买狗的人，多半儿开着进口皇冠车。

市场形成规模，为管理方便起见，市场先后两次搬迁，先由北杨洼搬至今云景东路两侧（车里坟、杨家洼村一带），1998年，市场再次搬迁，移至曹园村。这里的商家多半儿自家就是养殖户，一般只养一个品种或种类。这些商家天南地北，哪里人都有，不管你想要哪种宠物，只要你能说出来，只要你肯出价钱，他们就能从全国各地甚至世界各地给你淘换出来，说实话，这可也真是一份不小的本事。当然，如今网络发达，联系世界不是件难事，但也要懂行，也要知道哪里有才行。

宠物市场的宠物宿舍有几百间，加上商家住宿的房间就更显规模庞大，路南有一大片铁棚区，这是每周六、日供散户们交易的场所。铁棚区东侧是狗粮区，不仅有各种品牌的狗粮，还有猫窝、铁笼等一应宠物宿舍。

要是说到宠物种类，说实话，我还真说不全，您想啊，光是宠物狗就有多少种？再比如，藏獒类的大型狗又有多少种？还有世界各地各式各样的猫呢？它们可都有专门的名称，你叫也叫不过来，不说这些大门类，光是小小的松鼠就有若干种，它

梨园狗市

们大小、长短、毛色、眼色各不相同，实在难以辨别，您就更别说商家小贩们染过色的宠物了。

大江南北，黄河上下来这里参观、交易的人太多，也曾发生过一些轶事。

有一次，一个外地游客慕名前来宠物市场，本来也没打算买什么东西，不但没带多少现金，可能是早晨起得晚点儿，换衣服时也忘了把银行卡装在包儿里，忙忙呵呵地一个人开着车就来了，巧的是，他一进入市场，就在散户区看上一条藏獒。人与动物与人与人之间也没多大区别，只要是对上眼儿，死活算是惦上了！足足看了四个小时还不让别人问价，不管多少钱他都要！非让那散户狗主等他回去拿钱，您说那谁能等啊？您要是不来呢？狗主等下周再卖？那不等空心地里去？等于让您给要啦！这人一着急，伸手就把刚买一年多的"奔驰"车钥匙掏出来，递到狗主手里，可人家不要车只要钱！哥们脑门儿上的汗都下来了，一抬手，腕子上那块"劳力士"手表麻利地又送到狗主手里，弄得狗主这份不好意思：我怎么碰上你这么个人，这么多人看着，都瞧着我跟劫道的似的。围观的人也越来越多，闹闹哄哄挺长一段时间，狗主人熟识的一个当地企业老板站出来说话："你看他也是真喜欢，想要，都看你半天儿了。你这样吧，他身上有多少钱先给你多少，让他拉走，他跑了我给你钱，行了不？"就这样，那名外地游客才带着狗打辆黑车回去了。据回来的司机讲：这一路上的过桥过路费都是我垫的。您看这不多少是个笑话吗？

宠物市场东侧有一大片停车场，每周四是封闭的，因为周四是宠物市场的批发大集，全国各地的客商这天来此洽购刚出满月的宠物。其实，周四这天最好玩儿，也是最热闹的一天。

养宠物的人因各种原因，或是自家条件不允许，又或是想让自己家的宠物有个好的归宿，都想给自己的宠物找个好的人家，他们便在周四这天来批发市场，他们往往不在乎价格，而是先看买主对宠物的态度，比找保姆还细心。这时往往能以最优惠的价格选到最中意的宠物。

再说说古玩城吧，通州百仙奇古玩城成立于 2003 年 9 月，是北京较早、较大的古玩城之一。由东面进大门约百米右转即可进入百仙奇古玩城，大院基本呈三合院式，北、西、东三面是店铺区，现在，入口处两侧新增几家简易铺面，共有古玩店铺约五六十家，所经营的古玩品种几乎无奇不有，从瓷品、木器、铜器、书画到玉器、杂项、钱币、陶器等等不一而足，游人可以自由选择。

东、西、北三面店铺的中间是大棚区，每逢周六、日是摊商大集，有兴趣的游人，携一二朋友，带上一个懂眼的人，到摊位前转转，说不定就能拣个"漏儿"。

百仙奇古玩城经营这么多年，的确发生过不少故事，不仅故事多，而且每个故事都或多或少地带点儿传奇色彩。故事里的事变幻莫测，故事中的人物花样百出，喜怒哀乐、无奇不有，真是百仙齐聚各显其能，要是细说起来，十天八夜也说不完。

下面，我随便找出一个"拣漏儿"的故事。

有一年，百仙奇一个古玩商人或说是开店的古玩老板，其实也是个新手儿，人很年轻，三十上下岁，不过小伙子悟性不错，生意做得也还将就，就是一直没碰上什么像样的买卖，心里始终不是滋味儿。

事有凑巧，那天隔壁的同行老板过来聊天儿，偶然提起前几天一个串街喝破烂儿的人找他，说是通州北街有一个康熙时的柜子，看那样儿像是花梨的，是不是黄花梨他看不准，要价三万，已经去过三次，人家少了不卖。隔壁老板说："正赶上那天下小雨儿，身上冷飕飕的，我也没多想，就把串街的人打发了：'一个花梨柜子要三万？'那不赔钱？"

说者无意，听者留心。当天晚上，小伙子找到那个串街喝破烂的人，三言两语问了街道、门牌号码、家里几点有人，第二天傍中午就去了。喝破烂儿的看不准，小伙子可看得好！那是个完整的清代康熙中期制作的黄花梨衣柜，而且是一级品相。开始"套瓷"聊天儿，这家儿是女人当家，男人下岗后一直没找到合适工作，想把这件花梨旧柜子卖了（她始终认为这是个花梨木柜子，要三万已经有点儿狮子大张口了），为男人买辆夏利车"趴黑活儿"，三万多一点正好够一辆夏利车钱，就是这个原因她才坚持少三万块钱不卖。

既然价格没商量，小伙子赶紧凑钱，当时他手里只有一万多块钱，打电话给妻子，让她立即去借。下午，这个三万块钱买来的大柜子运到百仙奇古玩城，三天后，北京古玩城一个老板以50万的价格买走，据说，那个人一倒手卖了一百多万。这件事让小伙子隔壁的老板好长一段时间吃东西不香，逢人便说自己没那个财命儿，但小伙子的生意自此是越来越好。

上面说的是店铺里捡漏的事，其实，中间大棚摊位上也真是有漏儿可拣的，您还真别看不起摊儿上那些破破烂烂，就有人从破瓷片儿里淘到过有价值的东西，不信？我跟您说件真事。

有一年，一个北京城的古玩商，也有人说是外地人，来百仙奇古玩城淘宝。那都将近中午了，很多人已经开始吃午饭，只有他一个人在大棚下的摊位区转悠，仔细地观看摊位上的每一件东西，最后在一个卖瓷片儿的摊位前停下，拿起一块完整的青花瓷片看了看又放下，随便问了问要多少钱，摊主开价一百块。

此人又拿起那块瓷片，端详好一会儿，摊主为做成这份生意，坐在马扎上一个劲地说这是真正明代的东西。其实，人家早就看出来了，这是明代嘉靖年间，一个官窑瓷瓶的底部，很完整，瓷片中央两行青花字"大明嘉靖年制"。一番讨价还价，此人以60元价格将瓷片放入自己包内。后来这块瓷片经此人转手，卖了2600块钱。不过，听说这块瓷片被回窑重烧，做成整器，然后摇身一变，成为一件完整的嘉靖官窑器。可乐的是，这件"官窑器"居然又卖给了一个通州人，价格是人民币六万元。通州这哥们也不含糊，送拍卖行拍卖，居然拍回十万五千块钱。

逛逛宠物市场，转转古玩摊店，无论有没有收获，在回家的路上议论议论这一天的亲身感受和所见所闻，身上乏也不乏了，其实，乏也不乏的感觉就是最大的乐趣、最好的收获。如今宠物市场和古玩城都已经不存在了，但是曾经发生的那些有趣的事情，成为当地人和一些"圈里人"茶余饭后的谈资，被人津津乐道。

（张建，中国文物学会会员，中国收藏家协会会员，中国作家协会会员，通州区政协特邀文史委员）

梨园地区天真烂漫的童谣

■郑建山

儿歌，又称"童谣""孺子歌""童子歌""小儿语"等。是劳动人民在符合儿童理解能力、生活经验、心理特点和欣赏趣味的前提下，以简洁生动韵语创作，并长期传唱于儿童中间的一种口头短歌。通州包括梨园地区的儿歌按其内容和形式可分为摇篮歌、游戏歌、数数歌、自然事物歌等。

摇篮歌又称"摇篮曲"或"抚育歌"，多为长者的即兴之作，倾注了无私的母爱和最高情感。

狼来了，虎来了，小猫跳墙也来了。嗷！嗷！

狼来了，虎来了，老和尚挎着大鼓也来了。咚！咚！

狼来了，虎来了，小孩睡觉不闹了。

狼来了，虎到了，小乖乖，睡觉了。

一些摇篮歌常常不完整，也没有特定意义，主要是用和谐柔美的声音哄孩子睡觉。多用拟声词，温柔而亲切。如人们随口吟唱的：

啊……小宝宝，要睡觉，

啊……小宝宝，睡着了。

摇篮歌一般由母亲唱，唱法和其他歌谣不同，要做到轻柔、温婉、和美，有时还伴有轻拍孩子的动作。这是摇篮歌的独有特点。

游戏歌是儿童在游戏时吟咏，配合嬉戏动作的歌谣。幼儿通过游戏，体验初为人的乐趣。不同年龄的孩子游戏方式不同，歌词当然也就不一样了。孩子幼小，不能独自玩耍，大人拉着孩子的手，带他吟咏，帮他动作，幼儿也咿呀学唱：

小耗子，上灯台，偷油吃，下不来。

吱！吱！叫奶奶，奶奶也不来，

叽里咕噜滚下来。

小耗子，上灯台，偷油吃，下不来。

早知下不来，不如不上台。

小小子，上庙台儿，捡了一个小钱儿，

又要打油，又要买盐儿，

又要娶媳妇，又要过年儿。

有的游戏歌则是儿童自己嬉戏时唱的。这适合年龄稍长的孩子。如《踢毽歌》：

一个毽，踢两半儿，

打花鼓儿，绕花线儿，

里踢外拐，八仙过海，

九十九个，一百。

有的歌谣没什么思想内容，儿童游戏时随口而编，只着重音韵和谐，幻想丰富幽默。

金轱辘棒，银轱辘棒，爷爷打板奶奶唱，

一唱唱到大天亮。养活的孩子没处放，

一放放到锅台上，滋儿滋儿地喝米汤。

有些歌谣是集体做游戏时所唱，唱时充满欢乐气氛，表现出儿童的天真烂漫与无忧。如《串小米》，游戏时，大孩子在前面领头，依次一个拉一个的后襟，拉成一串，慢步前走，边唱边数。

拉拉，拉拉尾（yǐ）儿呀！

串小米儿呀！

小米儿开呀！豆瓣儿歪呀！

不喝王奶奶茶，不喝王奶奶酒，

单打王奶奶门前走一走。

王奶奶家的大黄狗，咬了我的手。

王奶奶不拉我也不走、走呀。

《俏人家》

（唱）上轱辘台，下轱辘台，张家小姐倒茶来。

茶也香，酒也香，十八骆驼驮衣裳。

驮不动，叫蚂螂。

蚂螂含口水，喷了小姐花裤腿。

小姐小姐你别恼，明儿个，后儿个车来了。

（数）什么车？花轱辘车。什么拉？白马拉。

里边坐着俏人家，灰鼠皮袄，银鼠褂，对子荷包小针儿扎。

（慢唱）亲家亲家到我家，我家没有好吃的。

鞑子饽饽就奶茶，烫你狗儿老（小）狗牙。

数数歌是大人教孩子数数而产生的儿歌，这类儿歌将抽象、枯燥的数字巧妙地跟情节、音韵以及其它具体直观的事物联系起来，读起来顺口，易于背诵。这是年幼孩子唱的数数歌：

一二三四五六七，

七六五四三二一，

七个姐姐来摘果，

七个篮子手中提，

七个果子摆七样，

苹果、桃子、石榴、柿子，

——李子、栗子、梨。

年龄稍大些的孩子与此不同，要复杂些，一般要在游戏中唱：

喝酒夹菜，吧唧吧唧小白菜，

屋里屋外，请你老头看一看。

七五六，七五七，

七八七九八十一，

八五六，八五七，

八八八九一百一……

孩子在数数歌中获得了知识，同时也得到极大的快乐。

自然事物歌主要是教给孩子自然事理的。内容涉及劳动、动物、自然现象等。如歌谣《上南洼》：

小小子，上南洼，刨地种西瓜。

先长叶儿，后开花儿，开完花后结西瓜。

西瓜大又圆，送给爹和妈。

爹说好，娘说甜，喜欢得小小子打转转。

歌谣用简练朴素的语言和白描的方法，既传授了农事知识，又歌颂了中华民族的传统美德，对培养儿童高尚道德情操起到了潜移默化的作用。

月亮是儿童最熟悉的事物，每到八月十五或月亮升起来的时候，孩子们就会唱道：

月亮爷，亮堂堂，骑大马，扛大枪。

月亮爷，明光光，又喝酒，又烧香。

蝙蝠是人们最熟悉的动物了，尤其是在农村麦收过后的麦田上，蝙蝠满天飞，孩子们将鞋扔向天空，逗引蝙蝠：

檐蝙蝠，穿花鞋，你是奶奶，我是爷。

檐蝙蝠，偷人家酱，教人逮住罚三趟。

檐蝙蝠，偷人家盐，教人逮住罚三年。

檐蝙蝠，不是鸟，洒了芝麻扫帚扫，狐狸兔子一起跑。

这些自然事物歌渗透在孩子们的血液中，伴随着孩子们快乐成长。直到中年和老年，他们中的许多人，仍然记着这些歌。

此外，儿歌中有几个比较固定的艺术演唱形式经久不衰。通州主要有颠倒歌、连锁调、问答调等。

颠倒歌通过想象、夸张，故意颠倒事物特征或关系，把一些自然现象或社会生活说得与实际完全相反，使人产生滑稽、怪诞、奇特、可笑的感觉。

咬牛奶，喝面包，

看见耗子在追猫，

东西大道南北走，

碰见一个人咬狗，

拾起狗来砸砖头，

腿把狗嘴咬一口。

颠倒歌表面看起来荒诞可笑，实际上使幼儿在诙谐幽默中分辨是非曲直，认识事物的真相。颠倒歌还能引起孩子们的情趣，满足他们的猎奇心理。

笑话笑话一大掐，

锅台底下种了二亩瓜，

瓜结的有水缸那么大，

让小偷从窗户眼给偷走了，

聋子听见了，

瞎子看见了，

瘸子就追，

让没手的给逮住了，

把小偷扔进了干井筒子，

淹得小偷格儿噜格儿噜的。

连锁调又叫连珠体。其特点是全歌采用"顶针"修辞手法，把上句结尾词用在下句开头，首尾蝉联，大致押韵，句法简单，顺口易记，富于音乐性。《扯轱辘圆》的连锁调特点也十分鲜明。此歌谣在游戏时唱：

扯！扯！扯轱辘圆，家家门口挂红线。

红线旧，甩大袖，一甩甩在门后头。

门后头，挂腰刀；腰刀尖，顶破天；

天打雷，狗咬贼；唏哩哗啦又一回。

连锁调儿歌没有完整的意思，但谐音相连，变化迅速，对答敏捷，语言流畅，对培养儿童的语言能力和思维能力有重要作用。

问答调又称问答歌，它用一问一答或连问连答的形式，启发儿童思考，引导他们认识一定的事物和道理，如《张家老》：

嘭！嘭！谁呀？张家老啊！

你怎么不进来呀？怕狗咬啊！

怀里揣着什么呀？大酸枣啊！

你怎么不吃呀？怕牙倒啊！

胳肢窝夹着什么呀？破皮袄啊！

你怎么不穿呀？怕虱子咬啊！

怎么不叫你老伴拿呀？老伴死了！

你怎么不哭呀？盆呀！罐呀！我的老伴呀！

这首歌谣将上句结尾出现的人或物名称用于下句的开头，如此反复回环，形成顶针格式，便构成了连锁调。

连锁调和自然事物歌结合在一起就更有意思了。如《耗子小姐出嫁啦》，特点就非常鲜明。

小黄狗，汪汪叫，问问黄狗叫啥哩？

对门耗子小姐出嫁啦！

什么轿？大花轿。谁来抬？她二爷。

谁去送？她舅舅。谁打锣？她大哥。

谁打鼓？她表哥。谁打旗？她妹妹。

谁打灯？请来一对萤火虫。

谁吹笛？她小姨。

嫁谁家？嫁给东庄张二家。

张二有个花公鸡，身披五彩头戴花，

站在门口等着她。

吹吹打打来得快，来到门前轿落下。

谁来搀？鸡妹妹。谁请客？鸡妈妈。

公鸡一见很快活，拍着翅膀咯咯叫！

惊醒了一只大花猫，睁开眼睛张张嘴，

伸伸懒腰出来了。

哟！谁家娶亲这热闹？

原来是鸡大哥。

娶了谁家小母鸡？

叫我向前瞧一瞧。

哎！弄错了，轿里坐个小耗子，

这可是我的好点心。

送亲的耗子都吓跑，单撇下轿里的小耗子。

花猫向前弯住腰，啊呜！一口吃完了。

儿歌给孩子们带来欢乐，儿歌伴随儿童快乐成长。

歌谣是人民心声的自然流露，是劳动、生活中的触景生情，是真"性情"。热烈激越、悲哀痛楚、诙谐幽默、庄严肃穆、天真浪漫活泼……发乎情，出乎声，同气相求，同声相应。想了解历史，唱段歌谣，您就会看到各个历史时期通州梨园地区人们的生产、生活方式和人们的精神状态，历史就会在您的面前活起来。想了解通州梨园的风土人情，唱段歌谣，您就会融入浓浓的运河文化中。累了唱段歌谣，您疲劳顿消，神清气爽；闷了唱段歌谣，啊！生活是那么的美好，家乡是那么可爱，祖国是那么伟大，人性是那么崇高。

梨园地区的儿童歌谣是人民集体智慧创造的精神财富，是非常珍贵的非物质文化遗产，是儿童们的精神家园。

（郑建山，北京作家协会会员，通州区政协特邀文史委员，通州区文化馆副研究馆员）

梨园地区旧时儿童游戏与玩具

■ 李玉琢

　　五零、六零后们常常羡慕而今的孩子们，他们生活优渥，各种玩具琳琅满目，电子游戏更是当年连见也没见过。静心思忖，认真梳理过儿时的游戏与玩具后，似乎得出一个相悖的结论，我们的游戏更生动、更健康，玩具更多彩。归纳下来特点突出：一是，来自大自然；二是，亲手制作；三是，四季分明；四是，男女有别；五是，对抗性、竞争性强；六是，集体项目多；七是，用时长；八是，年龄差别鲜明。说到年龄差别鲜明，著名作家王蒙在电视访谈节目中讲过一个亲历的故事很好地诠释了这个特点。王蒙老师年轻时曾被下放到新疆工作多年，一次探亲回京发现女儿特别喜欢歘（chuǎ）拐，当时不是每个小女孩都有条件得到一副精美的羊拐，看到女儿眼馋的样子，作为父亲真是万分地懊悔和自责，要知道在新疆得到羊拐的机会可是太多了，于是，王老师暗下决心：下次探亲一定不让女儿失望。当再次探亲的王老师带着半书包他精心准备的羊拐兴冲冲地展示给女儿的时候，他发现女儿对羊拐已毫无兴趣。

　　一年之计在于春。说到春天，按照民族的习惯，除夕是春天的开始。儿时的我们盼过年的心情是一样的，小子要炮，姑娘要花，一人一身新衣裳。灯笼应该是每个三四岁或五六岁孩子新年的第一个玩具，家人也乐于在大年之夜花上毛儿八七的给每个适龄儿童买上一个。如果说，我们的游戏和玩具男女有别的话，我以为只有灯笼是学前儿童男女共同的玩具。当男孩长到七、八岁，对花花绿绿、女孩子气十足的灯笼一般便会感觉索然无味了，会更喜欢自制的照明器材。找个旧把缸子，再来一段蜡烛头粘在缸子内壁，一个简易的小型探照灯自制成功，也许是小男孩的天性，这种照明器更便于挑战黑暗。

初春的北方依然寒冷，那也挡不住男孩子们拥抱春天的喜悦。"儿童散学归来早，忙趁东风放纸鸢"，放风筝是春天的游戏。七、八岁的小孩会自制"屁帘"（一种简易风筝），稍大一点儿的孩子会做成金鱼、沙燕。在空旷的麦地里，各自展示自己的精心之作，精美的作品并不骄傲，"屁帘"也从没感到过自愧不如，因为我们放飞的都是自己的希望。

"屁帘"，小的时候我是亲手制作过的，取六根一尺到一尺半的竹劈先绑好一个长方形，然后再绑上两根交叉的竹劈固定好，糊上高粱纸，一端粘上两根或是三根两尺左右长，一寸宽的纸条，再用两根线，一根系在风筝的另一端的两头，绷出一定的弧度，另一根线系在两根交叉竹劈的交点，另一头系在另一根线的中点，角度作适当调整后，简易的风筝便制作完成了。现在的运河文化广场放风筝的爱好者可是不少，真正风筝高手的风筝都是亲手制作的，风筝的样式更是五花八门、目不暇接，只是老头多孩子少，亦或在节假日也有小朋友放风筝，我观察多半是购自小贩兜售的制式风筝了。

仲春时节，绿草茵茵，蝌蚪游弋在小河沟里，小朋友会信手抓来几只养在瓶子里、小瓦盆中，看着它们游来游去，看着它们的小尾巴一天天地变小，四个小爪子一天天地长成，有的可能是青蛙，有的也可能是癞蛤蟆。追逐春风是孩子的天性，蝴蝶喜欢在有花的菜地里翩翩起舞，在不借助任何工具的情况下，孩子们能精准地抓到蝴蝶，没有相当敏捷和灵活的手法是捕捉不到猎物的。

夏季是男孩的天堂，是男孩子们最酣畅淋漓一丝不挂地拥抱大自然的季节。梨园地区的水资源丰沛，运河旁纵横交错的小河沟、小河汊是孩子们的乐园，"下河游泳"在通州土语中叫"洗澡"。对偷摸下河洗澡的行径，各家都会严厉禁绝，偷摸洗澡被逮住就是一顿胖揍是在所难免的，即便这样，大运河两岸的子孙会游泳的仍然是大多数。

男孩属于大自然，夏季尤甚，可玩的东西多了去了，抓蝴蝶、钓田鸡、招蜻蜓、捉小鱼、掏家雀、粘知了、逮蛐蛐，凡是河里游的，田里蹦的，天上飞的，能逮着的都敢逮。但有一样东西即便是再淘气的孩子也不敢碰它，那就是屋檐下的燕子。老人讲这是吉祥之物，住在谁家谁家必兴旺发达，还吓唬孩子们碰小燕子害眼（得红眼病），用现在的医用术语叫角膜炎。

夏季与生灵的博弈，有的是为游戏，有的则是在那艰苦的岁月，为了补充身体缺乏的蛋白质。鱼虾可食用不必赘述，即便是粘来的知了，在火上烤熟后也能吃到它肩部一块鲜香的瘦肉。说到粘知了，我们获取粘合物的方式也是天然的，一种是嚼麦子，吐出麸皮和淀粉，剩下的就是面筋了。另一种方式是把面和好，在水中反复地洗涤，洗去淀粉，剩下的就是面筋。有的稍大一点的孩子还会把胶皮熬成粘合物。

"冰棍败火，拉稀别找我"，小豆、红果三分，奶油五分，儿时每天能吃上一根冰棍，也是一个不低的待遇，吃剩下的冰棍棒是不会扔掉的，自己吃剩的、亦或是路边捡来的，一人一把冰棍棒也会玩个昏天黑地。

一叶知秋，无边落木萧萧下，在诗人悲悯秋天的寥落的时候，孩子可从没感到过失落，秋是收获的季节。秋收后的田地、空旷的原野正是男孩们驰骋的地方，也是官兵捉贼、骑马打仗的最好的战场。即便是落叶，孩子也能找到无尽的乐趣，杨树叶的叶柄，孩子们会小心的收集起来，择其粗壮者稍事加工，有的埋于土中，有的所幸塞于鞋壳内，待叶柄有了韧性之后，孩子们会捉对厮杀，俗称拔老根，一把叶柄会杀个天昏地暗。

秋天最具通州特色的，也是老少爷们趋之如鹜的一项强对抗运动——摔跤。办个跤场的难度并不大，有的摔跤高手会以师带徒的模式开设相对固定的跤场，有的不一定是摔跤高手，只要你热爱，有一块空地，晚上能拽出一根电线点上一个大瓦的灯泡，愿意为摔跤的师傅提供免费的茶水，再备上几付褡裢，齐了。通州中国式摔跤群众基础极好，能比划两下子的大有人在，只要有人能提供场所就不愁以跤会友的跤手。跤场的主力当然是青壮年，而积极的拥趸一定是半大小子们，甚至是十来岁，七、八岁的顽童们。偶有兴致，常会有十几岁甚至十来岁的孩子，有模有样的上场试把试把，摔跤师傅也总是悉心地教导，不时示范几下。通州一度盛行的摔跤文化与漕运码头密切相关。老人们讲，过去扛大个儿的码头工人，一般在中午之前工作就完成了，下午大把时间干什么，吃喝玩乐肯定不行，条件不允许，因此相当一部分扛大个儿的选择锻炼身体，大杠子、小杠子、石锁成为了基本器械，加上摔跤的搏击技巧既增加了难度又附加了娱乐性，保障了良好的身体素质，以便应付繁重的体力劳动。还有一种说法是，码头搬运叫"窝子食"，大意就是这个劳动权力可能是通过械斗争取到的，亦或要以强健的体魄防范外人以武力取得饭碗的企图。现在分析两种说法都有道理。跤手们，特别是高手们的风采让我印象深刻，他们虽然个个孔武有力，但又似谦谦君子，若不是健壮的胸大肌和虎头肌，他们的平和有礼让你无法与武林高手联想在一起。胜者从没有今天常见的浅薄的振臂高呼，总是顺手将落败者拉起，失败者也从未见过沮丧和尴尬，而是顺势跃起后会为胜者叫一声好。中国式摔跤也讲究量级，一般体重能力相当者捉对竞技，偶有实力相差悬殊者对阵，实力较强者也会有意让个一两跤，鲜有零封对手者，这也算一种德行吧。通州人骨子里的"不怕挨摔就恨怕摔""宁让人打死不让人吓死"的风骨在点滴中滋润着一代又一代。

通州的摔跤文化历史不仅悠长，也有过令人羡慕的辉煌，试想以保护他人为目的和以保护自家身家性命为目的的跤手锻炼的动力绝对不一样，通州的跤手很多都是从事强体力劳动者，那是扛上四百斤、五百斤麻包上跳板的主，这叫"一力降十会"。大力士们各个都有"以巧破千金"的绝活，"大绊子三十六，小绊子如牛毛"，传说区域外摔跤高手好像从未在通州占到过便宜，而梨园地区的跤手，在通州也是占有一席之地。

建国后，通州跤手在北京乃至全国的中国式摔跤比赛中取得了无数的荣誉，说通州人在北京市摔跤比赛中取得金牌如探囊取物，绝不是妄语。随后引入的国际式摔跤、柔道等奥运项目，由于通州跤手有良好的中国式摔跤的基础，不但在本市、在全国、在亚洲甚至世界杯上都取得过良好的成绩，这与深厚的群众基础和通州人的尚武精神不无关系。

秋，湛蓝的天空最是令人难忘。蓝天与白云下，时常掠过的鸽群，总会让人不由自主地驻足欣赏，间或有鸽哨和葫芦声划过长空，悠扬而祥和。秋季是放飞鸽子的季节，也是放飞梦想的季节。

北方的冬天是寒冷的，大地龟裂出一道道深深的口子，儿时的寒风总感觉比今天的凛冽。有人说御寒之衣昨不如今，又有人说果腹之物昨不如今，都对。即便如此，猫冬不属于男孩，再冷的冬天也挡不住男孩们那奔向大自然火热的勇气。冬日阴历十五的月光最是让人迷恋，皎洁的月光下，男孩子们会分拨展开捉迷藏，也有胆大的女孩子加入其中，房顶上、菜窖内、草垛旁都是孩子们藏身的地方，只要你敢想就没有不可藏身之处。冬天的游戏项目较之其它季节并不少。弹球、抽汉奸、推铁环、抖空竹、扇方宝、拍三角、打杂（gá）、逮柴（dēicǎi）、顶牛、滑冰，无论哪个项目都是对体力、勇气、技巧、智慧的考验与锻炼。"逮柴"是向大自然索取，就是竞技双方各自选用一段称手的木头棒子，猜拳决出先后，一方手执木棒奋力甩出击打对手放在指定地点的另一根木棒子，如将对方木棒击至约定的位置击打者胜出，对方的木棒子归击打者，若进攻方第一次击打失利，转为另一方进攻，真有半天能为妈妈赢回一抱柴禾的。"逮柴"不但锻炼了身体，还培养了孩子顾家的良好习惯。"逮柴"这两个字到底怎么写实在不敢确定，是否源于满语也未可知。

弹球、扇方宝和拍三角一般也在冬天进行，小脏手有的已冻裂渗出了鲜血，那也挡不住男孩们的热情，现在的孩子可能只知道，"皴"（cūn）是国画的一种手法，如果他们能看到他们的前辈的皴裂的手，可能对理解甚至掌握书画皴法会不无裨益。抽汉奸，多地的学名叫陀螺，而通州梨园地区却几代人固执地叫抽汉奸，这不能不说真实地反映了通州人民痛恨汉奸的爱国情怀，也是藉此对后辈进行爱国主义教育潜移默化的手段。陀螺的大小不一，花样挺多，要想抽好陀螺也需要一段时间的训练，既要体力也需要一定的技巧。

抖空竹好像是儿时的玩具中不多见的需要购买的制式玩具，即便是块八毛的空竹也不是人人都买得起，手巧的孩子也会土法上马，拿个旧缸子盖也能抖个风生水起。

滑冰若游泳一样，几乎是所有年龄段的男孩们都喜欢参与的项目，冰清玉洁讲的就是我们儿时见到的野冰。冰车是土制的，适合于年龄比较小的孩子，冰鞋也是自制的，适合比较大的孩子，穿在脚下也是神采过人，至于带冰刀的专业冰鞋会是让所有男孩都会垂涎期望的稀罕物了。

弹弓，均自制，找一粗壮点的树杈，拴上皮筋即可，本地叫崩弓子，崩弓子又分两种，一种以石子儿为弹丸；另一种以青秫秆为弹丸。前者用于打鸟，后者则作为"打仗"的武器。舞刀弄枪是所有的正常男孩的天性，自制铁丝手枪是一项要难于绷弓子的手艺活，真有心灵手巧者做出来的手枪精巧非凡，更有甚者居然可以自制出打连发的铁丝枪。自制手枪有的打纸弹，有的打蓖麻杆。推铁环四季都可以玩，既比速度又比技巧。

较之男孩，印象中女孩子的游戏和玩具要少的多，男女孩之间的游戏玩具差别大，几无搭界项，活动场地也略有差别。男孩是大自然的儿子，男孩的游戏几乎找不到室内项目，女孩的个别项目如抓包、欻拐似可在室内进行。女孩子游戏记忆中有这么几种：踢毽子、抓包、踢包、拽包、跳绳、跳皮筋、跳房子等。踢毽子这项运动现如今男女都踢，老同志踢得多，孩子们反而踢得少了，当年踢毽梨园地区本地几乎是女孩的专属。毽子也是自己做，专业术语叫炮（páo），找两枚铜钱，逮一只无论是自家的还是邻家的大公鸡，薅上几根漂亮的羽毛，再做简单缝制后，一个漂亮的毽子就诞生了。因为薅鸡毛挨骂的事也时有发生，而孩子们并不以为然，不挨骂谁能长得大？布包也是自己缝制的，六块四到六公分的小花布或格子布的边角碎料缝制的一个六面体的布袋子，里边填充适量的砂粒或杂粮，封口后便成了女孩们的玩具，可以用来踢，以连续踢到布包的数量多者为佳。也可以作为群体项目，在一片长宽各五六米的空地上，两边各站一个小女孩，作为进攻方，中间站一个或多个小女孩作为防守方，布包从一端拽向另一端，如此反复以击中中间的女孩为胜。整个比赛过程精彩纷呈，站在中间的女孩辗转腾挪，既要有灵活的身体反应，又要有聪明的提前预判，进攻者也需及时取得布包，稳、准、狠地将包拽（zhuāi）向防守方。一场游戏下来，体力、心智、协调、配合、服从得到全方位的磨练。跳皮筋的技术含量也很高，难度最大的环节是负责支撑皮筋的两个女孩将双手高高地举过头顶，而今才知道这个姿势的"专业"术语叫"大抬"，跳皮筋的女孩需奋力一跃，原地跳起，用脚尖够到超出自己身高的皮筋，重点是锻炼女孩子们身体的柔韧性、灵活性，原地跳的能力会得到很大地提升。皮筋大都是东一骨碌西一段凑来的五色杂陈，偶有家庭殷实者选用全新的皮筋反倒有些许的违和感，莫非是少了蝴蝶结上下蹁跹的灵动？"欻拐"之前已经提过，女孩子们更喜欢羊拐，比较精巧漂亮，淘换不到羊拐的，凑合用猪拐也是聊胜于无，只是太过笨拙。也有抓包的，四块更小的小花布二厘米左右，缝成三角形的小布包，规则无力详述，但手眼的配合会得到充分的锻炼。

男女游戏和玩具的泾渭分明，培养出来的男孩绝无"娘炮"，那时女里女气的男孩几乎没有生存空间，女孩则灵活而秀气，不论男孩还是女孩，都拥有最健康的审美标准，绝不会出现性取向偏差。由于源于自然、亲近自然的游戏和玩具占据了当年孩子们的几乎全部，身体素质、体能贮备都是优良的，身体的灵活性、柔韧性、协调性，拼搏的勇气、对抗能力、团队意识得到了全面的培养。土的游戏玩具玩熟了的孩子们既皮实又骨力。走进学校后，面对现代的竞技项目，无论跑、跳、投还是大球足、篮、排，小球乒乓、羽毛球以及单、双杠，这些孩子上手很快，拿起来就不走样，从来没听到过哪个年级哪个学校办个开学典礼会晕倒学生的传说，至于抑郁症、自闭症就更没听说过了。

男女平等我是举双手赞成的，"男女都一样"我始终认为是一个伪命题。男女根本就不是一回事儿，怎么可能一样？男、女的游戏、学习、工作大范围的趋同，天然的神秘感荡然无存，长此以往细思甚恐，可能会威胁到人类的繁衍。男女本来就不应该一样。"战争让女人走开"这句充满阳刚气息的豪言，会让每个男子汉血脉贲张，每个真正的男人都会有为了保护母亲、妻子、女儿毫不犹豫的牺牲精神，进而会将保卫祖国和人民看作神圣的使命。

充沛的体能贮备不是偶然的，过去的孩子们与而今的孩子们运动用时的计量单位已发生了根本变化。如今的孩子们上体能课的用时论课时，过去的孩子论天，是小半天、多半天还是大半天。逮住一个足球不是踢半场还是一场的问题，而是天黑了算。五零、六零后都不会忘记每天晚上烤在炉台上湿漉漉的鞋垫吧？寒冷的冬天是何等的运动量才能达到这样的效果。

以上旧时的儿童游戏和玩具不限于今天的梨园地区，甚至不限于通州区，但在梨园地区，这些游戏的存在具有普遍性，这也是我儿时亲身经历或亲眼见过（比如有些只属于女孩子）的。

（李玉琢，曾任北京华腾东光科技有限公司党委书记、董事长）

生产生活

金鱼池会战

■ 白桂生

　　1972 年底，梨园人民公社正式成立，原张家湾人民公社东部及城关人民公社南部的 19 个大队 34 个自然村划归梨园公社。

　　解放前，人们说到梨园地区都会想到这么一句话：金鱼池，蛤蟆沟，十年九不收，欠年卖儿女，丰年也得喝稀粥。这句话描述了当时梨园地区的土地现状，当时的梨园人民公社自京津公路以南沿公路走向，西起车里坟，东到土桥，全长五六里，最宽处 400 余米的狭长地带里，坑塘连片，土地分散，时常发生旱涝灾害。据当地老人讲，这一片坑洼地原为河道，已故通州文物专家周庆良考证为元代郭守敬所开的通惠河故道。明代吴仲重修通惠河，将通惠河由原来从张家湾入运河改为由通州北关入运河，地处梨园的这段河段废弃不用，形成坑塘，后因为坑塘中盛产鲤鱼和鲫鱼，当地习惯把金色鱼鳞的鲤鱼称为"金鱼"，因此这块洼地人们称其为"金鱼池"。因为土地不连片，坑洼地多，这一带的农业生产一直较为落后。

　　1974 年 12 月 2 日，梨园人民公社在全公社范围内开展的平整土地运动，平均日出工 2057 人，出动手推车 776 辆、大车 11 辆、大拖拉机 5 台、手扶拖拉机 5 辆，动土 14.8 万方，平整土地 1015 亩。但是这并没有从根本上解决梨园地区的耕地问题。梨园公社为了发展农业，于 1977 年 9 月成立农田基本建设指挥部，由高祥担任总指挥，同时成立东西两个战区指挥部，分别由邓京林、郭玉华担任东西战区指挥，开展平整"金鱼池"工程，此次工程也被称为"金鱼池会战"，是自梨园成立至今50年以来规模最大的一次平整土地工程。当时，各生产队都派出壮劳力参加。此次工程也受到市、县两级政府的关注，施工期间，北京市以及通县相关领导曾到工地视察工作。

1977年10月22日，金鱼池会战正式拉开帷幕。这天一大早，各生产队参加会战的社员们就推着小车，扛着铁锨等工具，来到事先分配的施工地点，有的距离施工地点较远的生产队，社员们还自己带着锅盆碗灶和粮食，有的生产队还成立了钢铁连。在以后的日子里，每天早上天刚刚亮，社员们就来到工地，晚上天快黑了才收工回家，完全按照军事化管理。

平地任务艰巨，当时那个年代，还没有机械化设备，全靠着人们铁锨铲、小车推。参加金鱼池会战的社员按照各大队实际情况记工分，有的大队每个参加劳动的社员每天记10工分，自己带小推车的，一个小推车加3个工分。有的大队则是完成规定数量的土方记工分10分。虽然工分是统一标准，但是参加会战的全体社员没有一个偷懒少干活的，每一个小推车都实实在在，装得满满的。高楼金生产队成立的钢铁连，小推车的土堆得遮挡住推车人的视线，社员就在土堆中捅出一个窟窿，用来观察前方的道路情况，成为金鱼池会战中的"冠军车"，大家纷纷效仿。而小街村的姚秀荣当时担任将军坟铁姑娘队队长，更是带领一帮年轻姑娘与大小伙子一比高下。

金鱼池会战（来源于网络）

金鱼池会战土方统计表

　　中午到了饭点，距离近的社员匆匆赶回家，喝一口热粥，就着咸菜吃几个窝头，有时没有热粥就喝口凉水，然后立刻赶回工地继续下午的劳动。距离远的，中午就直接在工地上支起锅灶，熬粥蒸窝头，吃完饭立刻又投入到劳动中。

　　在这次平整土地会战中，不仅成年社员积极参加，在校中学生在学校的组织下，也投入到此次"会战"中。小街中学、大稿中学、梨园农中的学生们在老师的带领下，来到各村的施工地点，帮着社员一起挖土装车，年纪小推不动推车，就帮大人们一起将小推车拉上高坡，小小的年纪，使出浑身的力气，只为能为金鱼池会战多出一份力气。

　　此次工程主要涉及梨园村、小街村、砖厂村三个村位于金鱼池地段的土地，全公社 19 个生产队共出动壮劳力 2000 余名，大车 100 余辆，手推车数百辆，共动土 19.53 万方，新开路沟 27 条，平整出耕地面积约 1254 亩，仅小街大队便平整土地 1014 亩，动土 15.97 万方，使可种植面积大幅增加，有效地改善了该地区的耕作条件。

　　如今的梨园镇，放眼望去一马平川，高楼林立。从 1972 年梨园人民公社成立至 1995 年，梨园地区的粮食生产由亩产 319.5 公斤提高到亩产 898.8 公斤，23 年间增长了 2.8 倍，这和当年的"金鱼池会战"有直接关系。至今，参加过金鱼池会战的人们还记得那句响亮的口号"铁锹翻平金鱼池，小车推出高产田，20 天任务提前完，胜利凯歌冲云天。"

挖河记

■口述：田永良　王希富　整理：朱　勇

　　河道治理，一直是我国基础建设的重要组成部分，尤其是农业生产中一项不可或缺的工作。20 世纪 60 年代末开始，通县人民政府开始在冬季农闲之时，定期组织各公社社员，进行河道清淤治理工作，清理出的淤泥一部分用来修筑堤坝，一部分作为肥料填入农田，不仅解决了农闲劳动力剩余的问题，也为第二年春耕打下良好的基础。当时梨园地区各村不少村民都参与过河道疏浚工作，这些人通常被人们称作"河工"。

　　在今梨园镇高楼金村，有一位年逾古稀的老河工——田永良，向我们讲述了他亲身经历的挖河记。

　　1968 年，通县开展玉带河清淤治理工程，将河段分工包干到各公社，再由公社分配至各生产队，今梨园镇高楼金村负责通县玉带河南关桥一段的清淤工程，所有河工采用军事化管理，将公社、生产队、社员按照团、营、连、排进行建制，每天的伙食就是棒子面窝头，偶尔搭配一些白面馒头。当时的田永良年仅 17 岁，这也是他第一次和大人们一起，参加挖河。那时的猪肉供应还比较紧张，参加劳动的又多为年轻力壮的小伙子，为了改善河工的伙食，工地食堂专门买来猪肥膘熬制猪油，用来熬白菜粉条。有一天，一位村民偷偷跑进厨房，盛起一勺刚刚熬好晾凉的猪油便吃了下去，受到生产队的批评，但从此以后也成为一个趣谈，每逢熬制猪油，大家便说："不能让那谁谁知道，不然都给吃没了……"

1971 年 10 月，北京市开展温榆河治理工程，通县负责温榆河首都机场段河道的清淤工作，很快，任务便由各公社下达到各村生产队。今梨园地区各村（当时分属于张家湾人民公社、城关人民公社，共 34 个自然村）接到任务，纷纷选拔出村里的壮劳力前去参加劳动，田永良所在的高楼金村也接到了任务。当时没有现在的这些交通工具，全靠步行。一大早，天边刚刚露出鱼肚白，田永良和同村的田永利、田金义、陈淑荣、周春玲、王德兴、王利、杜友文等人，推着自家的独轮小推车，小推车上放着被褥行李、铁锨等用品，一行人浩浩荡荡地步行前往工地，沿途不断的有各村村民加入队伍。慢慢地，队伍越来越长，只能看见队首鲜红的旗帜，迎着朝阳，在寒风中欢快地舞动。那时，去参加挖河除了管吃住以外，男劳力每天记 10 个工分，女劳力每天记 9 个工分，一个小推车记 3 个工分，人们都戏称"一个小推车顶半个儿子"。

梨园地区距离首都机场近 50 里的路程，河工们来到工地已是下午，各村以连、排为编制，有条不紊地前往当地村民家中住宿，开始为期 100 天的清淤工程。

每天天刚放亮，河工就起床来到工地，喝一碗热粥，就着咸菜吃俩窝头，便投入到清淤工作中。虽然天气寒冷，但是人们的干劲却是火热的，工地上只见铁锨上下挥舞，小推车来回穿梭。按照标准，一个小推车装十分土，十辆小推车为一方土，可当时的人们一心只想为祖国建设添砖加瓦，总想多拉快跑，每次小推车装满还要再往上加几锨土拍实，一个人推着满满一车土，爬上近 30 度的堤坡，暗地里互相较着劲，别人装得多，他要装得更多，别人推车跑得快，他要跑得更快。当时在梨园地区各村河工间流传着这样一个口号"冷了迎风站，饿了瞒肚皮，小车装满拍三锨"，大家就是凭着这一份战天斗地的决心和热情，原定 100 天完成的任务，仅用了 48 天便提前完成。

就在温榆河施工期间，高楼金村民田永良等几人借住的村民家中喜添新丁，早出晚归进进出出多有不便，几人一商量，自行搬到村中煤铺中居住，等到40多天完工回家，已是满脸黢黑，家人几乎都不敢相认。

1972年冬天，通县开始对北运河进行清淤治理工程，梨园人民公社负责的河段位于北运河杨洼闸以北，此次治理工程，今梨园镇各村按照村民户数派出

70年代挖河场景

劳力，户数多的村派出十余人，户数少的村也有4~5人。由于地理位置的限制，前去施工的河工只能自己搭窝棚住宿。每天一大早吃完饭，河工便开始干活，依旧是铁锨、板车这些工具。但是让田永良感到高兴的是，这次工程多了一个爬坡机，因为北运河河堤较陡，负责施工的单位就在河堤上装了一个固定的电动绞盘，小推车上河堤时，由电动绞盘通过钢缆将装满土的小推车拉上河堤，大大节省了人力，但是拉上河堤以后，还要再推300米远将土方卸车。即使这样，也没有一个人叫苦叫累，偶尔休息时，大家伙儿靠在土堆旁席地而坐，拿出自带的烟叶，卷上一根土烟，砸吧砸吧地吐出一缕烟雾，互相"攀比"着已经拉了多少土，拉得多的一脸的自豪与得意，拉得少的扭捏着不愿说出具体数量，心里却暗暗给自己鼓劲：下午一定超过他们。

到了中饭时，负责烧饭的师傅用发面卷上蔬菜做成肉龙，定量一人一个，窝头随便吃，可是，一个肉龙对于这些年轻的小伙子们哪里够吃，于是，大家想出了一个办法，先领完一份肉龙，然后拿几个窝头，看着肉龙吃窝头，还津津有味地说道：这肉龙真好吃。等到吃完窝头，再把肉龙吃了，脸上洋溢着仿佛刚才吃的全部是肉龙那样的满足感。

简单地吃完午饭，大家伙儿顾不上多休息一会，又紧锣密鼓地投入到下午的工作中，直到天黑方才收工。吃罢晚饭的河工们便早早回到窝棚，进入梦乡。有一次，夜晚的月亮格外明亮，照的大地仿佛清晨时一样明亮，河工中唯一一块手表因进水停摆了，大家就这样在明亮的月光下开始干活，等到十几车土拉完，食堂的师傅才开始做饭。

此次清淤工程，不仅清理河道，同时要利用挖上来的河泥，将原有堤坝加高 40 厘米，各村负责的河段达到同一高度后，由专人用机器压实，一个村不达标，就会影响整个进度，因此各村的河工都铆足了劲干活，害怕自己拖了后腿。就这样，原定 100 天的工期，在风吹红旗的猎猎声中；在磨亮了的铁锨的光影中；在一道道小推车的车辙印中；在响亮的"冷了迎风站，饿了腆肚皮，小车装满拍三锨"的口号声中，仅用了 60 天的时间便完成，比预计缩短了 40 天的工期。

1973 年，通县组织全县各村疏挖翟减沟，梨园人民公社派出包括田永良在内的河工数十人，他们分别居住在召里、师姑庄等村村民家中。每天依旧是早出晚归，辛勤劳作。当河工，最费的就是鞋子，这些河工们为了省钱，舍不得花 4 块钱去买新的解放鞋，都是去路边摊上买旧鞋，有些打着补丁的，只要八角钱一双。就是在这样艰苦的条件下，梨园地区这些曾经的河工们，不计个人利益，使出全身力气，奋战在通县地区水利建设的第一线。

80 年代开始，工程机械化开始普及，河流清淤也使用上挖掘机、推土机等大型器械，大大地节省了人力，但是有些河段受地形的限制，无法使用大型器械作业，还得需要人力。1990 年冬天，凉水河通县马驹桥段开展清淤工程，梨园镇高楼金村 39 岁的田永良再次当上河工，只是与以往不同的是，不用再步行前往工地了，每天一早，各村都派出手扶拖拉机前往马驹桥镇，在梨园镇通往马驹桥镇的马路上，沿途各村一辆辆手扶拖拉机"突、突、突"地汇集在一起，形成一条长龙，场面很是壮观，让田永良这些河工更开心的是，每天中午，村里都会用拖拉机送来热腾腾的饭菜，晚上再坐着拖拉机回到家里，吃上一口家人准备好的饭菜，喝上一口烧酒，顿时感觉一股暖流流遍全身，一天的疲劳也得以缓解。

现在，梨园镇这些曾经的河工都已年逾古稀，从上世纪 60 年代至 90 年代这近 30 年的时间里，通州大大小小的水利工程几乎都有过他们的身影，正是这样的一群人，不计个人利益，冒着寒冬，凭着自己的双手和双腿，肩挑手推，让一条条河流、一道道沟渠变得通畅，保证第二年春耕能正常开展，为减少洪涝灾害对生产的影响贡献出自己最美好的年华。

梨园养鱼

■ 朱 勇

　　梨园地区南临萧太后河，东临北运河，旧通惠河及玉带河都曾流经梨园境内，地表水资源丰富。二十世纪五六十年代，为支援北京城市建设，通县水泥厂、东总屯砖瓦厂（土桥砖瓦厂）因生产需要，在梨园地区大量取土，因此该地区各生产队都存在大小不一的坑塘，一些村民便利用这些坑塘进行小规模的养鱼，以改善日常生活。

　　1972 年底，梨园人民公社正式成立，而当时东总屯砖瓦厂因烧砖取土在孙庄、孙王场、东总屯、李老公庄、刘老公庄、西小马和车里坟等村留下大小不一的坑塘，总面积约 600 亩，东总屯砖瓦厂搬迁后，这些坑塘一部分被村民自发来养鱼，一些坑塘用于种植农作物，但产量均不高。

　　1973 年春天，梨园人民公社大力发展农业，准备将原东总屯村砖瓦厂废弃的坑塘进行改造，建成梨园公社渔场。恰逢此时，北京市农业局为了缓解城市居民吃鱼难的问题，计划在周边乡镇投资建设渔场，得知梨园公社要修建渔场，决定拨款 20 万元，用于梨园渔场的前期筹备。梨园公社组织全公社劳动力，将原始的不规则的坑塘进行改造，形成了见方见长的鱼塘，渔场共有鱼塘 10 个，水面面积 200 余亩。此外，公社还利用坑塘，以各大队为单位，进行规模养鱼，并提供技术指导，帮助采购鱼苗。

当时为了更好地利用鱼塘，渔场采用上中下三层养殖技术，根据草鱼、鲤鱼、鲫鱼、鲢鱼等鱼种的不同习性，通过上中下三层混养方式进行养殖，这种方法不但能充分利用水体空间，提高产量，还能使鱼儿共生互利，提高饲料利用率，降低成本，改善鱼塘环境。同时，经过自身不断摸索以及北京市、通县水产局的技术指导，渔场通过放置增氧机来增加养殖密度，提高成鱼的产量，并开始自己繁殖鱼苗，节约养殖成本。

因为域内鱼塘水质不肥，每年春季开河以后，公社都及时组织人力对鱼塘进行施肥，肥料多以动物粪便等有机肥为主，同时确保鱼塘水质透明度在25厘米以上，用以提高水温，促进浮游生物繁殖，增加鱼的活饵料。田地里除的草也都由各生产队统一管理，拉到鱼塘进行投喂，为了保证草鱼的生长，有的生产队还专门收购青草用来喂食。为了有效预防鱼病，经常要在水中撒漂白粉浆进行消毒，为此，公社指导各大队在鱼塘中搭设专门的食台，用来投喂，同时在食台周围进行漂白粉浆的泼洒，在鱼聚集到食台附近进食的同时，起到消毒的效果。一旦发现鱼塘中有病鱼死鱼，就把大蒜打成浆，和麦麸、碎草拌匀进行喂食，以增加鱼的抵抗力，避免大面积翻塘（整个鱼塘的鱼得病）的发生。到了冬季，水面结冰，很容易导致鱼塘缺氧，养

殖人员在冰面结实以后，前往鱼塘中间，按照两米长一米宽的标准每亩水面打两个冰眼，给鱼塘开凿冰眼，保证水的含氧量。遇上大雪天气，还要及时地清扫出几条冰道，保持冰的透明度，让阳光能照入水中，提高水的温度。

至 1974 年，全公社共有鱼塘 25 个，水面 384.4 亩，仅梨园公社渔场就有鱼塘 10 个，水面 253 亩；砖厂大队有鱼塘 5 个，水面 40 亩。全公社共有专业养殖人员 35 人，全年共产成鱼 8.5 万斤，销售成鱼 7.25 万斤，全力保障首都水产市场的供给。

在此后的十年里，梨园地区一直重视发展水产养殖，不断总结经验，水产养殖面积也在日益扩大，所辖各村充分利用村中贫瘠土地开挖鱼塘，到八十年代初期，不仅有镇（乡）办渔场、村办渔场，还有私人承包水面进行淡水鱼养殖。

1986 年，梨园乡渔场也开始步入其辉煌的时代，因临近首都北京，率先进入北京市场，成为当时通县水产战线一面旗帜，涌现出了袁志国、陈文增、王兆彪等许多优秀水产干部和先进模范人物。这一年，梨园乡渔场被纳入中国淡水养鱼项目北京项目区，养殖水面达到 350 亩，鱼塘 25 个。在乡渔场的带动下，全乡淡水鱼养殖水面达到 906 亩，其中高楼金村渔场坑塘数 16 个，养殖水面 150 亩，仅次于乡渔场，其余小街、三间房、将军坟、公庄、刘老公庄、半壁店、北杨洼、车里坟、大稿、小稿、砖厂、梨园、曹园、魏家坟、孙王场、西总屯、小街等村的村办渔场养殖水面最大的有 50 余亩，水面最小的西总屯村渔场养殖水面为 4 亩。1986 年全年，梨园乡渔场累计捕捞成鱼 38.6 万斤，各村渔场累计捕捞成鱼 30.9 万斤，全乡共计捕捞成鱼 69.5 万斤，是 1974 年的 8 倍之多。到 1988 年，全乡水产养殖水面 700 亩，年产成鱼 87.3 万斤。

二十世纪九十年代，观赏鱼养殖和特种鱼养殖开始兴起，例如小街村彭锋茹的生态养殖，梨园村付国兰的观赏鱼养殖。1998 年，全镇淡水鱼养殖以草鱼、鲤鱼、鲢鱼为主，年产量 80.6 万斤，观赏鱼年产量达到 56 万尾。

九十年代中后期，梨园镇着手进行旧村改造，大力发展房地产业，各村陆续拆迁上楼，村办渔场也相继关停。至2016年，梨园镇渔场也由原来的25个鱼塘减少为16个鱼塘，养殖水面约160亩，2020年，梨园镇在梨园渔场原址兴建云景公园，曾经的梨园渔场现在已成为周边群众闲暇之时晨练、遛弯的好去处。

梨园渔场（2016年）

通州冒出个药材园

■ 李永刚

    每天，天刚亮，坐落在通州区将军坟村的琪景饮片厂敞开大门，开始收购农民种植的各种中草药材。梨园、永乐店等乡镇农民把半夏、桔梗等多种药材一车接一车地运进厂里，经过深加工制成饮片再打入市场，填补市场空缺。

    几年前，梨园镇杨家洼村农民陈志奇被调到商业公司，干起了药品营销业务。在长期大量的调配药品业务中，他发现北京市中药市场缺口很大，特别是制药的原料更是货源紧缺，便萌生了种药材、建制药厂的念头。终于1996年在将军坟村引进种植了白芍、菊花等四种药材，当年获得成功，亩均纯收入1000余元，比种粮食高出五六倍。不少人托他引种，帮助销售。就这样，通州种药材大军越来越多。

    有了药材，他下力量进行市场调查，开始寻求更大的发展。北京是个千万以上人口的大城市，有着固定的医药消费市场。除去西药，中药材消费非常可观。据了解，全市每年直接耗用中药饮片达12亿元以上，消费中成药15亿元，加上保健品，全年计消费中草药材30亿元以上。而北京郊区种植生产的中草药材面积微乎其微，绝大多数靠外省市调拨。从种植角度上说，种植中药材需要占用大量的土地。以每亩地每年2000元产出计算，则需占用100万亩以上的土地。就是说，郊区中药材种到100万亩，根本不用出北京，就全部能够就地转化消耗。然而，这个巨大的消费市场有很大的潜力。90年代中后期，北京市农业结构调整，调整种什么，最重要的还是销路。从北京巨大的医药消费市场来看，中药材愁的不是销路，却是供应。

去年通州区及梨园镇的很多优惠政策，更激起了陈志奇在药材上大做文章的积极性。在有关部门的支持下，他聘请医药专家，购进专用设备，建起了北京琪景饮片厂，使乡亲们种的药材不再往返运输，就地加工转化，厂子占地35亩，总投资400万元，建有加工车间7000平方米，库房3000平方米，晒场3000平方米，配齐国内先进的中药加工生产流水线。很快生产出知母、射干等十几个品种的药品，还代表通州参加了全国农业精品展。

目前，这家饮片厂生产的药品已达500多个，去年药材加工销售达1600万元，今年的合同已签到3000万元。它的正常运转，吸引着更多的农民扩大药材种植。陈志奇说，药材种植也有个规模效益，通州包括周边地区药材种植多了，自然会形成巨大的货源市场，会引来全国各地制药厂和经销商来这里定点收购，收购的人越多，种植的人便会更多，从而形成良性循环。

今年，通州区有关部门多次召开中药材种植现场会，号召广大土地承包户在农业产业结构调整中面向市场种植中药材。起步阶段这个区财政拿出30多万元支持发展。区里还主动与各大科研单位联合，建立中草药新品种、新技术试验、示范基地，引进优质种苗，研究推广栽培、植保、采收技术。目前，通州区已有10余个乡镇种植药材1.6万亩，形成了以琪景饮片厂、同仁堂集团、中华国际养生园为龙头的三大生产加工集团，成为京郊最大的中药材种植基地。

摘自《中国特产报》（2001年）

（李永刚，通州区作家协会会员，通州区政协特邀文史委员）

梨园料器

■口述：冯德权　高庆江　刘　洪　整理：朱　勇

说起梨园料器，就要先说到东小马料器厂。

料器，又称"玻璃器"，中国的料器生产约始于元末明初（14世纪中叶），民国时期，在北京市东城区花市一带，聚集了不少做料器的私人作坊，中华人民共和国成立后，实行公私合营，料器的私人作坊合并为北京料器厂。1957年，17岁的郝学文来到北京料器厂学徒，跟师傅学习料器制作。

1960年困难时期，郝学文回到家乡东小马村务农。1972年，东小马生产队想到办副业改善群众生活，于是郝学文联系到了北京料器厂，为北京料器厂来料加工。

1972年9月12日，东小马料器厂正式成立，三间瓦房作为厂房（约60～70平方米），有刘同民、冯德全等12名工人，1973年，工人增加至18人。建厂伊始，所有设备都要自己置办，因为制作料器需要1300度的高温，生产队买来耐火土、耐火砖，一次又一次的尝试，搭建炉具。为了让火焰集中、温度高，就采用打气筒打气的方式给煤油喷灯加压。为了准确地判断温度，工人就用探棒人工测温，就是这样简陋的设备，生产出了一件件精美的工艺品。当时的北京料器厂每个月按照产品利润给生产队分成，不仅提高了当时生产队的收入，生产料器的工人每天记10工分，同时还有5%的提成，一定程度上也改善了当时村民的生活条件。

料器的制作，要求在喷灯的火焰中即兴加工，因此也被称为火中的雕塑。东小马料器厂的工人要先把整块的原料融化，加入不同的矿物质，让原料呈现出不同的颜色，然后拉成一根根不同规格的细棍，成为"料棒"，再通过工人手工操作，用加压的煤油喷灯烘烤，待软化后迅速捏塑，使用简单的小工具时而拉，时而粘，有时用剪子铰，有时用镊子拽，按照图样制作出龙、凤、鸟、兽、植物、花卉等各种形状的成品。因为当时的料器原料中含有铅，东小马料器厂为了保障工人的身体健康，定期都要组织工人去当时县医院进行排铅治疗。

当时的东小马料器厂，不少工人都是初次接触料器制作，只能制作一些相对简单的成品，一些工艺复杂的成品，如龙、凤造型等，就需要厂长郝学文亲自来加工。

后来，在郝学文耐心辅导下，东小马料器厂工人的制作技艺逐渐提高，不但能很好地完成来料加工的任务，有的还能自创一些鸟兽的新品种，涌现了刘同民、冯德全、宋胜平、刘金环等一大批技术能手。

随着料器制作工艺的提升，东小马料器厂逐渐开始采用模具生产，生产仿玉制品：仿玉石狮、仿玉观音等。其中仿玉石狮，整个石狮通体墨绿，犹如用和田青玉雕刻而成。

东小马料器厂制作的仿玉料器石狮

1977 年，梨园乡正式成立梨园乡工艺美术福利厂，主要生产料器制品，厂址位于林场，由原东小马料器厂创办人郝学文担任厂长，东小马料器厂十几名技术人员调往梨园乡工艺美术福利厂担任技术骨干。

1979 年，梨园乡工艺美术福利厂改名梨园乡料花厂，工人总数已达到 70 多人，生产条件也得到改善，由原来的打气筒打气、脚踏气泵充气加压改为电器泵充气加压，不仅减轻了工人的劳动强度，同时也提高了产量。此时的梨园料器，已逐渐脱离来料加工的经营模式，除去为北京料器厂和北京工艺美术品厂代加工外，开始自主经营，销售产品，料器品种也越来越多样化，除了传统的鸟兽、花卉品种外，开始以生产料器盆景为主，料器盆景造型种类有 1 千余种，各类鸟兽的产品种类也有上百种。

料器盆景，顾名思义，就是以料器的加工方法，制作成各种花卉盆景造型，然后将加工好的盆景植入到花盆中，小到十几厘米高，大到 1～2 米，因其造型逼真，而且易于打理和清洗，在当时很受人们喜爱。

和传统料器相比，料器盆景工艺难度虽然不大，但是工序很复杂，据原梨园料器厂厂长刘洪介绍，制作料器盆景，无论大小，都要经过料棒加工、颜色配比、融化、造型、褪火、降温、抽剪、制作花蕊、分类验收、攒花、缠丝、捆绑、组装、捏浆、烘干、刷油、种盆等数十道工序，才能完成一个成品，而且全部流程都要手工完成，需要将盆景的花朵、枝叶一片一片的加工成型，尤其是花蕊，需要工人细心的将料棍加热，捻成细丝，再通过高温融化，与一片片花瓣粘合在一起，才形成一个完整的花朵。一个料器盆景，往往有十几、几十朵花和上百片树叶组成。仅仅制作树叶和花朵就需要十几道工序。

那些主干、枝条则需要先用铁丝做出所需要的造型，然后将纸浆与木浆混合，捏合在铁丝上，再捏出不同的粗细，区别出主干和枝条，主干和枝条捏好造型，要进行烘干，烘干完成后，主干要刷上清漆，以保证主干抗氧化变色，同时也便于日后的清洗；细的枝条则需要用彩色的线缠绕其上，使其更加接近自然色彩，最开始料器厂采用的是棉线，后来发现，棉线在经过一段时间后，会出现变色、开线等情况，厂里的技术人员经过多次研究比对，最终采用丝线缠绕，不仅时间耐久，而且光泽艳丽，但是不同的丝线所呈现的效果也不尽相同，于是又采购来多个厂家的丝线进行尝试，最终选定了四川绵阳生产的蚕丝线，不仅颜色细腻、结实耐久，光泽度也比普通丝线的要好，使得做出的产品能长久保持鲜艳的颜色。

这些花朵、树叶、枝干全部加工完成后，就要开始组装工作，通过捆绑、高温等方式，把这些做好的花、枝组合在一起，再植入花盆中。为了保证品质、满足客户的需求，料器厂专门前往景德镇、宜兴、福建等陶瓷主产区选购花盆，最终以龙泉青瓷、宜兴紫砂为主要用盆，同时根据客户的要求，订购花盆。经过三十余道繁琐的工序，一盆完整的料器盆景才得以完成。

1982 年，通县工艺品公司组织辖域内工艺品厂参加广州中国进出口商品交易会（简称"广交会"），梨园料花厂成为参展厂商中全国为数不多的乡镇料器厂家之一，仅 1982 年一年，完成产值100 余万元。

据《通县志》记载，1985 年该厂产值达 302.4 万元，创利81.2 万元。此时的梨园料器厂在自身发展的同时，着重抓外加工户，使全乡料器生产走上一条投资少、见效快、发展速度高的道路。梨园乡已经成为以乡办料器厂为龙头，加工户为龙尾的料器生产之乡，当时梨园乡很多村民都为梨园料器厂进行产品加工，既增加了农民收入，解决了一部分剩余劳动力的就业，也给乡办料器厂带来了更高的效益。

1986 年，由北京外贸公司投资，梨园料花厂在车里坟村新建厂房，于 1987 年建成并投入使用，更名为梨园料器厂，工厂占地约 1万 1 千平方米，使用电气泵煤油喷灯，消烟除尘设备，全部达到环保验收标准，其产品一部分为北京料器厂代加工，另外一部分则通过天津工艺美术品公司、河北工艺美术品公司等外贸公司销往国外，年出口额 300 余万元人民币，成为梨园乡支柱产业。1988 年该厂

1988年，料器厂获得的
"农业部优质产品奖"奖杯

梨园料器厂制作的盆景

生产的龙光牌料器盆景获"农业部优质产品"奖。

1992年，梨园镇正式成立京园工艺品集团公司，梨园乡料器厂成为生产主体，更名为北京市京园料器制品厂，正式职工500多人，大多数为梨园地区当地村民，还辐射梨园本地区小稿村等村办企业以及周边台湖等乡镇的村办企业为其做代加工，包括一些外省市地区，如河北三河、河南临汝、河北饶阳等，总计代加工从业人数达3千多人。料器产品出口中东地区的卡塔尔、巴林、沙特、阿联酋、迪拜，以及东南亚的印尼、越南、新加坡等共三十多个国家和地区。同时还与香港华利公司联营，在香港设立办事处，与加拿大华盛公司联营，在加拿大设立办事处，由华盛公司包销其出口加拿大的全部料器商品。1995年，随着北京市京园料器制品厂（梨园料器厂）发展日益壮大，恰逢北京龙潭湖料器厂效益不好，京园料器制品厂借此收购北京龙潭湖料器厂，为其生产加工。同年，该厂产品荣获"第三届中国乡镇企业出口商品"铜奖。

1999年，澳门回归祖国，回归仪式在澳门总督府举行，京园料器制品厂为澳门总督府特制了一盆料器盆景，该盆景高2.8米，直径1.5米，结合了中国传统图案"家和万事兴""富贵牡丹"的造型，寓意家和富贵，整体叶茂枝荣，花团锦簇，怒放着赤橙黄绿，盛开着紫青兰白黑等艳丽的花朵，色彩缤纷，百花争艳，观之，蜂飞蝶舞，娇艳欲滴，似有馨香缕缕沁人心脾。通州料器工艺大放异彩，有如这"富贵牡丹"，令人在观花、赏叶之时，不禁引起对于"根"的追忆……

公司还特意去福建定制"富贵牡丹"团瓷缸作为底座，盆景加底座总重量达到一吨多，由于整体运输容易损坏，整个盆景全部以零件方式运输，公司派专门的技术人员前去组装，成为澳门回归仪式上一道靓丽的风景。

2009年，料器厂原厂址挪作他用，只留下一座厂房还在进行生产，加之国际市场对料器产品需求缩小，料器厂的经济效益逐渐下滑，至2020年，料器厂正式停止经营，退出梨园镇的工业历史舞台，成为一代人的记忆，同样也是一代料器人的骄傲。

梨园料花厂制作的仿玉料器"对象"

京园料器制品厂制作的料器盆景
"花开富贵"

强力家具公司在梨园的生发与成长

■ 李永刚

　　改革开放以后，通州区梨园镇党委镇政府，认真贯彻中央和市区精神，坚持以经济建设为中心，以改革为动力，带领干部群众共同致富奔小康。梨园镇多种资源优势被发掘利用，个体私营经济快速发展，乡镇企业异军突起。曾经，涌现出嘉德制药、中联光盘、京誉服装、大稿铸件，等一批工业企业。特别是北京强力家具公司，通过"北京名牌产品"和"中国驰名商标"认定，在梨园镇创造了辉煌，至今仍然健康发展，享誉全国。

　　据梨园镇机关退休的高先生回忆，20 世纪 90 年代初期，梨园镇冷风机厂和喷涂厂等一些镇办企业经营状况不佳，效益下滑。为改善经济环境，镇政府及时组织人员招商引资，宣传经济发展政策，以及镇里出台的"双路供电""扶持贷款""引进人才"子女入学等优惠措施，促进企业及时转产转制。1992 年强力家具公司入驻梨园，开始生产经营。2011 年，因梨园镇城市化建设需要，公司外迁搬出。强力公司董事长张福才说，在梨园的十多年，是强力的"蹲苗"期，是强力技术积累、管理积累、知名度和美誉度积累的黄金期。强力公司在梨园镇党委政府的领导下，敢于创新，兴建企业研发大楼，建立完善人力资源引进管理体系，实施了中高层干部的选拔培育和多项管理的全员培训，有效的提高了战斗力，为后来公司的跨越式发展奠定了坚实的基础。

现在梨园镇通州电信大楼的南侧，曾经就是强力家具公司的所在地。公司的迎客厅里，有一幅巨型浮雕。长 3.3 米，高 1.3 米，整个浮雕是由一块铜板精制而成，人们都叫它"五虎图"。上面有醒目的强力标识，浮雕中 5 名尺寸较大的工人雕像，手里各自拿着锛凿斧锯专心工作，地面上堆满了刨花、锯沫。较大人物的中间，穿插着若干尺寸较小的工人像，人拉肩扛忙碌的画面。浮雕的上面从左向右依次是木材、两轮车、组合柜、汽车和席梦思床垫，告诉人们强力公司从传统手工发展而来，迈向现代化的。整幅浮雕画面清晰，人物动态传神，一派团结紧张的景象。浮雕是强力五兄弟创业的真实写照，强力把浮雕作为公司的第一景观，奉献给登门的每一个顾客。透过家具，体现中华民族劳动人民的智慧和辛劳。浮雕由多名强力人合作创意设计，经过反复的修改完善，最终聘请专业公司，耗资 10 余万元打造完成。它是强力公司企业文化的缩影。

那个时期，梨园镇跟许多地方一样，定期召开经济分析会，听取各村队和重点企业的生产进度汇报，以及存在问题和建议意见。镇领导亲自下基层、听汇报、出主意、想办法，全力帮助企业解决问题。还组织有关人员为企业长远发展出谋划策。每年年底，梨园镇政府还专门召开经济工作总结会，总结成效，查找不足，表彰先进。包括纳税先进、招商先进等等。奖励项目不断扩大，奖励标准也日渐提高。张福才说，在多次的参会和受表彰活动中，强力公司受益最大的，就是通过学习开阔了视野。强力公司正是在不断的学习中，积累经验，不断完善壮大，不断提高的。他说，企业管理不是领导，管理跟领导容易被混淆。他举例说，比如年底，我们在人民大会堂组织慰问演出。除了员工业务户之外，我想把会场正面前五排预留出来，邀请 200 名家具行业的老总参加。因为不同的厂家，都可能有值得学习和借鉴的地方。那么决策活动、布置给 200 人发请柬就是领导。提前分票发票，组织宾客及时准确进场对号入座，就是管理。严格管理，科学管理，永远是公司发展的核心问题。强力公司接受新鲜事物，更新管理理念，提升管理水平，就是在梨园时期逐渐完

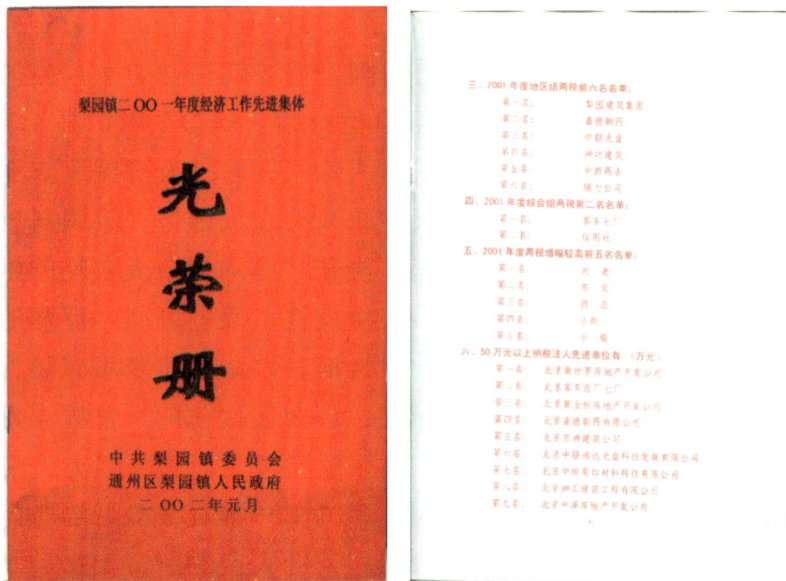

梨园镇党委、镇政府 2001 年度经济工作先进集体光荣册

成的。张福才清楚地记得,他和公司的常务副总,在梨园一块儿报名,参加北京大学首届工商管理高级研修班。他肯定地说,EMBA 学习指导他工作实践,使他受益终生。

强力公司坚持爱才、识才、用才,先后从北京多家公司,引来了生产、销售、技术、财务的"路路通"人才。梨园厂区扩大,他们更是坚持以人为本,共创大业的原则,深入首都各大院校选拔优秀的毕业生充实队伍,使强力公司如虎添翼。通过多渠道引进人才,员工队伍的结构得到优化和提升。这点,对于当时的民营企业来说,非常困难。强力公司绞尽脑汁,终于做到了。求才难,留住人才更难。强力公司坚持用人所长、真诚关怀,使其志向、事业像两块磁铁一样越吸越紧。慎重选人用人,绝不轻意改变,为公司发展奠定了坚实的基础。公司的不同岗位中,人尽其才成了鲜明的特点。

在企业经营管理中,人的因素之外,就是产品过硬。董事会成员亲自组织研发和营销人员做市场调研,获取准确信息,以便及时生产出适应不同年龄段消费者的新产品。在梨园期间,强力公司在巩固沙发、弹簧床垫、软体家具、实木家具四大系列产品的基础上,又新开发了板式系列家具。五大系列款式新颖，颜色柔和，舒适耐用，强力元素突出，充满了时代气息。在民用家具生产的同时，公司还专门成立了主攻办公家具的集团业务部，积极拓展宾馆饭店、公寓写字楼、学校等团体客户，加上"强力家具，称心如意"的广告效应，集团业务很快打开局面，并且不断扩大市场份额。

　　工厂化、程序化的批量生产，给质量管理提出了更高的标准。为此，公司设立专职质检员，组成专业质检队伍。但是一时间，售后服务电话还是响个不停。公司又完善了从主管经理、车间主任到质检员的质量管理奖罚办法，但仍然不时出现质量问题。而且发现问题，常常找不到直接责任人。针对这一现象，他们大胆创新，发明了跟随产品生产程序的工艺流程卡。公司拨款为每个职工刻手戳儿，并按家具生产工艺流程建卡。规定每个生产者，需要在对应的生产环节加盖手戳儿。刚开始很多员工并不重视，不少人做完工序时，手戳却找不到了。公司又出资为每个员工补刻手戳儿，并且严格规定，没有手戳不能上岗。坚持在工艺流程卡上盖手戳儿，这一流程让干部职工绷紧了质量责任这根弦儿。从此，公司产品质量稳定，产品售后问题明显减少。后来，强力公司又把工艺流程卡、保修卡、产品说明书，三证合一制成合格证，随每件产品的销售，送到用户手中。这样，工艺流程卡成为产品质量的保证书，也为发现质量问题，倒查责任提供了依据。一次，河北省石家庄市的一名消费者打来电话，反映他买的床垫对角不方。公司专程送去新货，换回了床垫。打开床胆，发现定位不正，不但处罚了主管经理、车间主任，还按工艺流程卡上的手戳儿，处罚了直接生产责任人。后来，强力公司产销量迅速增加，而质量保持稳定。至今售后服务还保持着一辆车配备一名修理工人的规定。

　　企业发展离不开党建、团建，齐抓共管才能保证健康发展。1998年，在梨园镇党委的支持帮助下，通州区第一家非公企业党支部在强力公司诞生。党支部加强学习，宣传党的方针政策。一方面推优入党，一方面组织党员积极分子为企业发展献计献策。还联合团支部工会，开展升旗、植树，篮球比赛、文艺晚会、放电影、绝活儿比赛、军训等多种活动，开展"爱祖国、爱企业、爱科学"潜移默化的教育。公司出资，集中订阅多种报刊杂志，开放图书室。还专门制作规格统一的宣传橱窗，及时张贴报纸，发布企业信息。众多员工在学习中了解企业，了解外面的世界。公司还开展全面系统的专题培训，聘请国内外专家，进行增收节支、计算机管理、安全管理、程序管理等专题讲座，为企业注入新的理念，开阔了干部职工的眼界。公司有关部门还见缝插针，加强企业生产标准、操作规程和礼仪培训。全体员工综合素质明显提高，团队精神不断加强。强力公司还利用"鲶鱼效应"激励业绩，定期奖励研发、生产、销售功臣，组织海上游、跨省游、跨国游。不仅增加了职工的集体荣誉感，还提高了公司的凝聚力和战斗力。

　　强力公司设立研发部之后，董事会发现部分新款家具不能及时面世。经过反复研究，他们出台了强制淘汰法。公司规定，每月召开一次办公会，根据销售图谱，明令一批型号的产品停止生产，并及时通知到生产部、销售部和直销厅。若遇客户坚持订货，需领导特批才可以生产。后来，创新原则又使强制淘汰法的内容不断扩大。不仅淘汰了旧的产品款式，还淘汰了人们传统的经营观念和生产设备。床垫生产中，用料方面淘汰了传统的花色面料，引进了意大利防螨虫保健材料。木质家具淘汰了大平面、见棱见方的观念，引进了意大利成型柜门，使板式家具实木化。他们还几次集中更新电脑，从财务核算到物资供应，从人事管理到产品设计，全部实行计算机管理。很多车间生产还实现了计算机程序控制。计算机成了强力公司的"大管家"，突破局限，减少了人工操作的误差。强制淘汰法使昨日的主打产品，硬性退出市场，而保证大批的新产品顺利进入市场，与消费者见面。公司从新品开发、生产到销售全线畅通。公司平均每周就有两个新款家具问世，所有的产品都保持在市场的潮头位置。在强力公司，家具款式的平均寿命一般只有8个月。他们推出的雕刻真皮沙发、拼接实木家具、气动杆收放床具、内胆加强床垫等多款家具，符合消费者的需求，带动了家具市场一次又一次的新潮流。强制淘汰法的实施，使强力公司生产销售量保持稳步增长。

在取得的成绩面前，强力公司并不满足。张福才说，中国家具跟国际市场相比，还有不小的距离。有一次，德国驻华大使馆带入的一套意大利沙发，面皮被宠物猫抓破，想换新皮子。他们在北京找过许多家具厂，都没有换成，最后来到强力公司，结果几个技工都无从下手，框架怎么也拆不开。经过几番查找，原来是一个内六角螺丝控制着。"洋货在结构上超过我们一大截儿。"张福才说："强力是靠科技发展起来的，今后我们还要在科技上下大成本，改进结构，提高科技含量，使产品冲出国门，走向世界"。他们在内部结构上大胆改革。生产沙发，他们一改传统的直钉法为活轴法，使沙发簧受力不出响。生产床垫，他们根据人们喜欢坐床的习俗，在内胆中增加了边簧和角簧，使床垫整体结构更加合理，久用不塌陷。他们还重金引进万能雕刻机、纵向齿接机、德国双端铣床、意大利砂刨等国际先进的生产设备，以及力学检测仪，光学天平等设施，全天候对所有工序进行监督和检查，保证质量问题在下一道工序前得到解决。强力家具从通州城区热销到北京城区，又由首都北京辐射销往全国 18 个省市自治区。进而远销美国、德国、法国、俄罗斯、日本、韩国等 16 个国家和地区，张福才坚定地说："占领国际市场，才是我们最大的目标。"

在梨园期间，强力公司安置就业 800 多人，年销售额 1 亿多元，年创利税 1000 余万元。效益不算多，投入却不少。但是，正是在那个时期，强力家具有 12 套产品获得外观设计和实用新型专利，赢得广大消费者的信赖和好评，陆续被认定为"北京市著名商标""北京名牌产品""中国驰名商标"，并成为人民大会堂选用产品。公司成为北京家具协会执行会长单位，中国家具协会副理事单位，国家家具标准起草单位。在市场经济竞争中，强力公司严格守法、诚信经营，为地区经济发展做出了突出贡献，陆续获得"通州区金税奖单位""通州区科学管理优秀企业""首都文明单位"等荣誉称号。强力公司是靠党的政策发展起来的，他们坚持参加地区公益事业，回馈社会。先后为梨园中学、梨园敬老院、梨园幼儿园捐款，为灾区以及贫困地区捐款捐物做贡献，累计达到 200 多万元。很多人提起强力，都竖起大拇指。这是企业的骄傲，更是梨园镇和通州区的骄傲。

"梨园镇帮助强力熔铸了稳固的根基。"董事长张福才说，镇政府还颁发给我"荣誉市民"证书。我们工厂虽然搬离了梨园，但是梨园对强力的帮扶，我们终生难忘。现在，我们又在西小马村，建立了强力家居广场，继续服务梨园百姓，也算是跟梨园的不解之缘吧！

京畿重镇开新埠，梨园一曲化工情
——记北京化工六厂

■ 陈乐平

　　北京化工六厂是隶属于北京化工集团的国有企业，成立于1965年，前身为通县化肥厂。是一家以生产化学原料和化学制品为主营业务的制造业企业。

　　厂区坐落于负有盛名的大运河畔，素有京东重镇、京师之门户、漕运粮储之地的今梨园镇高楼金村，占地113644.6平米（约165亩），紧临通州区土桥村、张家湾村和高楼金村，广纳周边村镇人口就业，员工最多时达1100人。

　　上世纪七十年代，化工六厂在原有300吨/年的涤纶车间的基础上扩大生产，建成了5000

北京化工六厂办公楼（摄于90年代）

吨／年的涤纶生产装置，成为涤纶纤维生产基地，为发展合成纤维事业做出了积极贡献。

1982 年，化工六厂人敢为天下先，以补偿贸易的形式，引进德国（时为德意志联邦共和国）布鲁克纳公司的"多层共挤，双向拉伸"聚丙烯塑料薄膜，年产量达 5000 吨，成为中国第一家现代化的生产聚丙烯薄膜的企业，注册商标为"天坛"牌，主要产品有光膜、三层膜、烟膜、珠光膜等，广泛应用于食品包装、服装纺织品包装、杂品包装、胶粘带基材、电化铝膜和建材被覆等领域。

该厂为国内最早生产双向拉伸聚丙烯薄膜（BOPP 薄膜）的厂家，其产品多次获得北京市优质产品荣誉称号。

BOPP 薄膜包装材料的使用，提高了人们的生活品质，同时也增强了人们的环保观念，到 2007 年，布鲁克纳公司在中国的双向拉伸薄膜生产线就达到 120 余家，而其肇始就是"家住"梨园镇的北京化工六厂。

上世纪九十年代初，在党的十四大精神鼓舞下，化工六厂迎来了新的创业时机。企业认真贯彻落实"抓住机遇、深化改革、扩大开放、促进发展"的方针，在上级领导的关怀和帮助下，制定了胶粘带合资、粘合剂装置上马、BOPP 薄膜装置模头改造三位一体的配套工程，设计、施工、投产均达到了先进水平，企业经济效益、社会效益都得到了全面提高。

化工六厂历届领导班子和主要领导，有的是军队转业干部，有的是来自化工系统的专业精英。在班子成员中，有一位鼎鼎大名的总工程师王大瑛，来自于知名的科技大家庭，为人们津津乐道，赞叹不已。大哥王大珩是著名的应用光学专家、教育家、"两弹一星"元勋。

随着现代经济社会的高速发展，通州区和梨园镇也迎来了再一次创新发展的阶段。在日新月异、沧海桑田的巨变中，于 2001 年 12 月开工的"地铁八通线"，将土桥车辆段选址在紧邻化工六厂厂区的旁边，现在的原厂区也早已成为民居栉比，楼房林立的生活乐园。

（陈乐平，原化工六厂党委办公室主任）

运河漂来的美食——刘老公庄饹吱饸

■ 口述：季兰君　整理：郑建山　朱　勇

饹吱饸是北京通州区的传统小吃，在通州提起饹吱饸，上了年纪的人都会提到刘老公庄的饹吱饸，坊间一直流传着"刘老公庄儿，好地方儿，户户的饹吱能透光儿，家家的饹吱饸儿世无双儿。辈辈相传响当当儿，传统的做法不走样儿"这个民谣。

那么饹吱饸的起源在哪呢？相传明清时期，运河漕运鼎盛，船工们从山东带来酥脆的煎饼，日久受潮，煎饼变的皮软，入口不爽，于是便有人尝试将煎饼卷成卷，切成段再下油炸，食之香脆，久不变质，很快成为陪伴船工远航的美食，并逐渐在京东一带民间流传开来。传说，一日慈禧太后外出游玩，在一个民间餐厅，厨师做了这道小吃，太后吃了两口，太监按规矩要把菜端走，太后却因其美味说道："搁着"，于是，这道小吃依谐音被命名为"饹吱"。

据刘老公庄"季氏饹吱饸"传人季兰君所说，早在清代，季氏先祖由山东济南府季家寨来到通州，同时也带来了山东煎饼的制作手艺，在今通州区梨园镇刘老公庄村定居后，开始经营饹吱饸生坯——饹吱皮。到了民国时期，季兰君的爷爷季奎清以及父亲季凤山依旧沿袭着家传的饹吱饸制作方法，而刘老公庄也以之做饹吱饸而远近闻名。每日一大早，刘老公庄的村民们便挑起扁担前往通州城里，走街串巷售卖饹吱饸皮，因担子前后各有四根绳挂着木箱等经营器具，日子久了，大家习惯的称其为"八根绳"。

新中国成立以后，全村有80%的家庭都生产饹吱饸，但全村仅有季奎清、季奎良、王玉海、蔡学芝等七八户人家有大石磨，因此大石磨经常24小时不停歇的在工作，由于长期研磨，石磨盘的槽牙磨损严重，影响到磨出豆浆的质量，这时就要用凿子剔石磨，使其磨出的豆浆细腻。到了20世纪60年代末，打浆机的出现逐渐取代传统的石磨，也大大减轻了工人的劳动强度。到70年代末期，基本家家都使用上了打浆机，传统大石磨逐渐被淘汰，当时通县牛堡屯生产的打浆机因打出的豆浆质地细腻而成为刘老公庄饹吱饸作坊的首选。

80年代，刘老公庄饹吱饸除了销售皮以外，也炸制成成品进行销售。1991年，通县举办首届美食小吃节，刘老公庄季氏炸饹吱饸摊位前人头攒动，前来品尝和购买饹吱饸的人络绎不绝。这一时期，通州城区的玉松斋、京滨楼等近半数多的饭店，都会采购刘老公庄的饹吱饸，做为小吃在本店进行销售。

刘老公庄的饹吱饸在通州地区几乎家喻户晓，不仅有传统的炸饹吱，还衍生出"鹅脖儿""螃蟹盖"这些饹吱饸制品。"鹅脖儿"——以饹吱皮卷上蔬菜丝，切成斜段炸至金黄，口感丰富，别具一格，因形似鹅脖子，称其

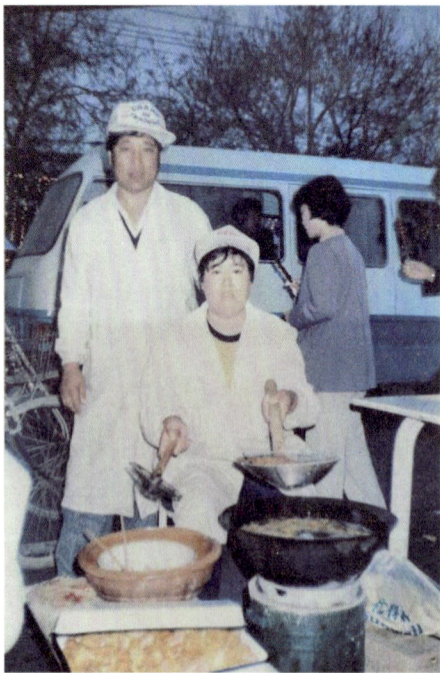

1991年，季兰君夫妇参加首届通县小吃节

为"鹅脖儿"。"螃蟹盖"——把饹吱皮改成小圆片，两片之中夹上肉馅再进行炸制，出锅后形似蟹盖，嚼之外壳酥脆、肉馅鲜嫩，被称之为"螃蟹盖"。这些饹吱饸制品不仅成为通州人吃饹吱饸的首选，经常还有北京城内的顾客慕名前来购买。

为什么刘老公庄的饹吱饸这么受大家喜爱呢？这就要从刘老公饹吱饸的制作方法说起。

刘老公庄的饹吱饸不同于别的地方饹吱饸。一般，别处的饹吱饸多采用杂粮加面粉按比例制成面浆摊制而成，而刘老公庄饹吱饸采用的是纯绿豆制作，做工讲究。制作流程有选豆、搿瓣儿、泡豆、淘皮、磨浆、摊制等十几道工序。选豆，就是将绿豆先进行挑拣，去掉砂砾、枯枝等杂物。搿瓣儿，就是用小磨将挑拣好的绿豆碾成完整的两瓣儿。泡豆，就是将碾成两瓣儿的绿豆用水浸泡，冬天浸泡 10 小时左右，夏天在 5 ~ 6 小时之间，使其皮肉分离。淘皮，就是将皮肉分离的绿豆用手反复搓洗，然后用竹筛子彻底去除脱离下来的外皮。磨浆，就是两个人合力推着大磨，将去皮的绿豆磨成豆浆备用。这里面也很有讲究，磨浆石磨和搿瓣用的石磨明显不同，搿瓣石磨小，磨槽深，绿豆不易碾碎。而磨浆的石磨大，磨槽浅，这样，漂好的豆瓣就磨成细腻的白浆了，大磨一般都由两个人操作。接下来就是要对磨好的绿豆浆进行调味了，这也是决定饹吱饸好吃与否的关键步骤之一，刘老公庄的饹吱饸一般要按照比例添加盐、花椒粉、茴香粉等调味料，使炸出的饹吱饸味道咸香，回味悠长。

绿豆浆调好味之后，便是摊制了，要想饹吱饸做得酥脆好吃，这摊饹吱皮时的手法也是关键之一，手腕要灵活，摊出的饹吱皮讲究个圆、薄，先将"浅子"（摊制饹吱饸的炉具）置于火上加热，火候温度都有严格的要求，有经验的工人在"浅子"达到一定温度后，用马勺舀起一勺绿豆浆，顺着"浅子"外缘均匀倒入，再用马勺轻轻刮平，断生后即刻揭下，一张饹吱饸的生坯便完成了。做好的生坯可用来直接销售，也可继续加工，将出锅晾凉的饹吱皮卷成卷，下油锅炸制金黄酥脆，便成为传统美食炸饹吱。2000 年以后，一些饹吱饸厂家和作坊，开始使用机械化生产，不再使用人工进行摊制，但是机械化生

季兰君摊饹吱饸用的传统式的浅子和马勺

产出来的饹吱饸口感比起纯手工制作的仍旧稍显逊色。

因为刘老公庄饹吱饸久负盛名，通州地区别的乡镇也有人前来学习饹吱饸的制作技术，对于前来学习的人，刘老公庄村民都会倾囊相授，毫不吝啬，只为有更多的人能够品尝到好吃的饹吱饸。现在刘老公庄仅有3户人家还在经营着饹吱饸，为了让大家能够吃到正宗的饹吱饸，季兰君依旧坚持传统手工制作，产品不仅在本地销售，还通过网络销售到广西、海南、江苏、安徽、黑龙江等地。每到春节时期，订单增多，季兰君夫妇往往要制作到后半夜才能满足订单需求，忙时一天只能睡三、四个小时。

饹吱饸可以说是通州人过年时餐桌上最不能少的一道菜，它既是最简单的，也是最复杂的，简单的是它入口的薄脆爽口，让人吃得痛快；复杂的则是这口薄脆背后浓浓的通州情，那是多少老通州人都不能忘怀的美食回忆。

民生琐记

梨园党建工作曾被市委宣传部发专刊

■ 李永刚

  上个世纪 80 年代，我刚参加工作，是在通县税务局当专管员。工作之余，我喜欢读书看报纸，《北京法制报》，北京市税务局还有个内部小报叫《税工通讯》，每期必看。我还试着把税务局里的好人好事，写稿寄给报社，时不时的发个豆腐块儿。过不了几天，一准儿还能收到邮局的汇款单。虽说只是十块八块的小钱儿，但算是额外收入，每每签单心情特好。因为写稿，我在局里还小有名气，这倒是挺有意思的。

  1991 年年初，杨绍红局长突然找我谈话，说县委宣传部领导要调我去专门写稿子。说实话，当时我心里还真犯嘀咕，不想去。税务局多好啊，发制服不说，还分房子。局长说没事儿，人家说是借调，你还是局里人，回来领工资。"那行"，没等我说完，局长就下令说"税务局的稿儿你还得写，还得写好了。写不好，我扣你工资。"有稿子写，当然是好事，我点头答应。

  到了县委宣传部，我不断地参加培训班。还自费买书，学习写作知识，了解不同新闻单位的报道需求，主动履职，组写新闻稿件。"作民敏风雨，造物付炉锤"，就是在这段时间，我学会了写消息通讯和评论，我读到了毛泽东的经典短文"百万雄师过大江"，我理解了"蒋介石扫他妈的墓"标题的巧妙，知道了国家还有邹韬奋新闻奖。我开足马力加班采访撰稿。跟在税务局不一样，过去是手里拿着稿，像没头儿的苍蝇乱投乱撞。现在是带着媒体的需求，反过头来找素材，加上有各单位的通讯员队伍，手头总能攥着十个八个题目素材，随时能采访撰稿投送。每天，我有写不完的稿，浑身有使不完的劲儿。

从县里的信息简报到市里的报刊杂志，还有电台、电视台，大大小小的稿件频繁播发，每年的发稿量达到 300 多篇。我的名字随着稿件也不断传扬。文章中少不了引用一些历史典故，成语。"青衫不敢觑龙门，每临文华位倍尊"，很多通讯员都叫我李老师，跟我讨论切磋写作技巧。四五年功夫，在领导的关心和支持下，我当上了新闻科长。1997 年，撤县设区，每年围绕区委区政府的中心工作，组写新闻稿件，通州连续走在各区县的前列。

1999 年，我连续接到梨园镇（当时叫梨园地区办事处），三四个通讯员的电话。有的反映机关干部转变作风，主动下乡；有的反映镇领导使用专门笔记本，记录民情日记；还有的反映村民敢于提需求，被包村干部采纳办实事。职业的敏感，让我把几件事联想起来，坚信这是一篇好稿。市委区委不是一直倡导党建工作要虚功实做吗？梨园镇党建工作结合实际办实事，咱得写一篇大稿儿。我激情高涨，一边不断地了解情况，一边跟主管部长汇报，还给市委宣传部好几个处室报送选题。我记着当时市委宣传部一位叫徐和建的老师（现北京市政府新闻发言人），他说这个选题好，不要零敲碎打发豆腐块，让我写一篇调研，还说写好了，市委宣传部发专刊。我快速行动，请当时梨园镇党委副书记，给我介绍民情日记的来龙去脉。之后又连续一周天天到梨园，跑科室下农村，深入了解包村干部的工作细节，然后分类打捆，布局谋篇，反复修改，终于写成了一篇 7000 多字的长稿，还请他给修改把关。

市委宣传部的徐老师非常满意，他亲自修改。当年 10 月 22 日，北京市委宣传部第 56 期《宣传通讯》专题刊发了《农村思想政治工作重在体察民情，通州区梨园地区党委体察民情制度收效好》。一时间，梨园成了市区媒体关注的焦点，争相报道。民情日记，不仅在通州广泛传扬，还被不少区县模仿学习。部分内容摘录如下：

通州区梨园地区党委把思想政治工作与转变机关干部工作作风相

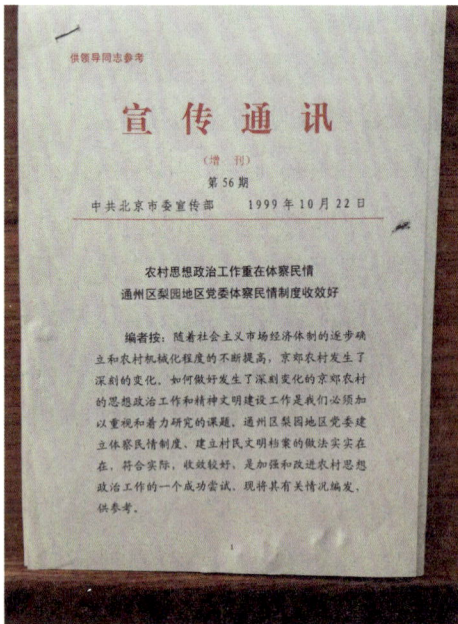

李永刚在《宣传通讯》
（第56期）刊发的文章

结合，广泛开展机关干部体察民情，争做人民满意公务员活动，实现进百家门，知百家情，解百家难，致百家富，取得良好效果。据统计，到今年9月底，50多名机关干部深入百姓家中，集录民情调查日记600多则，搜集群众反映村镇建设、社会治安、环境卫生等各类问题、意见和要求174件，目前已有160件得到圆满解决，另有14件正在解决之中。体察民情活动形成制度一方面促进了全体机关干部深入农户，了解民情，体察民意，关心群众生活，倾听群众呼声，诚心诚意为群众排忧解难，从而沟通和密切了与人民群众的联系，拉近了党委与群众的距离，另一方面有效地提高了机关干部的政治思想素质、业务素质，增强了全心全意为人民服务的意识与能力，提高了为群众办实事、解难题的效率，加强了基层党组织的思想建设、组织建设和作风建设，更好地为经济建设服务。

后来一些乡镇和委办局的领导见到我，都竖起大拇指说："梨园那稿地道，有分量。啥时候也给我们来一篇儿？"我点头致谢说："您过奖了，不是我写得好，是梨园做得好。"

生机盎然的通州南部新城梨园镇

■ 崔洪生

梨园镇位于通州区中部。北接通州城区，东与张家湾镇、永顺镇为邻，南与张家湾镇、台湖镇交界，西和朝阳区接壤。境内有三条主干公路贯穿，为连接京津冀三地的交通要道，交通便捷通畅。

20世纪80年代后，在改革开放和建设社会主义市场经济的新形势下，梨园镇积极推进农业经营体制改革，紧紧抓住国家城镇化战略的历史机遇，依据北京城市发展规划对通州卫星城的定位，大力发展乡镇工业和商业服务业，逐步实现从传统农业、京郊型产业到新型城镇化经济形态的转变。坚持规划领先，分步实施，主动融入通州南部新城建设之中，加大基础设施和公共服务设施建设力度，构架城市交通和路网体系，高标准打造南部新城基本框架。进一步规范城市运行秩序，塑造富有现代城市气息、优美靓丽的人文景观。建立健全适应新建城市需要的管理组织机构，创新发展思路，实行建管并重，运用现代经济和数字技术手段，不断提高城市经营管理水平，向着新的发展目标和美好远景迈进。

从传统农业到现代城镇经济转型

梨园镇是通县辖区面积最小的乡镇，总土地面积24.8平方千米，总耕地面积18504亩。该镇地势平坦，土层深厚，适种性广，水资源丰富；农田水利设施健全，有效灌溉面积近 100%；农业机械化程度较高，农业生产条件优越，劳动力充足，属典型的近郊型农业。以小麦、玉米为主，兼种水稻、棉花及小杂粮，实行一年两熟制。农业生产水平较高，到 80 年代中后期实行计划经济，农业生产的指导是根据国家计划和城市农产品需求，畜牧（水产）、蔬菜林果等多种经营占有相当比重，年生产商品鸡（蛋）、成品鱼捕捞居全县之冠。1989 年农业总产值（现行价格）为 3403.5 万元，其中畜牧养殖业产值占农业总产值近 60%，成为全镇重要经济支柱。90 年代初，粮食总产 1100.3 万公斤，平均亩产 829.3 公斤。

进入 90 年代，随着农业产业化进程的推进，梨园镇在保持以粮食生产为主的前提下，种植业逐步向花卉、药材、设施农业，种养结合的生态农业发展。2000 年，经过调整，全镇农业结构中粮、经作物比例达到 2:8。建成花卉和宠物两个市场，引导农民发展家庭花卉、果木、种植，从事批发销售业达 500 人以上，实现年产值 366 万元。以琪景饮片厂、乌鸡养殖中心、梨园绿色养牛场为龙头的 10 家农产品加工企业逐年扩大规模。2000 年后，因南部城市化进程逐步加快，农田大面积被压缩，一些不符合现代城市布局和生态环境标准的种养殖业基本退出。

依靠区位和交通便捷优势，梨园乡（镇）制定相关政策，全乡（镇）工副业得到很快发展，初步形成以建材、机械、料器、喷涂等为骨干的村镇企业。80 年代初期，梨园料器厂生产的盆景、料兽、仿玉兽三大类共 1000 多个品种，在 28 个国家和地区有较强的竞争力，1985 年销售量占全国同类出口产品的四分之一。

至 90 年代初，乡镇工业已发展到 195 家，从事工业的总人数达4056 人。主要生产铝材、钢窗、冷风机、料器制品、超塑合金材料等，产品大部分在北京地区销售，部分销往其他省市。商业、饮食服务业、建筑业也有一定发展。

1994 年，梨园镇入选北京市"经济十强乡镇"。1996 年 2 月，由首都规划委员会批准兴建的梨园地区工业小区，占地面积 1 平方千米，主要发展电子、机电、建材、轻纺、食品加工等少污染、低能耗、节水型行业。1998 年，北京不二家装饰材料有限公司等十几家中外合资企业入住小区。梨园地区为进入小区的客商制定优惠政策，并提供良好的服务。

进入 2000 年后，随着本地区城市（镇）化进程的加快，梨园镇经济在保持强劲发展的同时，开始向城镇型经济形态转变。工业和第三产业发展势头强劲，全年地区国内生产总值（GDP）20488 万元，其中：第一产业 7.56%，第二产业 58.58%，第三产业 33.86%。工业通过兼并、联合、出售、股份合作制等形式，实行集体资产产权制度改革，盘活镇村集体企业存量资产，引进增量资产，实行资产构成的物化置换，有效经营资产进一步重组优化。2003 年，梨园镇以促进城市整体产业发展为着力点，吸引北京中煤安泰机电设备有限公司、北京市广亨通商贸有限公司等投资规模大、科技含量高的项目到梨园投资办厂。2004 年，房地产业继续保持较快发展态势，进入城镇化建设开发领域，带动建筑、建材、安装等相关产业集聚发展。

2005 年，梨园镇完成《2005—2010 年梨园商业发展规划》编制，进一步明确产业发展定位和城市经济的运行模式。2006 年，镇党委落实"通州区促进服务业发展大会"精神，研究制定城市化进程中产业结构的调整计划，构架与现代化国际新城相适应的新型产业格局，重点做好新型商业业态和知名品牌的引进。年内，引进投资 1000 万元以上的工商企业共 9 家。

2007 年，梨园镇克服国际金融危机和国内房地产市场低迷的影响，坚持"实施大项目战略，促进总部和高端现代服务业发展，加快三产内部结构调整"的产业发展思路，促进产业结构优化升级。2008 年，三大产业税收构成分别为 0.1%；19.2%；80.7%，第三产业保持明显优势。年内引进北京龙湖中佰置业有限公司、北京住总集团有限责任公司通州建筑分公司、北京六建集团公司第七工程施工管理部、北京贵友大厦有限公司通州店等 40 家企业，当年实现税收6500 余万元。

2009 年，梨园地区商业服务业发展初具规模，产业支撑作用进一步显现。中国照相、北京苏稻食品有限公司等知名企业以及多家金融、工、商企业入驻。2010年，先后引进9家金融机构和金融服务业，形成金融服务业集中入驻态势。商业项目质量整体提升，房地产业新项目中，商业地产比重逐渐加大，商业和住宅地产向高端发展。建筑业、房地产业税收明显下降，产业内部结构得到优化，税收结构更加趋于合理。

2013年，梨园镇利用现代信息技术和网络技术，搭建数字化招商平台，引进北京金城信息管理咨询中心、深圳华业物业管理有限公司北京东方玫瑰家园分公司等招商资源，商业平台建设总面积达30万平方米。2014年，第三产业内部结构得到优化，金融业增长较快，新增商业企业300家、商务企业640家。新的商业模式日趋丰富，京通罗斯福广场、华业东方玫瑰商街、华远好天地商业开业。2015年，梨园镇大力引进纳税企业，镇域内企业注册资本总额达38亿元。主要涉及贸易、商业、文化服务业等行业。其中，金融机构2家；平安银行股份有限公司北京通州支行、中国人保北京分公司客户营业部等落户梨园。引进华业京妮儿童汇、沃尔沃汽车城市展厅、华联超市华远店、博纳影院、特特乐儿童娱乐城等多家知名品牌业。

2016年，镇域内金融及相关服务产业持续发展，通过盘活闲置资产，腾笼换鸟，在金融街引进中国银行证券股份有限公司北京通州九棵树营业部。2017年，梨园镇严格执行《新增产业的禁止和限制目录》，运用行政、法律和行业标准化等多种手段，关停迁改有形市场、低端种养等落后产能。引进恒丰银行股份有限公司北京通州分行、珠峰保险等高端金融产业。

2018年后，围绕北京城市副中心的发展定位，梨园镇主动调整优化发展思路，明确以商务服务、文化旅游为重点的城市空间与功能布局，针对城市管理、智能交通等方面各类深层次问题，聘请相关领域专家制定发展规划。围绕调结构、促转型的产业发展思路，明确发展商业商务、金融服务、文化旅游等现代服务业，淘汰低端产业，优化产业结构。至2020年，根据市政府关于北京城市副中心的定位，执行通州新城规划和产业布局的调整，位于通州南部新城的梨园地区城市形象明显改观，基本具备支撑城市运行的经济实力，服务功能进一步提升，与现代城市运行和发展相适应的经济形态初步形成。

着力打造南部新城基本框架

梨园地区靠近通州城区南部边缘，属于城乡接合部，北京市关于通州京东工业卫星城的规划，将梨园纳入总体规划区域范围内，确定产业发展规划、城市空间布局和区域村镇建设规划。

90 年代初，全县实施村村通柏油路工程，梨园镇对原有土路和砂石路进行改造，打通和铺设一些硬质路面，改善道路交通条件。随着经济发展和城市化进程的推进，道路等级标准已无法满足道路交通和城市街区布设格局，亟需进一步改造和重建。

随着通州区城市功能的变化提升，《通州区国民经济和社会发展第十个五年计划纲要（2001—2005）》中，对通州卫星城发展进行统一规划为"一河""两线""三城"。"一河"是高标准治理运河。"两线"是整治改造长安街沿线，完成轻轨八通线建设并改造沿线。"三城"是改造旧城，建设河东新城和南部新城，凭借八通轻轨的交通优势，在运河大街以南地区建设功能齐全的南部新城。规划区域包括整个梨园地区及周边区域。

2000 年 8 月，依据"十五计划"，南部新城建设正式拉开序幕，首个工程项目是改造扩建通马公路。通马公路是通黄公路通州区段，原路面宽 7 米，路况很差，交通堵塞，严重影响城市形象。改扩建路段为北起果园环岛，南至京沈高速公路通马立交桥，全长 4.07 千米。通马公路为通州过境主干道，属通州卫星城重点改造项目，按市级主干路标准设计，路面宽 34 米。该路建成后缓解了通州卫星城南部地区交通紧张状况。之后，南部新城基础设施相继铺设云景东路、怡乐中街渔场路等 4 条镇级市政道路；按照城市街区框架和交通路网体系，拓宽通马公路、通环路，配合八通轻轨城铁重点工程。

2001—2003 年，投资 4000 万元，完成镇政府大街改造，路灯线、电信、有线电视线路全部转入地下。加大南部新城基础设施建设力度，对镇政府大街夜间照明路灯、群芳南街外环路梨园段升级改造；完成砖厂西路、外环路东段、群芳园大街、土桥西路四条主路建设工作，新增城市道路 11 千米，硬化面积 50 万平方米。镇域范围内城市公路里程达 28.8 千米。

2004—2005 年，梨园镇共计投资 13748 万元，相继完成全长 1400 米、宽 40 米的中轴路中段工程，成为梨园镇第二条纵向交通主路，缓解政府路交通压力；群芳六路拓宽工程，路段全长 1352 米；外环路东段、砖厂西路等 6 条道路 429 盏路灯的架设；并在外环路、群芳路和中轴路等 6 个路口安装 12 组红绿灯；完成怡乐西路一期、怡乐南街、群芳六路二期等 6 条道路建设，修建城市主次干路 7 千米。

2006 年，全镇道路工程总投资 9680 万元，新建和改扩建日新路、群芳中二街、怡乐北街等 6 条道路，新增城市道路近 6 千米，全镇公路总里程达到 66 千米，城市路网体系基本形成。2007 年，投资 830 万元，完成万盛中一街等道路建设工程和黄土沟、渔场路及群芳路排水方涵改造工程。2009 年，投入 4000 余万元，完成月异路、大京路等域内 5 条道路新建、改建和 3 条排水方涵建设工程，完成贵友大厦人行过街天桥工程。2010—2011 年，投入 2096 万元，完成云景中街、万盛北街西延、京洲南街、五所南路、群芳四路等道路的新建、改造工程。2012—2014 年，完成颐瑞东路一期工程；群芳二路修建工程和杨家洼北街改造工程；云景东路和怡乐北街环境整治工程，统一铺装步道砖、绿化补植，新建公共自行车租赁点位 70 个，新配备自行车 2000 辆。2015 年，梨园镇以治理交通拥堵、有效服务城市为目标，合理规划智能交通系统，提升城市交通水平，市政设施建设有序推进，实现重要商区、道路站点、居住小区的公共自行车租赁点位全覆盖。2016 年，为营造绿色出行环境，梨园镇共投资 1295 万元，完成京洲南街景观提升工程；群芳中一街道路改造工程；荟萃北大街西段南侧、北侧环境整治工程。新城范围内道路更加畅通，路网体系和城市交通环境得到进一步优化。

梨园镇原有的水、电、气、热供给及公共服务设施，是按照镇域规模和运转模式构架的，服务对象主要是该镇居民。自从梨园镇被列为重点发展的南部新城，该区域水源能源设施和城市公共服务设施纳入新城范围之内。2000—2001 年，梨园镇共计投资 830 万元，实施水、电、燃气等城市管网及电信、邮政服务设施建设，完成通马公路、内环路、政府大街市政管网布设；将市政自来水引入镇域南部，完善市政管网工程；实施绿化工程和村内环境改造。2003—2006年，采取土地置换、拍卖道路冠名权等城市经营模式，共计投入8000多万元，建成梨园主题公园和一座11万伏新城变电站；结合道路建设，燃气、电信、上下水等市政配套管线同步实施。

2009—2010年，投入1000余万元，完成镇派出所办公场所建设工程。实施消指中心和特勤站代建以及五号燃煤锅炉、三河热力供热管线对接工程。2013—2014年，完成月异路雨水方涵及东延工程；家乐福东侧停车场拓宽工程和辖区内锅炉房改造，实现全镇集中供暖和新能源供暖。2016年，过渡性污水处理站投入使用；完成公庄路、现代路、青年路、孙庄路4条10千伏电力线路标准化改造工程。2017年，实施镇域内9条道路雨污分流改造工程以及外环路污水、再生水管线工程和玉带河综合治理工程；完成大稿沟（月异路—日新路）和孙王场村应急排水工程。至2020年，随着南部新城建设总体规模和城市构架的呈现，域内原有的水电气热和公共服务设施全部完成更新改造，基本形成健全完善的新型城市服务保障体系。

早在80年代中期，梨园镇有的村因村民翻盖新房，已经开始进行旧村改造。1987年，因城市街区规划建设需要，属于城中村的葛布店村大部分被拆除，兴建葛布店南里和葛布店北里。1997—1998年，梨园镇有北杨洼和李老公庄等村实行旧村改造，在原址上建设新居，改善村民居住条件。

梨园镇按照建设一流精品城市的标准，着力提升通州卫星城南部新城整体形象，建设与大都市要求相适应的新型现代化文明城市。2000年后，通州卫星城建设进程加快，依据城市发展规划，开始对老旧小区、城中村和旧村进行改造。到2002年，全镇有14个村实施旧村改造。

2005—2006年，梨园镇严格按照《北京市拆迁管理办法》和《梨园镇拆迁安置工作执行程序》的规定，完成刘老公庄、魏家坟、九棵树、小稿村和小街一、二、三队7个村的旧村改造。全镇累计有17

个村队完成旧村改造，70% 村民搬迁上楼。同时，配合区重点工程，拆除民房 1370 户，企业及公产拆迁面积 27.5 万平方米。

2008 年，梨园镇旧村改造整体方案通过区政府批准。半壁店村拆迁安置后期工作如期完成；砖厂村自住楼竣工，实行整体搬迁；西小马庄一期自住楼主体工程完成。2009—2010 年，全镇累计 19 个村完成改造计划，村民实现搬迁上楼。2011 年，高楼金村实现搬迁上楼，曹园、东小马、孙王场 3 个村的自住楼主体工程完成。

2017 年，梨园镇全镇旧村改造拆迁工作全部完成。同年，文化旅游区拆迁任务也基本完成。完成怡乐中路、群芳中二街、群芳园小区百街百巷百社区精品治违示范工程；群芳中二街、云景东路（贵友大厦至一汽大众），及大稿村小区精品拆违示范街区等工程，为提高城市建设标准提供新的发展空间。

环境优美的南部新城形象

梨园镇在大力推进城市建设的同时，加大环境卫生的综合整治力度，每年都组织上万人次的大规模市容环境综合整治行动。为保证老城区垃圾及时清运，维护市容市貌环境清洁，2000 年 9 月，区政府在梨园镇征地，新建一处城市垃圾中转站。中转站的主要作用是将通州城区运来的垃圾，经压缩处理后，再运往西田阳垃圾填埋场处理。中转站的使用，保证了城区垃圾的日产日清。2003 年，全镇出动 3 万余人次，对城市环境进行综合治理，清理垃圾渣土，拾捡白色垃圾，拆除非法广告牌，清除天然占路市场。建立健全长效管理责任制，对各村、小区环境卫生实行台账和月检工作制，强化门前"三包"单位的管理和监督力度。至 2005 年，共有 16 个单位被评为市级卫生村，其中，曹园村等 9 个单位被评为区级卫生示范村，全镇进入北京市卫生镇、国家卫生镇行列。

2006 年，梨园镇以巩固"国家级卫生镇"和"北京市环境优美乡镇"创建成果为重点，深入落实《梨园镇 2006 环境综合整治工作意见》。加强对全镇 190 万平方米道路全面管理，确保主要道路和公共场所清洁美观。开展环境专项治理，拆除违法、违章建筑，清理整顿再生资源市场，维护良好的市容环境。

2008年，梨园镇以迎接奥运为契机，投资250余万元，开展政府大街交通文明示范街创建。建立《梨园镇城市管理服务中心保洁员岗位目标责任制》，落实《梨园镇绿化管护工作意见》等长效工作机制，做好镇属125万平方米绿地、林木日常养护。2009年至2010年，通过国家卫生镇和北京市环境优美乡镇复检。

2011年，梨园镇投入4220余万元，完成怡乐北街"一镇一街"精品示范工程建设，获"北京市优美街巷"荣誉称号。同时，还探索道路保洁服务外包工作机制，聘请专业公司对通马路以西7条道路进行管理。做好贵友、家乐福两个区域交通环境整治工作，解决道路两侧乱停乱放问题，提高通行能力。加装监控设备，维护交通秩序和各类市场经营秩序。2012年，市容环境建设取得新成果，怡乐北街、颐瑞东里、小稿村等9个社区、单位先后获得"北京市环境优美街巷胡同""北京市环境优美居住小区"等市级环境建设荣誉称号。

2014年，镇域内垃圾密闭式运输管理及环卫执法全覆盖；镇政府与保洁公司签订合同，对轻轨站周边的卫生、公共自行车及镇域内果皮箱一并清理；镇政府设立监督检查机制，不定期对保洁公司治理情况进行检查。2017年，梨园镇实施《梨园镇2013—2017年清洁空气行动计划》，全方位开展大气污染治理。推行绿色工地达标销账制度，持续加强扬尘污染防治，绿色规模工地达标率100%，扬尘治理达标率95%以上。全力抓好低碳改造工作，严控机动车排放污染；应对2017年8次重污染及大风沙尘预警天气，严格落实空气重污染应急预案。空气主要污染物指标大幅下降，细颗粒物（PM2.5）平均浓度66微克/立方米，同比下降18.5%，全年累计变化率下降19.3%，空气质量与空气改善率居全区前列。

2019年，梨园镇加大联合执法检查力度，严格控制扬尘污染，实行在线监测和驻场监督。对挥发性有机物排放进行专项整治，完成餐饮企业油烟排放提标改造。协调玉带河、萧太后河、大稿沟、南大沟四条河道流域的水污染治理、水环境治理、河道管理。全面开展小微水体专项整治，对玉带河分支和大稿村京洲园宾馆西侧沟渠进行综合治理，南部新城水生态环境质量进一步提升。2020 年，加强扬尘管控，PM2.5 年均值为 47 毫米微克，降尘量年均值为每月每平方千米 5.8 吨，空气质量明显改善。

在实施城市道路基础设施建设的同时，2003 年，梨园镇完成六环路、外环路、群芳路等城市主干道路 13.3 千米绿化，植树 1.5 万株，完成五个村的环村建设；新建翠屏北里、新华联等小区达到首都花园式单位标准；梨园文化主题公园绿化美化，栽植各种树木 1149 株，绿化草坪近 2 万平方米，车里坟街心公园和轻轨高压塔绿化栽植树木 100 余株，铺草坪 1500 平方米。

2006 年，全镇投入 3000 余万元，在通马公路与外环路交界处修建近 4 万平方米的田园式休闲广场，同时对车里坟街心公园进行景观改造，怡乐西路、镇政府路等 5 条道路沿线实施绿化美化。全年新增绿化面积 32 万平方米，美化城市整体环境。2010—2013 年，总计投入 1690 万元，开展园林式小城镇创建，新增绿化面积 3000 平方米。完成杨家洼、半壁店两家农贸市场升级改造工作。对月异路、万盛北街、群芳中一街等 5 条道路及 1 个公园进行绿化改造，新增绿化面积 4 万平方米。对轻轨沿线、政府大街等主要道路实施鲜花装饰和立体绿化。通过首都绿化委员会验收，梨园镇获得市级园林式小城镇称号。

2014 年，梨园镇坚持"建一条、绿两侧、亮起来"的城市化格局，按照见缝插绿原则，在镇域内所有主要路口设立街心公园，自管绿地面积达 150 万平方米。完成南部新城绿化规划，确定三核晖映、五廊相连、多园并举的绿化总体布局。完成京洲南街和怡乐中街道路绿化美化工程 8975 平方米，北京育才学校通州分校屋顶绿化工程 3120 平方米。

2016 年，全镇总绿化面积约 550 余万平方米，人均绿地 45 平方米，绿化率到达 30%。投入千万元用于绿化美化建设，实施美化工程，进行立体绿化，在主要广场摆放花雕造型，完成南部新城绿化规划，确定三核晖映、五廊相连、多园并举的绿化总体布局，为南部新城实施高标准绿化打下基础。同时在金融街、云景东路和京洲南街等处安装夜景照明设施，城市景观建设呈现新亮点。2017 年，高标准提升改造梨园主题公园、群芳中二街、政府路等 6 处改造地点，全镇林木覆盖率达到 29.3%。2018 年后，基本完成生态林和绿地养护工作，确保城市公共绿地资源的管护；在主要广场、大街、道路节点摆放花雕小品，提升了环境品质，美化了城市空间。镇域内绿化率达27%，人均绿地 18.97 平方米。2020 年，城市森林公园、云景公园、文化休闲公园三大公园建设项目开始实施。

健全完善城镇服务保障体系

2006—2008 年，梨园镇成立新华联南区、格瑞雅居、靓景明居、万盛北里、龙鼎园、金侨时代家园、梨园东里 11 个居委会，扩大了社区工作的覆盖面。投资 40 万元，开展社区楼门文化建设和特色社区创建。推进社区管理规范化、制度化。2008—2009 年，根据市、区规范体系，建立一站式大厅、医疗服务室、大讲堂、图书室等公共服务设施。完成靓景明居、新华联南里等 5 个精品示范社区建设，打造 10 个社区"一刻钟服务圈"，创建 1000 余个文化楼门；完成 26个村一站式办事大厅建设，推动农村新型社区创建工作的开展。

2010 年，梨园镇完成社区居委会区划调整方案，制定实施社区建设五年规划。完成 26 个村农村社区服务站建设，初步实现农村社区服务全覆盖。严格落实市、区相关工作标准，完成靓景明居、群芳园、翠屏北里、颐瑞西里 4 个规范化社区建设工作。协调做好 1700 余平方米办公和服务用房建设手续办理工作，新增社区专职工作者 25 名，启动大稿新村等农村社区楼门文化创建试点工作。

2013 年，全镇社区居委会总数达到 21 个；完成 5 个精品社区建设和 400 个楼门文化创建，打造"一刻钟社区服务圈"19 个；开展"居村联建"等项目试点建设，筹建梨园镇社区组织联合会。2013 年，完成 47 个"社会服务管理综合工作站"软、硬件建设，配备专职网格长、网格信息员、网格专业巡查队员等 1000 余人，信息化网格指挥中心建设完成。

在新建城市管理中，梨园镇创新现代城市管理模式。2012 年，推进网格化社会服务管理体系建设，全镇完成 154 个网格划分，配备专职网格长、网格信息员、网格专业巡查队伍近千人，实现镇域面积网格化服务管理全覆盖；全面启动网格基础信息采集；充分发挥网格管理的优势，及时排查化解社会矛盾，解决一些历史遗留问题。

2014 年，网格指挥中心实现正式运转，利用"一张网"实时监控指挥系统，按照安全生产、公共服务、城市管理等 6 个专业模块，将网格长上报的有效事件进行统筹派发，有效维护了区域稳定。加强网格化体系建设，制定《梨园镇 2015 年网格化工作实施方案》，网格化各项建设工作，细化到位，提高网格化建设的时效性；镇网格指挥中心连接公安局视频监控图像，实现镇域范围内视频探头全覆盖；推进各业务模块工作对接，打造服务平台，畅通民意诉求渠道，实现前端移动办公。2016 年，推进"网格化 +N"服务模式，构建运行系统智能化、城市管理精细化、服务支持网络化的社区智慧化管理体系。推进通州区"三网"融合及标准化建设示范乡镇建设。

2017 年，梨园镇依托网格化平台，提升城市管理精细化水平，建立实施街巷长管理新模式，对镇域内 36 条道路进行责任分工，确保责任到人。依托网格化平台，深入推进"网格化 +"党群建设、"网格化 +"安全生产、"网格化 +"政务服务，提升城市管理精细化水平。

按照北京城市副中心高标准发展的要求，梨园镇进一步整合视频资源，实现镇域主要节点监控探头全覆盖。建立梨园镇环境整治和"12345"工作群，及时解决百姓身边的烦心事、揪心事，提升梨园镇基层治理工作水平。统筹推进网格化社会治理体系，实现"网格化 +N"工作格局，完善《物业管理台账》，做好业主大会、业委会监督指导工作，不断优化物业管理水平。

2020 年，落实《副中心应用场景建设三年行动方案》，梨园镇网格中心实现城市运行数据实时云上共享。同时加快新基建布局，实现 5G 信号全覆盖。社区规模调整稳步推进，对辖区内 3000 户以上大型社区进行调整优化，并按照行政区划变更要求，完成 22 个社区居委会交接。

通州城市化进程是从旧城改造和各方面的治理开始的，梨园镇结合"环境卫生市综合整治"和"首都文明区""国家级卫生城市"创建活动，每年都组织开展几次大规模的综合整治行动。

2012年，完成森林公园近10万平方米拆迁任务，清除280余家废旧物资收购点。2014年，通州新城中央休闲公园将梨园城市公园、公园内地下人防、通州体育中心等周边项目打包，通过公开招投标确定社会投资人，探索实行一体化运作的新模式。

2015—2016年，梨园镇以治理交通拥堵、有效服务城市功能定位为主要目标，合理规划改造修建智能交通系统，提升梨园镇城市交通水平。加强供水安全保障、污水处理及水循环利用、防洪排水及水生态环境提升、社会化高效节水和水务管理，提高水环境综合治理能力。智能规划镇域交通，建立分时停车机制，开展智能停车管理，全面加强院内、院外、道路三维停车管理。

2018年，根据全市统一部署，梨园镇开展"开墙打洞"专项整治行动，采取联合执法等多种方式治理违章建设。完成杨家洼农贸市场、云景里市场、西总屯市场的清退；对高楼金市场、梨园东里市场等5家市场进行升级改造，为全镇高标准城市建设提供发展空间。

2020年，完成老旧小区工程、小街之春项目和翠屏南里项目楼工程。环境整治向街巷延伸，完成梨园中街、玉桥西路南延、土桥砖厂南街、砖厂村路、迎熏东路共5条背街小巷施工，城市环境面貌更加清朗有序。

为解决市民热线诉求问题，梨园镇还出台了《梨园镇12345市民热线工作月度绩效考核实施办法》，加强工作责任边界管理，完善"梨园接诉即办"闭环处置系统，对重难点问题集中汇总解决，逐步实现新建城市管理的正规化和规范化。

经过近20年的努力奋斗，梨园镇从一个地处城乡结合部的城郊型乡镇，初步建成一座承载几代人梦想，顺应历史发展趋势，具有生机和活力的现代化、崭新的城市，也是一座年轻的城市。整体的城市架构和外观形象已经呈现在世人面前，新兴城市的优美环境和空气中散发出文化气息。这座城市还在不断地改造升级和局部创新调整，每年都发生新的变化。北京城市副中心的定位，将不断赋予城市新的功能，经营城市经济和管理服务面临一系列新的任务。南部新城的建设者和管理者们重任在肩，扎实工作，务实求新，继续奋斗，迎接南部新城梨园镇更加美好的明天。

资料来源：《通州区志》《通州建设史》《通州年鉴》

参考文献：《通州区国民经济和社会发展第十个五年计划纲要》《通州区国民经济和社会发展第十一个五年规划纲要》

（崔洪生，通州区政协特邀文史委员，原次渠镇党委办公室主任、宣传部部长，台湖镇原助理调研员）

大稿村小区建设始末记

■ 郑建山

八十年代初期，大稿村还都是平房小院，村里人多地少，光申请盖房的就有几十户，按照农村的习惯：一个儿子的户应批基地五间；两个儿子以上的户应批房基地三间。盖房一般用丈檩，房基地宽五丈、长六丈，正好半亩地，三间房就是三分半；这几十户的房基地即使按三间批也需十几亩地。大稿村有人口一千四百人，土地一千八百亩，长此下去，大稿村的土地就会越来越少。面对这一情况，邢仲山有了一个大胆的想法——盖楼房。

邢仲山算了一笔账，村里几十户人家盖房，砖、瓦、木料钱，吃、喝、烟酒钱，一户按两万算，总花费将近一百万。如果建集体楼房，集体搬迁，村民拿一点钱，村里拿一点钱，盖房困难户就可以解决了，土地也可以节省了，人们的生活方式也可以彻底改变了，集体化的优越性也就显示出来了，既节约时间又节约了成本，邢仲山和邢邵友商量后，在支委会上谈了建楼的好处以及设想，委员们一致赞成。同时，也得到了县领导的支持。

全村搬迁，还建大楼，需要大量的资金和精力。邢仲山在村里进行调查研究，听取群众的意见，到城里参观特色楼群，搜集适合稿村楼房样式，组织干部进城进行实地考察，组织党员进行表决……一系列操作后，大伙异口同声："头儿！咱们干吧。"每逢大决策，都要民意测验。他利用这种方法听取乡亲们的意见，结果，全体村民百分之九十五以上同意建楼房，特别是青年们，更是欣喜若狂。

1987 年 2 月，大稿村党支部改组为党总支，邢邵友调到乡里工作，由邢仲山任大稿村党总支书记兼农工商公司总经理。他向梨园乡党委、通县县委写了建设大稿村小区的报告，随后进行了一系列的准备工作。

县委、县政府对大稿村建设格外重视。有关局、部、委、办鼎立相助，他们在大稿村农工商总公司四楼召开了现场办公会。会上成立了大稿新村建设指挥部，由常务副县长张世光、副县长郑国本任总指挥。成立了小区建设办公室，由王一任办公室主任。小区共建楼房九幢。有幼儿园、小学校及其他附属设施。建筑面积六万平方米，每平方米造价一百六十八元，共需资金一千多万元。在原村占地的基础上可节省土地 350 亩。小区分四年建成。会上县领导号召各局部委办积极配合，给予大力的协助。

小区建设符合市委农村工作会议精神，并被列入"北京市星火计划"。

1987 年 7 月 8 日，大稿村小区建设开工了！

清除楼址上的杂物，放线开槽、基础打桩、进砖备料……各地建筑队开进来了，在一番紧锣密鼓的操作中打好四幢大楼的地基。邢仲山既要管工业，又要管农业，现在又加上一个基建。白天在工地上看质量、盯速度；晚上处理完日常事务仍去工地转悠，有时就住在办公室里。

随着工程的进展，问题也随之浮出水面。一个小村要完成六万平方米的建筑工程，首先遇到的就是建材问题。没有钢材，没有水泥，没有木料，没有砖……这些都是国家计划物资，他们没有指标。到哪儿去找？重点工程的上马，亚运会工程的筹建，乡镇企业更是如火如荼。村村点火，处处冒烟，都在上工程，都在搞基建，谁都需要建筑材料。

邢仲山东奔西走，找乡领导、县领导，帮助解决建材问题，从木料钢材到水泥砖瓦……邢仲山为建材没日没夜的苦奔，他终于病倒了。1988 年三夏的前夕，他连续熬了三天三夜。白天跑料，晚上处理工业农业问题。他的身子像散了架，走路没了根，一量血压，低压60，高压80，医生让他马上卧床休息，但是，工业生产正是叫劲的时候，农业三夏已经来临，建楼材料又成问题，他哪里躺得住？第四天，硬撑着早起，绕各个厂子转了一圈，又进了建楼工地……他晕倒了。醒来时见自己躺在床上，马上又起，不顾母亲和妹妹的阻拦，一不留神，溜了出去。

这边刚刚解决了建材问题，又出现了资金问题。

大稿新村小区建设共需资金一千多万元，村民出百分之四十，小区分四年完成，每年需要资金二百五十万元左右。建完四栋楼后，县委通过研究决定：小区建设不能拖泥带水，要打"短平快"，1989年底，村民要全部迁入新居。这样，四年的工期就变成了两年半。这就使本来不足的资金更加紧张。

当年 10 月，《北京日报》刊登一条消息：实行建材物资限价。其实建筑材料早已开始暗涨，"北大荒"牌水泥原价每吨 80 元，后涨到 90、110、180 元。砖每块原价四分三，后涨到五分七……一毛八分钱。

四年变成了两年，物价在飞速地上涨，需要增加投资，还不是个小数目。如果弄不到钱，三材到不了位，小区建设就有停工的危险，那时损失可就太大了。

这时，稿村的某村民也动摇起来。有人给中央领导写信，说老百姓不愿盖楼房，是几个干部好大喜功；村内的某党员干部也推波助澜，说："我当时同意盖楼房是虚晃一招，我是惦记弄点贷款，谁想到这小子真盖了……这下子稿村可要完蛋啦！"

市里领导知道了这个消息，鼓励大稿村人继续干下去；县里领导也来到大稿村，询问工程进展情况，帮助解决困难。

1989 年 4 月 19 日，邢仲山在公司四楼会议室召开了党团员、干部大会，为小区建设筹集资金。会上他号召全体党员干部，有钱的出钱，有力的出力，为家乡的建设贡献力量。他率先掏出自己多年积蓄的一万元钱，交给了稿村新村建设指挥部。党员、团员、干部们激动了，他们也纷纷掏出自己多年的积蓄，在他们的带动下，仅用了一个月零三天就集资一百一十三万元，缓解了资金紧张的矛盾。

资金有了着落，他们把钱用在了刀刃上，还想尽一切办法节约资金。为此，大稿村党总支部做出决定："凡是自己能办的事就自己办，不要花钱；党员、团员、干部带头参加义务劳动；严格财会制度，杜绝浪费；培养自己的建筑队伍。"

为了节约资金，他们开展了轰轰烈烈的义务劳动。村民把义务劳动当作自己的荣誉，而且赋予它实实在在的内容。白天，他们在田间或在工厂工作，下班后就到工地，搬砖、抬木、运水泥，就连老头老太太也自动组织起来了。有一个在城里工作的党员，家住大稿村，休闲在家，进了工地，也参加了义务劳动的行列。在大稿村，关心集体已成为一种风尚。义务劳动共清除楼区几千立方米的土渣，装运了几千吨钢材和几百立方米的木头，运送了几百万块机砖。从而激发了人们爱祖国、爱家乡的热情，并节约了资金上百万元。

为了节约资金，他们花大力气培养自己的建筑队伍。在施工现场上，涌现出大批年轻人，他们学木匠，学瓦匠，学各种建筑技术。新村小区建设指挥部也充分利用了这个机会，搞技术培训，号召青年人勇敢、大胆、边干别学，并请专家进行指导、检查、考核。这样既节约了资金，又加快了速度，还为自己的建筑公司培养了大批骨干力量。

九幢大楼在人们的关注下巍然屹立。一副蓝图终于在曾经的破街烂道上升起。

1989 年 11 月 16 日，这是大稿村人民难忘的日子。稿村人告别了传统的生活方式，全部迁入新居。

楼房盖好了，村民们喜迁新居，时任县委书记卢松华拍着邢仲山的肩膀过心地说："楼房好住，可不好管理啊。"那大稿村的住宅楼管理得如何呢？

这里每个单元门为一个组，设楼门组长；每栋楼设楼长；楼区大门设值班室；楼区内有值勤人员。要职由老头老太太们担任了。

楼门中的卫生由住户维持。每户门楣上贴一张值日表，轮流值日，楼道、楼梯总是一尘不染。邢仲山爱人金凤最爱干净，她做值日总要将楼道、楼梯从上到下过一遍水，楼梯扶手上的每一根钢筋都放光。

　　大稿村人说得好："小家是大家的一部分，大家和小家一样，只有和和睦睦地抱成一个团，都捧着一个大家过日子，那日子才旺势呢！大稿村共有五百户人家，有一百七十户被评为"五好家庭"。

　　在大稿村，传统美德与现代意识的集体主义精神凝结在一起，让大稿村成为城乡一体化的明珠，先后被通县和北京市命名为社会主义物质文明建设与精神文明建设的红旗村。

大稿新村小区正门（摄于 2007 年）

孙庄村的变迁

■口述：汪亿城　鲍淑琴　整理：徐　畅

据《通县地名志》记载，孙庄村清代成村，因赐予孙姓至此定居，接管明代官田，形成聚落后，曾名孙公庄，清光绪初（约 1875 年）改称孙家庄，1936 年前后简称今名。但是在孙庄村还有一个传说，据孙庄村一些老人所讲，孙庄村是因清代时有孙姓、汪姓等四五户人家，由南方浙江、安徽等地逃荒至此，因该地临水有一土岗，遂在此依水而定居。因孙姓户主为人热情且善于言辞，这几户人家每每遇到事情或有外界侵扰之时，多由孙姓出面，后逐渐被外界称其为"孙家庄"。也正因为这样，才有了孙庄村民风淳朴、团结互助的传统。

新中国成立初期，孙庄村只有二三十户人家，1953 年至 1977 年 3 月，孙庄村先属西小马村管辖，后与刘老公村合并，组成刘老公大队，1977 年 4 月，孙庄村与九棵树、孙王场、公庄、车里坟四村共同组成团结大队，此期间，因为该村一直没有独立建置，因此当时村领导经常在自家办公。

1983 年，孙庄村人口已发展至几十户人家，这一年，孙庄村也正式成为独立大队。成立伊始，因为经济困难，没有像样的办公地点，大队领导成员就将废弃的牛棚，用土坯围起来作为办公地点，遇上外面下大雨，牛棚里随着下起小雨。办公室摆放着团结大队解体时村里分得的一张办公桌，一个长条凳，一把算盘，这就是当时村委会的全部家当，在这样的办公环境，村委会的三名干部一干就是三年多。

孙庄村历来是个小村，民国时期仅有十几户人家，到了二十世纪八十年代，这几十户人家总计土地面积仅有二百余亩，其中还有一片低洼地。独立成为行政村以后，因为人口少，孙庄村并没有像别的村那样实行包产到户，依旧是集体生产。每天一大早，村里的领导就会敲击挂在村头大树上的铸铁犁头，全村的劳力听到声音就会集体前往，在分配完任务之后，村民回到自家拿起工具下地干活，从来没有人挑挑拣拣，更是没有人因为纠纷打架斗殴。因为土地面积少，为了改善村民的生活条件，除了种植传统农作物小麦和玉米以外，村委会带领村民先后尝试种植棉花、谷子、西瓜、红薯等作物，在那片低洼地里，还尝试过种植水稻，但是因为产量欠佳，并没有改变孙庄村贫困的现状。

八十年代初期，村内几名退休工人联合，在孙庄村办起了制钉厂，想通过发展工业来改变贫困的面貌，同时还买了一台黑白电视机，这台电视机也成了孙庄村村民的骄傲，因为在当时梨园乡各村，能看上电视的寥寥无几。每天吃完晚饭，全村的男女老少就会带着板凳，聚集到制钉厂那台小小的黑白电视机前，场面

80年代孙庄村部分村民合影

非常热闹。

到了 1986 年，原村内制钉厂因产品销路不畅关停，厂房因此闲置下来，孙庄村委会才由原来在牛棚办公搬至制钉厂闲置的办公室里，原来的土坯房变成了砖瓦房，办公环境得到了很大程度的改善。环境改善了，但是村委会的初心没有变，想的依然是为村民谋福利，利用制钉厂的大厂房，先后引进沙发厂、玩具厂、宫灯厂。每当一个新厂到来，因为生产需要，村委会办公地点就要搬一次家，腾出新厂需要的地方。就这样，孙庄村村委会办公地点从制钉厂的厂房大院东头挪西头，由南挪到北，有时村委会成员还分散在厂房各角落办公，只为能给村民带来好处，改善村民的生活。

九十年代中期，孙庄村办起了自己的村办企业——汇文誉印厂。汇文誉印厂的创办，不仅解决了本村剩余劳动力的就业，也吸引来边村落的人前来工作，此时的孙庄村，才算是摆脱了贫困的困扰。

2000 年，通州区修建云景南大街，道路经过孙庄村原制钉厂厂址，村委会再次迁址，由制钉厂搬至构件厂（原后场路）闲置厂房办公。2005 年，孙庄村村委会组织村民，将村中心鱼塘填平，盖起北、南、西三面，共十余间瓦房，至此，孙庄村村委会才有了自己正式的办公地点。新建房屋的北房和西房作为村委会办公和召开村民会议使用，南房作为村民活动室。

生活条件改善了，村委会开始关心起村民的业余文化生活，组织村民成立了腰鼓队，在村委会门前那将近一万平方米的场院上进行排练，腰鼓队员们精神抖擞，鼓声震天。每逢年节假日，也都会在广场上进行表演，场面热火朝天，时常会引得别村村民前来凑热闹。此外还有一些大型文艺活动都会在场院里进行演出。比如当时北京市"星火工程"演出下乡活动，以前的孙庄村因本村没有场地，村民只能去别的村观看，现在孙庄村民在自家门口就可以看到专业演出团体的演出。

2015 年，当时梨园镇除了孙庄以外，别的村子都已经完成旧村改造。这一年的孙庄村迎来了全村的一件大事——旧村改造，通过土地置换，新建自住房位于小稿村。这期间，村委会和村民代表一起，办手续、签合同、招投标、引进物业，只要关系到村民利益的事，村委会都会组织村民代表召开会议进行讨论，始终把村民的利益放在第一位。

孙庄村住宅小区

2016 年 1 月 22 日，孙庄村自住楼工程正式开工，村委会全体人员以及村民代表和村民参加了开工仪式，4 月份，孙庄村村委会再次搬迁至工地北侧的一栋二层小楼。

2021 年 3 月份，孙庄村村民拿到了新房的钥匙，很多村民都紧锣密鼓的开始进行新房装修，想在真正属于自己的新房里度过第一个春节。如今的孙庄村，小区干净整洁，环境优美，孙庄村民诚实淳朴的民风，使得邻里之间团结和睦，互帮互助。村党支部、村委会也依旧坚持着一贯的传统，每逢过年过节，都会前往老党员、老干部、生活困难家庭进行慰问，送去温暖。

魏家坟村里崛起隆孚大厦

■ 李永刚

在通州区梨园镇南部，有个魏家坟村。要不是碰到当地人，根本找不着。但是要打听隆孚大厦，或者群芳园，那就太容易了。隆孚大厦是魏家坟村的新地标，或者代名词。过去，魏家坟可是一个远近闻名的穷村、乱村，而今一跃成为全镇，乃至通州区赫赫有名的富裕村。这就得提到一个人，她就是村支书郎浩俊。是她扎根村里，用30年的汗水和心血，带领乡亲们走向了共同富裕。其实，魏家坟村翻天覆地的变化，也是梨园镇，是通州区改革开放的一个缩影。郎浩俊先后被授予"北京市思想政治工作先进个人""全国三八红旗手""全国劳动模范"等荣誉称号。她却说，那不是我个人的，那是大家伙儿干的，是全村人的荣誉。

外债叠加　大队曾经是个空壳

魏家坟村最早是清代魏姓官员的墓地，终年设役看守，1900年前后始成聚落，因此得名。由于离城镇远，交通又不便，村里人祖祖辈辈一直以种地为生，靠天吃饭。土地薄，汗珠子砸八瓣，庄稼时收时不收。后来有了生产队，日值还是不高。一个男子汉，不如母鸡下个蛋，就是当时的真实写照。队上多方面联系，帮助打机井、更新小麦玉米品种、补贴农药，才勉强维持。村民天天参加集体劳动挣工分，到年终核算，扣除平时分的口粮柴禾，家家户户剩不下几个钱。劳动力少的人家，还要欠队上的钱。乡亲们房前屋后种点儿菜，养几只鸡，换点零花钱，维持着油盐酱醋过日子。村里姑娘还没到婚嫁年龄，家长就托亲朋好友找婆家，

旧村改造前的魏家坟村貌

都想早早的离开村子。小伙子婆媳妇可就难透了，本村姑娘全"跑"了，外村姑娘不愿意来。左等右等，最后只能降低条件将就人家。

改革开放以后，村里把多半的土地分田到户，庄户人家除去交公粮，还是剩不下几个钱。一般的人家想做小买卖，连三五十块的本钱都拿不出来。村里文化人少，有个初中毕业的就算不错了。众多的年轻人到农闲的时候，就外出打短工挣点零花钱。村上干部东奔西跑搞副业，建起了一家喷涂厂，但始终业务不多，带死不活儿的。乡亲们挣不到钱，党支部说话在村民心中没分量，凝聚力差，上级布置的任务就拖拖拉拉，啥工作在乡里排队都是倒着数。越这样，支部说话就越是没人听，形成了恶性循环。到了1992年，老支书患病不能上班，连续一年多找不到接班人。梨园镇党委也真是着了大急。村里的党员能人儿，几乎都试了个遍，干一年多点就辞职，有几个人都干过一个来回了。连续多年，没有一个书记干满届的。村里召开党员会，人到不齐不说，到会的七说八不一，谁也不服谁，每次都是不欢而散，

走的走，溜的溜。开会说不到一块，工作就更干不到一块儿了，老百姓对村党支部一点也不信任。当时正值麦收季节，三夏好多事都没有着落。梨园镇党委多次开会研究，最终想到了村里的媳妇，在梨园镇财政所工作的郎浩俊，可是多数班子成员都摇头。女人家务事多不说，她是国家干部身份，谁愿意放下铁饭碗，到村里着急去？这可是魏家坟村的新希望，当时的镇党委书记张志强亲自谈话。组织的需要，乡亲们的期待，还有发自内心共产党员的初心，郎浩俊决定搏一把，她爽快地答应了。

6月10号，就任第一天的情景，她终生难忘。村委会办公室是牲口棚改造的，窗子上的几块玻璃都不一边儿大，地上铺着沙子。书记、副书记、会计、电工都在这一间屋里办公。一个坑坑洼洼的饭桌上面铺几张报纸，就是办公桌。椅子只有三条腿，折断的一条腿用铁丝绑着，只能靠一边小心翼翼地坐下。几个喝水的瓷杯子不是破了口，就是没有把儿，都是花3分钱一个买的处理品。"快揭不开锅了"，会计把账本抱给她，"账上有8000块钱存款，您还得凑4000，马上要交上半年的电费，交晚了就得拉闸断电。"村集体固定资产11.2万元，对应的旧机械、旧厂房，早就该作报废处理了。队上买种子、化肥、农药，欠信用社的贷款10.6万元，交了公粮就得还。邻村还有2万元的欠款。说白了，大队就是个空壳。

书记行得正 支部重新赢得信任

脱贫就要从不懒开始。村上160户人家，390口人，人均一亩多地。一半土地当作口粮田分到户下，没分的土地全靠村集体种植。郎书记上任就带头劳动。扛麻袋、起猪圈，夏收夏种夏管，一干就是一整天。中午烈日当头，衣服被汗水浸透。晚上干到日头落山。每天收工，村两委班子还要开晚会。碰头当天的进展，布置第二天的工作。百姓私下里说：还行，"大郎平"真豁的出去个儿。

夏天村里下大雨。郎书记当时往村里走，雨水遍地流。湿滑泥泞到处积水，有的地方水已经没了小腿，穿着雨靴子都往里灌水。自行车根本没法骑。更麻烦的是，公共厕所的粪汤溢出来，满地横流，苍蝇蚊子到处飞，令人作呕。郎书记下定决心给村里修路。村里没有钱，郎书记一遍又一遍去镇里化缘。拖拉机站、电管站，规划办、绿化办、能源办，很多部门被她的真诚感动，纷纷给予支持。从村西纵贯南北的区级公路，到村中心修一条东西马路，首要任务就是拉线取直。过去没有规划，村里街道本来就不宽，还七扭八歪，很多家庭还扩大院子欺街占道。修路必须把居民院墙拆除，甚至还要占用一部分住户祖传的宅基地，阻力可想而知。郎书记首次召开党员会，介绍修路进展和规划要求。书记前期跑腿儿化缘，办的是惠及全体村民的好事，赢得全体党员的一致赞成。副书记王会兰当场站起来，表示回去做家人的工作，全力支持！第二天，大伙儿看王会兰家真的拆墙让路，便纷纷行动。很快，工人师傅撒白线、钉木橛、垫路基，3个月时间，崭新的板油路修好了。村里的路刚刚修完，困扰老百姓许久的自来水管道老化问题，又排上郎书记的工作日程。为了节约成本，郎书记召开村民代表会，决定按人头均摊任务挖沟，铺设管线。每口人3米沟，郎书记以身作则，主动多领任务，一家三口齐上阵。自来水管道改造更新，村里不再停水。村民们对这个女书记从疑惑不屑，到逐渐理解、信任和支持。

养儿当兵 种地纳粮

梨园镇党委政府重视交公粮，不同于其它一些乡镇，让百姓自行交公粮，而是以村为单位统一交送，保证质量。就是说，村里要把各家各户应交的公粮，按照国家标准收上来，统一扬场筛选，统一烘干晾晒。一些村民就有了小算盘，反正都要掺和到一块儿，算是村里的粮食。有的以次充好，有的甚至掺杂质偷分量。郎书记知道消息后，要求支部班子必须严格把关，刹住歪风邪气。第一个秋后，村里收公粮的时候，郎书记亲自到场院监督。她挽起袖子，一只手掌直插到每个口袋的深处，抓一把上来，看杂质、嚼水分，谁也别想蒙混过关，不达标的一个个把粮食拉回去返工。包括她当家十户的弟兄，好几家都跑了两遭才交上公粮。郎书记说："集体定下的事，必须坚持干到底。班子成员必须拧成一股绳，谁也不许撤劲儿。"正是郎书记的一视同仁，赢得了全体村民的尊敬和爱戴。党支部重新赢得了村民的信任和支持。不光是交公粮，村里的各项工作，逐渐被镇里各个部门所认可。

发掘区位优势招商引资

为了寻求村里的长远发展，她挨家挨户深入走访调查，听取百姓意见。狠抓村支委会、党员和村民代表三支队伍建设。陆续把村里有魄力、肯吃苦、为人正直的年轻人吸收到三支队伍中来，培养补充了新鲜力量。

村里仅有的一个喷涂厂，外面拖欠8000多块钱的加工费，两年多就是要不回来。为了要帐，郎书记骑着自行车没黑夜没白日地上门找业务户，终于要回了欠账。跑企业，给了郎书记新的启发，她反复开会研究，寻找村里发展经济的优势和路径。发展工业，村里资源欠缺算是短板。但是发展商业和服务业，村里优越的地理位置成了最大的资源。于是她带领支部班子解放思想、集思广益，招商引资，整合村里资源，将半死不活的企业关停，通过土地出租、厂房出租的方式盘活。同时，联系水电汽暖部门，全力服务企业。先后引进了上海大众汽车销售4S店、东方日佳科技公司、中煤安泰机电公司、京联汽车出租公司等多家企业，村集体经济一下子活了起来。很多村民在企业中培训上岗就业，工作生活都有了新的提升。两三年的功夫，魏家坟不仅还清了外债，集体还开始有了积累。

集体有了钱，郎书记便开始建立村里的福利制度。当初，村民男满60周岁女满55周岁，每月发放10块钱的养老金。后来，给老人发送生日蛋糕，逢年过节分发米面油鸡蛋。村里王老太太，集体发的鸡蛋舍不得吃，一定等到来客人的时候才拿出来吃，分享集体的温暖。一些老人常聚在村委会院里念叨，感谢书记，感谢共产党。家家户户的自豪感和荣誉感，是对党支部最大的肯定，这更坚定了郎浩俊继续当好书记的决心和信心。郎书记物质文明和精神文明两手抓，陆续组织起草出台了魏家坟村殡葬管理办法、文明公约等等，让制度管人。

村民集中搬迁上楼

1997 年，通州区房地产市场已初露端倪。在两委班子和村民代表的支持下，村里与房地产开发公司采取利润分成的方式合作开发，底商归村集体所有。5 栋楼很快销售一空，魏家坟村有了第一桶金。接着，村里开始自己开发房地产。兴建 17 栋楼组成的群芳园小区。为了节约开支，她几乎跑遍了通州周边大大小小的建材市场，挑选材料，商定价格。从立项、设计、进料、施工到竣工验收，她都亲自参与。施工期间，她几乎天天盯在工地上。

通州新城发展日新月异，魏家坟开发的群芳园小区也获得了成功。随后，郎书记带领班子成员开始旧村改造。2003 年动工，短短两年，建设完成。跟着研究搬迁上楼方案，旧房评估折价，按房本折算面积，一家三口分两套房，一家五口分三套房。优先把一层楼安置给老人和行动不便的村民。宣传政策，报名抓阄，公开透明。百姓双手称赞，毫无怨言。在她的带领下，2005 年 3 月，魏家坟村 168 户村民一次性搬迁上楼。楼上楼下，电灯电话，乡亲们终于过上了跟城里人一样的生活。上楼以后，魏家坟开始推行大病二次报销，老百姓的日子越过越好。

农民当股东 村里发福利

为了让集体资产保值增值，保障村民利益。2006 年，魏家坟村实行了集体经济产权制度改革，建立起了"产权明晰、权责分明、运营规范、健康高效"的新型集体经济组织——北京华远亨社区合作社。合作社量化资产总额 1.6 亿元，个人股东股本总额 1.1 亿元，村民股东 531 人，人均持股 20 万元。年终核算，效益给老百姓发福利，当年年底就实现人均福利 500 元。村民们成了"有资产的新市民"，村民刘秀敏激动地说："还是共产党好。咱农民也不比城里退休的人拿得少。"是啊，郎书记让乡亲们真正享受到了改革开放的成果。

2007 年，魏家坟村投资 1 亿元，兴建隆孚大厦商务楼。大到规划、设计、建设、装修风格，小到确定电梯品牌、外墙贴砖、玻璃颜色、窗棱比，郎书记带着班子人员和施工方调研考察对比，终于完成了建设。一座 19 层高，占地 4 亩，总面积 2.2 万平方米的隆孚大厦拔地而起，成为当时梨园镇最高的建筑。紧跟着就是成立物业公司，郎浩俊亲自担任物业经理，走上现代化企业管理的新岗位。开通局域网、双路供电，对接工商税务办理手续，联系企业员工就医、子女入学。精诚所至金石为开，国内外知名企业纷纷入驻。上海浦发银行，中交第四桥梁建筑公司，中建二局土木集团研究院，以及价格评估公司、科技发展公司、安装工程公司、仪表公司、传媒公司、投资公司、环保材料、生物技术公司、口腔医院等 50 多家企业入驻，安置就业达到 800 人。会计年度决算，魏家坟用百分之一的土地，创造了百分之六十的村级收入，实现了集体经济的跨越式持续发展。村民们每每路过大厦，就会骄傲地说："瞧瞧，这就是我们村的隆孚大厦。"

今天的魏家坟，集体家底厚了，村民们更是富起来了。发放过节费，补贴物业费、取暖费，每年免费体检，村民福利每年递增。村里全年为百姓发福利及各项补贴超过 2000 万元。

30 年如一日，郎浩俊全身心投入工作，体味的是人生价值，坚守的是责任和担当，不变的是共产党员的初心和使命。

隆孚大厦（2023 年摄）

参考资料：《北京市通县地名志》（1990 年）

花开梨园——记梨园地区教育发展

■ 朱 勇

　　中华人民共和国成立以前，人民生活条件艰苦，尤其是农村地区，一些学龄前儿童就由家中老人看管，或大人下地劳作时带在身边。到了上学的年龄，少数人接受私塾教育。当时梨园地区因地处通州城郊，域内学校主要是以私塾为主，在半壁店、大马庄、东小马、西小马、高楼金、公庄、小街二队这些村落内均设有私塾，私塾先生大多由本村有学问的老人担任，村内一些富裕人家还会花钱请外村的先生前来授课。一些家境稍好的孩子多就读于本村私塾，还有极少数的人家会把孩子送去县城的公立学校。但是大多数贫困人家的孩童没有钱接受文化教育，因此导致民国时期的文盲率达到80%左右。因此，中华人共和国成立以后，国家大力开展"扫盲"工作，当时梨园地区各村都由上级组织派来教师，利用晚上时间，对没有上过学的成年人进行文化教育，学识字，除了一些老年人以外，基本做到人人能读书看报。

　　新中国成立以后，为了让适龄儿童都能学知识、学文化，当时梨园地区除了几个人口较少的村以外，大多数的村都利用村中的寺庙等场所办小学校。至梨园人民公社成立初期，梨园地区共有小学20余所，当时由于受到学生数量少、师资力量不足等因素的影响，这些小学校多为初小（1—4年级），且大多数都在一个教室上课，老师一般讲完一个年级的课便让其自习，然后再教授另外一个年级的课程，初小的学生在学完四年级的课程后，再去完小（1—6 年级）继续学习，但有些家庭人口多的学生学完初小便回家劳动或参加工作，以减轻家庭的负担。由于完小数量较少，一些初小结业的学生要步行几里路去刘老公庄、北杨洼、大稿、大马庄、公庄、小街、九棵树等村的完小就读。

1958 年，张家湾公社在大稿村成立大稿中学，结束了梨园地区没有中学的历史。1963 年，为缓解就学压力，方便适龄儿童就近入学，在小街大队成立小街中学。因受办学条件限制，大稿中学和小街中学实行错年招生，即每年其中一所学校招生，另外一所学校于次年进行招生。

1975 年，通县教育局试点农业中学开始在车里坟村创办车里坟农业中学（简称"车里坟农中"），所用土地为车里坟村无偿提供。1976 年正式开始车里坟农中的建设工作，由于唐山大地震刚结束，因此对建筑质量格外重视，当时由李玉明老师负责绘制教学楼图纸，两层楼的教学楼，彭锋茹、李玉明等参与筹建的老师一起多次讨论，十分谨慎，最终确定下来建设方案。确定了建设方案，随即开始购买建筑材料，当时通县教育局拨款 3 万元，连材料费都不够，车里坟农中的筹备老师又到处请乡镇企业、村队领导支援。材料买好了，就由梨园农机站负责运输，拉沙子、石料、水泥、钢材。材料到位了，梨园人民公社就组织各村抽调社员自己打楼板，在校的电机班、木工班等班级的高中生跟着老师一起拉楼板、拉材料，一起建设自己的学校，学生们自带板凳、干粮，半工半学，1200 平方米教学楼，就这样由教师，各村瓦、木工以及在校的大部分男生硬生生地盖了起来。

改革开放以后，梨园地区的教育问题一直被历届领导作为头等大事，不断进行优化调整。1978 年，梨园人民公社对辖域内中小学布局进行调整，调整后，全公社共有小街小学、九棵树小学、大稿村小学、高楼金小学四所中心小学。小街中心校有小街、砖厂、梨园、杨家洼四所小学，九棵树中心校有九棵树、公庄、大马庄、曹园四所小学，大稿村中心校有大稿村、半壁店、西小马庄三所小学，高楼金中心校有高楼金、东小马庄、将军坟三所小学，此外撤销小街中学，保留大稿中学和车里坟农中两所中学。1979年，车里坟农中正式开始招收初一至初三年级学生，改变过去"服务于农"的办学思想，1980年，车里坟农业中学正式更名为梨园中学，校址仍位于车里坟。1984年，为解决学龄前儿童的生活和学习需要，梨园乡在孙王场村建设幼儿教育中心——梨园乡中心幼儿园（1991年迁至魏家坟村）。1990年5月31日，大稿新村村小学新建教学楼正式落成，教学楼共三层，建筑面积1890平方米，有15个教室，12个办公室。1990年7月1日，梨园镇迁建九棵树小学，新校址位于刘老公庄，建筑面积2400平方米，1991年9月1日，九棵树小学新建教学楼正式落成。1992年底，为提高教学质量，改善教学条件，梨园镇将大稿中学和梨园中学合并，1993年1月，梨园镇征用公庄耕地58亩，集资500万元，新建梨园中学。9月22日，梨园中学新校址教学楼正式落成，至此大稿中学正式停办。新建教学楼建筑面积6000平方米。因学生数量和师资力量的限制，梨园中学未设立高中部，学生初中毕业后，仍需前往潞河中学（通县一中）等学校继续就读。

1994年，为进一步优化教学布局，梨园镇出资十万元扩建小街小学，同时撤销砖厂小学，并扩建梨园镇中心幼儿园，为梨园中学购置桌椅，以应对就学高峰。至1995年，通过不断优化调整，梨园镇有公庄小学、大稿村小学、九棵树小学、小街小学、高楼金小学5所完小，1所中学——梨园中学，基本完成适度规模办学的目标。同年，九棵树小学获"北京校园管理先进校"称号。

在自主办学的同时，梨园镇还大力引进外部教学力量，1993年，北京现代音乐研修学院落户梨园镇，2003年10月，北京教育科学研究院通州第一实验小学落户梨园镇，位于梨园镇刘老公庄村（原九棵树小学校址）。2007年，北京市育才学校通州分校落户梨园镇。

北京现代音乐研修学院位于梨园镇九棵树村，建筑总面积5.8万平方米，拥有国际化的实习实训基地。其中包括国际标准琴房、中小型音乐厅、合奏室、标准化舞蹈练功房、同期录音混音棚、杜比全景声实验室、Apple 数字音频工作站、DJ&EDM 实验室、双排键教学工作室、10 讯道高清电视转播车、影视节目后期编辑室、影视配乐工作室、虚拟演播室、大型舞台综合剧场（红馆）、黑匣子实验剧场等设施设备，充分满足了音乐与艺术类多专业的实践教学需求，成为梨园镇辖域内第一所民办非学历高等院校，自 2010 年至 2019 年，梨园镇人民政府和音乐研修学院在中国录音师协会、中共北京市通州区委宣传部、通州区文化委员会主导下，先后承办了七届"九棵树数字音乐节"，很大程度上带动了梨园文化产业的发展。

北京教育科学研究院通州第一实验小学是北京教育科学研究院第一所实验学校。学校占地面积 15800 平方米，建筑面积 5189 平方米，除正常教学班外，另有 9 个专业教室，运动场 3000 平方米，图书馆藏书有 1.7241 万册。通州第一实验小学的成立，为梨园镇小学教育注入新的力量。截至目前，该校有教学班 23 个，在校生 1000 多人，教职工 82 人，其中专任教师 71 人。市级骨干教师 2 人、区级骨干教师 6 人、小学高级教师 37 人。

北京市育才学校通州分校于 2007 年 9 月 2 日投入使用，该校为九年一贯制公办学校。学校占地 115 亩，建筑面积 4.23 万平方米，72 个教学班、可容纳近 3000 名学生就读。学校建有中学教学楼、小学教学楼、科技实验楼、行政办公楼、图书馆、文体馆、食堂和中小学生宿舍楼、运动场、人造草坪足球场、小学生活动场等教育教学设施。育才学校的建成，不仅解决了梨园地区学龄儿童的就学问题，也充实了梨园地区义务教育的办学力量。

2014 年，梨园中学在原有初中的基础上增设小学部，由原来的中学校改为九年一贯制学校，同时更名为梨园学校。学校有教职工 208 人，62 个教学班，可容纳学生 2800 余人。作为梨园镇镇办学校，该校一直秉承着"立纯至美，让生命如梨花般绽放"的办学理念，坚持"花开梨园、人立世界"的核心价值体现以及"淳善、智慧、力行、担当、卓越"的育人目标。

截至 2022 年底，梨园镇共有幼儿园 23 所，其中公立幼儿园 2 所、集体办园 1 所、普惠园 12 所、社区办园点 3 所、民办非普惠 5 所，可供 4000 余名学龄前儿童入学；完小 1 所——大稿新村小学；九年一贯制学

梨园学校（2023 年摄）

校两所，分别是梨园学校和育才学校通州分校，镇域内适龄儿童入学率 100％。这些幼儿园和中、小学校，为梨园镇九年义务教育打下扎实的教学基础，让梨园每一个学龄儿童都能就近上学，接受良好的教育，让这些祖国的花朵健康茁壮成长，真正做到"花开梨园、人立世界"。

穿越梨园镇域的京津公路变迁

■李延芳

古语云："一京、二卫（天津）、三通州。"通州位于通惠河和北运河的交汇处，是京津之间的一颗明珠。通州与天津的连接不仅有京杭大运河这条水路，还有陆路。京津公路（现103国道）是华北地区第一条运用近代技术修筑的公路，由北京建国门经河北廊坊，到天津塘沽，全长约149公里，其中约4公里贯穿梨园镇，是一条重要的过境交通干线。

"道，蹈也；路，露也。言人所践蹈而露见也"，这是东汉文学家刘熙在《释名·释道》中为"道"所作的解释，意思是人行走露出来的便是道路。

早在汉代，就出现了北京直达天津的道路，到元朝开凿了京杭大运河以后，北京和天津之间的交通水陆并茂、车船往来。在明朝，京津之间有一条官马大道，部分路段傍运河外堤，走向与北运河平行，以军事、商贸转运为主。到了清朝，这条官马大道成为京津之间的一条重要驿路，兼具"邮"和"驿"两大功能。

民国时期，觉醒的东方雄狮悄然向世界敞开大门，新事物、新技术、新思潮渐次涌入，汽车等现代交通工具的出现对道路提出了更高的要求。修建公路、开辟汽车运输路径被提上议事日程。1912年，孙中山先生在南昌百花洲行辕时曾提出："交通之法，铁路为急务，然马路（即公路）尤不可少。"北洋政府曾几次酝酿将京津大道修筑成汽车路，都因财力不足，难以实现。

1917年，直隶一带大水，中国北方五省遭受严重水灾，70条河流先后决口。北洋政府趁赈灾之机，向国际社会求取援助，美国红十字会提供赈灾款10万元（墨西哥银元），北洋政府出资15万元（银元），京津大道（也称平津汽车路）修筑工程终于启动了。工程由赈灾督办熊希龄主持，采取"以工代赈"的方式进行，即由筑路会组织灾区的大批青壮饥民修筑马路，并为施工人员提供饮食和衣物。

筑路会对北运河堤岸西南侧全长82英里（约132公里）的驿路进行了详细测量，计划铺筑16英尺（约4.9米）宽的泥结碎石路面。各灾区招集灾民共计3500余人，组成施工队伍，分北京、通州两处施工。将清代御路所铺块石撤掉，加宽路基，培高路堤，铺筑路面。除通过市区的路段外，公路的线型、纵坡、路拱、弯道半径等技术标准均符合国际道路协会的规定。遗憾的是因经费不足，当时只修筑了北京至通州一段。

此后，社会各界强烈要求修路工程继续推进，特别是北京汽车协会一众会员商家，为了经营北京至天津之间的汽车客货运输，力主把汽车路修到天津。迫于强大的舆论压力，筑路会于1920年6月15日签订了由民商向政府借款25万银元的契约，通州至天津段的修筑工程得以延续。修筑路基宽6-8米，填筑路基高0.6米，修建桥梁4座，北京至杨村段还栽植了行道树，部分路段没有铺筑路面。1921年勉强通车。因当时尚无"公路"的称谓，故仍称"京津大道"。

当时，中国正处于军阀割据的混乱局面中。1924年，直奉战争爆发。战争破坏，加之尚未成形的京津大道缺乏养护，给路基造成了损毁，北京至通州的碎石路面损毁最为严重。后来经过重新修整，铺筑碎石路面，至1928年才得以才全线通车。

1931年，"九·一八事变"爆发，日本侵略者强行闯进中国的大门，"七七事变"后，日本侵略者长驱直入，占领华北地区。日寇惧怕抗日军民沿路伏击他们的过往军车和其他运输车辆，禁止我国农民于京津公路(原京津大道)两侧500米内种植高粱、玉米等高秆作物，强迫农民种植棉花，因为棉秧矮小，不易设伏。此外，棉花也是日本国内棉纺织业的主要原料，更是重要的军需物资，制造无烟火药、脱脂药棉、飞机机翼、降落伞、防雨布、人造丝、汽车轮胎、电话线、人造皮革等都离不开棉花。

日寇在我国大肆攻城掠地的同时，也在逐步实施经济掠夺计划。日本军政当局根据"日满华北一体"的计划制订了对华北农业生产的掠夺计划，促进棉花增产是主要内容之一。1936年，日本拓务省派出官民调查团，对我国华北等地的棉花资源进行考察后，要求政府拨专款，在华北各地设立种植棉花的研究试验机构，培养人员，改良棉种，以提高华北棉花质量，增加对日输出。

日寇采取统制性的政策和措施，不但强迫中国农民种植棉花，还派遣安田秀一等人，以传授技术为名，到通州"指导"城南京津公路北侧的小街、砖厂等村民种植棉花，并在路边修建巡路亭，暗中侦察京津公路两侧军民的抗日活动，以保日军车辆运输。到秋后，

日军在京津公路沿线修建的巡路亭（1994年，迁至潞河中学宿舍区内）

又强行低价收购籽棉。如此霸道行径，实乃赤裸裸的经济侵略和恬不知耻的资源掠夺。抗日军民频频破坏路面，埋伏在棉垅间伏击日军车辆，截获军用物资，试图切断这根吸食中国人血汗的吸血管。日寇则蒙着"遮羞布"，以"圣人"的姿态给京津公路命名为"博爱路"，百般维护这条咽喉要道。

日寇占领北京后，为了进一步加强北京与天津这两个战略要地之间的联系，保证战时物资运输畅通，加强资源掠夺和攫取利益，伪建设总署从1938年开始对原来弯曲不直、高低不平的京津公路进行大规模改建，培宽路基8-10米不等，通州至天津段铺设了4米宽的卵石路面。1940年，又开始铺设水泥混凝土路面，原设计为双车道宽6米的京津公路，因抗日军民持续不断的破坏等原因，最后只在路基一侧建起了3米宽单车道的水泥混凝土路面，于1942年完工。

新中国成立后，我国的城市建设和经济发展翻开新篇章。北京作为全国的政治经济中心，是北方城市群的核心；枕河濒海的天津是环渤海经济圈的中心，也是重要的国际港口。京津两地区位毗邻，优势互补，交通联系更加紧密。京津公路作为陆海联运的交通要道，往来人流和物流大幅增大，交通流量常年处于超负荷状态。

京津公路（2023年摄）

为缓解道路压力，京津公路进行了多次改造拓宽，由原来的单车道拓展为 26 米宽的双向四车道，其中穿镇区为 41.5 米宽的双向六车道，穿城区为 48 米宽的双向八车道，大大改善了原来车多、路窄的状况，提升了道路通行能力。

借助 2008 年北京奥运会筹办之机，京津公路全线改造提升，通州梨园段由双向四车道拓宽为普通路段双向六车道，小街路口拓宽为双向十车道，辅路还有一上一下两条机动车道。

宽阔通畅的京津公路穿越梨园镇中心区，北通京城腹地，南达天津滨海新区。道路两旁的绿化带生机盎然，两侧高楼林立，商业聚集区星罗棋布，自然景观与人文景观交融。滚滚车流取代了驿路上的人语马嘶，旧时的驿道历经沧桑巨变，成了迸发经济新活力的"黄金走廊"。

（李延芳，《挚友》杂志通讯员，通州区作家协会会员，辽宁散文学会会员）

旧村焕新颜——记梨园镇西总屯村经济发展

■ 朱 勇

西总屯村，是通州区梨园镇辖村，1949年，中华人民共和国成立伊始，西总屯全村只有20几户人家，104口人，耕地面积只有200多亩低洼盐碱地，因为地少、人口少，从1949年至1983年，西总屯村与东总屯村先后合并、解体，导致村政组织不健全。从新中国成立至二十世纪七十年代，西总屯村在梨园地区都是属于比较贫穷落后的村落。1983年，村民收入仅有100多元，村集体外债却有3万多元。

艰难起步脱贫困

1984年，当时方启华还在梨园公社建筑队木工组工作，梨园乡党委找到方启华，想让他回村工作。那时的西总屯村是真的穷，一个大场院，几间低矮破旧的平房，办公条件非常简陋，回村工作连个办公室、办公桌都没有，只有一个大土炕。回村后的方启华将麻袋片往炕沿一铺就办公了。

上世纪80年代，正值全国大力发展村办企业，方启华也决定在村内办企业，带领村民摆脱贫困。可是不管办什么企业，都需要资金，需要设备，这对于还没有摆脱贫困的西总屯村来说，都是一个难题。面对这一情况，方启华经常骑着一辆旧自行车，到其他村队取经；到周边的工厂、企业寻找合作项目，到银行寻求贷款。经过深入调研，

针织厂车间员工在缝纫运动衣

决定成立针织厂。一来，当时有的村民家中有缝纫机，可以采用租借的方式拿来使用，解决设备问题；二来，可以通过来料加工的方式生产，投入小、见效快。

说干就干，很快，西总屯针织厂便组建成立。厂房占地面积约100平方米，工人16名，向村民租借了几台缝纫机，方启华亲自担任厂长，跑原料、拉业务、找销路。经过一年多的努力，将一个小小的村办针织厂办得红红火火，1986年，针织厂为了扩大生产，又添置了4台织布机，更换了全部生产设备。

1986年5月，西总屯村组建新一代村领导班子，方启华担任西总屯村党支部书记。上任以后，他时刻以党员的标准严格要求自己，以身作则，积极团结班子成员，充分发挥党员的引领带头作用，大大增加了两委班子的凝聚力和战斗力。从那以后，他和村两委班子一起，带领西总屯村的父老乡亲们走上脱贫致富之路，让百姓过上幸福安康的生活。

针织厂的经济效益逐年递增，村两委并没有满足，又先后在村中办起了金属结构厂（下设一个铸造厂）、特种涂料厂、地材服务站、小型水泥构件厂等6家村办企业，生产的产品销往通县供销社以及北京昌平等地，逐渐发展到向全国销售。在村两委的带领下，西总屯村的经济发展了，不仅还清了贷款，而且每年还能有十几万元的集体收入。

村集体收入增加后，村两委首先想到的是村民的利益，铺柏油路、装路灯、修垃圾池、整治排水沟、建公厕、绿化美化，逐步改善村容村貌，一系列的措施，使西总屯村居住环境得到很大的改善。西总屯村老百姓的脸上也洋溢着幸福的笑容。与此同时，村里还拿出资金，用于补贴农业生产，虽然已经实行包产到户，但是庄稼从种到收，到田间管理，村里都会给与一定的补贴，粮食收割完成后，再用集体的卡车帮助村民拉到指定地点进行晾晒，大大减轻了农民的经济负担和劳动强度。同时村集体建了大跨度的生产车间，建起了办公楼，改变了我村生产和办公条件，还购置了几辆大型货车和联系业务的车辆。

发展房地产推动致富

上世纪九十年代初期，西总屯村的居住环境改善了，生活条件提高了，但是村里那200亩盐碱地却成了村两委成员的一个心头病。而当时的市场变化，企业间三角债务纠纷已经不适合小型村办企业的生存和发展。经过深入思考和研究，村两委决定把村办集体企业关停并转。因为西总屯村地处城乡结合部，距离通州城区很近，有着优越的地理条件，村里那200亩盐碱地不适合农业耕种，而且每年的播种、收割等农业机械费用也是一笔不小的支出，经过方启华与两委班子多次讨论，并且找到上级部门问政策、跑规划，最终决定，搞房地产开发，让村民也可以和城里人一样，住上楼房。

西总屯村在1984年实行包产到户时，村里将200亩盐碱地分到各家，每户按家庭人口分为口粮田，产量低、收益低。想要做房地产，就要将土地重新收归集体所有，村民能同意吗？土地可是农民的命根子啊……随即，西总屯村召开两委班子会，统一思想，又先后召开党员会议、村民代表会议，跟村民详细解释，征求村民意见，要收回土地用作投资房地产，将来家家户户都能住进楼房，享受跟城里人一样的居住环境。或许是出于对村两委班子、对村党支部书记方启华的信任，也或许是村民对住进楼房的向往，最终村民全部同意了村两委的决定。

这件事情也给村两委开展工作带来了启发，那就是涉及集体的事，一定要公开透明，要让村民都知情。从此，村党支部、村委会做出了一个决定，规定以后凡是涉及村民利益和集体利益的事，一律要召开村民会议，征求村民的意见，尤其要邀请村里的老年人，参加决策，听取意见，因为他们才是西总屯村真正的主人。

1994 年 1 月，西总屯村正式组建房地产开发公司筹备处，利用村里的盐碱地，与其他房地产公司合作，由西总屯村出土地，对方出资金，建起 7 栋商品房。按照 3:7 的比例分成，西总屯拿到了 30% 的售房款。有了这一笔资金，西总屯村开始自己建房。

由于农村土地的特殊性，当时一些农村地区为了节约成本，直接在集体土地上建房进行销售，但是西总屯村没有这样做，所有用来销售的房屋所占用的土地全部通过正规手续，变更土地用途，成为可销售的商品房。资金不足，就通过贷款方式，保证土地的合规使用。2000 年，西总屯村正式成立北京紫金恒房地产开发有限责任公司，进行翠屏北里西区住宅小区的开发建设，建设完成后，出售款项不仅还清了贷款，也为村里的持续发展积累了资金。同时，西总屯村党支部在建设资金困难的情况下，坚持商业自有，村集体留下 1 万多平米的商业用

北京紫金恒房地产开发有限责任公司办公楼

房，这种长远的眼光也为今后西总屯村集体资产产权制度改革奠定了发展基础。

未拆迁前的西总屯村旧村

旧村改造，实现"住所宜居化"

集体经济壮大了，但村民依旧住在旧村平房里。想起当时党支部书记方启华带领村两委共同制定的西总屯村发展目标——"五化"建设，即"经济富裕化、住所宜居化、就业充分化、保障均等化、社区文明化"。现在"经济富裕化"已经基本实现了，接下来就是要实现"住所宜居化"。

2003年11月，西总屯村开始实施旧村改造，将前期开发剩余的盐碱地以及村民的宅基地共计一百余亩，全部用于旧村改造和房地产开发，其中村民自住楼6栋，投资6100万元，占地18355平方米，总建筑面积39400平方米。在镇领导的指导下，村两委多次召开会议讨论，最终遵循公平、公正、公开的原则，形成《西总屯村村民拆迁安置办法》，楼房搬迁选房采用抓阄的形式，所有党员干部一律带头抓阄，打消村民的顾虑。因为当时的楼房没有安装电梯，为了照顾老人，村里60岁以上的老人优先抓一层的住宅；其他村民抓1—4层的住宅；如村民应安置2套及以上住房的，其中一套抓取1—7层的住宅。为了做到村民拆迁安置工作全过程公开透明，采取了由村两委班子成员、党员、村民共同监督的方

办理村民拆迁补偿及购房手续

式进行。从 11 月 9 日开始签协议、办手续、抓楼号，西总屯村仅用了 3 天时间，所有村民完成拆迁上楼。

为了能使村民生活变得更加美好，西总屯村按照功能完备、环境优美的社区建设要求，科学规划建新村，一幢幢新居拔地而起，村民从此告别低矮潮湿的平房，住进了宽敞明亮的楼房，彻底改变了居住环境。同时，为了更好的为村民服务，西总屯村也在不断完善公共设施和服务设施建设。现在的西总屯村，村内道路全部实现硬化，道路两侧照明设施配套齐全，有线电视、宽带入户，生活垃圾实现集中处理，污水排放实现管网化，超市、银行、幼儿园、卫生服务站、图书室、文体活动场所、公共交通便捷，道路整洁，环境优美，鲜花盛开，绿树成荫，是北京市的金牌住宅小区。

西总屯小区馨园广场

西总屯小区村民自住楼

多管齐下，实现村民"就业充分化"

2005年8月13日，这对西总屯村全体村民来说，是个值得纪念的日子，这一天，西总屯村召开了北京紫金恒投资有限公司成立大会，通州区副区长于世疆及各区委办领导李柏松、张玉刚、张玉明和梨园

紫金恒投资有限公司成立发放股权证

镇党委书记刘卉、镇长王岩石等主要领导参加会议，会上为所有股民颁发了股权证书，西总屯村所有村民自这一天起，成为股东，实现了"资产变股权，农民当股东"。

至2005年12月，紫金恒房地产开发有限公司共完成开发建设30万平方米，包括自住楼在内共有41栋楼房，形成了一个规模较大的居住小区。同时，为了更好的管理小区，为村民和业主服务，西总屯村还成立了自己的物业公司——北京翠屏物业管理有限公司。

生活富裕了，居住条件好了，但是村民就业问题又摆在两委班子的面前。村民集体上楼以后，考虑到孩子上学以及年轻人务工的需求，为这些人优先办理了农转非。可村里的那些中老年人，有的还是农业户口，没有了土地，又没有稳定的工作，容易形成新的不稳定因素。为了保证农民失地不失业，让村民收入可持续增长，村两委着手解决村民就业问题。首先是鼓励村民自主创业和自谋职业；二是积极开发村内就业岗位。通过

已有的房地产公司、物业公司、幼儿园等途径，多渠道搭建平台，广泛开发就业岗位，吸纳村民就业；三是对村民进行岗位培训。全村劳动力除自谋职业外，只要有就业愿望的村民，都可以在本村企业上班，实现了村民全就业，做到了失地不失业、不失保障，让村民在每年村民福利的基础上，还能有稳定的劳动收入。

保障均等 社区文明

富裕起来的村集体，一方面鼓励村民勤劳致富，想方设法帮助有劳动能力村民解决就业问题，增加村民工资收入，另一方面制定了多种福利政策，让村民在集体经济实力壮大同时，享受到更多的实惠和更多的保障。

首先是发展村内"小保障"。就是农民、居民养老同保障。村里积极鼓励已经转居的居民参加城市社保，对未转居到退休年龄的村民按照转居居民退休标准发放养老补助，使转居的和未能转居的村民都能享受同等养老保障。

其次是农民、居民医疗同保障。村里鼓励尚未转居的村民统一参加农村合作医疗。根据城镇居民医保报销比例比农村合作医疗高的实际，村集体出资按照城镇居民医保报销标准，对参加农村合作医疗的村民给予补贴。近年来全村没有出现过因病致贫，因病返贫的现象。

三是积极为村民谋福利。村集体对村民上楼产生的取暖费、物业费进行补贴；对考上高等院校的学生一次性奖励5000元；对移风易俗丧事简办的村民进行补贴；村里还建立了社区卫生服务站，解决了看病难的问题；自办幼儿园，妥善解决幼童入园问题。

同时村两委还决定，对村中老年人按照年龄大小分别予以不同金额的生活补助，因为他们知道，村里的发展离不开这些老人们的努力，要让这些老年真正的做到老有所依、老有所养。这一举措，大大的减轻了村里年轻人的赡养负担，逐渐形成孝敬父母、尊老爱幼的良好风气，并且初步实现了"社区文明化"这一目标，为社会稳定做出了贡献。并且自2001年以来，西总屯村连年被评为"首都文明村"。

但是"社区文明化"仅仅靠一些措施也是很难实现的，之所以西总屯村能够实现"社区文明化"，能够连年获得"首都文明村"的称号，这与村两委常年坚持开展村民教育所做出的的努力分不开。上世纪九十年代后期，村集体收入日益壮大，村两委就意识到，要想长期稳定发展，必须提高村民整体素养。每年的大年三十，村委会都会组织村民举办春节联欢晚会，所有村民欢聚一堂，其乐融融。搬迁上楼以后，村委会要求所有村民的取暖费、物业费必须先行缴纳，然后持发票到村委会，给予报销60%，通过这个办法，让村民明确自己的权利和义务。此外还积极开展精神文明建设，村两委每年都组织村民开展法制教育、文化教育，开展各项娱乐活动，组织村民外出参观学习、开阔眼界，并开办了家长学校，指导家长对未成年人进行家庭教育，通过家长自身行为来影响下一代，真正做到素质教育从娃娃抓起。

2006年，中央巡视组、首都师范大学100余名师生先后来到村里调研，西总屯村这个昔日贫穷落后的小村庄一跃成为全国知名的社会主义新农村，西藏、河北、内蒙等省份以及澳门北区的相关领导纷纷来到村里学习经验。

如今的西总屯村在党支部书记方启华的带领下、在村两委成员共同努力下、在全村人的支持配合下，彻底告别了过去贫困的生活，告别了过去破旧的居住环境。每年紫金恒投资有限公司以及物业、底商

西总屯村春节联欢晚会

通州区法院的法官为村民讲解法律知识

中央"学习实践科学发展观活动"
第一巡回检查组参观西总屯小区

澳门北区工商联会到西总屯
考察新农村建设

的收入，都按照比例给村民发放生活补贴。为了增加收入，节约村集体的开支，2020 年，村委会将原先的三层办公楼用来出租，村两委班子成员搬至原物业公司办公楼二楼办公，虽然办公室小了、办公环境不如从前了，但是村两委班子成员丝毫没有怨言，对于他们来说，只要村民生活好，村民生活幸福，就是他们最大的荣幸。

"风雨兼程几十年，改革开放路不偏，为圆西总富裕梦，再苦再累心也甘"这四句话，是对西总屯村两委班子几十年来的工作最好的总结，能够得到村民的支持和认可，就是西总屯村两委班子继续努力奋斗的动力源泉。

文艺生活

梨园文艺

■ 张文娟

梨园镇开展文艺活动基本情况

通州深厚的文化底蕴，秀美的自然景色和宜人的气候条件，陶冶了人们的审美情操，让很多通州人具有良好的审美涵养以及享受品质生活的价值观，这种心理又驱使人们在享受自然美的同时产生更多的审美需求，而正是这种动力，推动了文艺团体如雨后春笋般出现了。

梨园镇在通州城南部，属于城乡结合部。1980 年，梨园公社就成立了文化站，建在当时的公社院内，有 1 个办公室，2 个图书室，3000 册藏书，当时，文化站工作人员仅有 1 人。1983 年，更名为梨园乡文化站，购置了照相机、录音机等设备。1988 年文化站为了满足当时群众日益增长的文化娱乐需求，增设一个 80 平方米的多功能厅，内置卡拉 OK、台球等文娱设备，1990 年正式更名为梨园镇文化站。1995 年底，梨园镇有 30% 的家庭参与文化站的图书借阅活动，可谓是镇域内文化繁荣时期，2002 年，文化站正式更名为梨园镇文化服务中心。

文化的繁荣带动着文艺的繁荣，80 年代梨园文化站每年都会举办各种形式的文化活动，逐渐形成了梨园镇合唱队、新秧歌表演队、西小马庄家庭管乐队 3 支艺术团队。梨园镇合唱队成立于 1980 年，参加历届梨园镇（公社）及通州区"五月的鲜花"歌咏活动，当时的队员达百余人，多来自镇机关、学校，以及杨家洼等村。1994年参加通州区"五月的鲜花"歌咏比赛获一等奖。梨园镇新秧歌表演队成立于2000年3月，当时成员有300余人，队员主要分布在大稿村、杨家洼村等10余个村，秧歌表演队经常参加梨园镇及通州区各类宣传、庆典活动。在通州区历届秧歌表演大赛中均取得了较好的成绩，影响力越来越大。1996年6月，梨园镇还成立了一个西小马庄建石家庭管乐队，当时有17名家庭成员组成管乐队，可谓是名噪一时，家庭乐队的器乐主要有：小号、萨克斯、长笛、长号、单簧管、次中音号、爵士鼓等17种，队长由宋建石、宋英杰担任；主要演奏曲目有《骄傲自豪的管乐队》《歌唱祖国》《走进新时代》《迎宾曲》等。2000年，西小马庄建石家庭管乐队应邀参加了北京东安市场庆典，还到人民大会堂、中国妇女活动中心等处参加大型演出活动。后来，家庭管乐队规模有所减小，主要演员有宋涞、宋超，演奏小号独奏《狮子王》《中国少年先锋队队歌》等曲目。2001年，建石家庭管乐队在通州区文艺汇演中获"特别奖"，同年，被中国妇联和北京市妇联授予"五好家庭"称号。

从1991年至1996年，每年10月6日至8日都在通州城内举办"美食文化节"（1994年未办），首届美食文化节开幕式于1991年在八里桥市场举行，节日期间在通县体育场举行历时三天的"美食杯"民间花会比赛，共有9种24档民间花会参赛，其中就有梨园镇中幡。

1997年第七届农民艺术节以"活跃基层，娱乐群众，移风易俗，共创文明"为主题，先后组织开展"通县暨梨园镇第七届农民艺术节开幕式""文化、科技、卫生'三下乡活动'""春节团拜会慰问演出活动""运河春潮秧歌汇演"等县级大型活动。

1998年8月，梨园镇与北京现代音乐学院共同举办"消夏文艺晚会"，吸引观众8000余人。

2002年6月，通州区委宣传部举办"共产党员的风采"演讲比赛，全区70个基层单位参加角逐，梨园镇与通州区计生委、张家湾镇同获演讲比赛第一名。2004 年 2 月至 4 月在通州区举办的第九届学生合唱节活动中，62 个合唱队参加 4 月 6 日—7 日举行的区级竞赛，有 18 个合唱队获一等奖，梨园镇中心小学不负众望喜获"北京市一等奖"，同时，被选送参加北京市第九届学生合唱节闭幕式演出。

梨园镇文艺团体调研

在梨园镇这片沃土中，有很多文艺团体在镇域内外开花结果，也可以说是硕果累累。为进一步弘扬先进文化，组织、凝聚、吸收梨园镇文艺人才群体，培养群众文艺骨干队伍，满足群众日益增长的精神文化需求，推动梨园地区文化艺术事业的发展与繁荣，在梨园镇各级领导的大力支持下，在优秀文艺人才的带领下，二十世纪末以来，梨园镇发展了 8 支优秀文艺团体，这其中，离不开各文艺团体负责人的无私奉献和对文化艺术的痴迷热爱。笔者有幸与梨园镇登记在册的梨园镇大众艺术团、旗舰艺术团、鑫彩艺术团、梨园春艺术团、大稿新村艺术团、凤霞传承河北梆子剧社、馨悦艺术团、梨园评剧团这 8 支文艺团体负责人进行了深入交流和探讨，对这些文艺团体的创建、发展和现状都有了很多的了解和深入的思考。

梨园镇文化服务中心负责管理镇域内文艺团体，并给予艺术团很大的支持。每个艺术团的人员数量不等，团队管理和艺术水平也不尽相同。这些团队不仅是自娱自乐，还在地区文化活动中发挥了积极作用。一是让有文化特长的群众有了组织；二是在各级各类活动中发挥了很好的引领、示范的作用。很多艺术团都参加过北京市和通州区各级文艺汇演或比赛，并取得非常好的成绩。有的艺术团还在全国和北京市比赛中获奖；三是以文化的魅力滋润心灵，感动群众，对促进文明城区、和谐宜居的城市建设目标起到了积极的推动作用。

因各艺术团体创建时种类不同，因而形成了不同的特色，有的团队具有明显的时代特点，反映了社会生活的新面貌，这些艺术团非常关注社会人群的文化需求，同时，还在不遗余力地弘扬志愿服务精神。

梨园镇相关部门以及社区分别对所属团队进行日常管理，积极推动镇域内外群众文化创新发展，挖掘和培养一批团队建设较好、艺术水平较高、发挥作用较好的群众性优秀文化团队，以此发挥更突出的文化示范作用。

下面，我们一起了解那些活跃在梨园镇乃至通州区的各个文艺团体（按成立时间排序）。

（一）梨园镇大众艺术团

大众艺术团成立于 1999 年，本着"自发、自费、自愿"的原则积极参与通州区"星火工程"的演出以及各类文化活动。团长么溪田，在册团员 52 人。在座谈中，么团长通过 20 多年的活动经验，由衷表达了自己的想法：

首先，所有艺术团的活动都离不开各级领导的支持，如果没有各级领导的支持，没有领导关心，那这个就纯属找"乐"的一个组织，就没有太大的意义了，所以在各个艺术团的发展中，各级的领导关心和爱护是最重要的。

其次，艺术团要编排出质量高的作品，让老百姓感动、喜爱才是存在的价值所在，每一位京剧艺术追求者把"戏"看得比天大，只有不断提高团队整体水平才能得到百姓的认可。在提高业务水平过程中，团里要思想统一，不断提高团员的艺术水准，把自己的一份热爱，变成更多人的一份热爱，从侧面体现出北京城市副中心的文艺繁荣。

再次，就是资金支持的问题。坦率的说，目前在册的艺术团并不是挣钱的组织，梨园镇政府对艺术团的支持解决了购置演出服、设备器材等物资物料这部分经费问题，是对艺术团能够持续长久发展给予了最大的支持。

最后，一定要"走出去，带进来"，不论同行还是隔行，只要和艺术有关的，要经常地交流，不能闭门造车。大众艺术团曾经远到新疆克拉玛依，近到天津市、河北省的很多地区演出。天外有天，能人背后有能人，学艺无止境。各个艺术团紧密团结在一起，形成一个团结的大家庭，才能创造更好的文艺氛围。

大众艺术团优秀业余文艺团队（A级）证书

有人会问，你们艺术团演出费都是怎么用的？可以肯定地告诉大家，所有的演出费、奖金等全部用来团队的建设和发展，因为如果要保证良性循环，就不能牵扯利益，艺术团的戏友们只有一个初衷，参加活动不是为了名誉利益，而是在文艺中找到价值、找到健康，在学习中，通过艰苦训练，提高团员自身的演出水平，在这些活动中以戏会友，建立融洽的人与人之间的关系，这是创造和谐氛围的一种非常有效的方式，还可以把中华文化带给更多的人，这是我们肩负的使命——文化传承。

（二）旗舰艺术团

旗舰艺术团正式创建于 2012 年 4 月，是一个纯自发的群众文艺团队，由舞蹈队、合唱队、戏曲队、电声乐队、朗诵队五个活动队组成。艺术团的成员由旗舰凯旋小区以及周边部分小区的居民组成，目前有团员约 80 人，艺术团团长刘新林，副团长袁海燕，都曾在政府部门工作，具备丰富的管理经验，为艺术团良性发展打下了坚实的基础。

在旗舰艺术团正式建立之前，大家就已经在一起组织活动多年了，平时各自找地方活动，但每年都要聚在一起搞一台演出活动。只因苦于没有一个正式的活动场地，很难进行规范管理和很规律的活动。自从得到梨园镇政府的大力支持，有了活动场地，大家的愿望实现了，艺术团也就正式挂牌成立开展活动。

旗舰艺术团成立后，为进行规范管理，制定了系统的管理机制、活动章程以及规章制度。团队建设以及大型活动由团部直接管理，各活动队伍的日常管理，由各队伍的管理人员负责。团部制定了例会制度，对每个活动室都进行了布置（演出剧照、荣誉证书、激励口号等），制定了卫生检查制度和考勤制度。艺术团每年还要举办一次内部"年会"进行年度总结，表彰获奖最多的活动队以及出勤最高的队员，各队也要进行总结，并展示一年中排练的新作品，大家欢聚一堂其乐融融。

旗舰艺术团的各个活动队都由具备一定专长的老师进行辅导，坚持进行规范化基础训练，再加上团部的督导，使每一次演出都得到了观众的认可和好评，有的活动队还集资外聘专业老师进行辅导，使整个团队艺术水平得到了提升。在全体团员共同努力和辅导老师辛勤辅导下，旗舰艺术团各队创作了不少优秀作品。

近年来，随着通州区文化活动的日益丰富且不断发展，旗舰艺术团结合该团特长和地域特色进行创作、排练，积极参与市、区、镇级的各项活动。同时，艺术团从单纯的社区活动逐渐走向更广阔的大舞

旗舰艺术团演出照

2022 年，获京津冀社会体育指导员
健身技能交流赛广场舞团体组一等奖

台，每一位团队成员都成为热心奉献的文化志愿者，积极参加社会公益活动。

近几年，旗舰艺术团参加市、区、镇组织的各项活动有 50 多次，其中有：北京电视台首届《爱心雨花》老年才艺大赛、北京市福利养老院慰问活动、通州区老干部疗养院、通州区福利养老院慰问活动、通州区培智学校的公益交流活动；赴韩参加"第三届韩中国际老年艺术节"交流活动，在通州区"星火工程""我的舞台""社区文化节""繁荣杯"、梨园镇"艺术节"、梨园镇武装部慰问部队演出、春节庙会及通州区妇联、区社会保障局组织的各类演出活动中表现出色。

旗舰艺术团用参加社会活动以及比赛获得的奖金，购置了演出服装、道具，还有音响、灯光、桌椅等设施，还用于聘请老师的费用、临时场地租用以及临时的运输交通费等。另外，特别值得一提的是，艺术团的两位团长，经过不断探讨、交流，结合团队存在的主要问题和实际情况，同时为了维护团员参与活动的自身安全，从 2015 年开始为团员购买了"意外伤害保险"，团里还与每个团员签订了《免责承诺书》，既解决了老年人参加活动的后顾之忧也给组织者减轻了一定的风险压力，进一步保障了团队稳定发展。

日月穿梭，经历了 11 年的发展，旗舰艺术团成为一个管理规范，凝聚力较强的团队，随着通州区日益丰富的群众性文化生活大繁荣，艺术团与时俱进，以全新的精神风貌活跃在通州区文化活动中，相信在各级政府部门的大力支持下，在全体团员的共同努力下，旗舰艺术团一定会成为一支深受群众喜爱，艺术长青的文艺团队。

（三）鑫彩艺术团

所有的民间组织都有一个铁定的规律，那就是拥有一份对艺术的痴迷，这与笔者产生了共鸣。在这份热爱的艺术领域里，有无数的人怀揣对生活的热爱，对艺术的不断追求，才有了当今社会的丰富的文艺文化生活。在这个群体中，绝大多数是离退休的人员，社会越来越重视他们的付出和努力，给予群众团体更多的展示平台。他们退休不褪色，把艺术无私地带给了更多的百姓，这是一种最为良性的共生发展。

说到鑫彩艺术团，还要从 2015 说起，那一年，刘彩钦买了两个音箱，一个点歌机，每天骑着三轮车去公园唱歌，结识了越来越多有共同爱好的人。后来，在大家的倡议下，有了成立艺术团的想法。

鑫彩艺术团成立于 2019 年 5 月，团长刘彩钦，副团长贾全义，艺术总监郝凤霞，成员有 35 人，60% 的团员来自梨园镇地区。艺术团目前主要有折子戏《秦香莲》《包公》、

鑫彩艺术团演员合影

红歌联唱、戏曲联唱、朗诵、自编自导自演舞蹈为一体的多种演出形式。建团后，在梨园镇政府的支持下，经过通州区文化和旅游局的审核，加入"星火工程"。艺术团每周三下午在社区活动室坚持排练，成员们努力提高自身演出水平和演出质量，为建设和谐梨园，丰富群众文化娱乐生活，积极服务群众作出一名梨园人的贡献。

（四）梨园春艺术团

梨园春艺术团成立于 2012 年 4 月，团长张绍友自小喜爱文艺，在梨园镇政府的支持下创建梨园春艺术团。团员都为民间文艺爱好者，现在已从最初的 10 余人发展到 30 余人，其中，专业演员比例逐年增加，已达到全团的 70%，演员从 18 岁到 60 多岁，艺术团主要演出形式是：舞蹈、声乐、戏曲、曲艺、器乐、杂技等群众喜闻乐见的形式。艺术团为服务通州百姓，提高演出质量，利用演出费购置了音响设备、灯光、服装、道具等。

团长张绍友主要负责团队的管理运营、联系业务方面的工作；艺术总监兼音响师王希亮负责指导团队的艺术创作、活动策划、灯光音响设备等工作；苏春秀负责服装、鞋帽、化妆、道具等工作。艺术团每周在梨园小稿村活动室排练，每周一、三、五上午排练舞蹈、朗诵、快板，每周二、四、六下午排练歌曲、京剧、豫剧、评剧、小品。艺术团的成员相处和谐，在一个积极有爱的氛围内，排练创作出符合群众需求、贴近百姓生活、脍炙人口的优秀作品，如：快板《我们都是通州人》，朗诵《美丽通州我的家乡》。

艺术团经常走进社区、敬老院、部队慰问演出，深受社会各界的欢迎。2018 年起，艺术团为星火工程演出 60 余场次，其他各类形式演出 30 余场次。每一份辛勤努力与汗水，终究会有回报，每一次严格地训练和每一场精彩的演出让艺术团知名度越来越高。随着演出越来越多，就有了团队演出经费如何处理的问题，经过团里开会共同商议决定，外出演出所获得的演出费不下发，全部留作团里置办所需的演出服装、道具、音响设备、交通费等。因为有了资金的支持，为团员们外出演出提供了强有力的保障。人们常说，梦想有多大，舞台就有多大。是的，有梦想就要为之付出努力，向着梦

梨园春艺术团演出照

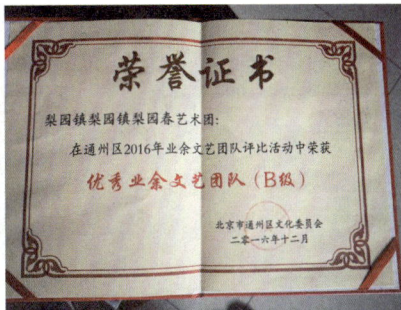

梨园春艺术团优秀业余
文艺团队（B级）证书

想出发吧……

2019年梨园春艺术团被评为"通州区品牌优秀团队"，团长张绍友被评为"通州先进文艺工作者"，这些成绩的取得都是团队成员多年坚持付出辛苦努力的成果。

（五）大稿新村艺术团

大稿新村艺术团初创于2017年10月，在梨园镇有关领导的支持下，开始团队定为巾帼模特队，2019年改为大稿新村艺术团，隶属于梨园镇大稿村。其宗旨是：搭建平台丰富中老年业余生活。通过模特走秀和舞蹈提升气质，愉悦心情，创造健康快乐的退休生活。团长郝建民，副团长李美玲、吴长凤。刚刚成立时仅有团员16人，经过几年的发展，现有团员60人，平均年龄56岁，平均身高170厘米，主要表演艺术形式有：舞蹈、演唱、小品剧、朗诵、模特走秀。

成立初期，团队里大部分是新队员，没有舞台表演基础和舞台经验，为了尽快打造这支队伍，提高团员的整体表演水平，从2017年到2019年初，为团员创造了各种演出机会。仅一年多时间就参加了不同单位组织的40多场演出。大家克服了露天演出天气很热，场地小或路途较远等诸多困难，每一次都是收获颇丰，使艺术团影响力越来越大。

目前，大稿新村艺术团主要成员由国家机关公务员、教师、科研、金融财税及企业管理人员和退休人员组成，团员均有一定舞台经验和表演能力。艺术团成立以来经常参加市区各类大中小型文艺演出，

大稿艺术团演出照

也包括公益演出和比赛，是一支团结友爱，凝聚力强的正能量文艺团队。艺术团在招收团员时也是有一定要求和条件的，凡是招募的团员必须积极参加团队组织的各项活动，关心团队建设、热爱团队、团结友爱、身体健康，能坚持正常训练和参加各类演出，有一定的舞台经验，业务技能较好。

自建团以来，艺术团参加了通州区 2019—2021 年"我要上春晚"和"通州区团拜会"；组织承办了大稿村 2019 年"五一"劳动节、建国 70 周年及建党 100 周年专场文艺演出；多次参加梨园镇敬老院及重阳节公益演出；参加 2020 年央视《中国人幸福年》春晚，北京电视台和团中央庆"八一"建军节晚会，通州区"星火工程"；以及通州区人力资源社会保障局、通州区妇联、梨园镇妇联等单位，于家务、马驹桥等乡镇组织的各类文化活动。

（六）凤霞传承河北梆子剧社

凤霞传承河北梆子剧社成立于 2018 年 1 月，团长刘凤霞，副团长李文来、谭喜近，主任彭华，演职人员共计 60 余人，剧社由河北梆子国家一级演员刘凤香、谢金玲，京剧表演艺术家赵保秀、崔迎春，评剧艺术家刘秀荣、马志贵及其他一大批风格独特、表演精湛的演员组成。另有国家一级琴师王增荣，专兼职司鼓团队以及舞蹈团队。剧社以创新作品和排练传统戏为主，如：河北梆子《习主席望着运河》《大登殿》一折等。剧社虽是民间团体，但管理却是严格有序，后勤保障组、外联组、摄影组、编辑组、财务组、美工组、宣传组七个小组构成剧社的组织架构，使其能够健康有序的运作。

剧社组建后，积极参加通州区各类文艺演出活动，2018年4月参加昌平区实验中学"传统艺术——河北梆子戏曲"演出和"戏曲走进通州区永乐店村"演出。2019年9月参加通州区梨园镇举办的"戏曲荟萃"活动，演出曲目有：京剧《贵妃醉酒》选段、评剧《花为媒》选段，河北梆子《大登殿》一折。2021年参加通州区玉桥街道艺苑东里社区宣传"垃圾分类"演出、北苑社区《礼赞中国，奋进新时代》国庆72周年演出、中仓街道"建党百年献礼"汇报演出。2022年参加中仓街道"邻里节"文艺演出、临河里街道"情暖金秋 歌舞重阳"文艺演出和"'云'歌嘹亮唱响中国"国庆文艺演出主题活动。2023年参加梨园镇"共筑梨园梦 同心谱新篇"群众系列文化活动，荣获综合大赛一等奖，参演节目集体合诵《读中国》获戏曲大赛二等奖。剧社每年都参与通州区文化

凤霞梆子剧社演出照

馆正月十五戏曲演出并得到社会各界领导和群众的认可。

凤霞传承河北梆子剧社以大力弘扬民族文化为宗旨，以传播正能量为目标，深入扎根并服务在人民群众中。为了更好地开展演出活动，提高整体演出质量，剧团购置了大量戏服、音响、乐器、灯具、车辆等设备物资，并根据演出需要不断增添物品，细化了责任到人。剧社各部门分工合作，制定了相应的管理制度，做到了纪律严明，文明演出。

（七）馨悦艺术团

梨园镇自建镇以来对文化活动非常重视。在开展"惠民星火工程"系列活动中，给地方群众带去了一次次精神文化大餐。当时，因为将军坟村刚刚拆迁，文化活动和文化设施比较少，老百姓居住地又较为分散，所以急需组建文化活动站或是文艺活动团体来提高村民的凝聚力。在这种情况下，2019年5月李春英成立馨悦艺术团，得到了梨园镇政府的大力支持，经过通州区文化和旅游局的审核，加入到"惠民星火工程"的项目中，主要表演形式有：声乐、舞蹈、戏曲、器乐、朗诵等。

馨悦艺术团演员合影

馨悦艺术团平均年龄55周岁，团长李春英，副团长王文华，在册团员有20名。艺术团的日常排练得到了镇有关部门的支持，主要活动场地是镇党群服务中心和社区文化室，艺术团每周二、周五排练舞蹈；周一、周三排练声乐、戏曲，在日复一日的排练打磨里，艺术团坚持每个月都推出自己的新作品。

（八）梨园评剧团

梨园评剧团成立于2018年，起初也叫梨园春艺术团，是由评剧爱好者自发组成的，平时在公园自娱自乐。后来，在梨园镇政府的支持下，加入"惠民星火工程"演出，随即改名为梨园评剧团，团长是常晓明，团员有20人，主要团员由梨园地区和周边的文艺爱好者组成，主要演出形式就是评剧演唱。很幸运的是，常晓明团长因为评剧结识很多优秀评剧演员和演奏员，评剧团的演员可以非常出色地把整部评剧如传统剧目《秦香莲》《乾坤带》和现代戏《刘巧儿》《杨三姐告状》奉献给广大的评剧爱好者和普通群众，一些名家名段表演也是深受百姓喜爱。

评剧团的主要成员肖敏是评剧大师李忆兰的高徒，成员丘慧云、刘英、杨素娟、田桂菊、左凤荣、王凤仙在全国各类评剧比赛中多次获奖，评剧大师谷文月对其表演曾有过很高的赞誉。

评剧团民乐队有8人，其中板胡领奏窦长城是一名专业演奏演员，是团里的大弦之一，在评剧团乐队中担任鼓师和板胡演奏员，是中国评剧院鼓师刘泽世的

常晓明编制的评剧曲谱

高徒，也是板胡大师赵甲申的高徒，对评剧伴奏和指挥有极高的造诣。此外，笙演奏员李世田是评剧团乐队指挥，乐理知识极为丰富，在通州也是久负盛名。团长常晓明花费 10 年时间编辑并自费印刷一套评剧曲谱，共计 12 本书 600 余首曲目。目前，京东一带及廊坊等地所使用的评剧曲谱大都出自他手。

业余文化的宣传让更多的文艺团体发挥了更大的作用，让梨园地区人文氛围更加和谐，文化生活更加丰富。这些艺术团在充分宣传党的政策方针并展现新时代美好生活的同时，彼此沟通，相互学习，提高业务水平，把梨园镇的文化生活搞得丰富多彩。

（张文娟，通州区关心下一代工作委员会委员、中国诗歌学会会员、通州区作家协会会员）

赤子之心，大师风范

——记北京韩美林艺术馆

■ 任德永

通州区梨园镇主题公园，这里绿植覆盖，湖面开阔，是文化娱乐及市民休闲的好去处。人工湖里锦鲤畅游其中，岸边垂柳依依；园内奇石点点，灵气照人；四周广植翠竹，郁郁葱葱；人行道上青石墁地，曲径通幽；地势也随高就低，草倚坡走，松软如毯；院墙边界处有杨柳相间，错落有致，间或以各类材质的大小雕塑，布列于其间……北京韩美林艺术馆便坐落于此。

韩美林先生今年八十有七，他的大名，早在八十年代就与他的小猫、小狗、小猴等毛茸茸的动物形象一起走进千家万户，为世人所家喻户晓。虽然他不断地创作出件件巨幅画作，但依然还在画这些憨态可掬、稚气可爱的小动物，比如正在南展区现场展示的憨态可掬的可爱的大熊猫。它们就像一个个天真活泼的孩子一样，充满了人情与人性，充满了艺术家对生活、对人生最真挚的情感。艺术家只有在创作中动了真情，在艺术表现中呈现出人性的光辉，他的艺术才能具有历久弥新的魅力与无穷的影响。而韩美林先生的艺术成就，也正是以他历久弥新的魅力深深地吸引着他的追随者与到馆的艺术鉴赏者。

北京韩美林艺术馆于 2008 年 6 月 25 日落成并对外开放。这座雄浑大气的建筑，不仅成为了中国首都北京一处靓丽的人文景观，更与成立于 2005 年 10 月 19 日，位于京杭大运河南端的杭州韩美林艺术馆遥相辉映。共同彰显出大运河厚重的历史与文化张力，并将一种深沉的地缘亲情与文化的归属感情，无私地传递给了有着南北血脉以及浓烈爱国情怀的韩美林先生。

艺术馆对外开放 10 个展厅。它们分别是：北展区的序厅、陶瓷馆、专题馆、雕塑馆、书画馆、公教厅，以及南展区的设计馆、手稿馆、紫砂馆、城雕厅。馆内作品全部由韩美林先生个人捐赠给通州区人民政府，共计 3000 件。另外，还有近 1000 件韩美林先生的作品在此借展。

在艺术馆里有震撼心灵的鸿篇巨制，也有憨态可掬、稚气可爱的小动物的画作，这些作品无不充满着热爱生活、钟爱生命的真情，它们都是韩美林先生的杰作。

走进序厅，神奇大美如雾涌来

在当代中国画坛之中，韩美林先生是一位具有多方面艺术才能、最具创作活力、艺术门类涉及最广、作品数量也最多的艺术大家。在书法、国画、陶瓷、雕塑、设计以及工艺美术等这些领域里，他都取得了很高的艺术成就，得到了各个方面的认可，有着很高的威望与地位，他无愧于当代艺术大师的光荣称号。

在序厅中陈列着一些韩美林创作的经典雕塑。

《青铜牛雕塑》是韩美林先生具有代表性的艺术作品，即牛的雕塑系列作品——牛头挂件、青铜牛雕塑。这些作品是对博物馆入口处那句话的最好诠释——"上苍告诉我：韩美林，你就是头牛，这辈子你就干活吧！"

这是韩美林先生对"牛吃的是草，挤出的是牛奶和血"这种不计辛苦、默默耕耘、全身奉献精神的真实写照与内心独白。韩美林先生将自己比喻为牛，就是要将祖国和人民赋予他的全部艺术才华和艺术成就，在身前、身后全部奉献给养育他的这片沃土。《花岗岩佛造像》是序厅内通高 12 米、全部由花岗岩雕刻的释迦牟尼佛造像。它是专门为北京韩美林艺术馆量身设计制作的，此佛像为立佛造型，右手呈接引印，左手胸前手托莲花，足下莲花托，双目慈祥，殊胜无比。在设计上参考了北魏时期云冈石窟释迦牟尼佛造像的姿态，是对佛教艺术进行再创造并融合现代元素创新设计而成。在佛造像两侧，悬挂有一条象征吉祥与美好祝愿的金银色哈达，给人以庄严肃穆的感觉。

《黑豹挂毯》在序厅里面，一件用地毯砍成的白底黑豹图，几只凶悍的黑豹跃然纸上，作品布满整个墙壁。在右上角处写有阿拉伯数字——2001.9.18，这是当时画家在闻听日本首相祭拜靖国神社之后，愤笔疾书创作而成。整件作品，气势磅礴，充满正气。韩美林先生曾说："最令人羞辱的是国耻，最无地自容的是国耻，最'仰天长啸、壮怀激烈'使人决然一死的就是国耻。"在纪念抗日战争胜利六十周年的时候，韩美林先生曾作书法一件——《抽刀难入鞘》，表达的则是另一种"硝烟未尽，警钟长鸣"的爱国热情。

陶艺，泥土与水火的激情歌唱

陶瓷馆陈列的是韩美林先生设计并创作的钧瓷、青瓷、印染、木雕以及民间工艺等各类工艺作品。

我国传统陶瓷艺术是举世公认、无与伦比的，也是中国古代灿烂文化的一部分。韩美林先生设计的瓷器种类繁多、新颖别致。主要有杯、盘、瓶、壶等多种形制，其中以挂盘、钧瓷以及紫砂壶的数量为最多。这些独具特色的陶瓷等作品，既继承了传统工艺的特长，又融入了现代造型的先进理念，令参观者无不称奇叫绝。

钧瓷。钧瓷产自钧窑。钧瓷作为中华民族工艺中的瑰宝，是国人的骄傲，但是传统钧瓷的造型千篇一律，格调单一，韩美林先生通过多年对河南禹州钧瓷的研究和千万次试验，熟练地掌握了钧瓷的坯胎技术、制作工艺和神秘的窑变绝活，使钧瓷技术不断发展，让色彩斑斓的钧瓷增添了丰富的生命力，赋予古老钧瓷以更多的现代艺术灵性。如《山花烂漫》与《雪霁松塔》，虽为同一个造型、同一窑内、同一时间烧制而成，但其釉色的变化却截然不同。一只，钧釉点点，烂若山花，故名《山花烂漫》；一只，犹松傲立，头顶白雪，故名《雪霁松塔》。两件作品虽然器型一致，然而过火之后，釉色却截然不同。真乃"入窑一色，出窑万彩"，名不虚传。

在此厅中，还陈设有几件大型钧瓶，它们无论从体量和器型，还是釉色变化方面，都堪称极品中的极品，令观者流连忘返。其中一件，高近一米，粗有四十公分，釉色钧蓝，大品之上一点微微泛红，犹如初升的旭日，我们姑且称它为《万山红遍》吧。它太像李可染先生的同名巨幅国画——《万山红遍》画面了。每当来此厅中，必到此大瓶面前驻足欣赏；若有客人陪同，韩先生也必极力推荐有似大品山水国画的《万山红遍》的这一"大将军（钧）"。

韩美林说："我是陕北老奶奶的接班人！"

韩美林先生对丰富多彩的民间艺术情有独钟，不仅在他的艺术作品中广泛吸纳，还对其中的许多品类比如布艺、印染、木雕、刺绣等进行再创造，为民间艺术锦上添花。

在专题馆，我们看到了韩美林先生另一类的纸制作品。即用白板笔画在卡纸上的速写画、装饰画以及水墨画和文化标志的设计图样等。

先说装饰画。装饰画是运用不同素材与不同的技法来完成的具有优美的造型，夸张的装饰风格，类似民间艺术的鲜艳色彩，使得一幅幅画面不大的作品，充满了孩童般的天真和民间艺术意趣的作品。比如《猫头鹰》系列，《鱼》系列等等，它们既形象简洁，又略带夸张、幽默与诙谐。为此，韩美林先生曾自豪地宣称自己是"陕北老奶奶的接班人"。

好一个"陕北老奶奶的接班人"！这就是艺术大师的胸怀，艺术大师的姿态，他深知"艺术蕴藏于民间"的大道理，"中国的就是世界的"宏观理念，他的艺术是属于人民的！

韩美林先生非常喜欢小动物，尤其青睐猫头鹰，1999 年，他在两天内画下了 300 多幅猫头鹰，幅幅不同，造型各异，形似可爱的孩子。展墙上陈列的 65 幅猫头鹰画作，每一张都非常俏皮可爱，充满天真童趣。作为北京市中小学生大课堂资源单位的北京韩美林艺术馆，在《猫头鹰》与《鱼》系列作品的展墙下的空间内，这里常常是孩子们临摹创作的艺术天堂，也是小朋友们来馆参观最吸引他们的地方之一。

水墨画。韩先生的水墨画采用的是以流畅的弧线或直线来概括形体结构的关键部位及它们之间的关系，然后再辅以墨色，画出动物皮毛质感的画法。这些看似东方的水墨画法，实际是晕染在西洋的水彩纸上所产生的效果。展厅中陈列有几幅这样的图画：熊猫、猪、猴子、老虎、鱼等。1980 年，这个题材的作品在美国纽约、波士顿等 21 个城市巡展，均引起了世界性的轰动。1983 年，有 6 幅这样的毛茸茸的小动物作品，入选联合国发行的圣诞卡。同年，韩美林先生又设计了一枚猪生肖邮票。1985 年，又设计了熊猫组邮票共四枚。2008 年首次发行北京地铁纪念票，都是眼前这种毛茸茸、憨态可掬的形象。

速写——这是韩美林先生呈献给世人在绘画方面又一崭新的世界。这些作品，来自生活和严肃的构思活动，对生活对象一丝不苟的观察与细致的描摹。在创作形象上大胆取舍，给人们的思考是相当深刻的，尤其对青年学生，在创造力和想象力等方面，具有启发性，更显示了作者独创的见解。

韩美林先生的这些速写，在你仔细地欣赏之后，会让你感到一种速度的美，一种信手拈来的随意，一种不假思索的流淌，那飞动的线条仿佛是在既定的轨道上滑行而过，极其准确地勾勒出一个个千变万化的形体姿态。因为他早已经对生命的律动、体态的韵致烂熟于胸、心领神会了。

文化标志设计。提起设计现代人都不陌生，韩美林先生在设计领域的艺术成就斐然。他参与过众多城市与团队的文化标识公益性设计工作，有许多都是国家级的项目。比如：北京奥运会吉祥物福娃、北京申奥标志、中国国际航空公司航标、浙江美术馆馆标、山西省运城标志，北京协和医院、2007 年第三届中国动漫节、中国工艺美术学会、杭州市余杭旅游、中国电影家协会、中国金鸡百花电影节标志等等，在艺术馆的展墙上就展示出了 30 幅文化标志。

北京奥运会吉祥物福娃的色彩与灵感，来源于奥林匹克五环的颜色和中国辽阔的山川大地、江河湖海，融入了鱼、大熊猫、藏羚羊、京燕以及奥林匹克圣火的形象，体现了独特的中国文化和奥林匹克精神，以及北京奥运会"人文奥运"的理念。五个"福娃"取"北京欢迎您"的谐音命名，传递了北京对世界的盛情邀请，传递了中华民族友谊、和平以及人与自然和谐相处的美好愿望。

申奥标志，由奥运五环标志的典型颜色构成，形似中国传统手工艺"中国结"的图案，以及中国传统体育项目太极拳的形态。其简洁的动作线条蕴涵着优美、和谐及力量。

鲜明的运动特征、优雅的运动美感和丰富的文化内涵，达到了"形"与"意"的和谐统一。标志完美地将奥林匹克更快、更高、更强的体育精神结合在一起，表现了 13 亿中国人民办好奥运会的心愿，以及欢迎世界各地来宾的一片热忱，象征着世界人民团结、协作、交流的美好愿望。

1988 年，韩美林先生和郑天石先生共同为中国国际航空公司设计的航徽标志正式启用，最终经过七十多次反复修改后设计的标志为一只美丽的凤凰。其创作源泉与灵感来自于晋宁石寨山上出土的一件西汉中期的青铜凤形拐杖头。

凤凰——中华民族传统吉祥、美丽的图腾标志，它象征着典雅、华美与高贵，昭示着吉祥、平安与幸福。《山海经》中曾记载，该鸟出于东方君子之国，飞跃巍峨的昆仑之山，翱翔于四海之外，它飞到哪里，就会给那里带来吉祥和安宁。航徽标志的图案颜色确定为喜庆的中国红，给人以亲切、祥和、热烈、奔放、豪迈、美满与和谐的情怀。而凤凰的线条构成，又恰似英文"贵宾"的字母组成即"VIP"。凤凰飞起飞落，将美好的祝愿带给每一位乘客。

从 1988 年至今，国航与韩美林先生的这份感情也一直延续着，那只美丽的红凤凰，也一直悬挂在国航的机翼上。2012 年，韩美林作为国航企业文化顾问，与国航第二次牵手，参与国航波音 777-800 飞机内饰改造项目的创作、指导、评审等系列工作。

民族之魂与天地共存

雕塑馆里展示的是韩美林先生的室内雕塑作品，还有一些户外大型雕塑作品的微缩小样。观众可以发挥想象，这些作品在它们所属的巨大的公共空间内，以其崇高、壮美之气势，博大深厚之内蕴给人以心灵的震撼。

韩美林先生的雕塑作品，消化、吸收、融合了中国古代装饰艺术的规律，借鉴了古代艺术中的图案造型和表现方式。就其规模而言，他喜欢在两极上去做文章。大到几米、十几米，乃至几十米的室外雕塑，小到巴掌大的小品雕塑，他都乐此不疲，做得极其精致，又极其大气。

韩美林先生的智慧，在于他没有被现实主义的雕塑法则所束缚。他把这些元素放大成特有的形象符号，创造了一种具有现代形态的独特的审美风格，让人们在面对他的作品时，会不约而同地将作品呈现的装饰趣味作为欣赏的一个要点。

韩美林先生的大型雕塑矗立于全国各大城市及部分国家城市。《运转乾坤》（后称《东方》），2006年落成，位于京杭大运河北首、与西岸燃灯佛舍利塔隔河相对。此座城雕，上部为腾空出世的巨龙铜雕，下部为步幅阔跃的三只麒麟铜雕，中间为花岗岩雕刻的通天巨柱，坐落于运河广场北侧绿色土山的草坪之上。远望气势如虹，近观威风凛凛，雄气十足，是我国城市雕塑中难得的佳品杰作。

《祥瑞辐辏》，青铜铸造，1999年落成，位于深圳的龙岗。这座通高25米的《祥瑞辐辏》雕塑寓意吉祥与祝福，威严地矗立于名字中带有"龙"字的深圳市的龙岗区，相信它一定会给有着"东方小夏威夷"美称的此地人民带来吉祥与祝福。

还有《钱江龙》，青铜铸造，落成于2007年，位于浙江省杭州市钱塘江南岸的射潮广场；《九龙盘珠》，青铜铸造贴金工艺，2006年落成，位于浙江省杭州市西子湖畔的杭州植物园内；《五龙钟塔》，青铜铸造、花岗岩雕刻，于1996年落成，位于美国亚特兰大世纪公园；《南北分界线》，青铜铸造，于2006年落成，位于安徽省蚌埠市；《华凤迎祥》，青铜铸造，于2008年落成，位于海南省三亚湾的凤凰岛上；《百鸟朝凤》，青铜雕塑，创作于2009年，位于浙江省杭州市余杭区农副产品物流中心广场上；《丹凤朝阳》，青铜铸造、花岗岩雕刻，创作于2011年，位于河北省唐山市；《五云九如》，青铜铸造，于2004年落成，位于广州白云机场；《鸠顶泽瑞》，青铜铸造，于 2001 年落成，位于安徽省芜湖市的鸠鹚广场；《迎风长啸》，花岗岩雕，1991 年落成于辽宁省大连市旅游胜地老虎滩的虎滩广场；《钱王射潮》，青铜雕塑，于 2008 年落成，位于浙江省杭州市钱塘江南岸的射潮广场。

韩美林先生广布人间情暖、传达世界和平友爱精神的大型雕塑就更多了。《回家》，青铜雕塑，位于新加坡的樟宜机场，于 2008 年落成。以和谐幸福美满的一家三口和一组鸟的形式，生动地呈现于世人面前；《青春》，青铜铸造，于 2005 年落成，位于日本真岗市图书馆的花园中，由三个向前奔跑的青春少女，组成一组具有青春活力与朝气蓬勃的公园小景。

《母与子》系列青铜雕塑，是韩美林先生奉献给天下母亲最好的礼物，创作于 2001 年。他将雕塑进行了诗意化处理，把母亲的身体表现为灵动的曲线体，有意拉长了她们的头发、身体和腿部的线条，构成了一个优美的支架，纤小而动感十足，强烈地突出了女性婀娜多姿的优美姿态。雕塑中将婴儿的比例设计得要比实际小些，通过这样的一个反差对比，凸显出母爱的伟大。2001 年，韩美林先生连续创作出了表现母爱的不同造型的 60 余件雕塑作品，是他赋予母爱最好的诠释，同时也是他本人给予自己母亲最好的回报。系列青铜雕塑《母与子》在北京韩美林艺术馆广场外、序厅与雕塑馆分别展陈。

笔走龙蛇，墨染四季

书画馆展示的是韩美林先生创作的书法与国画作品。在韩美林先生的纸质作品中，书法与国画是其主体，也是其艺术风格最为突出的部分。比如《民胞物与》《行苦》《天书》与《双鹰图》等等。

他的国画作品在继承传统的基础上，不断地加以创新，从而形成了自己独特的艺术风格。同他的雕塑作品一样，国画多以动物和人物为主，既继承提升了中华民族的文化传统，又吸收了西方艺术的精髓，把写实、夸张、抽象、写意、工笔、印象等诸东西方艺术手法巧妙地融为一体，给人一种独特的美感享受。在造型上，无论人物和动物都不是刻板的写实，而是加以适度的夸张和变形，并赋予装饰的意趣和水墨所特有的韵味。在动物画中，韩美林先生喜欢用流畅的弧线或者直线，来概括动物形体结构的关键部位，然后辅以墨色，再画出动物活生生的质感来。如《牛》《马》《羊》等国画作品，就是在传承中华民族文化传统、艺术传统的基础上加以创新，具有独特的艺术风格。同时，又兼有西方艺术的影子。

彩墨，更是韩美林先生的一绝，他不怕用生色，善于使用生色来起到点睛之妙。

他的书法作品主要包括两个部分：一是由"颜体"演变而来的正楷；另一是与他的装饰风格浑然一体的篆书。他书写的正楷，坚实厚重、刚正挺健，最能体现出他的书写精神和人格力量；而他的篆书，则变化多端，婀娜多姿，也正好昭示出他艺术的灵气一面。两者相加，可以说是阴阳互补，刚柔相济。

在展厅中，有一横幅按照传统书写规律，即自右至左书写的楷书——《行苦》。它常常被参观的客人念成"苦行"，好多人不解其意。

韩美林先生一生命运多舛。他曾被无中生有地戴上莫须有的罪名，也曾遭受过四年零七个月的牢狱之灾，饱受折磨与屈辱。狱中的韩美林是没有"画地为牢"，而是"划牢为画"。他在炼狱中，谋划着自己艺术的天国。出狱后他寄居自封为"桐斋"的一个六平方米的小屋内。在这里他犹如一枚丝茧，慢慢地羽化成艺术天国里的一只色彩斑斓的蝴蝶。

遭此磨难，深受其苦，只是他人生的一个阶段，而不是他的全部。因此，他书写下了"行苦"两个大大的汉字。这只是他人生与艺术走向辉煌的开始。

在展厅中，最大的书法作品要数创作于 2008 年 5 月 10 日的"颜体"味十足的《民胞物与》了。"民胞物与"的思想，最早是由北宋时期著名思想家张载提出的。他说"民为同胞，物为同类"，泛指爱人类与大自然。该幅书法，体自楷书，每一个字高达 1.3 米，通篇显示出颜体字本身所散发出来的敦厚、稳重、大气与豪迈的英雄气象，同时又给人以无穷的力量。

这幅书法的创作背景是在奥运火炬登上珠穆朗玛峰的那天，韩美林先生喜闻国家有此盛事之后，一笔挥就的。另外，《民胞物与》在书写章法与字形构架方面也别出心裁，大胆破矩，不拘一格。这与他自幼勤习颜鲁公的书法是分不开的。

提到韩美林先生的书法，不得不提及他生命中的书法——《天书》。这些业已失传或无法释读的符号、文字，大多出现在秦代以前，其特点是一字多形、形态多变。韩美林先生将这些尚未考辨音义的符号和文字重新阐发，以书法笔墨的形式表现出来，汇集成他的《天书》系列作品，构成了他新的书法体系。

在艺术馆书画展厅开始部分的一面墙上，悬挂着的韩美林先生特意为补此壁而创作的巨幅《天书》作品向我们打开了一本有关文字的"书"，一本书法意义上的"书"，一幅视觉意义上的"画"。中国传统意义上的字、书、画在这里达到了"同一性"。中国传统意义中的"书画同源"的思想，在这里表现得淋漓尽致。极品《天书》，已成为韩美林艺术馆的镇馆之作。

临展国宝，至美无双

2023 年 6 月 25 日，适值北京韩美林艺术馆开馆 15 周年之际，盛大的"1864——北京韩美林艺术馆熊猫特展暨向阳而生——北京韩美林艺术馆十五周年再出发"启动仪式在南展区隆重开幕。现场的观众朋友们，共同见证了经过重新装修、改造升级后对公众开放南展区的东侧展台上，1864 只形态各异、活泼可爱的国宝大熊猫们懵懂可爱。此次展览名称中的 1864 是什么概念呢？它是指全国第四次熊猫调查中得出的野生大熊猫的数量。2019 年，世界自然基金会与深圳市一个地球自然基金会，共同以韩美林先生授权设计的熊猫形象制作了这 1864 只大熊猫的形象，同时开启了 1864 只大熊猫的巡展。

这 1864 只纸质大熊猫是韩美林先生的最新动物形象设计作品，这是大熊猫的群体形象展示。它们的材质不是青铜、不是花岗岩，而是运用了世上最为流行的也是最难的纸质材质，生动地再现了韩美林先生长期以来关爱生命、关爱人与自然、人与动物的家国情怀。韩美林先生曾说："我画了很多熊猫，因为我爱它们。艺术家的天职就是要善待一切。我们不仅要保护大熊猫，还要保护其他动植物，这是我们的使命。"这就是韩美林——一名人类艺术家的高尚情操与胸怀。

北京韩美林艺术馆熊猫特展（2023 年摄）

水与火的历练

随着艺术馆南展区正式落成开展，紫砂展厅也由原来的北展厅迁至南展厅。我国紫砂文化源远流长，其中融和了书法、绘画、雕刻、烧制与装饰等人文与自然文化的精华，是一门综合性很强的艺术。只有将艺术家的设计灵感与工艺大师炉火纯青的精湛技艺结合在一起，才有可能烧制出传世的精品。

韩美林先生设计的紫砂艺术，可以说达到了形、神、气兼备，气韵生动，具有强烈的艺术感染力。这里陈列的 108 把紫砂壶作品，具有鲜明的造型特征。鲜明的结构，明快的线条，周正的工艺等极具个性的造型风格。它们在别致的展台与柔和灯光的衬映下，富有勃勃生命力。

韩美林先生的紫砂艺术成就，可以说是介于传统与现代的枢纽与传承着。1980 年 3 月，韩美林先生怀抱着对紫砂的钟爱，来到紫砂的圣城——江苏省宜兴，登门拜访了紫砂大家顾景舟先生，二人携手合作。一个重点设计，一个重点制作。宜兴韩美林紫砂艺术馆的面世，对于他可以说是继老一辈顾景舟等先生之后的集大成者、中国紫砂领域崛起的又一座巅峰。他设计创作的紫砂艺术成品，其造型之完美、数量之多、品类之丰富、装饰之美雅、内涵之广博、影响之巨大，堪称无与伦比，被业界誉为"美林壶"。韩先生以紫砂为载体，以传统为灵感，以书法为起笔，以篆刻为刀具，以设计为见长，来源于传统又高于传统，形成了自己的艺术创作之路与艺术风格，堪称天下无双。您若趋步至此，看到眼前的精品紫砂摆件，必将从此爱上或者更加爱上中国的紫砂。这就是韩美林先生的艺术魅力。

艺术，在一闪而过的光影中永恒

在南展厅的城雕厅，一块大屏幕播放着韩美林先生的纪录片。通过影像资料的演示与播放来引领大家走进韩美林先生的艺术与人生，影像资料主要有两个部分：一部分是展示韩美林先生的艺术创作过程，一部分是记录韩美林先生不平凡的人生经历。

同时，南展厅也为我们带来韩美林更多的艺术作品。在韩先生看来"艺术之始，雕塑为先，此最古最重要之艺术。"他的城市雕塑，非常具有独特的个人艺术魅力与传统的美学风格。在城雕展区，可以看到传统古代青铜器的雕塑纹饰，又可以感受到经过他源于传统提炼升华而来的全新的视觉体验。每件城市雕塑都有雕塑所在地的文化之痕迹，既可以窥见到其历史之渊源，又可以令人获得极目远眺未来的真实感受，给人以磅礴的力量与美好的憧憬，与城市景观融合为一体。他的城市景观雕塑丰富了中国现代城市的生活形态，为中国当代雕塑留下了不可或缺的城市典范。

韩美林先生的艺术设计领域，包括平面设计，陶瓷日用品的设计，织物饰品的设计，乃至于运动休闲鞋子的设计等众多类别。这里只选取了代表性的具有国家、国际影响力的重要设计项目给予展示。比如为中国国际航空公司引进的"波音 777-3000ER"新的机型所做的飞机舱内整体的内饰的设计。这里重现了"体验区"的形式，将飞机的内景重现了出来，给观众以真实的场景体验与感受。这里无论是飞机舱座椅的面料，还是地毯的纹饰，灯光的照明，都会令您有身临其境之感，使您在乘务的同时也能够切身感受到中国文化之博大精深，仿佛大师专门为您量身打造一般。

"搜尽奇峰大草稿"——韩美林先生的手稿展区。这里以放大的图景生动地展示了韩先生大大小小密密麻麻的设计手稿，形象地展现了他的探索历程，也更能够从中窥见到艺术大师的艺术创作的轨迹。它是作者创作火花的现实再现与场景描绘。包括他的书法、岩画、紫砂、布艺、陶瓷乃至于山水的创作历程。谈到当代艺术大家，韩美林先生给我最为直观的印象是他的勤奋，他的无处不在的艺术思索与孜孜以求的艺术实践。小至小小紫砂壶的设计小稿，大至城市雕塑的设计蓝图，都给人以发自内心的艺术享受与美好的憧憬。

尾声

可以说，韩美林先生一生命运多舛，可以说他吃过苦、受过罪、忍受过屈辱。但他从不把他的苦难经历带到他的艺术作品中来，无论他在生活中经受怎样的挫折和磨难，他在艺术中奉献给广大观众的永远是最美的东西。在他看来，"艺术的目的就在于把美给予人们"。

在韩美林艺术馆，人们不仅可以看到一个艺术家的人生历练，还可以看到，一件件艺术作品，它们是如此美妙地从他的手中诞生……在南、北展区，结合观展还开辟了多个亲子艺术活动区域，这些艺术大课堂的体验活动，是孩子们体悟中国传统文化与非遗技艺的便捷方式，他们在这里可以在专业老师的指导下，进行剪纸、制陶、绘画等多领域的艺术实践，分享艺术大师的创作历程，分享教学实践的成果，大家还可以在这个空间里立体地温馨地来感受韩美林本人，感受韩美林先生的艺术才华，感受韩美林先生的人格魅力。

北京韩美林艺术馆，虽然位于北京市通州区梨园镇，但其实它不仅是属于梨园的、通州的、北京的，他更是中国的，也是世界的，它是人类的艺术宝库。

（任德永，北京市通州区博物馆党支部原党支部书记，通州区文物管理所工会主席，通州区政协特邀文史委员，北京韩美林艺术馆原常务副馆长）

大稿村村史陈列馆

■ 寇桂军

大稿村村史陈列馆位于大稿村国际艺术区内，于 2019 年 12 月 8 日建成，占地面积 258 平方米。

振兴大稿乡村文化，兴建大稿村史陈列馆

2018 年 12 月 10 日，蔡奇同志在全市乡村振兴现场推进会上提出，"要着力推动乡村文化振兴。美丽乡村不仅要有颜值，更要重内涵。要加强农村公共文化建设，深入挖掘传承好传统农耕文化，推动传统乡土文化和现代城市文明深度融合"。

为了挖掘本村乡村文化，回顾本村的发展历程，让村民留住乡愁记忆，铭记家乡情怀；大稿村村委会决定筹建大稿村村史陈列馆。村史馆自筹建开始，老书记邢仲山亲自定向，新任书记亲力亲为，并组织专门班子精心谋划，明确谋定，大稿村村史馆要建成凝聚大稿村精神的力量，推动全村可持续发展，追求崇德向善价值取向，涵养社会主义文明新风的文化堡垒，并打造成大稿村精神文明建设的新地标。在展出内容方面，明确要着力展示大稿村艰苦创业的峥嵘岁月，与时俱进的历史印记，领导关怀的深情感动，荣誉奖项的多彩纷呈。清晰描绘改革开放以来在村党总支书记领导下全村经济发展的重大成果，全力展现精心谋划大稿村全面发展的美好未来。

村党总支将村史馆建设的着力点放在动员群众广泛参与方面。在实物展示方面村民主动尽自己的可能捐赠不同历史时期的老物件，传承着老一代人的乡愁与记忆，诉说着生动的家乡故事，还原着不同时期的生活场景。在图文资料收集整理方面，党总支抽调具有整理文字、声像资料的专门人才，从资料室大量的档案中按布展大纲要求，分门别类精挑细选出具有典型意义的珍贵资料，交与领导小组和资深的党员群众审定。村史馆筹备与建设，动员了全村各方面的力量。发挥了群众为主体的作用，增强了村民的文化与参与感、认同感、获得感，构筑了广大村民热爱家乡、凝心聚力、共谋发展的魂。

村史陈列馆内容由"大稿村简介""村落溯源""历史沿革""大事记载""昨日沧桑""今日崛起""领导关怀""荣耀展示""未来憧憬"九个部分组成，如实展现了大稿村人的艰辛奋斗历程，是一部记忆乡愁、回顾历史、展望未来的史册。读一行行文字，观一幅幅图片，品一件件实物，可以从中探寻大稿村的历史足迹，充分感受到大稿村全体共产党人一心为公、一心为民的无私情怀和大稿村人艰苦创业、同心协力、与时俱进、只争朝夕的大稿精神。

走进大稿村史馆

走进大稿村村史陈列馆，首先映入眼帘的就是摆放于村史馆中间的一架小型直升飞机——京州一号，上世纪90年代"出生"在大稿村，见证了那个时期的工业兴旺。村民韩淑荣回忆道，"我还在厂子里上过班，没想到能在村史馆里再看见我们产的飞机。"据工作人员介绍，直升机每年都会进行专业的保养，至今一切功能正常，可以正常飞行。

紧邻大门左侧停放着一辆悬挂着黑色牌照的"奔驰"牌汽车以及一块液晶大屏幕，大屏幕上循环播放着关于大稿村发展的纪录片。奔驰车是当时办合资企业时留下的，一直保留到现在，它为大稿村工业的发展，跟着邢仲山东奔西走，立下汗马功劳。

来到第一块展区，展台上整齐地摆放着各种老式农具，橱窗里展示着大稿村在创业初期生产的产品。通过展板上的信息，我们可以了解到大稿村的地理位置、面积、人口数量等基本信息，还能看到

展馆内摆放的"京州一号"及奔驰牌汽车

大稿村党支部带领全体村民勇于创新，积极推进全村政治、经济和社会发展并在众多领域取得的辉煌业绩。也能看到大稿村致富的带头人——党总支书记邢仲山的奋斗足迹和所取得的荣誉称号。

大稿村溯源

通过展板信息我们得知，大稿村初名为槁村，因明初迁民在一片枯槁荒凉之处建村而得名。当时河北省高阳县邢家村有邢氏兄弟三人携带家小迁居至此，开荒种地，繁衍后代，逐步形成村落，成村约有六百多年历史。建村后不久于村东兴建关帝庙，复建后改称文庙，这让人深刻感受到大稿村传统文化积蕴，堪称文武兼备，崇尚"忠义仁勇"之风，世代秉持重承诺、守信用，坦诚待人、勇于担当的传统。

这一展区里有一张黑白老照片格外引人注目，照片拍摄于 1973 年，照片上是大家熟知的"邢家大院"，两座传统的四合院，是北京郊区中鲜见之庄园式建筑群，为北京地区旧时典型之地主庄园，其规模和档次居通州之首。曾经的大稿村村公所以及大稿乡机关均曾将办公地点设于此。

这里还记录自建国以来大稿村在各个历史阶段党、政机构建制、以及行政隶属关系的变化情况，墙上那一个个人名，都曾为大稿村的发展尽心尽力，这些人会永远留在大稿村的历史中，为后人所牢记。同时，这里也记录了自建国以来大稿村经历或发生的对全村政治、经济和社会有重要影响的事件以及发生的时间，让人一目了然，让不少前来参观的老人，打开尘封的记忆，仿佛回到那个时空中。

沧桑巨变

继续往下走，墙上的展板为我们展示了大稿村从一个穷困落后的村庄到经济高度发达、村民生活富裕、社会秩序文明的社会主义新村的变化过程。

昔日的稿村为穷乡僻壤之地。解放前，村民以农耕为主，一家一户单独种田，耕作方式落后，靠天等雨，每亩平均产量仅75公斤左右。村民过着食不果腹、衣不遮体的生活。

解放后，土地改革使大多数村民有了土地，农业合作化使村民走向集体耕作方式，人民公社化又将这种耕作方式推向新的领域，村民生活有了改善。上世纪八十年代，在时任党总支书记邢仲山同志带领下，大稿村白手起家，实行以工促农、工农并举的方针，通过兴办木器厂、玻璃器皿厂、铸造厂

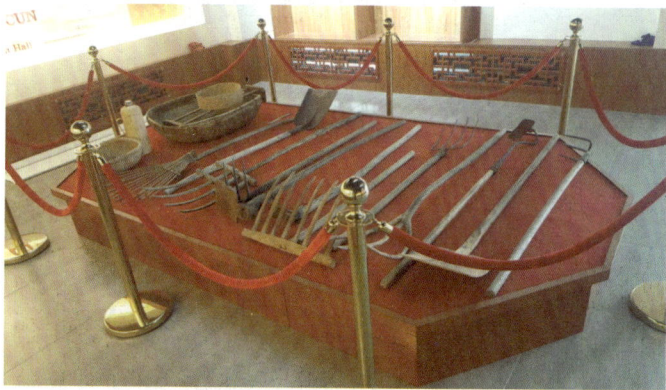

村史馆里陈列的老式农具

等小规模加工企业，开始走入工业强村之路。九十年代，大稿村工业迅速发展，企业总数扩大至 50 余家，规模和档次有了很大提高，涉及房地产业、建筑业、装饰工程业、文化创意产业、金融服务业、体育服务业、租车服务业、酒店服务业等行业。

墙上一幅幅的照片，让这些变化生动的呈现出来，从住房到衣着，从生产到生活，从物质文明到精神文明。这里我们看到的一项项措施，一个个举措，都是大稿村成功的经验。

大稿村的荣誉

大稿村是新农村的建设成功典型，巨大的变化得到各级领导的肯定和关怀，在大稿村史馆"领导关怀"展区里，我们通过墙上的照片，可以看到很多熟悉的身影，有江泽民总书记，有温家宝总理，有尉健行、李岚清等国家领导人，还有北京市、通州区、梨园镇各级领导，这些领导的到来，让大稿村人感到骄傲，让大稿村人因为自己是大稿人而骄傲。

在村史馆"荣耀展示"展区里，一块块奖状，一个个奖杯，格外的耀眼。这些奖状、奖杯颁发单位有中央级的，也有省部级的，更不乏市、区、镇级的。这其中

展馆里摆放的奖杯奖牌

有 2005 年中央精神文明建设委员会授予的首批"全国文明村镇"称号的铜牌匾，也有邢仲山在 1989 年、1995 年，两度荣获国务院授予的全国劳动模范光荣称号的奖状，还有

展馆荣誉墙

2008 年，邢仲山作为农民代表，传递奥运火炬的照片。这些荣誉是对邢仲山的肯定，更是对大稿村全体村民同心协力，辛勤付出的肯定，是对大稿村全体干部群众励精图治，奋发有为，走出了一条与时俱进，不断崛起之路的肯定。

参观即将结束，来看看大稿村对未来的期待吧，在大稿村"未来憧憬"展区，墙上的前景蓝图中明确指出：未来的大稿村将是一个产业更加兴旺、生态更加宜居、村风更加文明、治理更加有效、生活更加富裕的城市新型社区。

这就是大稿村史馆，这里是大稿村发展建设的缩写，从中我们看到大稿村人在建设家乡的过程中所经历的困难，也能看到大稿村干部群众团结一心的奋斗精神，村史陈列馆将大稿村的沧桑巨变毫无保留的呈现给我们，不管他过去多困苦，也无论现在遇到什么困难，有大稿村人这种奋斗的精神，大稿村的明天将会更美好！今后，大稿村村史馆展陈不断更新，与新时代社会主义文明实践相结合，更好发挥村史馆滋润人心、德化人心、凝聚人心的作用，使全村上下铭记历史、留

住乡愁、赓续传承、感恩奋进。

位于大稿国际艺术区内的大稿村史陈列馆

（寇桂军，京洲集团办公室主任）

北京现代音乐研修学院

■ 汤晓丹

20 世纪 90 年代初，是中国内地流行乐坛的黄金年代，然而却没有一所专门从事流行音乐教育的学校。

寻找初心　拓土垦荒

1993 年，一个怀揣着梦想、激情与志向的青年教师，凭借着对现代音乐教育的坚守与执着，对音乐产业发展前景的敏锐触觉，义无反顾地走进了北京市海淀区志强园的一个普通院落，开始了他的音乐教育之旅，他就是北京现代音乐研修学院的创始人——李罡。1994 年 8 月，北京现代音乐研修学院的前身——"北京通俗音乐培训中心"

1993 年，李罡在北京市海淀区志强园为北京通俗音乐培训中心首批学员授课

正式成立，并在北京广播学院（现中国传媒大学）图书馆举办了开学典礼，从此点燃了中国流行音乐教育的火种。

1996年6月，经北京市教委批准，在北京通俗音乐培训中心的基础上，中国第一所民办流行音乐教育的大学——北京现代音乐研修学院正式挂牌，7月18日，在北京市通县北苑校区（原北京仪表研究所）举办了开学典礼，培训中心从此破茧成蝶，开启了招收全日制学生的办学历程。音乐教育家钟子林、戴述国、王少杰等先后担任北音执行校长、副校长等职务，为学院发展作出了应有的贡献。

1999年，在音乐产业链条式专业教学上已经成熟的北音，开始注重全学科发展，李罡带着踌躇满志的北音人举债近亿元，在通州梨园镇九棵树建立新校区，占地150亩，建筑总面积5.8万平方米。近千名新生重新集合在北音，在这条没人走过的艺术教育大路上，开始了艰难地跋涉。同年，经北京市教委正式批准，北音附属中专——北京市现代音乐学校正式成立，北音也确立了涵盖音乐词曲创作、音乐编曲、音乐录音、乐器演奏、声乐演唱、版权管理、影视表演、艺人经纪等文化创意产业需求的学科专业体系，开始不断为社会输送专业人才。

2009年，李罡再次做出了一系列新的

1999年，北京现代音乐研修学院梨园校区落成典礼

举措——成立现代教育集团，筹备创办天津体育学院运动与文化艺术学院，打造国际文化产业教育园、北京九棵树数字音乐产业聚集区……

北音学子 服务社会

2003 年，北音毕业生李勃刚进入中央电视台新闻制作部，亲眼见证神五、神六载人飞船上天落地，亲身参与"全国两会""中非合作论坛北京峰会""博鳌论坛"等大型直播政治活动，为多位国家领导人的多场重要讲话进行现场直播录音，"把中央的声音安全高质地传播出去"是他的使命，他录制的《新闻联播》《文化报道》等节目获广电总局颁发的最高荣誉"金帆奖"。

2008 年，北音国际舞蹈学院国标舞系 42 名同学参加"2008 年中日青少年友好交流年"开幕式并献上了精彩节目《火焰之美》，受到党和国家领导人胡锦涛总书记的亲切接见。同年，第 29 届奥运会和第 13 届残奥会在京盛大举行。北音奥运场馆表演志愿者深入到 17 个比赛场馆为世界各国人民展示中华舞蹈风采，北音残奥会开幕式表演志愿者用 600 多小时的训练成就了开幕式上 5 分钟的经典。北京奥组委对于北音为北京奥运会、残奥会所作出的巨大贡献表示赞扬，并授予学院"突出贡献奖"奖牌和荣誉证书，授予李罡院长"突出贡献奖"荣誉证书。北音青年教师创作的奥运主题曲《北京，北京，我爱北京》，也在第四届北京奥运会歌曲征集活动中荣获奥运会优秀歌曲奖，并在奥运会闭幕式上由 6 名中外歌手倾情演唱。

2009 年国际艾滋病日，北音红丝带志愿者参加首都防治艾滋病志愿者活动，在国家会议中心受到了国家领导人的亲切接见。而这一年，恰逢中华人民共和国成立 60 周年，10 月 1 日这一天，北音国际舞蹈学院 80 名学生受邀参加了首都各界庆祝中华人民共和国成立 60 周年联欢晚会演出。在天安门广场上，北音学子身着银色服装，鳞片闪闪，跳着流行街舞，把最精彩的表演献给伟大的祖国，圆满完成了演出任务，向人们展示了北音人的风采。为此，北音也获得了由首都国庆 60 周年北京市筹备委员会颁发的"祖国庆典 创造辉

国庆 70 周年"突出贡献单位"奖牌

煌 贡献突出"金匾，以此来表彰北音在此次演出活动中作出的突出贡献。同年 10 月 18 日，北音姊妹院校——京津国际文化产业教育园暨天津体育学院运动与文化艺术学院一期工程正式奠基开工，成为北音给祖国华诞最好的献礼。2019 年 10 月 1 日，北音 600 余名学子再次集聚在天安门广场，参加庆祝中华人民共和国成立 70 周年庆祝大会——"中华文化"方阵群众游行及演出活动，为祖国 70 年华诞献上优美的生日祝福，同时也被评为国庆联欢活动"突出贡献单位"。

北音，让中国流行音乐走向世界

北音学子不仅在国内积极参加各种公益性活动，以己之长回馈社会，还多次随同党和国家领导人出访国外，积极开展国际性的音乐交流活动。

2010 年，北音"地平线组合"随同国家主席习近平出席俄罗斯汉语年活动，在克里姆林宫受到了俄罗斯总统普京的接见。

2011 年 12 月 2 日—5 日，由国家文化部艺术司主办，中国音乐剧研究会，中国音乐剧研究会教学专业委员会、北京现代音乐研修学院共同承办的"第二届中国音乐剧发展国际论坛暨第五届中国音乐剧教学与创作研讨会"在北音隆重举行。参加此次活动的有活跃在我国音乐剧一线的制作人、演员、专家、学者，有来自美国、英国、加拿大、澳大利亚、法国、日本等 6 个国家以及我国香港和台湾地区的音乐剧人士，以及国内 100 余所学校的校长、学科带头人，就音乐剧创作、音乐剧本土化、音乐剧人才培养等

2011 年，第二届中国音乐剧发展国际论坛启动仪式

方面的课题进行深入探讨和研究，共同推进中国音乐剧事业的蓬勃发展。

2013 年，北音举办了第一届"北京现代国际鼓手节"，该活动是中美 100 项文化交流项目之一，由美国驻华使馆授权北音承办，至今共成功举办了五届，成为中国乃至亚洲最大规模的国际鼓坛盛事。每届盛会都会邀请国内外具有影响力的鼓手，具有丰富教学经验的爵士鼓教师，以及来自上海音乐学院、美国洛杉矶音乐学院、印第安纳州大学等国内外知名音乐学院的学科带头人，共同奉上职业鼓手大赛、爵士鼓教学高峰论坛、音乐会等精彩内容。

2015 年，北音学子再担重任，接受团中央委派，由青年教师陈子扬作为中国青年代表团成员，随国家主席习近平出访越南参加第十六届中越友好会见活

"北京现代国际鼓手节"现场

动并献上精彩演出。

音乐产业之花绽放

北京·九棵树数字音乐产业园区位于通州区梨园镇，是以北京现代音乐研修学院为核心的音乐人生活群落和数字音乐集散地，致力于打造从音乐创作、音乐制作到音乐教育培训，以及音乐消费、音乐体验的全产业经营模式，整合优势资源，搭建技术平台，完善产业链条，形成产业集群，创新发展模式，构建数字音乐产业园区，推动中国音乐产业新浪潮。

2010 年以来，学院连续举办了六届"北京·九棵树数字音乐节"并产生了重要的社会影响。以"北京·九棵树数字音乐节"为品牌带动的"北京九棵树数字音乐产业园区"正式落地北京。以北京现代音乐研修学院为核心的这一产业区域已被中国社科院调研专家写入《2013 年北京文创产业蓝皮书》。

2018 年，据美国国际调查机构《2017—2018 北京音乐产业调查报告》显示：在北京九棵树地区，汇聚了 2000 多位音乐艺术家，这里已经形成了音乐文化产业中心。

用音乐传承中华传统文化

2017 年 2 月，习近平总书记在北京大运河森林公园考察时强调：要古为今用，深入挖掘以大运河为核心的历史文化资源。同年 6 月习近平总书记对建设大运河文化带作出重要指示：大运河是祖先留给我们的宝贵遗产，是流动的文化，要统筹保护好、传承好、利用好。

就这样，北京现代音乐研修学院萌生通过音乐传播运河文化的想法，经过一年多的紧张排练，历史传奇音乐剧《天地运河情》于 2018 年 6 月 28 日在北京天桥艺术中心首演，获得一致好评，文化部、北京市委宣传部、通州区委相关领导亲临剧院观看演出。

《天地运河情》以收藏于中国国家博物馆的清代名画《潞河督运图》为灵感来源，并成功入选 2018 年度国家艺术基金资助项目。这部音乐剧实现了两项文化遗产的世纪交汇，更是习近平总书记视察通州时发表讲话一年后推出的首部描绘大运河的舞台艺术作品，得到了中国国家博物馆、中共北京市通州区区委宣传部等单位的大力支持。该剧重新审视并挖掘了大运河历史文化，历时八年精心打磨，是深刻挖掘大运河历史

《天地运河情》演出剧照

文化遗产的一部优秀舞台剧作品，也是首部大运河题材的大型原创音乐剧作品。作为以国家宝藏《潞河督运图》和世界非物质文化遗产"中国大运河"两项世纪文化遗产为依托的文化项目，《天地运河情》的上演引起了社会各界的广泛关注和热烈反响。

北京现代音乐研修学院自成立以来，始终坚持社会主义办学方向，坚持把"立德、求真、敬艺、善行"作为校训一以贯之，在这种坚持下，未来的北音，一定会带给我们更多的音乐盛宴。

（汤晓丹，北京现代音乐研修学院演艺中心副主任，中国传媒大学硕士，首届通州"运河人才"称号获得者）

砖厂话剧团

■口述：王　迁　王增良　整理：朱　勇

　　新中国成立初期，人们的业余生活相对匮乏，尤其是在农村地区，没有通电，还在使用油灯照明，人们过着日出而作日落而息的简单生活，偶尔有过往戏班经过，周围四里八乡都会争相前来，可见人们对文化艺术的向往。就是在这样的环境下，砖厂村里一个叫王文栋的年轻人，萌生了在村里组织成立小剧团的想法。

　　1954 年，王文栋找来平时关系较好王文龄、朱永友、李保增等十几个年轻人，大家一商量，一致同意王文栋成立小剧团的想法，并推举王文栋担任小剧团团长。就这样，大家开始忙碌起来，一边在村里搜罗爱好戏曲的村民加入剧团，一边凑钱买服装、道具等，紧锣密鼓的开始筹备工作。村里的村民听说要成立小剧团也纷纷解囊相助，本就不太富裕的家庭，东家出五分、西家出贰角，就这样，一个二十多人的小剧团正式成立。当时华北地区主要流行评剧，而且评剧贴近生活，易懂好学，因此砖厂话剧团成立初期也以演出评剧为主。

　　剧团虽然成立了，可是没有专业的老师指导排练，这又成了砖厂话剧团的一大难题。为了解决这一难题，团长王文栋四处奔走，找来剧本曲谱，白天，剧团成员下地干活，晚上就点起煤油灯，在村中小庙或村民家中，背戏词、学唱腔、练伴奏，每个演员都身兼数职，上台表演、下台伴奏，凭着一腔热情，很快就排练出了《秦香莲》《卷席筒》《花为媒》等传统的评剧曲目，同时还排演了以宣传婚姻法为主题的现代评剧《小女婿》。在村中试演时，全村老少前来观看，纷纷叫好。虽然白天干活、晚上排练很辛苦，也没有任何报酬，可剧团成员没有一个叫苦叫累的，每天依然兴致勃勃的进行排练。当时村民王义在北京义利食品厂工作，知道村里成立小剧团，主动将食品厂生产时的边角料带回村中，承担起演员晚上排练后夜宵的供应。

1955 年，砖厂话剧团在方圆十几里已小有名气，经常有外村村民走十几里路跑来看戏，一旦遇上剧团没有演出，只能失望而归。见此情景，砖厂话剧团决定出村巡演。每次演出前，王文栋都会事先在附近几个村张贴告示。等到了演出的日子，演出地的村里先搭好戏台，傍晚时分，剧团成员们在忙了一天农活后，就用生产队的两辆马车，拉着服装道具前去演出。等到了地方，台前已经坐满了观众，还有的年轻人骑在院墙上、树杈上翘首以待。夜晚演出需要照明，剧团就用煤油汽灯照明，一旦光线不足，剧团成员就要用打气筒去打气。虽然条件简陋，可并不妨碍人们看戏的热情，台下叫好连连。在演出《秦香莲》时，由团长王文栋扮演包公、王增良扮演陈世美、王文龄扮演秦香莲，唱腔抑扬顿挫、声声血泪，将秦香莲悲惨的身世以及包公怒铡陈世美表演得淋漓尽致，尤其男扮女装的王文龄，唱腔圆润，身段优美，得到大家一致认可。

等到演出结束，往往已是深夜，剧团方才收拾东西，赶上马车，年轻的跟在马车后步行，年纪稍大的便斜坐在马车上，伴随着马车轱辘轧在泥土路上的"格拉格拉"声，团员们一边聊着演出时的趣事，一边说说笑笑的往回赶，演出时的疲惫也随着笑声逐渐散去。

1956 年，话剧《白毛女》在全国各地很受欢迎，砖厂话剧团也由原来只演出评剧，开始排练话剧，由王淑英饰演喜儿，这也打破了原来剧团没有女演员的先例。随后剧团又排练了反映共产党剿灭海霸情景的话剧《义海深仇》、歌颂女英雄刘胡兰事迹的话剧《刘胡兰》，而且演出范围也扩大到里二泗、小圣庙、张家湾、九棵树等村。在演出时，演员们表演全情投入，场景逼真，尤其是在演出话剧《刘胡兰》时，为了演出效果，台上的道具铡刀采用真实的铡刀，只在使用铡刀那一刻，临时换成专门的道具铡刀，使得演出效果更加逼真，时常引得台下观众一声惊呼。同年，作为通县地区第一支村办话剧团，砖厂话剧团受邀前往当时通县新通剧场（位于通县东街，今已拆除）演出，演出反响热烈，在当时通县地区被大家所熟知。

　　1957 年，人民公社的前身高级社成立，人们全心投入到集体生产中去，剧团也从此停止演出。砖厂话剧团虽然只存在短短的三四年时间，但是在当时业余文化生活匮乏的农村，小小的剧团给砖厂村以及周边的村落带去很多欢乐，也为普及"新婚姻法"以及宣传英雄事迹贡献出一份微薄的力量，虽然现在已经很少有人知道砖厂曾经还有个话剧团，剧团那些曾经的老演员也所剩无几，但是每每说起话剧团以及当时的演出场景，还健在的老演员依旧是滔滔不绝，满脸兴奋，仿佛又回到年轻时起早贪黑四处演出的年代。

砖厂话剧团演员合影
（右起：王文栋之子王迁、李秀琴、侯玉兰、王增良）（2023 年摄）

大稿新村艺术团

■ 资料：郝建民　整理：徐　畅　刘学玲

大稿新村艺术团成立于 2017 年 10 月，是一支正能量满满的文艺娱乐团队组织。团里成员个个关心团队建设，热爱团队，团结友爱。团队成员的家人们都很支持她们的这些业余娱乐活动。

老有所乐，组建老年模特队

2017 年，郝建民本着老有所养、老有所乐、老有所学、老有所用的想法，建立了以退休人员为主体的老年模特队，给老年人提供一个娱乐平台。团里成员多为妇女，时任梨园镇妇联主席康秀英为模特队起名为"巾帼模特队"，意为巾帼不让须眉。

模特队刚成立时有队员 16 人，因为都是新队员，没有舞台表演基础和舞台经验。为了尽快打造该支队伍，提高队伍人员的整体水平，打出演出节目品牌，模特队成立之初，郝建民通过各种渠道，为队员创造表演机会，一年多时间里，参加了北京市以及通州区不同单位组织的各项演出 40 多场，通过演出历练演员队伍，同时也扩大了团队的知名度。

为了让模特队能够正常的参加演出活动，郝建民和模特队成员自筹活动经费，服装道具也多由成员自己掏钱购买，有时候基层政府也会给团队进行补助，集中置办，参加比赛获得的奖金也

模特队在"2019 北京国际中老年模特大赛"中获得的证书

全都用作团队的日常开销。外出演出是件很辛苦的事，有时演出场地就在村镇露天场所，天气炎热，场地又小；有的演出场地在西城、海淀，甚至还有石景山等地，队员演出一次来回往返就要几个小时。有时演出时间在上午，团队成员们大都住在通州区，大家都要早起提前化妆，背着演出服装乘坐公交车、地铁等交通工具前往演出场地。尽管如此，队员们没有丝毫怨言，为了团队的发展，大家克服了很多困难，认真对待每一次演出，争取每次演出都能有所收获。

在模特队期间，主要的表演形式就是模特走秀，代表节目是模特表演《丰收之歌》。在 2018 年梨园镇庆"三八"妇女节活动、纪念毛泽东《在延安文艺座谈会上的讲话》发表 76 周年、2019 年朝阳规划艺术馆"中老年模特大赛"等演出活动中均有出色的表现。

在 2017—2019 年期间，巾帼模特队先后荣获石景山文化馆亚欧歌舞艺术大赛金奖、走进山东春晚海选优秀奖、纪念毛泽东《在延安文艺座谈会上的讲话》发表 76 周年优秀个人和组织奖及中仓街道舞蹈大赛二等奖和原创节目二等奖等奖项。

丰富表演形式，成立大稿新村艺术团

2019 年 2 月，为了扩大团队规模，进一步增加文化元素，为当地群众以及社会老年人、弱势群体更好地服务，使其老有所乐，在大稿村领导的支持下，模特队更名为大稿新村

2019 年，巾帼模特队在通州区中仓街道演出

艺术团。团队成员也由最初的十几人发展到 60 人，平均年龄 56 岁，大多为退休人员，这些人员曾为国家机关公务员、幼师、科研、金融财税及企业管理人员。

成立大稿新村艺术团以来，在通州区有关部门以及梨园镇政府和大稿村的支持下，在最初的模特队基础上，增加了舞蹈队和乐器队。表演形式也由单一的时装秀扩展到情景剧、女生独唱、舞蹈、男女声二重唱、诗朗诵、模特、歌伴舞等常见的艺术形式。团队经费在获奖奖金的基础上，还有大稿村给与的支持，以及参演国家星火工程相关演出时，梨园镇给予的经费补贴，使得团队进入了一个良性循环。

艺术团在各方的支持下，在全体队员的努力下，排练出很多好的演出作品。其中主要代表作品有：舞蹈《为祖国干杯》、模舞《运河烟柳话风情》、男女声二重唱《共筑中国梦》、情景剧《丰收中国丰收景象》、诗朗诵《中华颂》、时装秀《魅力雅韵》、女声独唱《好日子》、新疆舞《我的心》、舞蹈《我和我的祖国》、情景剧《老伴儿》、女

生独唱《我的祝福你听到了吗》、模特秀《水墨中国》、舞蹈《万疆》、男女声二重唱《水乡新娘》、诗朗诵《青衣》、歌伴舞《爱我中华》。

2019 年，这一年，艺术团刚刚由模特队转变为大稿新村艺术团，又恰逢中华人共和国建国七十周年，新成立的大稿新村艺术团经过近半年时间的精心准备和紧张排练，以更多的节目形式向伟大祖国成立 70 周年献礼。9 月 15 日，大稿新村艺术团参加通州区文化馆举办的"庆祝建国70 年华诞"文艺演出。同年 9 月 22 日上午，参加北京电视艺术中心举办的"建国 70 周年献礼"演出活动。下午，团员们顾不上休息，参加了梨园镇庆祝中华人民共和国成立 70 周年"我和我的祖国"文化汇演，表演节目《爱我中华》，采用民族服饰和模特舞伴声乐综合表演形式，民族服饰异彩纷呈，旗袍婀娜多姿，歌声高亢，场面恢弘。

2019 年 10 月 7 日，艺术团在大稿村活动室为村民献上了"大稿村爱老敬老庆重阳"演出。10 月 31 号，通州区文化馆举办"北京·通州运河艺术节"演出活动，艺术团在此次演出中表演了团队经典节目《运河烟柳话风情》，并首次采用京剧、模特同台演出，京剧和模特舞完美的结合，京剧老旦居中唱演，一腔一调有板有眼，两边模特凌波微步，旗袍风华美轮美奂，堪称老年文艺演出的一道靓

2019 年，京剧、模特同台演出《运河烟柳话风情》

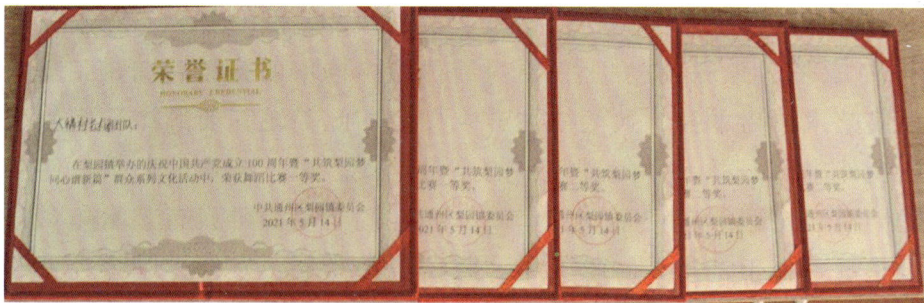

"共筑梨园梦 同心谱新篇"文化活动获奖证书

丽的风景。

　　该团队的经典演出节目《运河烟柳话风情》为模特舞蹈结合演出，创新型地打破了固有的单一艺术表演模式，从而给人耳目一新的独特美感享受。大运河既是历史留给我们的宝贵遗产，也是通州人民奉献给新时代的一副锦绣画卷，碧水潺潺，柳色青青，青山绿水。模舞《运河烟柳话风情》通过舞蹈形式，将运河风情重现在人们眼前，甜美的音乐在耳边萦绕，如梦如幻的舞姿和端庄秀美的表演如同一道靓丽的风景。行来袅袅柳离岸，玉立亭亭荷池边，谁知凌波高跟步，旗袍风华蕴美感。自信、幸福的愉悦在表演之中油然而生。

　　2020年，受疫情影响，艺术团基本暂停了演出活动。2021年，艺术团再次活跃起来，先后参加了"乐响九州朝阳旗袍比赛"、北京群众汇演等演出活动并获得奖项。2021年5月，梨园镇开展"巩固提升北京市公共文化服务体系示范区建设暨'共筑梨园梦 同心谱新篇'群众系列文化活动"，大稿新村艺术团在舞蹈组和声乐组比赛中，获得两个一等奖，三个二等奖。

体现社会价值，再现夕阳红

　　大稿新村艺术团成立以来，坚持"老有所乐、老有所学、老有所用"的初衷，积极参加社会活动。在2019—2021年期间，连续三年参加通州区"我要上春晚"栏目及通州区委区政府给通州区各界人士拜年的团拜会春晚演出。

团队主要演出者郝建民70岁，吴长凤68岁，杨丽华60岁，陈玉华72岁，朱珠50岁。仅看身着传统旗袍华丽亮相后娴熟完美的表演艺术技巧本身，人们往往难以相信如此美轮美奂的旗袍模舞表演竟然出自一群大多年过花甲的高龄老人。对于艺术的追求，使得她们自己也似乎忘记了真实年岁，在她们心里彷佛只有艺术年华，没有耄耋花甲，人人陶醉其中，获得身心欢愉，发挥夕阳余热，奉献社会大众。

大稿新村艺术团有一个宗旨——为老年人服务，在成立后两年时间里，分别前往张湾养老院、恭贺乡邻养老院，给养老院的老人们演出节目，为他们的晚年生活带去欢乐，增姿添彩。在大稿新村艺术团成员的思想里，为老年人做一些公益事业，给大家服务，自己整个人也就有了精神寄托。社区、镇政府及副中心为老年人提供的完备服务设施，使得她们自己娱乐起来也陶醉其中，心情舒畅。从身心健康各方面填补了她们那代人年轻时多奋斗少玩乐的历史缺憾。活出自我，活出精彩，把自己最精彩的夕阳红带给大家，从而为和谐社会作出老年人应有的贡献。

2019年，艺术团组织承办了大稿村"五一"劳动节和"十一"国庆节演出活动。在通州区文化馆和大稿村举办的建国70周年及建党100周年的专场文艺演出中，大稿艺术团用精彩的演出给观众带来一场场视觉盛宴。同年，在梨园镇政府的支持下，艺术团加入了"星火工程"的行列，按照统一部署，艺术团每年进行两场公益演出活动。

大稿新村艺术团走出大稿村，也走出了通州区，为更多的人所熟知。艺术团先后参加过央视《中国人幸福年》春晚节目、北京电视台文艺演出、共青团中央庆"八一"晚会以及北京市中老年模特大赛活动。2022年9月，由中共北京市通州区委、通州区文化和旅游局、于家务回族乡人民政府共同举办"喜迎二十大 金秋话金婚"通州区新时代文明实践活动，大稿新村艺术团也受邀参加演出。2023年，艺术团受邀参加漷县镇牡丹园开园活动，并承担了开园活动专场演出，一个多小时的时间里演出了十八个节目。

郝建民团长曾对记者说，她希望将来仍然以严治团，服务社会，服务老年人。她对大稿新村艺术团未来的想法有三条，一是将来继续为大稿村服务，多为大稿村老年人演出，也多去敬老院、养老

2022 年 9 月，艺术团在于家务回族乡演出合影

院演出；二是把大稿村村民中喜欢文艺的老年人吸收到艺术团里来，使其能为本土文化建设发光发热；第三点是对大稿村的文化生活团队进行一些技能培训，从而让更多的老年人都能展现出自己的老年风采，绽放出属于新时代老年人的夕阳光华。

京剧研习社

■ 朱 勇 徐 畅

幺溪田，家在通州区中仓街道，他爱好京剧，在通州区的京剧票友中小有名气。通州西海子公园可以说是通州京剧票友的发祥地，爱好京剧的幺溪田也经常去西海子公园以戏会友，在这里，他结识了同样爱好京剧的满开忠、陶水明。本着自娱、自乐、自愿，找快乐、找健康，以戏会友、以戏代学、以戏惠民的初衷，希望在自己快乐的同时可以把快乐带给更多的人，三人一商量，有了成立京剧社团的想法。1999 年重阳节这天，在中仓街道办事处会议室，京剧社团正式成立，取名"大运河京剧研习社"，至今已有二十余年。

以戏会友，让老年人老有所乐

社团成立初期，19 名社团成员出于对京剧的热爱，每人自愿出资 50 元，作为社团的启动资金，所用的京胡、月琴、三弦等伴奏乐器也都是由社团自己准备。社团成立了，可是没有固定的排练场地，又担心排练时的声音会扰民，所以研习社经常换活动地点，平时就爱张罗的幺溪田主动承担起了找活动场地的任务，在他的操持下，研习社从未间断过活动。

2001 年的一天，一个偶然的机会，幺溪田在骑车找备用活动场地的时候，一下就被路边一块大石头吸引了，大石头上赫然刻着"梨园"两个字，因为"梨园"也是戏曲行当的别称，这让么溪田倍感亲切。么溪田立刻来到梨园镇，找到当时梨园镇宣传部部长陈兰英，经过么溪田数次登门，2002年，终于得到了梨园镇党委的支持：在即将建成的梨园主题公园东门内的梨园文化活动中心，为大运河京剧研习社安排了一间屋子作为固定活动场所。因公园尚未建设完成，梨园镇在公庄村为研习社安排了一个会议室，作为临时活动场地。时任公庄村党支部书记的王士全对京剧研习社的活动也是全力支持，有的村民也积极参加京剧研习社的活动。

2004年秋，梨园主题公园落成，京剧研习社搬进了公园内的梨园镇文化活动中心，终于有了自己的固定活动场所。社团每周两次在此排练节目，公园内露天大舞台，都是他们展演和锻炼的场所。通州区文化馆在每周一还为京剧研习社提供活动场地。

在梨园镇政府和通州区文化馆的大力支持下，京剧研习社发展得红红火火。他们经常参加政府部门和民间组织的一些比赛和演出，而每一次参加比赛，么溪田都会争取坐在评委席的后面，别人都在看节目，而么溪田却是在看节目的同时，注意听评委所评论的信息，这让他也学到了很多的知识，回来以后，他就会把这些知识分享给大家，提高研习

社团成员在梨园主题公园中心广场练习

研习社在"晓月杯"大赛中获得的奖杯

社总体的演出水平。

通过参加演出、比赛，社团得到一点微薄的收入——就是获奖的奖金和参加演出的演出费。这些收入，社团成员分文不取，全部作为社团的公共基金，用于平时演出所需要的一些服装、道具以及乐器的更新和出门比赛的路费等等。在社团这些票友中，尽管很多票友的经济状况并不是太好，然而他们并不是寻求一种物质上的收获，而是为了获取一种精神上的满足。

2009 年，北京电视台开办《国粹生香》栏目，大运河京剧研习社受北京电视台邀请，多次参加该节目的演出活动。2018 年，在中央电视台举办的中国戏曲文化周"晓月杯"京剧票友大赛中，大运河京剧研习社团体节目《中国人》获得银奖。

2019 年，北京大运河京剧研习社选送的京歌演唱《我是中国人》《红梅赞》，在"香港卫视

获奖证书

2019 两岸三地中老年春晚节目海选暨'百姓大舞台'全国中老年歌曲、戏曲大赛"中获得金奖。

在大运河京剧研习社的成员中，大多都是热爱京剧的票友。但是他们的经济、文化、职业等种种背景以及学习京剧的背景都不尽相同。这个社团中，大多数的票友是年轻时候就很喜欢京剧，而且有一定的京剧基础，有的票友甚至已经是二十几年的资深票友了；有一些票友本来的职业就是专业的京剧演员或者是京剧学校的老师，退休以后在票房负责统筹一些演出，为票友们指导一些专业的问题。其中京剧研习社副团长满开忠就是出身于京剧世家，而专门唱老生的张玉平在成为票友之前也是专业的评剧演员。他们还会在每个季度去天坛公园的长廊上唱戏，一方面为了满足一些常年在那里的戏迷们的需要，另一方面自己也能够从戏迷们专业的叫好声中获得一种满足感，这也许就是他们热爱京剧的原因之一，他们能够从中获得的最大的精神享受。

传承国粹，缘起"梨花工程"

为了更好地传承传统文化、继承和弘扬国粹艺术，梨园镇以普及国粹常识和掌握才艺为抓手，传承和弘扬民族传统文化艺术。2012年11月起，在临河里小学成立了京剧社团，大运河京剧研习社的京剧票友受邀担任指导老师。学校与梨园镇关心下一代工作委员会（关工委）及文化服务中心共同联手，打造了"梨花工程"。提升校园文化底蕴，拓展艺术门类，以京剧传承班和京剧表演班为载体，将京剧引进校园。希望孩子们把京剧传承下去，培养京剧的受众群体，促进学习、传承、弘扬京剧艺术，让孩子们从不知、不会到知道什么是京剧，还能唱上那么一两句京剧。

从最初确定的临河里小学二（1）班（32人）为京剧传承班，发展到现在从四年级选出 16 名学生作为京剧武乐班，此外还有京剧提高班、京剧脸谱班。授课老师全部为大运河京剧研习社成员。提高班是由从全校选出的爱好京剧的学生组成，主要学习京剧的演唱方法和基本的步法。京剧脸谱班是由有一定美术基础的学

临河里小学京剧社团表演现场

生组成，主要学习京剧脸谱的知识，并在羊皮上练习绘制脸谱的技法。

2013 年 6 月，临河里小学开展"追梦童年"大型社团展示活动，京剧社团的同学们精彩的表演赢得了家长与学生的一致好评。通州新闻多次对该校的京剧社团进行采访报道。同年的重阳节，京剧社团的同学们还到梨园敬老院演出，为老人们送去节日的祝福。

从 2014 年起，临河里小学京剧社团的学生登上了通州区文化馆的"正月十五戏剧专场"的大舞台。学生们与国家级的专业京剧演员同台表演，作为唯一的学生演出团体，小演员们的精彩亮相赢得了观众和专家们的一致好评。

2015 年正月十五，社团再次登上通州区文化馆的舞台，演绎了京剧唱段《岳母刺字》。为了这次演出，临河里小学和大运河京剧研习社的老师们一起精心排练了京剧剧目《岳母刺字》。舞台上，孩子们共同演绎着这段脍炙人口的爱国故事，用自己的京腔京韵汇报着临河里小学在传承中华传统文化方面所取得的成绩。而这与幺溪田以及大运河京剧研习社所有成员对京剧的热爱，还有一心志愿京剧传承事业的信念有着不可分割的联系。

2016 年，为了让临河里小学京剧社团有更好的发展，幺溪田将北京电视台的著名主持人孔杰介绍给临河里小学，孔杰老师为学校带来了春晖紫曦少儿京剧苑的教学模式，让临河里小学的京剧社团的团员们从思想上、观念上提升了对京剧的认识，看待京剧的视野更为广阔。

团结奉献，让研习社发展壮大

风风雨雨二十载，京剧研习社成员也由最初的 19 人发展到现在的 50 余人，经常在一起参加排练节目和演出的演员及伴奏乐队人员有 30 余人。在这些演员中，有裘派、袁派花脸；有马派、谭派、麒派、言派、杨派和余派老生；有张派、程派、荀派、梅派青衣；有李派老旦。形成了门派齐全、阵容强大的演出队伍。

作为一支业余的京剧演出队伍，大运河京剧研习社在二十年的成长过程中，经过自身不懈地努力，无论是服装、道具，还是表演功底以及化妆等方面，已经可以和专业的京剧演出队伍相媲美。这其中离不开团长幺溪田的努力，但更多的是因为社团全体成员有着团结努力，吃苦耐劳的奉献精神。

京剧研习社成立至今，已排练演出本戏有《龙凤阁》《遇后龙袍》《赤桑镇》。折子戏有《将相和》《赵氏孤儿》《空城计》《状元媒》《佘太君探营》《坐宫》等传统剧目，以及现代京剧《智斗》《军民雨水情》《发动群众》《绣红旗》《红灯记》《说家史》等。相比于折子戏，本戏更能体现出一个团队的演出。

徐立新、满开忠、郭蕴珠、张玉平和张守静 5 人负责研习社的服装道具和化妆工作。满开忠自不用说，出身京剧世家，他把自己一生耳濡目染学到的勒头箱上的技艺，无私奉献出来。徐立新、郭蕴珠、张玉平和张守静，都是专业京剧团的退休人员。徐立新每周二上午为研习社成员传授化妆、梳大头等技巧。郭蕴珠也是半路学习的化妆与勾脸，她将学习到的手艺无偿地传授给大家……正是他们的无私奉献，使得一个业余京剧艺术演出团体能具备自主演出能力，为每次的成功演出奠定了良好基础。京剧研习社成员凭着对京剧的热爱和主人翁的精神，日常除了做好自己的本职工作，还在闲暇之余认真学习，通过勤学苦练，造就出一支可媲美专业人员的化妆、

大运河京剧研习社乐队伴奏

服装队伍。而在大多数业余京剧票友团队中，这些工作都需要请专业的人员来做。

除了演员、服装和道具，乐队在京剧表演中也占有很大的分量。幺溪田团长习惯称研习社的文、武场乐队为"梧桐树"。

传统京剧，现代京剧或者本戏，比如大保国、探皇陵、二进宫，组在一起是一整套，叫《龙凤阁》，折子戏组在一起的大戏就是本戏，研习社从开始的段儿活（不画妆每个人唱一段），发展到彩唱（穿上戏服唱），然后到折子戏，再从折子戏到本戏，这都是"梧桐树"的作用。

张守静和杨文奎主要负责文场伴奏工作，文场伴奏的关键人物就是琴师，字、劲、气、味都是由琴师来主导。曾经是北京京剧团专业琴师的张守静，京胡（胡琴）、京二胡、月琴、弦子（小三弦）、中阮、大阮样样精通，杨文奎则擅长月琴和三弦。每个人拉出来的声音都不一样，韵味也截然不同，但拉得整齐，下的功夫深，拉出来就非常好听。大运河京剧研习社的进步，这两个人也起了重要的作用。

鼓师，可以说是整个演出现场的总指挥，因为演员在台上，每一个动作都在鼓师的鼓点里，打锣的，拉弦的，都要看鼓师的动作。周亚男主要负责武场的伴奏，武场伴奏不同于以弦乐为主的文场伴奏。在武场伴奏中，排在首位的就是锣鼓，配合演员台上的动作，每一个锣鼓点都要恰到好处，胡琴、月琴、三弦等乐器都要在锣鼓的带领下进行伴奏。看着周亚男那娴熟的技巧，又有谁能想到他是半路出家？41岁的周亚男，本职工作是律师，来到大运河京剧研习社以后，业余时间全部扑在京剧研习社，后来有幸成为梨园界京剧泰斗白登云的亲传弟子林庆华的徒弟，在京剧里面他是说戏的，来控制到哪该什么动作。这几年在鼓师周亚男的带领下，京剧研习社的武场乐队已经可以给专业的表演团队进行伴奏。

常香玉老师曾说过一句话，叫"戏比天大"，演员在演出的时候，有什么突然的状况，这个戏都不能停，必须要演完。在京剧研习社就发生过这样一件事情，一次演出中，李刚（京胡伴奏）的母亲突然去世了，幺溪田得到消息，虽然正在演出，但是这也是大事，于是幺溪田还是悄悄地告诉了他，李老师只轻轻地回了一句"先演出"，他镇定自若地陪大家演出完，完事后才去处理后事。类似这种情况在京剧研习社团员身上并不少见，经常有生病的成员，都会坚持到最后，演出完才去看病。正是团员们的这种奉献精神，大运河京剧研习社才有了今天的成就。

2023年6月，大运河京剧研习社受邀前往鄂尔多斯未来学校，与该校的京剧社团同台演出，为了方便携带道具服装，平均年龄近60岁的研习社成员不顾长途辛苦，自行租了一辆大巴车前往目的地。在鄂尔多斯的5天时间里，和未来学校的小演员们一起排练、彩排。正式演出前，所有成员都积极行动，帮小演员们化妆，布置场景，安排道具。演出当天，当地下起大雨，本以为下雨会影响前来观看的人数，出乎意料的是，现场来了近80%的观众，300个座位几乎座无虚席。演出结束后，小演员的家长以及现场观众争相上台跟演员合影。当地的领导也对京剧研习社的演出给予了高度评价。前来观看的学生家长和观众纷纷表示：我们这么多年都没看过这么好的节目，你们的节目真是好，都是咱们自己排的吗？的确，这些节目全部是京剧研习社自排自演，从化妆到道具，从传统剧目到现代戏，都是研习社的成员们用努力和汗水浇灌出来的。尤其是当晚表演的传统剧目《二进宫》，还是幺溪田团长临出发前特意交待带上的演出服装，就是为一些喜爱传统京剧的人们准备的，做到有备无患。

这就是大运河京剧研习社。在这里，大家在一起学习提升，团结友爱。他们通过自己的坚持和努力，让更多的人了解京剧、爱上京剧，相信通过成员们的共同努力，把京剧研习社当成一个大家庭，会让大运河京剧研习社的发展之路走得更顺畅、更宽广。

京剧研习社在鄂尔多斯演出

北杨洼艺术团

■ 张会良

1993 年，北杨洼村开始旧村改造，村民逐步拆迁上楼，年轻的村民外出工作，岁数稍大一些的便赋闲在家。为了让村民有事可干，当时的村两委班子鼓励村民走出家门锻炼身体，组织巡逻队保护小区安全，同时，为了丰富村民的业余文化生活，村两委还组织成立了老年合唱队、秧歌队、腰鼓队，开展了一系列活动，使小区居民的生活丰富多彩。

2000 年，我回到村里工作，担任村党支部委员，主要负责政工工作。渐渐地，我发现村里的业余文化活动虽然搞得很好，但缺乏青春活力，应当让文艺文化活动再上一个层次。于是，我和村两委班子进行商量，想要组建一支北杨洼艺术团，这一想法得到村两委的支持，因为我自幼喜欢歌舞，因此在原有合唱队的基础上，艺术团增加了一支舞蹈队。

北杨洼艺术团由村党支部直接领导，我也被任命为北杨洼艺术团团长。接到村里的任命，我开始宣传发动本小区和本村对文艺方面感兴趣、有爱好的群众来参加。对于招募艺术团成员，首先要求没有政治问题、身体健康、服从领导安排、有集体观念；同时村党支部还要求在村委会工作的人员必须支持艺术团工作，积极参加艺术团活动。就这样，在村委会的支持下，北杨洼艺术团于 2000 年 10

月正式成立，合唱队成员增加到 70 多人，招募舞蹈队成员 30 多人。

艺术团成立了，可是排练、服装、道具都需要资金。最初的活动经费来源于北杨洼村委会的支持，随着艺术团外出活动和参加比赛次数增多，经常会获得一些奖金，这些奖金也全部用来聘请老师和乐队，购买演出服装、道具等。排练场地就在村委会院内或三楼大会议室，因为艺术团成员队伍的年轻化，中青年较多，白天，这些成员们各自上班，晚上则聚在一起，练歌练舞，大家不辞辛苦，克服困难，坚持按照规定时间排练或演出，刮风下雨从不间断。

为了提高艺术团的演艺艺术水平，由村委会出资，组织艺术团成员到通州区文化馆参加培训，还聘请了通州区少年宫音乐教师宋玉芬老师给艺术团成员进行声乐辅导，聘请王连启老师和他的乐队给我们伴奏；排练舞蹈，村里不仅找来通州区文化馆的舞蹈老师给我们作指导，还聘请王莲香老师进行辅导，排练扇子舞、手帕舞、健骨操、街舞和踢踏舞等。排练的曲目内容主要是歌颂祖国、缅怀革命先烈的历史歌曲和反应新时代积极向上、共创未来的现代歌曲，以及相应主题的舞蹈，表演形式有大合唱、小合唱、独唱、三句半、民族舞和现代舞等。

2000 年底，刚刚成立不久的北杨洼艺术团参加通州区"五月的鲜花"群众歌咏活动，获得创作奖、优秀节目奖。这给艺术团成员带来了很大的鼓舞。2001 年，艺术团在通州区首届"欢腾的运河新秧歌大赛"中获得三等奖。2002 年，参加通州区"五月的鲜花"群众歌咏活动，再次获得优秀节目奖。2005 年，北杨洼艺术团舞蹈队参加通州区体育局举办的第二套健身秧歌和健骨操比赛，获得二等奖。同年，北杨洼村也被北京市体育局授予"2004—2005 年度北京市体育先进村"称号，我作为艺术团团长，获得"北京市群众体育先进个人"称号，我知道，这个称号不是属于我一个人，是大家伙共同努力得来的，我也以此激励自己，要更加努力地工作，不能辜负大家伙的辛勤努力。

自艺术团成立以来，艺术团成员为之付出了辛苦和汗水，也因艺术团获得的成绩而骄傲。艺术团每年都参加梨园镇组织的"五月的鲜花"歌咏比赛、秧歌大赛或秧歌展示活动，并代表梨园镇参加通州区组织的表演活动，同时还积极地参加梨园镇"星火工程进社区"一系列活动，在比赛中多次获得组织奖、表演奖和"星火工程"演出优秀单位等奖项。

2005年，北杨洼村获得的"北京市体育先进村"奖牌

2006年，艺术团先后参加了梨园镇"纪念红军长征胜利70周年"和"北京迎奥运倒计时500天"活动，2008年，在"'残奥会'城市欢乐庆典活动——通州区运河文化广场文艺演出"活动中，表演了舞蹈"欢聚一堂"，为喜迎奥运送去了我们的祝福。同年，杨洼艺术团获得了由北京市文化艺术中心颁发的农村"文艺演出星火工程演出团队"审核合格证。有了演出资格合格证书，我们更加坚定信心，努力刻苦的去排练演出，给大众送去更多积极向上、喜闻乐见的文艺节目。

北杨洼艺术团，在梨园镇党委和北杨洼党支部的领导和支持下，越来越红火，不仅在本村开展"庆祝三八妇女节、庆祝六一儿童节"活动，还和北京歌舞团、燕山歌舞团等专业演出团体到工厂为工人演出、到农村为农民演出，

2006年，艺术团参加"纪念红军长征胜利70周年"汇演

一直活跃在群众中，进行文体宣传，给百姓带去了欢乐，并受到上级领导的好评。

艺术团不仅丰富了广大人民群众的精神文化生活、强健了身体，同时还向外界展示了梨园群众的良好精神面貌，使我们的大众文化更加普及，更加贴近百姓、贴近生活，更好的为人民服务，形成文明、科学向上的文化氛围，不断地提升广大村民的文化素质和城市的文明程度，展示了北杨洼人的风采。

（张会良，北杨洼村党支部原委员）

百业传说

军人的荣耀
——记梨园镇烈士及参战参试退伍老兵

■ 邵青青

中国军人——中国人民自己的武装力量，从中国工农红军到抗日战争时期的八路军、新四军，再到解放战争时期的中国人民解放军，他们抛头颅洒热血，用自己的血肉之躯保家卫国，保护着人民的生命安全。

国家危难时刻，梨园地区的年轻人积极投身革命、报效祖国，在和平年代，这些老兵们有的复员回家务农，平凡的度过余生；有的转业在新的工作岗位上，兢兢业业为祖国发展继续作出贡献；有的在荒无人烟的大漠，为祖国的导弹、核弹事业奉献出自己人生最美的年华。他们不求名利，不求回报，从未觉得这些荣耀可以给自己带来特殊的待遇，他们就像千千万万普通老人一样，过着平凡安逸的老年生活，有的退伍老兵甚至去世之后，家人整理遗物时才发现复员证、奖章这些本该为人所知的荣耀。因为在他们的认知里，这些别人眼中的荣耀就是作为中国军人的天职。

据梨园镇 2011 年的统计数据显示，全镇在乡参战参试（解放战争、抗美援朝、导弹核弹试验）退伍老兵共 35 人。

梨园镇 2011 年在乡老复员军人（参战参试）一览表

村名	姓名	村名	姓名
北杨洼村	杜德明	小街二队村	刘文祥
北杨洼村	张宽林	刘老村	季凤山
大稿村	王志忠	西总屯村	宗西华
小稿村	张永平	三间房村	杨增友
小稿村	王启	梨园村	张庆
将军坟村	刘汉福	东小马庄村	宋长河
将军坟村	张永和	大马庄村	张兴来
公庄村	刘宝忠	东总屯村	李光启
公庄村	孙玉环	三间房村	刘福成
西小马庄村	宋建勋	公庄村	徐全
砖厂	罗月戒	梨园东里	李广海
砖厂	王文良	小街一队村	鞠立志
砖厂	张永兰	小街一队村	刘守宇
砖厂	赵建军	高楼金村	王家奎
半壁店村	纪德兴	高楼金村	郝国来
半壁店村	闫永安	车里坟村	高瑞生
半壁店村	刘启亮	车里坟村	祁玉会
半壁店村	崔慧		

注：该表格由通州区梨园镇社区建设和民生保障办公室提供

在那段难忘的烽火岁月里，这些老兵的英雄故事、革命精神永远值得我们去学习和传承。2020 年，是中国人民志愿军抗美援朝出国作战 70 周年，岁月无声，英雄无悔。10 月 21 日，梨园镇退役军人服务站为张文举、周时申、罗玉富三位抗美援朝老兵颁发"中国人民志愿军抗美援朝出国作战 70 周年"纪念章。

在梨园镇，解放前参加革命的老兵里，登记在册的烈士有五名，他们为国家安全光荣牺牲，成为烈士，分别是轩起龙、李宽、刘恩生、刘永昌、张永福。

梨园镇烈士名录（2023 年，通州区退伍军人事务管理局提供）

附烈士简介（信息由通州区退伍军人事务管理局提供）：

轷起龙：男，1925 年出生，政治面貌不详，北京市通州区梨园镇小稿村人，1948 年参加革命，牺牲前任第 6 军 16 师三营九连司务长，1950 年在新疆哈密县剿匪战斗中光荣牺牲，现安葬于新疆哈密泌城北角。

李宽：男，1919 年出生，政治面貌不详，北京市通州区梨园镇小街村人，1949 年参加革命，牺牲前任西北军区战士，1951 年在新疆汉沟剿匪战斗中牺牲，现安葬于新疆汉口。

刘恩生：男，1923 年出生，政治面貌不详，北京市通州区梨园镇公庄村人，1949 年参加革命，牺牲前任四十二军五连八班战士，1952 年在抗美援朝战争中光荣牺牲，现安葬于朝鲜。

刘永昌：男，1931 年出生，政治面貌不详，北京市通州区梨园镇半壁店村人。1949 年参加革命，牺牲前部队职务不详，1951 年在抗美援朝战争中光荣牺牲，现安葬于朝鲜。

张永福：男，1930 年出生，政治面貌不详，北京市通州区梨园镇小稿村人，1948 年参加革命工作，牺牲前任第 6 军 16 师 49 团三营九连战士，1950 年在新疆哈密光荣牺牲，现安葬于新疆哈密。

通州区梨园镇烈士表

姓名	性别	籍贯	出生年月	参加革命时间	牺牲时间	牺牲地	生前单位	曾任职务	安葬地点
轩起龙	男	通州区梨园镇小稿村	1925.2	1948	1950.9	新疆哈密县	第六军十六师四十九团三营九连	司务长	新疆哈密泌城北角
李宽	男	通州区梨园镇小街三队	1919	1949.9	1951.5	新疆汉口	西北军区	战士	新疆汉口
刘恩生	男	通州区梨园镇公庄村	1923	1949	1952.5	朝鲜	四十二军五连八班	战士	朝鲜
刘永昌	男	通州区梨园镇半壁店村	1931	1949	1951	朝鲜	不详	战士	朝鲜
张永福	男	北京市通州区梨园镇小稿村	1930	1948	1950.2	新疆哈密县	第六军十六师四十九团三营九连	战士	新疆哈密泌城北角

迟来的牺牲证明

■口述：刘宝泉　整理：徐　畅

　　我是刘宝泉，梨园镇公庄村人，刘恩生是我的大伯。1947年，国民党在通县一带抓壮丁时，我大伯被抓走，当时在傅作义的部队服役。1949年1月16日，北平和平解放，部队整编，他光荣加入中国人民解放军。1950年，抗美援朝战争爆发，我大伯随部队入朝作战。

　　1953年7月27日，《朝鲜停战协定》在板门店签订，历时2年零9个月的抗美援朝战争宣告结束，赴朝志愿军开始分批陆续回国。大概是1954年，当时赴朝作战的同乡陆续回乡，包括小马庄、车里坟、公庄这一带参加抗美援朝的都回来了，唯独我大伯还没露面。大伯家里人开始跟回乡的战士打听刘恩生的下落，结果没有一个人知道。我父亲刘庆生跟他叔伯家的爷爷说，"大爷，村里去援朝的都回来了，我大哥到现在也没信，怎么还没回来呢？咱们找谁去？"虽然老爷子没什么文化，也是挺有阅历的，他不紧不慢地跟我爸爸说："小子，登报纸啊。"

　　解放初期，通州还是河北省通县专区，我父亲就去了通县专区的一个报刊编辑部，找到了管事的人说明缘由，编辑部的人让我父亲留下了联系方式，然后回去等信儿。全家人每天都翘首以盼，过了些时日始终没有消息，后来又登了几期，仍旧杳无音信。转眼来到

1958年，我爷爷说：去天津（当时河北省省会）登报纸吧。于是我父亲就托人给当时天津的《天津日报》写信，又复述了一遍刘恩生未归的事情，刊登了寻人启事，照旧是留下了地址就开始等消息。

没过多久，家里突然来了一个穿着旧军装的老兵，拄着拐杖，手里攥着一沓文件，说找刘恩生的家属，家里人看到他就似乎明白了什么。因为我那时小，父亲当初也只是蜻蜓点水的讲这些事，没有留下更多信息，我也不知道那个伤兵叫什么。只记得父亲对我说，当时那个伤兵展开手里拿着的那张报纸，指着那条寻人启事，哽咽着告诉我爷爷和我父亲，"我是刘恩生的战友，他在朝鲜战场上参加战斗时……牺牲了……因为不知道具体地址……所以一直保管着牺牲时的部队证明……看到寻人启事，就赶紧过来了"。

其实，那时候自从抗美援朝胜利后，周边参战的人都回来了，唯独我大伯没回来，家里实际上就开始犯嘀咕了，但是活要见人死要见尸，得有个对证。我爷爷听到这个消息时，还是如雷灌顶，从此家里就没了一个顶梁柱。那会刚解放，正赶上初级社时期，一个壮劳力就是家里的一片天。我爷爷哽咽地说"刘恩生，

刘恩生烈士证（2023年摄）

是个好孩子，是个汉子，他的血洒在了朝鲜，朝鲜人民会记住他。"伤兵把攥在手里的一张纸递给了我爷爷，由于长时间用力地捏着，那张纸的边缘都留下了深深的指印，透着汗渍，他说，那是刘恩生牺牲时，组织上给办理的手续，拿着这个可以去领抚恤粮。

当时，我们这还属于张家湾管理区，由张家湾专区负责烈士家属的抚恤及发放慰问品。我父亲后来就跟我大妈说："嫂子，咱们去把组织上给的小米拉回来吧。"于是，就找了辆推车，我父亲和我大妈一起，到张家湾把组织上给的 600 斤小米拉了回来。

1978，当时公庄村属团结大队，上级来视察时问到村里有几家军烈属，当初就有村干部说了这个情况：村里有一家烈属，但是这烈士的爱人和其母亲是分开居住，烈属算谁呢？局长当时就说到：那就算两位。

1979 年麦秋，开始上报。80 年，烈属给批下来了，每个月给刘恩生母亲 8 块钱，给其妻子 6 块钱补贴。

至今刘恩生儿媳杨雪珍的家里，还保存着一张泛黄的烈士证。

邢仲山——村民致富路上的带头人

■ 徐　畅

　　大稿村，曾名槁村，虽然过去"槁"与"稿"字相通，有"谷物茎秆"的意思，但是人们总是将它与荒草、败叶联系在一起，而过去的大稿村也确是如此，处处是荒草，村民经常食不果腹，一条穿心河从村中流过，河上的木桥也仅是几个桩子撑着杂木板拼凑的桥面，木桩与桥面衔接处的大铁锔子也早已是锈迹斑斑。

　　邢仲山，就出生在这样一个贫穷落后的村庄里。在他很小的时候，因为家里穷，父母把他过继到他叔叔婶婶家，小学二年级时，因为叔叔过世，他回到了自己家中。邢仲山从小就是要强的人，上小学时，当中队长、大队长，中学时，当班主席、体育班长。为了省钱，他会从地里捡蓖麻子砸碎挤出油，用来点灯看书，每天还要和哥哥、弟弟妹妹一起去挖野菜。在他五年级时，为了减轻家里的负担，打算退学，是老师见他学习好，帮他垫了学费，才让他念到初中。

从小木匠到办工厂

　　1966 年，这一年邢仲山 17 岁，他做出了一个让全村人都吃惊的决定——跟村里的邢三爷学木匠。邢三爷的木匠手艺是远近闻名，可他的古怪脾气跟他的手艺一样远近闻名，一般人难以接近。邢仲山的父母动摇了，怕孩子吃苦受累，可是倔强的邢仲山就是想学一身手艺，"歉年饿不死手艺人"，他不想再像父辈那样生活，他要创一条生路。

邢三爷破天荒的收了邢仲山这个徒弟，他感觉到了邢仲山与同龄人有着不一样的灵气。邢仲山很有眼力见儿，刚跟邢三爷学徒，他每天早晨天刚放亮就来到邢三爷家，挑水、扫地、擦桌子，满处找活干。每天学徒回家也不得闲，不是挑水浇烟叶、浇菜园，就是上垫脚，起猪圈。

木匠营生里行当多，三爷样样精通。一堆木头，他一过目就知道能开多少板子，能打几堂家具；一张图纸，一到他手，就能指出哪是过梁，哪是望板，多高的柱头，多大间量……邢仲山跟着师傅学手艺，立规矩，长见识，走村串户，登京上城，走马灯似的，不知去过多少住户、厂矿、机关，也不知打过多少家具，盖过多少车间、厂房。

木匠生涯使邢仲山走城乡、串百家，广泛地接触了社会，眼界大大超出了一个普普通通的庄稼人。木匠盖房、打家具前的划线描图、估工估料、派活儿，又使他增长了预测才能，组织能力。而当他拿起刨子或凿子"叮叮哧哧"具体操作的时候，无疑需要的又是胆大心细了。

邢仲山常说："我怀念那段木匠生活，只要一看见锛凿斧锯，我的手骨节就嘎嘎直响。"

名师出高徒，邢仲山的手艺在年轻一代木匠中首屈一指，出师后，邢仲山就外出做木工。那时，外出做活的瓦木匠所得收入全部交队，记满分十分，再按大小工不同提成，大工每天提两毛，小工一毛五分钱，一个月能高于生产队劳动的社员五、六元钱，到年终却还两手空空。那个岁月生活实在是困窘，连穿衣吃饭都成问题。但邢仲山坚信，只要有手艺，只要肯干，生活就有奔头。1970年后，为了贴补生活，邢仲山和新婚妻子张金凤常一起到城里掏炉灰，后又在北京手套厂干活，生活也是捉襟见肘。冬天他把棉袄给了三弟只穿一件绒衣，还是妻子金凤回县城拿来老丈人的大衣才勉强御冬。

1976年，大稿村允许成立小厂搞副业了，大队招回在外做活的木匠，邢仲山也回到村里，被安排到了木器厂当木匠组组长。1978年，改革开放的春风吹遍神州大地，也吹到了大稿村。邢仲山异常敏锐的嗅觉，知道该干一番大事业了。邢仲山走马上任，挑起了管理全村副业的大梁。

农民想要富裕，离不开工副业这一条路。70年代末，是一个敢想敢干就能翻身的年代。大稿村办起了综合修配厂、铸铜抛光厂。他们到处找活干，什么活都揽，为了跟北京电子管厂攀上关系，邢仲山每天去电子管厂给各科室的人扫地、擦桌椅、打水，结果拿到了打五十个井盖的活儿。那时送货都是用李老汉的毛驴车，后来厂子红火了，花了5000元买了一辆旧130汽车，它是大稿村农民自己的第一部汽车。

当时大稿村副业人员实行工资制。生产实行定额管理，多劳多得，奖勤罚懒，每月能拿三十二元的工资，可以和城里的工人平起平坐了。邢仲山照旧到处联系业务，采购原料，每天东奔西走。大稿村农民的生活渐渐有了起色，不少人家拆了大炕换上木床，有了大衣柜、酒柜，邢仲山也趁着下班敲敲打打自行添置了新家具。干部们都说邢仲山工作积极，任劳任怨，劳苦功高，乡亲们也夸仲山好样的，多亏了他大稿村才有了活气。

1979年，是大稿村艰苦创业的一年，也是大稿村从贫穷走向富裕的起点，更是现代农村宏伟豪迈的交响乐的第一章。这一年，国家对工业企业全面整顿，地处市区内污染环境的铸造业关停并转，给大稿村的铸造厂也带来了新的机遇。邢仲山发动全村群众集资购买生产设备，一面加紧建设厂房，一面派人去大厂学习技术，各路人马，齐头并进，大稿村铸造厂有条不紊地向前迈步。9月，大稿村铸造厂成立了，设备是邢仲山带人到通县挂车厂、公社铸造厂撮大堆用手扶拖拉机拉来的，铁锹是采购员陈士茹由东关文昌阁小五金买的八毛一把处理的。一切只为节约资金，发展企业……

1979年，是大稿村建功立业的基础之年，尤其是在工副业，在邢仲山的带领下，成绩令人瞩目，创利润三万余元，此后开始逐年上升。

不忘根本，以工副业带动农业

夏季，稀稀拉拉的麦子在荒草中挣扎，一下雨，"麦个儿"上竟然长出了芽子；秋天，棒子地里水稗子草一人多高！拖拉机进不了地，地荒了，拉拉秧、旺根草、苇锥子……绞在一起，拉不开、扯不断、刨不动，形成"草龙"。乡亲们还编了个顺口溜："大稿村，真叫稀，草和苗子一般齐，苍子（苍耳）遮阴凉，刺菜挠痒痒。"这种情况，就属大稿村位于通马公路边上的一块一百多亩的土地尤为突出。为此，通县县委还专门召开了反面现场会。

为了改变这个面貌，邢仲山主动请缨，联合田润安、曾春元要了这块地，准备大刀阔斧地干一场，一定要摘了这顶反面的帽子。三夏龙口夺粮，为了不影响工厂生产，他们白天到工厂劳动，晚上就到地里干活。三夏的夜晚，各村的脱粒机响成一片，邢仲山开着130车，带着小伙子们抢运麦子；种麦子，地荒的拖拉机进不去，邢仲山开着从公社农机站借来的高杆粉碎机来到地里给拖拉机开路……在邢仲山的带头下，乡亲们干起活来有了干劲，生活上也都有了盼头，希望的种子在生根发芽。

1983年春节刚过，大稿村党支部进行了改选，邢邵友担任书记。这一年，邢仲山光荣地加入了中国共产党。邢邵友想让邢仲山全权负责工业，邢仲山答应了。这一年，大稿村先后办起五金制品厂、机加工厂、建筑队等企业，这些企业和铸造厂一起，奠定了大稿村的工业基础。

80年代初，下海经商的热潮席卷全国，不少单位找到邢仲山，请他当经理。邢仲山动摇了，可公社党委的一句话"有志气的青年就应当带领群众改变家乡面貌"让他坚定了自己的信念。为了大稿村的发展，他要带领群众改变家乡面貌，不负入党宣誓的诺言。这一年，他每天早上五点起床，晚上十二点以前难得回家，搞工业、搞农业，把整个身子扑在大稿村的集体事业上。

1983年，大稿村的一块土地被国家征用，获得补偿款八十多万元，大稿村将其全部用来发展农业，试行农业机械化，可1984年开春的一场大风刮走了一切，价值七万美金的烘干塔倒了，刚返青的麦苗被风抽死了三分之一，书记邢邵友在巨大的压力下病倒了。邢仲山临危受命，负责主持大稿村全部工作。这一年，他配合乡里派来的代理书记狠抓农业，修水泥防漏灌渠、购置水泵、购买收割机、建机械化养猪场、面粉厂，同时还盖了一排大厂房，为今后发展工业打基础。

1984年年末，一个重大的选择摆在了大稿村人的面前——分田到户，实行大包干。为此，邢仲山几天几夜没合眼，村里人百分之七十不愿意分地，可全国都在实行包产到户，大稿村又能例外吗？大稿村党支部通过连续几天的学习和讨论，终于达成了共识，不仅不分，还要把现有的六个队合并。这是一种什么样的魄力，担着怎样的风险。

在县委和梨园乡党委的支持下，大稿村按照自己的想法行动了，可很快就遇到了新的问题，六个小队合并，二三十个小队干部的安置问题，数百人的饭辙怎么解决呢？邢仲山想出了一个办法，原意包地的抓阄包地，没包到地的安排进工厂。几百人要进厂打工，邢仲山身上的担子更重了，他知道，还要继续发展工业。

创业之初，扣响工业的大门

通过一系列的市场调研，邢仲山抓了第一个项目——丝漏印刷厂。他通过村里的梅炳芬请来顺义的周师傅，开始紧张的筹备工作。1985年的春节，从腊月二十八开始，他整天泡在工厂里，和周师傅一起，安装设备，调试机器。到了正月初六，丝漏印刷厂正式投产……

丝漏印刷厂的成立，稳定了大稿村的局势，一下子安置了五六十人。邢仲山看到了希望，眼前的方向清晰了起来。他准备大刀阔斧的干一场。有了先前与北京人民机械厂联营搞加工的经验，他意识到了合作办厂的好处与优势，这一年，他与北京冷冻机械厂、北京人民机械厂、北京光学仪器厂等合作办厂，还自主建起了牧机厂、吹塑厂、防火设备厂。加上大稿村之前办的工厂，共十余个。这些工厂，不但安置了大稿村的富余人员，而且初步构成大稿村八十年代创业之初的工业格局。

火车跑得快，全凭车头带。邢仲山和他的伙伴们光一年就连续建了六、七个厂子，而且个个成功。这得益于城市改革的重大机遇，也得益于邢仲山善于捕捉战机的敏锐目光，更得益于他为村里几百口人谋福祉的巨大责任。在建防火设备厂时，需要向厂家缴纳四万五千元的开办费，有村领导犯嘀咕，还是邢仲山拍板决定，办厂半年，利润就达到了三十一万元。

邢仲山不仅作风干练，又善于协调关系。在成立大稿村光学新技术制品厂时，邢仲山直觉，跟北光厂打交道一定是个双赢之举，不仅能够创收，还能练出一大批人才，能为稿村今后的工业发展奠定良好的基础。他紧紧抓住北光厂，很快熟悉了北光厂的一大批中层干部，凭着忠厚仗义的处事作风，最终合作建立了"大稿村光学新技术制品厂"。管理人员双方出，技术人员人家派。北光厂投入了几台液压机及铣床、磨床等设备。利润三七分成（大稿村七成），十几名技术人员的工资由大稿村发。这次合作，是大稿村与外界合资建厂的一个有益尝试，它对大稿村工业发展产生了巨大的影响。

邢仲山取得的成绩还在于他对事业执著追求的精神，这种精神融化在事业中，成为大稿村腾飞之魂。

建吹塑厂是一个很偶然的因素。大稿村建丝漏印刷厂时，原材料得到天津板桥去拉，邢仲山想：我们何不建个吹塑厂呢？不仅可以解决原材料问题，还能外销！说干就干。为了节约成本，他带着北京塑料机厂技术人员到宝坻县大尖庄参观，照着人家的"土设备"做了四台塑料机。一边做设备，一边跟上海某塑料厂签订了供销协议，光这一笔，大稿村就可以净赚三十万元。可在进行机器调试时，这塑料机光出浆子不出膜。邢仲山急啊！四台机子十二万元，不能打水漂。他杀到北京塑料厂，请来师傅调试。整整四天四夜，机器终于吹出了状如气球的大泡。邢仲山却在地上瘫睡了过去。

在不断取得的成绩面前，邢仲山始终居安思危。他想，现在有了这么多企业，但很多都是给国家大中型企业搞配套，要有自己的拳头产品，才能在激烈的市场竞争中站住脚。在一次偶然的机会中，他得知有一款新研制排油烟机正在找厂家生产，他果断地花了六万块钱技术转让费，把这项产品技术买来。跟着就建厂房、进设备，他又跑遍北京各磨具厂，看产品，比价钱，比质量，以当时最低的价格（九万元）定了"北机厂"的一套模具。1988 年，大稿村排油烟机厂建成投产，生产出来的油烟机以排污能力强，排油性能好而闻名各地，产品畅

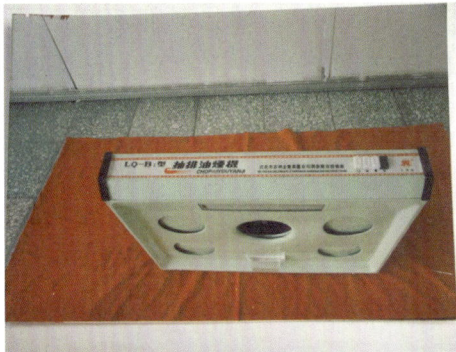

大稿村生产的油烟机

销全国。排油烟机成为八十年代大稿村的第一个拳头产品，1991—1992 年连续两年获国家新技术金奖。

尊重知识，尊重人才，从农民到企业家

邢仲山喜欢看文史哲以及企业管理方面的书，还经常读国外著名企业发展史。

邢仲山不仅爱看这些书，并在工作中进行实践，真正做到活学活用。他经常深入到工厂、车间、研究所，向科研人员学习，向老师傅们学习，向一切内行的人学习，在实践中边干边学。通过读书看报，耳濡目染，潜移默化，关于人才意识、时间观念、科学决策观念等，这在他带领群众共同创业过程中无时无刻不在发挥着作用。

邢仲山在接受了人要学会使用外脑的意识后，和其他支委商量，组成了一个由外来管理人员、科技人员、老师傅和本村干部、工作骨干四十多人构成的智囊团。每月十五开例会，就本村重大问题进行论证，论证后提出一整套科学管理方法，并从1987年开始分期分批培训厂长和青年工人，使企业管理大为改观。

1988 年，通县颇有名气的工程师朱秀山来到大稿村，邢仲山和他谈了两个小时，就委任他为大稿村农工商总公司副总经理。朱秀山是个多面手：技术更新、企业改造、工业管理、经营决策方面均有建树，在当地堪称"能人"。老朱一来就对大稿村的企业管理与发展提出高层次的建议，如计量、质量、定级检测、高科技开发、树立企业形象、工厂花园化……他给大稿村村办企业带来了大工业文明。1989 年底，北京第一机床厂的专家帮助企业验收定级，对他们的企业管理提出十六个字评价，叫做："集中管理、具体指导、适当放开、单独经营"。并说："你们村的企业管理水平高于某些国营大企业。"

1990 年初，邢仲山又引进"厂内银行"制度，对占用村总公司资金的村企业开始收利息，每月付一厘五，以确保村总公司资金的良性运转。这招一出，很多送货、还款喜欢拖延的企业都开始积极起来，原本资金周转需要一百天减为了六十天。

90 年代初，开始盛行"超前分配"。他恪守政治经济学关于"积累是社会最重要的进步职能，社会要进步，就要增加积累"的原则，将社员分配的增长幅度控制在 6%—10% 之间，集体的日子越来越瓷实，大稿村经济连年翻番，全村光流动资金就有两千万元。大稿村发展集体经济更有底了。

邢仲山尊重知识，尊重人才，尊重老人。无论是木匠三爷还是老江师父，他都倾注了一个晚辈儿女般的深情。80 年代末 90 年代初，邢仲山送走了六位老人，他们为大稿村的工业发展作出了不可磨灭的贡献。他永远铭记着这样一句话："只要他为人民的利益鞠躬尽瘁，他就应该在人民的心头矗立起一座丰碑"。邢仲山由一个普通农民成长为现代企业家。大稿村再创村办企业的奇迹。

土地是根，农民是魂

农业问题，邢仲山一直抓住不放。在大力发展工业的同时，携手并进，两条腿走路，使大稿村的经济健康发展。

在改革开放带来的发展面前，邢仲山始终保有忧患意识。农业是国民经济的基础，永远也不能放松对它的重视。在一片繁荣面前，他铭记历史的教训，决定紧抓对农业的管理，抓紧对经营制度的改革，使农民走上共同富裕的道路。

全国各地包产到户的盛行，给逆势而上的大稿村带来无形的压力。邢仲山采取了一种既合又分，不软不硬的权宜之计，以适应群众的不同需求。同时邢仲山进行全面清产核资，不能让集体财产成为千疮百孔的无底洞，卖大车和牲口，就像有的老农抱怨的那样："他倒是抡斧子出身，一上任就大砍大杀呀！"没错，邢仲山就是要大刀阔斧地改革。

包地者欢天喜地，进工厂者抖擞精神。然而，却有七百亩地，无人问津。农业队承担起来，边边沿沿、坑坑洼洼，一通平整。邢仲山只要一腾出空就去平整土地。十个妇女，精心管理，原本秃子一样的地块上冒出了一团新绿，邢仲山打心眼里高兴，虽然地不多，但那是集体经济社会主义大农业的一株幼苗啊……

邢仲山搞了一个"免中耕试验"，以往种玉米需要锄几遍草蹚几次青，"铁茬播种"精量点播定苗后，进行一次科学除草，抗涝又免倒伏，当时大稿村的玉米每亩定苗 4500—5000 株，与畜、机进地进行中耕相比，亩产多打三四百斤。"免中耕法"试验的成功，不仅多打了粮食，也使老农们大开了眼界，那些说卖了牲口"不像庄稼人"的也为之惊叹了。

1986 年初，大稿村召开生产责任制会议，邢仲山宣布："今年承包，质量不变，但有一点：凡集体投入的设备、人力、物力一律收费，有偿服务；大、麦两秋凡工业人员支援农业，也计算工时，由承包者承担……"包地的一看这样一来种地就没多大油水了也纷纷要进厂，邢仲山巧借时机"将计就计"，改为集体耕种。一年后，他们逐步把个人承包的近千亩土地回收，由十二名妇女管理，成立了农业公司，大力发展机械化。仅 1987 年至 1989 年三年，大稿村发展工副业创造的资金就为农业公司投入二百万元，先后购置了一批农机，有耕地机、收割机、拖拉机，还有一些农具，并打了十眼机井，购置了喷灌设备，大稿村的农业发展在邢仲山的带领下如火如荼，

大稿村农场使用的大型农机

大稿村就像个大工厂，工农业人员按时上班、按时下班，过去不是盼望当工人，羡慕"亦工亦农"户吗？今天他们却自豪地说："这里和城里有什么两样呢？"……

大稿村人民的日子开始越过越好，老百姓脸上的笑容也越来越多了。而邢仲山继1988年被评为北京市劳动模范之后，1989年再次被评为全国劳动模范。

新农村，新气象

1989年，邢仲山"全国劳动模范"奖状

邢仲山带领乡亲们走共同富裕的道路，大抓经济，使大稿村的工农业腾飞。生活富裕了，邢仲山首先想到的是改善村民的生活环境。为了解决大稿村人多地少的状况，邢仲山想到了盖楼房，既节约了土地，又能像城里人那样生活，这个想法很快得到了村干部的同意，同时也得到了县里领导的支持。邢仲山跑建材、找资金，为了节约成本，他带领全体党员干部和村民开展义务劳动，成立建筑队，建起了京郊第一家全部城市化生活小区……

1989年11月16日，九幢大楼在人们的关注下巍然屹立，一副蓝图终于在曾经的破街烂道上升起。这是大稿村人民难忘的日子。稿村人告别了传统的生活方式，离开了破街烂道，全部迁入新居。

楼房盖好后，村民们喜迁新居之际，时任县委书记卢松华曾拍着邢仲山肩膀过心地说："楼房好住，可不好管理啊。"那大稿村的住宅楼管理得如何呢？

这里每个单元门为一个组，设楼门组长；每栋楼设楼长；楼区大门设值班室；楼区内有值勤人员。楼门中的卫生由住户维持。每户门楣上贴一张值日表，轮流值日。大稿村人说得好："小家是大家的一部分，大家和小家一样，只有和和睦睦地抱成一个团，都捧着一个大家过日子，那日子才旺势呢！大稿村共有五百户人家，有一百七十户被评为"五好家庭"。

大稿人的文化生活也是丰富多彩，每到夏天都要举办消夏晚会，逢年过节有大型庆祝、娱乐联欢，村里有一个二十多人的演出队，吹拉弹打，各种乐器齐全。参加演出的人员，既有热情活泼的年轻人，也有不少孩子妈甚至老人。他们在村里演出，也到外村表演，赶上县（区）里举办文艺比赛，他们一准参加。村里还有几次请来城里的老师，办交谊舞学习班，活跃干部群众的业余文化生活。

大稿人坚持两个文明一起抓，两手都过硬。两个文明建设的同步与平衡是大稿村十年来一直健康、平稳、高速发展的基本保障。在大稿村，它体现为凝结着传统美德与现代意识的集体主义精神。

大稿村已成为城乡一体化的明珠，被通县和北京市评为社会主义物质文明建设与精神文明建设的红旗村。

大稿村名扬天下，每年国内外慕名而来的旅游观光者、学习取经者、寻求合作者接连不断。俄罗斯"老战士"参观团来了，他们留言："大稿村——东方的奇迹！"山东的农民兄弟来了，他们竖起大拇指:"集体化的办法不赖!俺们回去也试试。"北京城里的大学生们来了,他们要搞一篇关于中国特色社会主义的调查报告。通县县城的小学生来了,老师嘱咐:"你们参观完要写一篇作文,题目是美丽的新农村。"……

为了大稿村而舍弃"村"

邢仲山产生把那个"村"字从他们的牌儿上抹去的想法是在1989年。

1990年春,江泽民总书记和中央领导同志看望大稿人,犹如一场及时的春雨,将萌动于他心中的那个想法,壮大、成熟、孕育成一个大气磅礴的方案。

大稿村党总支制定了今后的奋斗目标:成立集团公司,打规模仗,适应市场大风浪,发展经济奔小康。1995年实现总收入一亿元,纯收入一千万元,粮食亩产一吨。

成立企业集团的主意已定,可企业集团的成立毕竟不是一件简单容易之事,终将经历一段艰难的历程。

邢仲山风风火火地去找县领导,说大稿村要成立企业集团。

县长说:"早点。"县里有县里的部署,1990年通县县委已经提出了"科技振通、依法治通、实施集团战略"的口号,但是集体发展企业集团的工作还必须稳妥扎实地进行。特别是在当时"治理整顿"的大气候下发展企业集团更要慎重。不要操之过急,务必使条件成熟。一旦成立,就要立住,并要成立一批,形成通县的企业集团群体。

邢仲山理解县领导的意思,是希望他们厉兵秣马把工作做得再充分些,把实力积蓄得更雄厚些,待到按全县部署成立企业集团时能显示出巨大的活力,因而更有说服力,使他们能起到领头雁的作用。

邢仲山应变能力极强,随即他把原来"以建集团促发展"的主意翻了一个个儿,变成了"以发展促集团建立"。这对大稿村来说仍然是好事。邢仲山带着总支一班人、公司决策者和各厂厂长共五十余人,浩浩荡荡走出大稿村。他们奔山东、到无锡、南下深圳,广州、珠海，参观学习，调查对比，这让大稿人大开了眼界。

到外面转一圈后，大稿村人树立了创大业、挣大钱、大手笔搞大经济的新观念，信心百倍地干开了。他们虽然没挂出企业集团的牌子，却以企业

京洲企业集团公司办公楼

集团的规模、水平、档次要求自己的各项工作，使经济发展获得空前的高速度。截止到1991年底，企业已发展到二十八个，工农业总产值达到六千九百二十六万元，利润六百九十三万元。

大稿村准备好了，成立企业集团，只待时机。1991年底，经通县政府批准，大稿村成立了"北京市京洲企业集团公司"。

1992年初，北京市京洲企业集团公司与北京昆仑防火设备公司、厦门经贸委合办一家防火设备公司，一切事宜谈妥要在协议书上盖章时，没想到办公室竟拿不出这枚印章来，原来县政府当时批准成立的集团公司，只在本县境内承认。"全国通用"的企业集团需要北京市工商管理局审核批准。

1992年3月，北京市第六届人代会第十二次会议召开。邢仲山正巧与市工商局局长孟学农在一个组讨论，便在讨论发言时提到报批企业集团公司的事。孟局长当时明确表态："市里是要批那些达到标准的企业集团，就像大稿村那样的。"不久，市工商局一位张处长带着两人进驻大稿村，

对他们公司所属全部固定资产、流动资金等情况逐项地检查、核实。

1992年6月1日，对大稿村来说，又是一个具有历史意义的日子。经过北京市工商行政管理局核准登记，在通县梨园镇大稿村工业公司基础上组建了北京市京洲企业集团公司，村工业公司晋升为市级公司，当时这在通县是第一家，在京郊是第一家，在全国也是第一家。《北京日报》《人民日报》发了消息。京洲集团公司成了名副其实的全国闻名的企业大家了。接着通县县委发文，批准北京市京洲企业集团公司为副局级单位。没有"村"字，这里是个宏大的世界！

1989年底，大稿村人全都搬进统一规划的住宅楼，这是一次飞跃。这次成立"京洲企业集团公司"，把个"村"字从公章中剔除，又是一次飞跃！这次飞跃，从根本上改变了乡镇企业普遍存在的弱小、分散、落后、经不起风浪的状况。成立大型的企业集团公司，在市场上形成较强的竞争力，这对推动大稿村城乡一体化进程将产生不可估量的深远影响。

深化改革，引进来、走出去

党的十四大后，邢仲山与总支一班人又提出"全面深化改革，迎接挑战，走向市场，参与竞争"的新思路，他们进一步制定了新的奋斗目标——大力发展合资企业。充分利用国外和港台的资金、技术、设备、管理经验及市场渠道等有利条件，扩大企业规模，开发新项目，提高产品质量，以壮大自己的经济实力。1990年，他们与香港博锦有限公司合资兴办了垫肩厂；随后与韩国合资企业合作创办北京大高塑料制品有限公司；引进台资开办"玖玖汽车配件公司"。

为了企业更好地发展，邢仲山已不满足于到中国沿海发达地区开眼界了。好多地方不也学的国外吗？大稿人也要到外国看看人家到底是怎样生存与发展的。

京洲企业集团公司安排董事会、各业务部门、各厂厂长及业务人员出国学习、考察、洽谈业务，足迹遍及东南亚、欧美等二十来个国家和地区。

而邢仲山到了美国钻棒子地。一钻钻了数月回来了。逢人便讲美

国的农作物品种有什么优点，他们的耕作方法有
什么长处，韩丁农场的机械化程度，管理水平如
何高，没有比研究种地更让他感兴趣的了。他参
考从美国取回的"种地经"改进了农业公司的耕
作管理，并创出了不亚于美国的农业生产水平。

　　邢仲山，日本、新加坡、马来西亚、韩国、
加拿大、美国、意大利都光顾过。每到一处都引
起他一番激动，几多感慨。

　　大稿人走出国门，看到人家的发达与进步。
是取人家之长补自己之短，同时要发挥自己的优
势，形成并发展自己的特点，不信咱中国人永远
跟在别人后边！

　　1993 年，京洲企业集团公司决定：进军太行
山，开一处大展宏图的新天地！

　　河北省涞源县处在太行山余脉，京洲集团公
司在涞源县搞了一项"希望工程"。那是投资办
工业，使那里摆脱贫困走上致富道路的希望工程。
接着他们又选中了涞源县银坊镇玉皇沟村为投资
对象，由玉皇沟村提供场地、矿石，并安排本村
村民就业。由京洲企业
集团公司投资二十万
元，提供设备与技术，
建设京洲有色金属提炼
厂。这是玉皇沟村有史
以来第一家工厂。

　　在实施开矿炼金，
共同致富的计划中，大
稿人与玉皇沟人不仅收
获了客观的经济利益，
而且收获了深厚的友

开业现场

谊。京洲有色金属提炼厂落成之后，大稿村与玉皇沟又结成友好村。而邢仲山被聘为玉皇沟村名誉村长。

大稿村走出去了，更多的人来到了大稿村。九十年代大稿村的外地人已有一千多人了，大多来自河南、四川、安徽、山西、山东等省的贫困地区。

大稿村让他们每个人都能如愿以偿。想搞项目？大稿村为其提供一切可能提供的条件。马桥镇的范德龙原在本镇办玉器厂，后来不在本镇干了，找到大稿村。邢仲山拍板同意，马上拨出场地，玉器厂很快投产见效益。范德龙深为这种痛快劲所感动。

朝阳区的一个小伙子想在大稿村办一个电热器元件厂。仲山拍板："行。"小伙子去上海进设备，村里开始盖厂房。电工因为其他事迟迟没把电线拉好。仲山知道这事后便火了，把管事的人狠批一顿，并要求马上就去拉线。大稿村的规矩是：不许怠慢外来人。

来打工？欢迎！与大稿村的职工同等待遇，按劳取酬，而且统一安排食宿，冬天统一供暖。让他们吃得好，住得暖。有带家属来的或家属来探亲的，给安排单间。他们的小孩同样可以上大稿村的幼儿园、小学。村里还规定在这里连续工作八年的外地职工可取得大稿村的村籍，可以分到楼房。外地人在这儿能不踏心，能不舒心吗？来到大稿村不仅有对物质利益的追求还有精神的追求，他们在大稿村获得了幸福，他们就在大稿村扎根了。

也有不想在这儿扎根的，只想在这儿开开眼界，学些事，然后回去打天下，创大业，发家致富，造福家乡。大稿村对这样的人，来的时候欢迎，走的时候欢送。带动更多的人，更多的地区致富本来就是大稿人的愿望。来到大稿村的人，他们在这里不只是得到饭碗挣到钱，他们还受到良好思想作风的熏陶，学到了技术和知识，开阔了眼界。他们用自己的智慧、汗水为京洲集团公司的发展腾飞作出贡献；他们离开这里又将学到的技能，特别是大稿人优秀的思想、作风、传播到祖国各地。大稿村就像是一泓永远清澈甘甜的活水。

1992 年，邓小平同志在南巡讲话中说："走社会主义道路，就是要逐步实现共同富裕。"他对共同富裕的构想是这样的：一部分地区有条件先发展起来，一部分地区发展慢点，先发展起来的地区带动后发展的地区，最终达到共同富裕。

大稿人正是奉行"共同富裕"的宗旨，谱写改革开放的新乐章；他们坚持"共同富裕"的实践，使自身与他人共同获得巨大和永久的活力！

为了更高的追求

"科学技术是第一生产力"，没有科学技术的后盾，就没有企业的明天。面对越来越激烈的市场竞争，他们以往的"借船下海"、外请技术力量，为了应急而匆匆举办的短训班等培养人才的作法明显难以适应了。他们开始对企业发展具有长远意义的教育大举进军，大稿村要办大学了。

邢仲山也知道一个村要办大学并不是一件容易事。他只念过初中，后来的那些企业管理方面知识还是他自学的。他知道没文化或文化浅的苦和人才在发展经济中的重要作用。几年来，京洲企业集团公司先后选送过二十五名中层干部到大专院校进修，举办各种职工技术培训班多次。但是这次是自己办大学啊，困难能少吗！然而，他却胸有成竹。

邢仲山心高气盛，他有一个振奋人心的设想——"要办就办正规大学，国家承认学历的，蒙虚盖井的事咱不办！"他打算把企业集团公司领导至下属各厂厂长、副厂长及有关人员从头到脚武装一遍，等毕业以后以新的姿态出现在工作岗位上。

大家赞成，党总支一致通过。一个惊人的计划诞生！

邢仲山上中学时，有一位邵老师是当年的大学毕业生，如今在国家机械局成人教育处工作，他和国家教委联系密切。邵老师老家在无锡，当年逢年过节回不了家，冷清得很，是邢仲山把他请到自家，师生相聚，和家人一起过了一个虽不丰盛但很温馨的节日，感情相当融洽。

邵老师，上下一通奔走，国家教委批准，北京经济干部管理学院所辖的成人大学来了！

公司办公楼三层上的大会议室——通长的大黑板，与正规大学校

大稿村成人大学毕业班合影（1994年摄）

无异的钢木新桌椅；请来以经济干部管理学院为主的石教授、邵教授、林教授……都是资历颇深的专家学者。除指定报名的各级干部，还有不少青年职工，无奈教室有限，只好割爱，等着下届或参加经常举办的中专、技校培训班；学员入学前进行了资格考试，通过了五十二人，成为首届大专班正式学员……

邢仲山记得，大学开学那天，县里来了很多领导，还有很多前来祝贺的人。他们都盛赞大稿村人这一走向文明走向进步之举，祝愿大稿村这块土地多出人才，出高水平的人才，为全县人民争光。

邢仲山的感激之情要向一切支持过大稿村办学的领导和老前辈们表达，心中的千言万语化作精粹的短句："请各位领导、教授、同志们放心，我们要树雄心，立大志，闯难关，夺胜利，端正态度，严格纪律，用最优异的成绩向党献礼！"

开学典礼结束，一切转入正轨。原来着急的学习时间问题得到了落实，不搞零敲碎打，坚持每星期各厂公休集中学习一天，完成学制两年半课时。

他们所学的十三门课程是《企业概论》《实用企业领导学》《经济理论与改革实践》《管理心理学》《市场营销学》《统计学原理》《会计管理》《经济法》《计算机管理》《企业必备文书写作》等。

邢仲山也是这届大学的学员。

他反复强调这次强化学习的重要性，制定了

严格的考勤制度，由班长刘俊岭、陈志华负责执行。

参加学习的人里都是身兼几职的企业、村政、党政负责人啊，他们有多少大事要办！有的正在开发新产品，有的正在进行设备更新改造，有的正与外商洽谈新项目……恨不得学会分身术。

邢仲山严明纪律：必须把一切事情提早安排，必须坚持每星期五的整天学习，即使有天大的事情也不准错过。因私事缺课者，罚款一百元；因公事者罚款五十元……制度虽然是铁的，但学员们确实也有粘手的事儿。比如业务单位突然造访，事关重大，而又非你接待不可。就是因为实在难脱身，就有厂长经理们触犯"律条"了。为了学习，也是为了企业的明天，厂长经理们纷纷提前向业务单位说明原因，恳请他们"发发善心"把每星期五这天让出来。

别看他们每星期只上一天课，那一天的分量却是足斤足两，不掺一点儿水分的。晚上是学员们最要紧的时候。白天听了一天课，记了那么多笔记，又留了那么多作业，够您一星期嚼谷的。

1994年4月1日，京洲企业集团公司企业管理专业大专班学员胜利毕业。他们是十三门课程单科结业，科科过关，毕业论文通过，圆满完成学习任务。

当盖着"北京经济干部管理学院"钢印，签着校长名字的烫金毕业证书发到毕业学员手中的时候，他们的眼睛都湿润了。激动地抚摸着放光的大红绸面，一个字一个字默念自己的名字和大学的名称。

时代在闪光！农民在崛起！生命在昂扬！

邢仲山气盛，志比天高，恨不得满世界都留下大稿村的脚印……

京洲企业集团公司成立后名扬四方。这不光是大稿村人有了一块亮牌，重要的在于它推动并鞭策着大稿村一步一个台阶向新的高度攀登。

不过，邢仲山的头脑始终清醒。他们的京洲企业集团是由村办公司晋升的市级企业集团，是北京郊区县的第一家，输入了全国微机管理系统。

五个指头伸出来是权子，握成拳头打出去一个点！企业集团统一目标，统一行动，统一人力，统一资金。邢仲山对京洲企业集团

与意大利普罗英公司签订合同现场

的发展进行了准确的决策：一要搞高科技产品，二要发展合资企业。

高科技产品大稿村优先发展的是计算机开发和医药卫生制品。发展合资企业，这是他们早就看准的方向。是大稿村人以己之长补己之短策略。1993年7月，由大稿村京洲航空器公司投资并组织力量组装的"京洲一号"超轻型直升机诞生了！1995年新年伊始，京洲企业集团公司与意大利普罗英公司一项共同投资二千万美元开发生产新型建筑门窗材料的合作项目谈判成功。双方正式签定了合同，成立"北京依美思建材有限公司"。

改革开放，建立具有中国特色的社会主义。邢仲山的确是个有胆有识的改革家。他主持工作以来使大稿村的面貌不断变化，到了九十年代初，大稿村已成为远近闻名的先进村，令人瞩目。

大稿村人在邢仲山的带领下，创出了一条扎扎实实的成功之路。对于大稿村的发展，邢仲山有着自己的目标：未来的大稿村将是一个产业更加兴旺、生态更加宜居、村风更加文明、治理更加有效、生活更加富裕的城市新型社区。

2019年，经换届选举，新书记走马上任。老书记邢仲山虽然退了下来，但仍心系稿村百姓，时刻督促着新书记的一言一行，叮嘱他做任何重大事都要同村民代表商量，股民分红逐年递增。

节选自《大地的回声》（刘祥 郑建山 刘康达）

我的父亲周良

■ 周伯余

2017年5月14日凌晨两点三十分，潞阳周良先生去世。他生前走过的足迹印刻在通州这片土地上，他的音容笑貌也永远留存在历史研究者以及运河文化界人士的记忆中。那一刻，全家人都在悲泣中将他永远凝记在心中。

当今，大多了解通州历史、运河文化的人都知道周良这个名字。周良是笔名或是书名，他的真实名字是周庆良。

周良是我的父亲，了解或知道他的好友，再或者得到他指点和帮助过的那些人，皆会给予他极高的评价，称他为通州历史、运河文化专家和老师。在2015年，通州区选通州区社会"十大文化名人"，我的父亲也位列其中。但据我对此平台的观察与耳闻众议，其他的九位，大多具有不凡的资历，可我的父亲却是凭借着自己对深爱的家乡通州、深爱着的通州人民群众、深爱着的通州历史和运河文化极其负责的角度，靠自己的勤奋学习、勤学苦练、勤奋积累而取得这样的荣誉。这是一种实实在在的荣誉，更是用他的毕生心血换来的荣誉，因通晓通州历史文化而获此荣誉，对他来说份量很重。

与他交往或交谈过的人都说他对通州历史和运河文化作出了重要的贡献。那么，他所作贡献的发光点在哪儿呢？也就是说，他对通州历史和运河文化作出了哪些重要而且突出的贡献呢？

第一，他在工作精神方面给后人留下了宝贵的经验财富。

他每当听到哪里有出土文物，便会背起照相机，拎上挎包，挎包里总是装着笔、本，还有盒尺等用品，第一时间赶到现场，为文物留下最原始的信息记录和影像资料。如果把那辆局里配发的永久牌自行车比作他的双脚，那么他所带的笔和本就如同他储存知识的大脑，还有那支（部）海鸥牌135照相机，就像他那双准确有神的眼睛，记录下文物的影像资料，这些信息经过精心整理，传输到他的脑海里与心坎上，再转化成各种文物知识流溢在外，或储藏或成就在书本中。

他深深地知道，要挑起通州文物保护工作岗位上的责任和重担，首先就要去了解和摸清域内现存文物古迹的现状和大概情况。他下定决心，干事要干好。怎样才能算干好？那便是——自己应具有"干事要讲究，一杆子打到底"的精神。于是，他立即设计行动计划，骑着那辆永久牌自行车，串遍了通州域内524个村落，还有州城内174条胡同与街道。渴了，喝些机井水，饿了，就啃些馒头吃。什么年间，出了档什么事儿，在哪儿发生的；哪儿出个文物了，什么年代的；包括馆藏文物随便拿出一件来，他都能脱口而出，准确无误，分毫不差。运河漕运文化当中的漕运船只、漕粮仓储、漕帮内幕、漕政瑕疵、运河自然史地学说，他都了如指掌，一清二楚，总会出口成章。他怀揣着爱通州、爱家乡的一腔热忱，讲述着通州这些历史与运河文化。这是由于他在工作中专注学习，深入研究，长年积累而成的结果。他深知，只有认真深入地学习文物知识与亲见文物，才能够了解和掌握文物古迹方面和其身上所具有的一些性格、血肉、筋络等架构，文物古迹才能够同人类一样主动向你全身心倾吐交心之语，或者形体之语，而你才能顺理成章、随行就势地去探索与研究它，以此才能抓住文物主动脉，开拓思路，阔步前进。

第二，他研究与保护文物的精神思想。

他虽然仅是通州文物管理所一名所长，但是他知道这个岗位的重要性，关乎整个通州文物的调控管理，关乎通州人民对文物和传统文化方面的继承和发展，以及合理建设与利用。他在广博的书籍和记载运河的资料中研究和探索，争取在有限的时间内，将家乡的文物古迹资源系统地总结和整理出来，为通州历史文化与运河文化留下深蕴浓厚、丰富多彩的文字资料和史料资源。

他研究北泗河、探究元代通惠河走向、钻究汉路县县城遗址范围的确定、学究北齐土长城遗址等。研究历史，他可举一反三；记述与叙说历史，他有着实事求是的精神。

研究与记述历史是对历史进行科学的分析，是通过对文物和古迹在历史上的客观存在进行记述与研究，挖掘真相以及其内涵的时态存在发展变化的整个过程。在他看来，历史就是历史，历史不容戏说。总之，历史就是过去存在过的事实，戏说历史终归不是历史，这是父亲真实对待历史和辩证唯物主义的一种正确态度与坚定的立场。

当然，历史研究向来存在争议，今天学术界对通州北齐土长城的认识仍旧存在分歧。对于父亲周良来说，南关窑厂的此段黄土岗倾注了他的心血。参考众多历史书籍和出土文物进行论证，他坚信自己有能力去证实，那就是通州最后存在的北齐土长城遗址。最终这是他经过反复认真实地踏堪，费尽千辛万苦去证明而得来的一项研究成果，同时也给后人留下了宝贵的研究资料，留给了后人对于文物研究那种坚韧、执着、认真的精神。

在文物保护工作中，在各个工作环节，他都具有随时为保护文物献身的精神。1998年，通州张家湾村西北建六环桥，在"曹石"（曹雪芹墓葬刻石）出土地取土，发现距地面半米深处，有三、四米宽灰土夯层。在最后了解那是连接坟围南边金水桥遗址和坟围中灰砂砖井的一条"灰土夯道"，厚40厘米，应是下葬时所铺。在这个过程中，他便依法要求掘土机停止工作，让他们通知其上级负责人，前来商量保护遗址问题。在机手坚决不停的情况下，他只身爬入掘土机斗，迫使其停机，后又配合文物部门彻底调查清楚灰土夯层的情况。如果没有为文物保护献身的精神思想，没有果敢的作风以及巨大的勇气，就不会得到这条夯道的全部情况，漏掉了这样一条极有研究价值的历史信息。

这种点滴的积累和坚定的信念，促成了他勇于担当、保护文物的崇高精神。否则也不会成就那些饱含着他经年积累、倾尽毕生心血铸就的研究成果之书。

第三，辉煌的个人成就，让后人难忘。

历史的车轮总是向前转动的。父亲的一切都将永远存留在历史的长河中，点亮着自己，影响着后人。

父亲虽然离世了，但他在通州文物保护前沿工作时执着甚至堪称固执的个性，还有他获得的那些个人成就，却永远地存留在世上，实实在在地留给了后人。他的那些荣誉、称号，以及其他类证书都放在满满当当的一个大纸盒里。他喜欢篆刻，喜欢书法，那些在国内书法篆刻方面活动中多次取得的奖牌都挂在了他生前喜欢的百宝阁棱上。他那靠自己心血凝结而成的著作与个人记录本，以及那些承载着厚重知识资料的卡片放了整整一书架。还有他没有用完的章料留在多个整理箱里。

1985年，他应邀参加在福建泉州举行的全国李贽学术研讨会。1986年与1989年两次荣获国家文化部授予的"全国文化文物保护战线先进个人"称号，并获颁证书和奖牌。2008年8月，举世瞩目的北京夏季奥林匹克运动会开幕，当奥运火炬传递到通州时，通州的百姓与古老的运河水都沸腾了，北京电视台热情邀请他接受采访并实况播放，他向世界讲述家乡历史，弘扬运河文化，赞颂那些在通州备受崇敬的建设者。他一直秉持"搞城市建设一定要考虑到古新结合建设"的理念，古的该保留保留，新的城建该建得建。

通州历史上，应从辽金时期才算真正开始逐渐繁盛，人文、地理、自然、社会、政治、军事、经济、交通、农业生产等各个方面的水平与发展皆有大幅提升，明清时期进入全盛阶段。因为通州自古地理位置就极其重要，它是首都北京的东大门，军事港口，战略要地，又处北京小平原地带，人口居住较其他郊县密集、村落多。在通州这块土地上本该相应地留下众多文化文物古迹。然而，根据通州地区这种特殊的社会环境情况，在历朝历代的变革中，外加人为与自然因素的摧残，许多文物古迹已经淹没在历史的长河中。

有一次，我与重病住院的父亲聊得很投机。我趁着他心情好时问他：您对咱通州的古建筑哪处印象最深最好？于是，他向我介绍了通州最大，保留最为完整，精工细作的三进四合私宅——"程家大院"的情况，还告诉我最为可惜心疼的是"抗日起义指挥部"的拆除，刚刚修葺一新的那座关于通州人民对敌抗战具有革命重要标志性意义和重要历史价值的古老建筑，在新城建设的大潮中永远地沉寂消失了；还有东关大街北口路西完整矗立的"潞河古驿"门楼等等，其结局都令他扼腕叹息。

我还向他讨问过一个话题，那就是您从开始至收笔，在您撰著的这些历史文物书籍之中，哪本是您的得意之作？他很有自信地张口对我说：《通州文物志》是我写的一本比较认真得意的作品。我对他说：您想知道我对您所写的那些书中，哪本给我的感觉最好吗？他用真实听问的目光看着我，凝视着我。他开始猜测地对我说：是《通州文物志》？《通州文物古迹》《潞阳杂叙》《潞阳遗韵》还是《记忆——石刻篇之一》？我告诉他说：您说的都不是，给我感觉最好的是您写的那本名为《通州地名谈》的书。看着他恍然大悟的表情神色，我便接着对他说：这本书则是您所写书中最为脍炙人口的一本，题意新颖，写的内容也很好，引人入胜，受到广大读者的喜爱。在半年多的时间里，此书馆藏不见，或销售门市皆已售空，然而直到现在，还仍然有人急于寻找此书去珍藏。

接下来，他向我讲述了撰写此书背后的一段不同寻常的故事。当时，通州规划部门设置了一个"地名村名"办公室。不久，招来各单位人员和相关专家向全通州的村集体、单位发布公示，核实与确立村地名并召开会议。当时，一个市里来的专家特意举荐我父亲的参考意见。

后来，父亲还告诉我，最使他下功夫的是《记忆——石刻篇之一》那本书，是他翻乱了多少次古文字典，费尽心血著成的。后来，该书参加了全国优秀图书出版物的评比活动，获得评委会同志的肯定。

这就是他的工作和生活，这就是他崇高价值观的体现以及个人对于社会的重要价值。

如果说，刘绍棠是以文学作品传播着运河情感和运河乡情，那么父亲周良则是以讲述史实将运河历史与运河文化远播海内外。他们都是运河精神的实践者、倡导者、传播者。

第四，潜移默化的民族传统教育。

"子不教，父之过"这句古老而传统俗成的三字经文，我是深深地在他身上感受和观看到了。它很早就扎根在父亲年少时的心田里，以至于他在生命的成长过程中，所有的行为举止皆被这些传统思想意识所指引。他从小就知爱家，他说他十一、二岁的时候，家里很穷，人口又多，他是家里孩子中的老大，每逢上学前，都早早地起来，搂筐柴禾，或者是捡筐爹头（秸秆根）背回家，为祖母减轻炊燃之急。家里粮食时常接不上趟。有一次，他身背背筐，手拎小镐，兴冲冲地到老窑洼捡红薯。可是翻秧子出过红薯的地，早已是草木皆非，哪有好红薯可捡。捡了半天，也只能捡到一些较大块的红薯须子。正在他大汗淋漓、歇手直腰擦汗的时候，恰巧被放牛路过此地的一个村民看到，看着筐里的红薯须嘲笑道：想当年，周家富绰一方，没想到现在竟也捡吃上这个了。这件事给了他极大的刺激，从那时起，他暗下决心：要上好学，读好书，将来有出息了，有能力了，一定要把这个大家挑起来，撑起来，换个崭新而让人看得起的面貌出来。于是，在这个激励作用下，他的学习成绩始终名列前茅，并且连续三次跳班学习。他实现了自己的承诺，扛起了小家，扶正了大家。每提到此事，他仍激动得老泪盈眶。

他不仅爱家，更爱国。他在牛堡屯中学读的初中，毕业前夕，赠与他最为亲近要好的同学康志义一个笔记本，翻开这个笔记本的扉页，有他用楷书繁体书写的"為建設共產主義事業而奮鬥壹生"两行十四字，最后落款"慶良"，时间为"一九六三年四月"。从这字里行间中透露出他对自己未来充满美好的向往和憧憬，又有对同学、朋友间寄予的感情和希望，从中相互鼓励，励志为报效祖国，为建设家乡作出自己最大的贡献。工作以后，有一次因工作需要，接待抗日战争时期葬在通州的日本侵华罪犯头子"奥田重信"的后裔时，他牢记家仇国恨，坚决反对并及时阻拦对方的过激行为，维护国人的形象，维护国家的尊严。

他的爱国情怀体现在学生时代，体现在工作中，也体现在日常生活中。2008年5月12日，四川汶川发生8.0级大地震。此时，他已退休，但他仍坚持以一名老党员的身份，向上级组织主动捐赠"特殊党费"，积极援助灾区人民。他始终坚持"得道多助，失道寡助"这句话的理解与认识。

在他的作品里，传统的思想观念和国学思想在他的行文中迸发四溢着。有些人对他的文章中带有"之乎者也，乃哉矣焉"之风感到不解，暂请不要轻易说"不"，我希望大家对他文中出现此种现象有所理解。在我小的时候，经常听到他在我祖母和我母亲面前充满感情地朗诵古诗词、古汉语句，不仅给祖母带去欢乐，也赢得母亲的满心欢喜和爱慕。在他经常翻看的古文书上，有些名人名句，或者他很感兴趣的句子，他都一一用红笔勾勒下来。不难看出，他对传统的古诗词和古汉语以及古文字有着非常之擅长的兴趣和爱好，时间长了，便自然而然地形成了自己行文的特点与特色，形成自己独具的文风。

他的性格以及他所具备的专业知识、能力和工作态度，让他成为一名合格的文物保护、研究和发展利用的工作者。原通州区文化委主任，市文联杜主席在我父亲去世后的第一天就前来悼唁，他惋惜地对着吾父遗像说："周老是一个不错的人呐！他很正直，也很诚信。这样一来，他一下子把知识和学问都带走了，不留丝毫。通州就缺少这样的人啊！"

父亲已经离我而远去了。在他生前，我总设想这样一个计划，趁着他在事业和成就上阔步向前之机，自己多跟他那儿学习一些知识与技能，待我自己功夫扎实和能力稳定之后，爷俩共同，齐心协力地为通州历史和运河文化再作贡献，形成父子组合，成为通州文物工作战线上的"父子兵"。但他后来一直受重病的折磨困扰，以及他习惯的"家长作风"所限，他也许并没有发觉和体会到作为儿子的我，这种心里感受，于是，我的这个长远计划就这样戛然而止了。

1992年5月，周伯余与父亲周良在县博物馆合影

在很长一段时间里，他的身影、他的笑脸、他耐心的教导以及他坚强抗争病魔的神态都时刻萦绕在我眼前。每当想起这些，我的眼圈便随之红得一下乌蒙了。

那天晚上，我做了个梦，在梦里，我们父子之间一块儿聊得与往常不同，反倒很开心，内容除了叮嘱家训类的话之外，皆是一些通州历史、文物古迹的保护和运河文化现在的总体情况，文物保护事业在未来新环境下的状况、前景或发展。他还是那么的关心与关注，那么的执着，那么的健谈，那么的……

（周伯余，通州区博物馆文保部人员、档案室馆藏文物档案信息输机员）

我与周良的跨时空交流

——周庆良家人访谈录

■口述：田秀凤　周伯余　周伯枢　整理：徐　畅

　　周（庆）良，通州历史文化名人，用周良儿子周伯余先生的话来讲："在通州，只要是这个圈儿里的人，没人不知道周良。"这话一点不假。连我这个与周良先生从未谋面的晚辈都知道，通州有这样一号人物：研究文史、踏查文物、调研采风，骑着自行车，跑遍了通州的大街小巷，风雨无阻，就连通州大地上的花草树木对他都已熟知。而我与周老的缘分，却是跨时空的相遇，他的精神和信念与我如影随形，时时刻刻影响着我，为我的史志事业树立起一座永不磨灭的灯塔。趁着这次编修《醴润梨园》，我想表达一下我对周老无限的敬意和怀念，以示缅怀。

　　我第一次听说周良这个名字，是在 2018 年编修《潞城

周庆良

镇志》的时候，作为一个外乡人，要编史修志，除了查询档案、文献，就是要采访座谈，找当地的老人、名人。负责该项目的杨继华女士带我们编修小组来到了岔道村的一户人家，也是对我们编修工作立下了汗马功劳的一位前辈——马景良先生家里，马老师像倒谷子一样把潞城的文史如数家珍似的娓娓道来，旁人插不上话，我只有静静聆听，细心记录，我望着笔记本上记得密密麻麻、星星点点的信息和线索，如雨后的鸟儿扎进迷雾中，辨不清方向，这时，一个名字在耳边响起："周良写过一本书，我给你拿。"马老师拿着厚厚的一本书走过来，我定睛一看，是一本《通州文物志》。"刚才说的那些，这本书上有的都有。"这是我第一次听说周良这个名字。而后每每再到马老师家里，谈到哪个话题，说到哪个线索，他都会把周老的名字搬出来：当时，周良研究过，还来跟我探讨过，可惜这人现在没了，要他在问他，铁定跟你说得详细着。马老师常跟我说，周良老爷子是通州文史专家，是"通州通"，也是通州活地图，没有他不知道的。

再后来，在走街串巷的调研工作中，周良这个名字，听过几十次，甚至上百次。几乎每到一个乡镇，都要听很多人提起。一个乡镇几十个村，每个村要开展几次座谈，每次座谈都要有几位老人，大部分村里都会听到人说：当时，有个叫周良的……甚至，有的人说不上名字，只知道周，什么良的人，有时，我就会搭话："周良。""对，就是周良。"我很高兴，就像我认识周老一样，周老就是我榜样。2021年编修《乐和台湖》了，我有幸又参与其中。很多人提起过周良。2022年写《潞城地名规划》，要到各个村挖掘老地名，这次是按村委会走访，把老人约到村委会，上到老支书，下到老人，也说，之前周良来了解过沿革，还写过……

"……河广且清，舟楫之胜可敌长城之雄，巨舶十数艘……不见潞河之舟楫，则不知帝都之壮也……自通州至皇城四十里，铺石为梁，铁轮相搏，车声益壮，令人心震荡不宁……"已故通州大运河专家萧宝岐先生常为我们吟诵清代朝鲜著名学者朴趾源在《热河日记》中记述的通州漕运奇观和京通间陆路运输繁盛景象，他那雄浑沧桑的嗓音，诵起来铿锵有力、气势浑厚，再加上一张饱经岁月洗涤的脸庞，特别有京派，他说："当初，周良告诉我'你把这些都背下来，讲就行了'。"我们都知道，萧宝岐先生生前在大运河瓷画馆给众多来访领导、嘉宾、观众讲述大运河，讲述瓷画，讲述通州的历史，信手拈来，神采飞扬，引人入胜……都离不开他昼读夜看大量的古籍、通州文史，尤其是《周良文史选集》（萧老生前曾告知于我）。周良生前曾告诉萧宝岐，你把我写的这些都背下来……萧老是一个多么认真的人儿呀！"点灯熬油"的，经常到后半夜，"通州，通天下之州也。州通天下，有赖于舟；舟行天下，有赖于水，水贯流而为河。三千里京杭……"就连王梓夫先生的《通州赋》，他也是张口就来，还能脱稿背诵，我想，这也离不开周老这位向导吧。有多少人，是通过周良了解通州，有多少人，是通过萧宝岐了解大运河，周良先生影响了多少人，而多少人又彼此影响着，我想这也是通州文史的精神，也是大运河精神吧（萧老生前曾和我探讨过，到底什么是运河精神）……包容、无私、大爱、奉献……周良先生隔着多少人一直影响着我，是我工作中的一盏指路明灯。

2023 年，我接到编修《醴润梨园》的任务，和编修团队马不停蹄地开展了下村调研。在走访到第四个村东小马的时候，我与周良先生跨时空"相遇"了。东小马，是周良先生的家。在这之前我就听说周良先生家住东小马，但没想到这么快就到了东小马，我们商讨了采访的思路，鉴于周老已是通州文史名家，无人不知，我们决定从周老的平常生活入手。东小马村宋利成（周良外甥）给我们约在了周良的家中。

2023 年 2 月 24 日下午，我们如约来到东小马村周良先生家中，接待我们的是周良的老伴（田秀凤），一同来的还有周良儿子周伯余、女儿周伯枢。谈起周良，众人侃侃而谈，在讲述桩桩往事中缅怀周先生。

谈工作中的周良

采访组：周老先生工作上的贡献已经有很多记载了，我们就聊聊周老生平，生活经历，补遗一些大家不知道的。周老是什么时间参加工作的，做哪方面的工作？以及工作中发生的一些琐事。

周伯枢：参加工作是在六三年，师范毕业后分配到北海户屯，在一个庙（古吉祥庵）里，教了八年书。

70 年代初期，因为教学工作突出，他被县教育局举荐去北京市东城区编教材。报到时，穿着一身打补丁的衣服，拆拆补补多少年了，脚上是集上买的大头靴，人家别人穿的都是皮鞋。当时，跟东城区的一名女老师较劲，说谁写得好谁就留在那儿，老爷子才大，也就是说他写得好，分儿也高，本来可以留下，但是却没被领导重视，因为人家觉得他穿着打着补丁的衣服和鞋，形象不好。

1973 年，他申请支农，一直到 1976 年。支农期间，他与群众打成一片，不怕苦，不怕累。现在在世的与父亲同龄的老人提起父亲仍然赞不绝口，当时乡政府都想留父亲在那工作。

周伯余：七六年，他在田府支农时在一个土井里救了一个小姑娘。那时候，家家户户都有大园子，园子旁边都挖有土井，土井不太深，挖两三米深就出水，井口挺大，也不是砖的，全是土的，这土井挨着道，就是浇园子用的。有一天，他去那边干活路过这口土井，老远就听见有人在叫喊"救命啊！救命啊！"他走近井口一看，是一个姑娘。他头脑一热，什么都没想就跳下去，结果也没救上来，因为手上什么都没拿。他就对那位女孩说"我托着你，你继续喊……"这姑娘就接着叫喊，就被这村里人听见了，然后就有人过来，拿着绳子栓在一边，从上面递下绳头，系在腰间，开始往上拽，就分别把俩人给拉拽上来了。

在张家湾张辛庄支援三夏的时候，他领着一帮知青劳动。休息的时候，他就给这帮知青讲故事，讲水浒、岳飞传、杨家将，大家都围坐在他旁边，讲得有意思着呢，个个爱听。

田秀凤：麦收时候挺累的，他还申请去讲课，讲两个多小时不重样。我说，你这是毛泽东时代好青年。生儿子（周伯余）那年，他干完农活到西洼子逮鱼时把脚丫子给扎了，人家把打农药的瓶子扔到了沟里，他逮鱼时一脚就踩上去！我干活回来的路上，正巧遇到他刚从牛堡屯卫生院回来，坐着他（周伯余）大伯的马车，脚上一道血口子。我瞅着直心疼，想想就害怕，多疼啊。他个矮，又什么都积极，脏活累活他都干，他不怕脏，什么都不怕。后来他就被调到文化馆管文化了。

采访组：哪年去的文化馆？在文化馆干了多长时间？

周伯枢：当初，他编了一段时间教材就回到通州，被安排在教育局机关，后来去的文化馆，再后来又去管图书馆和电影院（新通电影院）。八一年，国家要建立一批区县级管理文物的机构，北京市通县文物管理所就成立了，我爸爸被安排在文物管理所，他当时是第一批。他的办公室在原来的工人俱乐部电影厅后面，文物管理所一共三个房间。一间装文物，一间是姚大爷（姚景民）的，一间是爸爸的，生活起居都在那。

田秀凤：在工人俱乐部的时候，中煤气险些死了，后来退休后还被车撞过也险些死了，拣了好几回命。到家后家人都害怕，激动得直抹眼泪。人说事不过三，过了三，就死不了了。

采访组：听说老爷子当时骑车跑遍了通州，请您讲一讲。

周伯枢：那会儿几十块钱买的一辆车，骑着去（文物调查）。只要他一到家，我们就偷着推出去掏裆骑。有一次，他出去调查，连人带相机都掉坑里了。下乡干活，支农，他凡是去这村那村，这树那树的都作记录。

还有，在牛堡屯公社三间房大队一个稻田边上，他去找文物，给文物照相、取景，文物的地点和马路隔着一段稻田。于是，他把相机挂在车上，车就倚在道边也没落锁，就去看到底有没有这个文物。这个文物到底有没有是另一码事，回来车和相机都没了！

通州五百多个村他跑了一遍，都是用自行车轮子一米一米轧出来的。不管是哪个村、哪个地方有什么文物，不管是古树、古井还是石碑，只要考察过两次，什么文物，什么时间他都记着。地上的、地下的都在他脑子里，人都称他是"通州活地图"。就是他自己的健康方面，太糙了。他不光是了解文物，还了解历史，他出版过一套《通州地名谈》。

采访组：您最开始就是帮周老整理古钱币，慢慢接触到文物的？

周伯余：他当时说你弄这方便（容易），让我将，给他帮忙整理通州出土的那些古钱币，我就一边整理一边看书学习。本来我也很喜欢文物。南火垡西南有一个土岗子，每年春天，村里都有盖房的从那取土，

周伯余整理的宋代古钱币（藏于通州区博物馆第四展厅）（2023 年摄）

一取土就挖出点坛子、陶瓷、陶器，我逐渐就喜欢上文物这块了。那时候，南火垡、样田、新河这带拐角一线，是潞县边界，新河在一七年出了一个地界碑——潞县界碑。现在，碑在燃灯塔景区那儿保存着。

采访组：在多年的文化和文物工作中，周老有什么与众不同，或者说有什么特别之处？

周伯枢：他的知识都是在图书馆积累的，贯通知识体系也都是在图书馆。师范属于中专，后来国家让往大专升，再考本，这个在当时其实都非常简单，成人的高考在当时其实都非常简单。他也不考，依然我行我素，保持本真。

在文物工作方面，他作出了一些主要事迹，我们通州区出版的《德耀通州》（2017 年）"通州榜样"头一篇，就是说他在工作方面的一些事迹，有影响的、大的事都在里面。

宋利成：老舅（周良）绝对是个好人，做事从不考虑自己，就愿意深入基层，最朴素的那种，好奇心比较强，说下乡就下乡。他干什么就认真学什么，从文物研究所到通州博物馆，老爷子参与并见证了整个的建设过程。在老爷子之后，通州博物馆系统还没有一个人能像当年老爷子那样，把每一件通州文物都如数家珍。不说通州文物，对博物馆现在那里面的文物，还很少有人能如数家珍地把它们的历史、来龙去脉记忆得那么清楚。

老爷子非常了解咱们这儿的历史，所以不管是上级，还是国外的一些团体来到通州，老爷子讲历史，讲故事，来介绍通州。当时日本有一个叫安田的人，表面上名为友好的使者，实际上做了很多对中国不利的事情（指棉花事件）。在小街发现有一个碑（日本侵华罪证碑——安田碑），后来有一个团体来通州要找过去的与日本（相关）的东西，他可能知道有那么一个人，那么一块碑，找着了还要在那儿祭奠。老爷子拦着不让他祭奠，说："这是中国的地方，你（先人）是侵略者来的，你还跑我这儿来祭祖？！"当时就被老爷子拦下了。他就这么爱国，他是很正气的！他生活当中很简朴，对艺术追求也很执着。对于爱国这个事情，老爷子做得真好，他知道中国人的感情在哪。

田秀凤：政协文史委的程行利主任，就恨自己与周良相识恨晚。

采访组：周老退休后平时都做些什么？还继续写书吗？

周伯余：像《记忆——石刻篇之一》《潞阳遗韵》都是他主编的，生病以后还写了《漕帮秘籍》，现在已经出版了。他自己撰的有十二本，与人合著的也得有十本。他的书都捐出去了，因为我跟我父亲是一个想法，他出书的目的是为了育人，不是为自己树碑立传。所以我捐出去了，自己留得很少，目的就是共同分享。就说这历

周良在家中写作

史信息，资料也好，文献也好，对今后研究的这些人是有用的，信息资源共享。

他去世前在医院跟我说，还有一本书没有出。后来，我从他自己写的那些手稿里头找出了这本书，书名叫《我的童年》。主要是写他小的时候在老家南火垡，就是说，从小时候记事开始到他上中学这一段所看到的，所玩的，学习的，所干的一些劳动，一些回忆，记述了从他知事开始到中学毕业考师范之间的事。然后，他写活计怎么干，为什么写这本书，就是说他的这种劳动，对于现在的这些少年儿童有帮助，有教育意义。

谈周良读书，篆刻，诗书

采访组：周老在考古方面取得的成就比较多，也被大家所熟知，对于他生活方面的事情，大家知道得还是比较少，除了工作，周老平时在家都干什么？

周良篆刻《三字经》及刻章所用工具

周伯余：在家主要就是看书学习。平常他看的书挺多的，历史，通州历史，还有与通州历史有关的文化方面的书，因为他搞的就是通州的文化和文物相关的工作。他就是看一些与他工作有关的书籍。剩下的比如说，他爱好齐白石的篆刻。篆刻了一个"蒙学"册子，《三字经》《千字文》《弟子规》《二十四孝》系列。这个篆刻，他也很有功底造诣，甭说造诣，

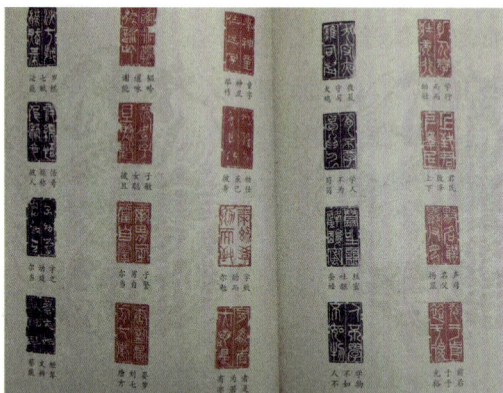

就是很喜欢，也有自己的作品。那时候篆刻的作品，现在已经捐献给通州区图书馆，在九层有一个专柜，还有他刻的印章。我捐的时候记得有一小本篆刻作品。

位于通州区图书馆九层运河文献资源中心的周良专柜
（2023 年摄）

还有，他喜欢研究和练习书法大家的书法（字贴），比如齐白石的。也临摹书法，一开始临的是隶书，后来慢慢地发展到字体上形成自己的风格，什么风格呢，就是说（在一幅字画当中）既有隶书的味，也有楷书的味，还有他别具一格的竹节篆的篆体，这在咱们北方地区可能也是一个很少有的风格，就是他每一笔当中都显示出竹节的那种效果，自成一体的样子。他自己说，章法应不掩（盖）袭（扰）书法，书法又不影响章法的（周）正。互相匹配，相互融合。就留这么一幅比较好的（作品），叫《山高水长》。其它的都赠人了，都是一些应制品。

他的诗词也可以，咱们通州梁各庄那的瓷画馆（大运河瓷画馆）门口处挂着一副对联，在当时来说（也有影响）："千年漕水连南北，我为北首，方有名城歌首善；百里长街贯东西，此是东端，

周良竹节体书法——《山高水长》

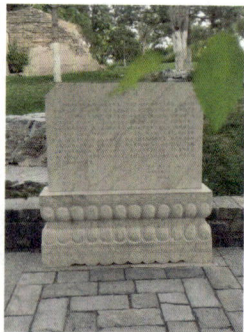

大运河瓷画馆入馆处周良题的楹联(此次谈话后摄于运河瓷画馆)

杨家洼菩萨庙碑刻

西海子公园内的"塔榆"碑

已为胜地颂辉煌"。

还有，西海子公园里"塔榆"旁边立着一块碑，那块碑就是我父亲撰的文。包括北杨洼庙里的碑(《重修菩萨庙碑记》)、佑胜教寺里的碑(《重修佑胜教寺碑记》)都是他撰的文。

平时尽登报写文章，一般都是《北京晚报》有(登)他的文章多。参加全国书法比赛，给邮过去基本上就得奖。就是说一七年五月十四号(周良去世时间)以后，不知道(去世了)的书法比赛(这些个征稿函)还往这儿使劲地寄信，寄邀请信，邀请他去参赛。这些我都应该给他回信，但是我没有做到。能力不成，精力赶不上，真的。

田秀凤：家里什么事都不管。那会写书，他一进家就写，我叫吃饭了，才出来吃饭。我这人在家里也没什么文化嘛，他写什么我也不

周良荣誉获奖证书收集册

知道，俩个说不到一块儿，他写什么我都不妨碍他。也不让他干这干那的，让他专心一意干，别人也说"你的功劳也不小"。

周伯枢：生活当中，柴米油盐，不用我爸着急，我妈都给安排好了。要我说，他写那些书，有一半功劳是我妈的。家里边大事小情、做的决定，我妈这儿给他摆弄，让他多做点贡献。

单位上班回来，我什么时候去那儿（指书房），（他）什么时候都在看书，就是每一分钟都在书里面，一点功夫都不耽误。我妈老叨唠"没别的事了，真是的"，一进门放下书包（手提书包）一进屋就写，就坐下看书了。我妈喊"老头子吃饭了"才起来吃饭，吃完饭又回去了，特别（专注）。我妈喜欢唱歌，他没事就和我妈一起唱一些革命歌曲，像什么《大海航行靠舵手》。家里的小事不管，大事也和我们商量，主要是大事做主。我爸爸有病的时候就老说这话，说你妈妈不容易！这辈子够辛苦的。

谈传统教育下的周良

采访组：今天我们过来主要也是想多了解周老生前生活方面的事。

周伯余：在老家的时候，我就记着他特别顾家。每个月开支后都给家里一点，逢年过节也给我奶奶一些。每天一回来，先去看我爷爷和我奶奶，然后回家。爷爷有什么毛病也先跟我爸爸说，我爸爸就带着看去。他对我仨叔一姑也非常好，弟弟妹妹好几个，我爸就以长兄如父的爱去对待弟弟妹妹，以前都讲究"长兄为父"，我父亲他顾家顾得……真是和父亲一样。

田秀凤：就说老家的房，他没跟我说就给他老兄弟了，后来我说人家都有点祖宅产，咱们都没点祖宅产。他说，五间上房，两间厢房，人家给了一千块钱。现在不管谁家，谁的孩子不争房？（他）就是憨厚。要我说，他生活方面，也有一方面（不足），他爱吃什么，就是剩粥，一早上起来吃凉粥，我说喝着多凉啊，他吃得香着呢。反正冰箱里搁的东西随便吃，这都对人身体不好，他也不懂。

宋利成：老爷子憨厚，生活很朴素，不把财物当回事。就是专注在他自己的专业之内的事。老爷子真是没有把自己的身体考虑进去，总是把别人的事、公家的事放在前面。

周伯枢：因为老爷子在博物馆上班，是一个干部，别人都以为我们家多富裕，实际上，我们家自九二年搬迁，除拆迁款外没有其他的，他也不会走后门。我爸爸在通州也算有点名望，我在劳动局当保洁，我干我的事。有一次，我遇到我父亲生前在书法界的学友，说起当年有一次在张家湾办公的时候，中午吃完饭他怕浪费粮食就打包，桌子上还有一瓶没喝完的雪碧，他说拿回去给孙女喝。学友说，您再买一瓶多好，不就是加一个菜钱的事吗！父亲不同意，他说"不能这么做，虽然这是为公家办事，也不能利用公款。"大家欲言又止，心里更加敬重我父亲。通过这么一件小小的事情，充分体现了他大公无私。多么正直的一个人。

采访组：周老生病之后还有没有再刻章？

周伯余：生病后刻不了了。章都捐出去了。三间房部队的一位干部喜欢收藏，收藏了他的一套刻章和他生前书画界好友陈玉彪先生送给他的一副留作收藏的十二钗精品画卷。刻前都是去琉璃厂买章，刻《千字文》还是《三字经》，刻了一套，他可能捐了。

周伯枢：我父亲平时特别慷慨，谁喜欢什么就送，最后连自己的书法都没留下。就那副《山高水长》的字画和两册《书法荣誉册子》，也是后来要回来的，不然的话家里什么都没有。2008 年，他写的关

陈玉彪画作：《周公著书图》（2023 年摄）

于奥运会的字被中央电视台拍了六万，钱直接捐给汶川了。当时说要捐款，他把2000元作为特殊党费全都捐出去了。

采访组：九二年搬迁到东小马后和村里人的关系都处得比较好。老爷子为什么和大家关系搞得这么好？

宋利成：他来了以后立马融入到这个村，当时他也是通州的文物专家，说大点（北京市）也是有名的。这么有名的一个专家到东小马来，马上就融入到百姓当中，很平易（近人）这个人。

周伯枢：老爷子脾气真好，老笑呵呵的。有一次，我父亲在去平房喂猫的路上遇到一位邻居，他刚装修完房子，跟老爷子说，请您帮我写一幅字。就那么一说，可是我爸记心里了，写完让我给人家送去，人家说，再请老爷子写一副，我父亲就又写了让我送去。后来，邻居说"这老头子真是的，我就这么一说，没想到他真给写了。"对方打心眼里感激我父亲。咱们村都知道和他相处处得实在，他走的时候这村里人几乎都来送别。

我姑周秀敏，生病时在村里姚大夫那扎针灸。姚大夫在我们村承包的园子地，他家里人口少，我爸爸为了感谢人家，义务给人种地。他上集市自己花钱给人买篮子，还有三只镐，带着起早去给人家干活，汗流浃背地给人干。我爸有一次出交通事故，姚大夫主动给我爸爸做针灸，大夫说"老爷子这么好，知道这事了，我给老爷子治疗治疗。"他是北京中医医院的一位大夫。

采访组：咱们东小马什么时候上的楼？

周伯枢：一四年年底十一月份左右。他喜欢打理猫，业余爱好就是养猫。人家都说你家喂猫的花销大了，好十几只猫。地上那桌有四五个小猫脑袋，布拉布拉也挺好玩的【用手比划状】。上班之前他先喂一遍，搬了以后猫太多带不过来，还在老家弄一个小屋子，当时大房子已经铲了，给猫们搭了个窝，刮风下雨都给猫送猫粮。一开始猫特别多，都养不过来。这猫也很有灵性，他刚一进小区房后猫就知道他回来了，一推门，那小尾巴立起来追（他）。他要看书，那最喜欢看书的猫就坐在他旁边，那"手"就不让他看【模仿比划上下抓挠之状】，跟我爸爸玩，调皮，拿"手"扒拉那书。

宋利成：就是说，老爷子虽然在艺术上很严谨，男人也是"一个小孩"，生活上也有童真的一面。比如老舍就喜欢猫。老爷子在艺术上追求绝对一丝不苟，然而生活上也有自己的乐趣。

田秀凤：【对宋利成说】他后来出的书给你没有？他走时身边有几套书给分了，他妹妹家小斌拿走一套，还有老姚（姚大夫）。

宋利成：那两本厚的（《周良文史选集》）我有了，但没签名，等想签名时老爷子去了。

采访组：原来老爷子写书学习都在那屋【手指书房】？他在屋里工作学习的照片有吗？

周伯余：对，都在那屋里面。搬楼房之后就这书房。家具不在了，都搬出去了，书桌、书架和书都捐给通州区图书馆了。一四年搬到这个新楼房后没有照过，这不身体查出问题了，哪还有心情照相？

宋利成：就没有想过当时会突然生病。天天生活在一起没觉得（照相）很珍贵，但在通州区的人眼里老爷子是很珍贵的。

田秀凤：他特别温和在家里面，家就是一个特别温暖的地方。就是一千多块钱的手机不会使，人家给打电话，他都给扒拉没了，就这（新彩电）电视他也不会开。就吃饭的时候看两眼，他还是有病的时候看得多一点，之前根本就不看。一四年年底我们搬上楼，一五年他就有病了。一五年六月份病倒的。他瞒着我们不说，五一前给他查出来，结果到七月一号期间最后这两个月人变得越来越瘦，他还骑车上班，谎说肚子疼还捂着，就让我给买点药凑和着，扛着，儿媳妇着急了，说检查去吧，要真是有什么（大病），再后悔就来不及了。

采访组：周老关心您不？您们结婚多少年了？

田秀凤：关心啊，我串亲戚、外出活动他也陪着去。我生病他也着急。我住院时大夫问："你这亲人家属来不来呀！"原来他在排队取钱去交押金。他有病来去医院都我带着去。他那头发从来不让理发馆剪，老是让我给推。那会（住院）我没给推，疯子似的。他医院要走的时候我说给他推推，他说咱回家再给推去吧。他五月一号到家来的，五月六号就抢救去了，抢救到十四号就走了，就让医院的人给推了。

我那会是马驹桥河北段大队的。我和他结婚五十五年了，我是六七年十月一号结的婚。我姐夫和他是同学，我姐夫分配到新河，他分配到马驹桥，这么着，通过我姐夫介绍这么着结上的。那时说带我骑车，汆（cuan）车，我不会汆车【比划前把一扬】，把我甩出去了。那时还没结婚，我爸爸在东北上班，（有一次）赶火车去，他去送，怕晚了，他着急骑得快，把我爸也给扔沟里去了……

小结

快到采访结束的时候，我提了一个大胆的请求："我能参观一下这个书房吗？""没问题"我获得了允许，我叫停正在拍摄荣誉证书和奖杯的团队同仁，一同进去观看。里面放了一些杂物，书柜也挪了位置，原先摆放书桌的位置，由于书桌常年靠墙，在桌面与墙面贴合的位置，留下了一道长长的印记，黄里透着灰，那是经年累月的积淀啊！我环视四周，貌似能看到当年周老在埋头苦读的身影，在苦思冥想时思忖踱步的样子……

由于常年饮食作息不规律，周良先生患下了严重的结肠病，家人发现时已经是 2017 年的 5 月了，已经是结肠癌晚期。没几个月，人就不在了。他的离去，是通州文史的一个遗憾，然而，周良的文史精神却一直在影响着后人。

我在通州乡镇跑了 7 年，初识通州是 2010 年，走进通州却是2017 年。这一年，周良先生陨落。我想，周老一定也有遗愿的吧，他有未完成的史志事业，未写完的文物，还有未待腻的那些人。作为史志圈里的晚辈，才疏学浅，但志高向远。有感于周良精神，我想以这样一段话结尾：

吾生有幸修史，承古人之志，继前人之业，扬先生之风，可传万世矣。史业为继，道阻且长，幸得贵人扶助，刊木架桥，修园建舍，传笔耕之功。吾得以居于潞，转于湖，习于园，一路兢兢业业。小女自知才识薄浅，鲜从智者，亦远于明者，遂步履不辍，亦学亦商，亦行亦思，自先秦汉武，至中华百家，滋养不绝。

感时势之多变，叹创业之维艰。幸得诸公御运河之风，行于市，入于野，著万千文章，日迁月徙，皇皇乎可通达也。

魅力大师韩美林

■资料：韩美林艺术馆　整　理：姬明星　徐　畅

　　在梨园主题公园坐落着一座韩美林艺术馆，2008 年 6 月 25 日正式落成对外开放，占地面积约 25000 平方米，建筑面积约 12600 平方米，共设 10 个展厅，展出韩美林精美作品 3000 余件。艺术馆展厅面积之大、展品数量之多、涉及艺术门类之广，堪称当代个人艺术馆世界之最。

韩美林

　　韩美林是中国当代极具影响力的艺术家，1936 年 12 月 26 日生于山东济南，现居于通州区梨园镇。韩美林在绘画、书法、雕塑、陶瓷、设计乃至写作等诸多艺术领域都有很高造诣，国家一级美术师，现任清华大学美术学院教授、中央文史馆研究员、中国美术家协会陶瓷艺术委员会名誉主任、世界华人协会副会长、中国工艺美术学会名誉会长。2015 年 10 月 14 日，韩美林被授予联合国教科文组织"和平艺术家"称号。

2018 年 1 月 21 日，获评清华大学首批文科资深教授，是年，荣获国际奥委会"顾拜旦"奖章、"韩国文化勋章"。

韩美林自幼便彰显绘画、表演、音乐天赋，尤其是绘画天赋让他画啥像啥，深得同龄人钦佩，是远近闻名的"小画家"和"小神童"。5 岁时，师从赵姓先生临摹王羲之、张旭、柳公权、颜真卿书法。因自己幼年丧父，遂对颜真卿 3 岁丧父感同身受，自此研习颜楷，追随颜真卿的人格魅力与书法气势。从历史典故到古典诗文，从知识积累到思想磨砺，母爱之殷，良师之诲，先人风骨，铺就了小美林的艺术之路，成就了他的才华与品格。

四里山的军营生活点燃艺术之火

1948 年底，济南解放，解放军进城，老百姓家都分到了粮食，韩家也发生了翻天覆地的变化。美林的哥哥参加了中国人民解放军，母亲进了造纸厂，每月有了固定收入，但家庭境况仍差强人意，为了贴补家用，韩美林执意退学，准备扛起家里的担子。恰逢中国人民解放军要在四里山筹建烈士纪念塔，经多方辗转，1949 年 4 月，韩美林来到四里山给万春圃司令员当通讯员。在这里，13 岁的韩美林奠定了一生从艺的基础，结识了同在此地参加烈士塔建设工作的艺术家。

素有"小画家"美称的韩美林对身边事物时时保持一种观察的习惯，眼到，心到，手到，随手画下自己的所见所闻。四里山烈士纪念塔设有一个浮雕组，组

韩美林参军照

里有王昭善、刘素、薛俊莲等雕塑、绘画艺术家，以及一些常来常往的当时国内有名的艺术家，都是韩美林的启蒙老师。韩美林得空就到浮雕组求教，不仅能够得到艺术家们的悉心指点，还能收获一些纸笔，这些都是最珍贵的馈赠。

新中国成立后，韩美林被派到浮雕组当通讯员，他与各地来建塔的艺术家们整天工作、生活在一起，经常跟着刘素、王昭善（中国现代雕塑事业的奠基人刘开渠的学生）去野地里挖泥巴、挑泥巴，然后踩泥巴、做雕塑模型架、堆泥巴，堆完再拍打，最后再进行雕刻，手脚经常磨出水泡，韩美林却乐在其中。他还经常跟油画家薛俊莲学习油画知识和技巧，通过观察周围的人来研习人物画。这种执着的精神，以及艺术家们的启蒙为韩美林日后的成功奠定了基础。短暂的军营生活点燃了韩美林心中艺术创作的火炬，同时磨练了他锲而不舍的精神和坚韧不拔的意志。

天才少年 展露头角

1950年，中国人民解放军第一次大裁军，刚刚加入三野24军的韩美林转业，回到原籍济南，进了济南市话剧团当了一名演职员。他还帮剧团画海报和"看板"，帮助团里节省开支，虽然是义务劳动，但对他来说是一种巨大的享受，可以自由地发挥着他的艺术天赋，展现着他那与生俱来的灵气和悟性，他的艺术才华也不断地滋长。

由于剧团经营困难很快便解散，韩美林开始了第二份工作——在南城根工人业余学校给成年人上语文课。济南文教科考虑到韩美林突出的绘画才能，又调他到南城根小学教美术。

在南城根小学工作期间，凭着自己的一点绘画经验和四里山艺术家们的指点，再加上前几个月的语文教学经验，韩美林的美术课讲得也很吸引人。后来，又担任了音乐、戏剧的教学工作。逐渐地，小韩老师的美名传遍区文教部门，全区小学美术老师都来南城根小学取经，文教部门还让韩美林主持集体备课，以便规范美术教学。就这样，还只是中学生年龄的韩美林与其他学校的美术老师一起交流，互相切磋，带动了全区的美术教学。

当时国内缺乏小学美术教材，在省内文化界颇受关注的韩美林接到山东人民出版社的约稿，他以几年来的教案为基础，利用课余时间分门别类进行整理、编辑，夜以继日，废寝忘食，1954年12月出版了他的第一本书——《绘画基本知识》，

1954 年出版的《绘画基本知识》

后又再版。随后又出版了《小学绘画教学参考资料》，还不满 16 岁的韩美林连出两本书，在泉城教育界一时被传为佳话。

命运女神的垂青

韩美林在南城根小学教学的几年里，他的教学热情感动了学校的语文老师李淑华，她将在家养病，就读于上海美术学院读书的高材生乐薇引荐给韩美林，两个人互相切磋画艺，韩美林常常带着自己的画作让乐老师点评，乐薇老师总是提出一些中肯的意见，令美林受益匪浅。

乐薇老师博古通今，具有深厚的文学和艺术修养，她鼓励韩美林报考中央美院附中，还将他托付给了自己在中央美院附中的高中同学宁珍，宁珍又将韩美林推荐给了国内著名的画家庞薰琹教授，没想到庞教授早就对韩美林的画工略有了解，他建议韩美林考大学。正是庞教授的一锤定音，决定了韩美林的人生方位。

韩美林用三个月的时间复习完高中课本和资料。为了提前熟悉环境，在离高考还有一个星期

1955 年，18 岁的韩美林考入
中央美术学院

的时候，韩美林踏上北上的列车。第二次来到北京，拮据的韩美林在大北照相馆（在全国照相业享有盛誉）的门洞下渡过了几个难忘的日夜。在三轮笔试和一次面试后，给考官们留下了极好印象的韩美林完成高考。没想到，当走出面试教室时，韩美林突然晕倒，等醒来后却什么也看不见了。原来之前为赶出版社书稿那阵，韩美林眼睛累得三天三夜看不清东西，这次为赶考因劳累过度又累坏了眼睛，这给韩美林带来了沉重的打击，一下子跌入深渊。梦砸碎了，无颜回家，韩美林让同屋的考生代买去保定姑姑家的火车票，并被扶着上了火车。幸运的是，一到保定，他就被姑姑送到医院就诊，好在是虚惊一场，原来韩美林得的是假盲症，八天以后，双眼完全复明。

1955 年，韩美林走进了真正的艺术殿堂，从此他的艺术旅程又有了新的起点，他在中国最高的美术学府里尽情的徜徉，感受着诸如齐白石、徐悲鸿、吴作人、靳尚谊、李苦禅、庞薰琹等中国美术大师的风范，恍然如梦。生性好学的韩美林就像鱼儿放回水中，鸟儿放上天空，自由的游弋，飞翔于各方领域，贪婪地吸收各种养分。韩美林一进学校，画画、书法、设计等都让人刮目相看，还在学校刚成立的《快马报》墙报组里任美术编辑，后被推荐到北京日报社，在北京日报社遇到了范瑾老师。范瑾重点培养他，画些插图、装饰画，还在"文化生活"专栏连续发表画稿。

就这样，韩美林在园丁们的精心培育下，枝叶日渐繁茂，终成一代大师。

生命蛰伏

1956 年，由于高校调整，韩美林从中央美术学院进入中央工艺美术学院，并结识了沈从文。沈从文见韩美林痴迷工艺美术，便毫无保留的向他传授知识和技艺。在中央工艺美术学院五年，受到了艺坛宿将们的指点，韩美林拨开云雾见天日，感慨于中国古代工艺的博大精深，下定决心立足传统和民间。他笔不离手地创作，佳作不断发表，成为当时北京画坛的一颗新星。1960 年毕业分配时，成为美院装潢系一名助教，开始了大学教书生涯。这期间，韩美林在艺术创作中硕果累累，1961 年创作的《寨歌》，以八个少数民族男女和一位儿童与两只孔雀共舞的场景讴歌生活的美好，发表于 1961 年 7 月 22 日的《北京晚报》上，还由当时分管北京市文教的邓拓书记赋诗——《寨歌·调寄踏莎行》，之后，戏剧家田汉请韩美林为其专著《窦娥冤》设计封面，深得田汉赏识。

1963 年，韩美林被派往安徽组建工艺美院，后到安徽轻工业厅工艺美术研究所任职。

上世纪六七十年代，是一个特殊年代。其间韩美林经历下放劳动和蒙冤入狱。在淮南陶瓷厂劳动期间，韩美林工作之余从未放弃自己对艺术的追求。因为身份

1960 年，大学毕业的韩美林

的原因，韩美林习惯了独来独往，唯一的伙伴就是厂子里一只叫"二黑"的卷毛狗，韩美林走到哪儿，二黑就跟到哪儿。

韩美林在车间里的表现工友们都看在眼里，烧瓷技术和火候掌控令大伙儿叹服，开始向他请教技术上的问题，厂里也开始派他出差购买材料。好景不长，韩美林蒙冤入狱，在狱中，他读《反杜林论》，坚持对真理与艺术的追求，没有纸笔，就用筷子沾水在裤子上画。韩美林"以牢作画"，在困境中建构着自己未来的艺术王国，最终熬过了四年零七个月的牢狱生活。

1972 年，韩美林出狱回到陶瓷厂继续参加劳动，继续坚持他的艺术之路，白天去车间劳动，晚上画人世间一切真善美于笔下，桌上、床头堆满画稿，为了夺回失去的光阴，没日没夜地画着，沉浸在自己的一方艺术天地。由于经济拮据，买不起宣纸，他尝试用硬纸刷水以达到水墨晕染的效果。由于硬纸不吸水，因此把握水势至关重要，在经过几千次试验后，韩美林终于能熟练运用，挥洒自如。为了表现出更多效果，韩美林还独创了诸如在水墨中加入茶水、西瓜汁、胶水等一些现代水墨的特殊调色技法，从而使作品有许多意想不到的效果，进一步表现中国画的艺术品味与追求。

韩美林绘画作品——《患难小友》

除了笔墨技巧的突破，韩美林在造型、构图方面同样不拘泥常规。用此法，韩美林以劳动期间的伙伴小"二黑"为原型创作了《患难小友》。这是出狱后的第一幅动物画，画面上是一只毛发蓬松的小狮子狗，双眼清澈，神情憨厚。自此，韩美林一发不可收拾，创造出了自己的动物世界。

1976 年秋，"四人帮"倒台，韩美林身心获得自由，同时也被调离车间，专门进行工艺设计。自此，开始在艺术大道上尽情驰骋。他尝试着一连多幅地画某种小动物，比如一只小猴连画几百幅都不重复，个个活泼可爱；一只鸡不下百幅，形态、神情各异。

1977 年春，韩美林应广东省轻工业厅工艺美术研究所盛邀前去创作花卉图案，到达当晚便铺纸研墨，一连多天关在宾馆里挥毫作画。韩美林在广州创作的千余幅花卉由出版社结集出版，正是花草纹样集《山花烂漫》，"烂漫山花"图案雅致疏朗、清逸隽永，具有强大的冲击力，因是内部发行，一时间在美术界、工艺界引起剧烈反响，"韩美林"这个名字从此被业内人士熟知，书中纹样很快就被用于日历、挂历、贺卡、邮票、工艺等，深受人们喜爱。

韩美林的动物画更是得到大家的喜爱。1978 年上海美术电影制片厂出品的剪纸美术片《狐狸打猎人》，就力邀美林担任该片造型设计。该片在 1979 年获得南斯拉夫萨格勒布国际动画电影节最佳美术奖。此外，韩美林还担任剪纸动画片《狐狸送葡萄》《捉迷藏》的美术设计。同年，韩美林调入安徽美协从事专业美术创作，曾任安徽画院副院长等职。

1979 年 4 月，韩美林在中国美术馆举办了第一次个人画展。展出的动物画表现出浓浓的人情味，比如，捅马蜂窝的小熊，题字为"二十年后又是一条好汉"；正在撒欢的小牛，题字是《心底一汪清水》……没多久，韩美林出版了第一部动物画集，封面画就是他的"患难小友"，画册名为《尚在人间》，成为美术界当时具有历史转折的一笔。

韩美林的作品走出淮南，红遍大江南北，开始走向世界。自《山花烂漫》出版后，他又在香港成功举办了韩美林装饰画展。1980 年秋，韩美林应邀前往美国举办个人画展，纽约作为画展的第一站。美国将韩美林画展第一天定为"韩美林日"。展览期间，有人穿上中国京剧的戏服；有人在外衣印上"中国"字样；有人在看到韩美林笔下的小动物后决定放下猎枪；还有一位中国老华侨站在《骏马图》前哽咽着对韩美林说："我听到了祖国强盛的那种心声啊！"之后画展又先后在美国21个城市巡回展出，圣地亚哥市长给韩美林颁发了金钥匙，美国各大城市的媒体对韩美林进行了全方位的采访，从平民到当红艺术家，都对韩美林表示由衷的钦佩，也使得韩美林享誉国际，同时也引起国内媒体的高度重视，甚至连小孩都知道中国出了个动物画家韩美林。

盛名美天下

作为国际艺术家的韩美林，在淮南陶瓷厂的劳动经历，促使他立足本土，身体力行地去挖掘、继承民族传统陶瓷工艺。1981年，他来到磁州窑的故乡——河北邯郸彭城，与同学一起搞研究、攻难关，在车间里和工友们一起同甘共苦。韩美林对制瓷工艺的驾轻就熟，源于他年少时在四里山军营搞雕塑、学油画的启蒙，源于在淮南陶瓷厂车间烧瓷碗掌握的技艺，更源于韩美林善于吸收古今中外雕塑精华的胸怀。经过三个多月时间的反复研制，韩美林创作出了41种、100多件陶瓷动物雕塑作品，件件造型流畅、风格独特、不拘一格，称得上是新时期磁州窑的代表作。

彭城瓷雕作品成功后，使韩美林又向钧瓷发祥地——河南省禹州市神垕镇挺进。钧瓷的烧制素来有"十窑九不成"之说，韩美林向当地的陶瓷设计师和师傅虚心求教，最后决定采用定向控制色彩新工艺尝试烧制钧瓷。严格控制瓷胎和釉料的化学成分，掌握炉温等因素，形成各异的色彩和花纹，产生了"入窑一色，出窑万彩"的美妙效果。随后，韩美林着手制作大件的钧瓷作品，如大牛、大鸡等精品。为了拯救古老的钧瓷艺术，韩美林还想方设法帮助当地的窑瓷世家恢复窑炉，并将自己设计的造型无偿送给师傅们用以制作瓷器，不遗余力地为他们联系展览和销售渠道。

而他与紫砂结缘是在 1980 年北京举行的宜兴陶瓷展览会上，当时买下一套汪寅仙的十件套紫砂茶具，日常中擦拭品玩，痴迷于紫砂壶的造型，以及无穷尽的点、线、面的几何变化。后与壶艺名家顾景舟合作制作一批紫砂

韩美林与紫砂大师顾景舟

壶，顾、韩作品甫一问世，立即扬名天下，收藏家们重金购买。两人合作的紫砂壶，融合了顾景舟大师精湛的壶艺以及韩美林超前的设计理念，堪称经典之作。韩美林与顾景舟合作制壶所用印款"景舟制壶""景舟手制""历下美林"，这三枚印章佐证了这段历史，其中"历下美林"也成了文人与艺人合作的象征用款。其后，韩美林常在宜兴烧茶壶，结识了许多紫砂陶艺家们，共同交流紫砂艺术。

80 年代初，韩美林已成功在北京、香港、合肥等地以及美国举办了个人画展，国内外报纸、杂志、电视等媒体都对韩美林进行采访、报道、评论，韩美林也引起国内美术界的广泛关注和评论。他的艺术创作和美学思想显然不能简单地划分为画家、书法家、雕塑家或者工艺美术家，或者以某种眼光去看他的作品，他的创作就像揉面团一样，古今中外"拿来"后包容，在创作风格和造型语言的探索中，揉捏出另类的惊喜。历经苦难的韩美林的作品毫无"苦"感，而是让人深切地感受到自然、人性和生活的美好。当时中国

韩美林挥毫泼墨

传统艺术被西方文化冲击，导致审美价值观严重倾斜，但韩美林从不怀疑、从不动摇自己的创作方向，提倡洋为中用，偏重继承传统，其作品涉及绘画、书法、雕塑、陶艺、印染、编制、刺绣等多种艺术门类，创造出布、木、泥、石、竹、陶、瓷、金属等材料的艺术作品，他以学院派扎实的素描、色彩功底以及对民间美术的执着感情，对生活的大爱，去表现内心感受。

1988 年 7 月，韩美林在中国美术馆举办了第二次个人艺术画展，展出近千余件作品。这次画展画风有异于 1979 年的首次画展，猛虎、奔马、健牛等大型动物取代小狗、小猫、小猴等小动物，令人耳目一新。

绘画《虎》（2005 年）

在辉煌的成就面前，韩美林不断拓展艺术道路，他把目光投向城市雕塑领域。1989 年，工作室接到了大连老虎滩景区群虎雕塑的大活，韩美林不画、不做、不雕也罢，要画，要做，要雕就非得搞出个顶尖的来。韩美林历时

大连老虎滩——《迎风长啸》

33 个月，6 只老虎组成的群雕矗立在风光秀美的老虎滩，全长 36 米，高 8 米，通体花岗岩打制，共用石料 4800 多吨。"群虎"气势雄伟，造型稳当，形象生动，变化巧妙，融中国传统造型及现代意识为一体，无论是气势、取材、风格，都堪称当时中国第一。

韩美林的创作"从平面的绘画走向立体的雕塑，从小巧走向博大"。90 年代之后，韩美林马不停蹄地为国内十多个城市矗立起几十件震撼人心的巨雕：1992 年济南金牛山紫铜雕塑《天下第一牛》；1992 年济南黑虎泉雕塑《福泉双虎》，黑虎用黑色花岗石雕就，金虎用青铜铸成；1993 年山东淄博紫铜雕塑《金鸡报晓》；1994 年深圳蛇口四海公园黄铜雕塑《盖世金牛》……

这些雕塑作品兼容中国民间艺术和国外艺术的精华，成为独具民族特色的中国当代雕塑作品，引起了国内美术界的瞩目。1996 年，韩美林应意大利米兰美术工作室邀请参加亚特兰大奥运会雕塑设计竞争。韩美林不到一个月的时间完成艺术构思，设计了《五龙钟塔》，腾龙是中华民族的图腾，华表是首都北京的象征，将这两大中华元素进行有效变体，改为四角收平的多面体华表和塔顶一条腾龙，同时又在塔底座四角各雕了一条巨龙，韩美林这一独具中国民间特色和北京风格的设计与美国和德国的作品在 17 个国家顶级艺术家呈报上来的雕塑设计方案中一同入选，如今，这件作品仍矗立在亚特兰大世纪公园内。

从大连到亚特兰大，韩美林更加坚定了自己的艺术信念，其后一座座巨型雕塑在国内外诸多城市屹立，浙江上虞《大舜耕田》、北京通州《东方》、河北唐山《丹凤朝阳》、广东新白云机场《五云九如》、新疆克拉玛依《克拉玛依之歌》，良渚遗址公园《良月流晖》、日本真冈市的雕塑《青春》、新加坡樟宜机场主雕塑《回家》等51座巨型城市雕塑，无不表达着对这个世界所见、所思、所想的一种理解。

20世纪末21世纪初，在北京中国美术馆先后举办了"韩美林第四次艺术展""韩美林工作室成立十周年作品展""韩美林第五次艺术展"等展出，每次几千件的作品令人惊喜万分。韩美林的创作没有悲伤，没有倾诉，和这个中华民族一样，再受伤害、再遭洗劫，依然屹立在21世纪，而且是那样朝气蓬勃地走在世界的前列。

情系奥运

北京申办奥运会牵动着全国人民的心，韩美林也不例外，他一连做了三个组长：申奥会徽设计组组长、北京奥运会标志创作组组长、吉祥物设计组组长。

北京申奥的成功，韩美林功不可没。经他设计和改进的北京申奥会徽，就是一个中国传统文化与现代设计理念完美结合的经典设计。

面对评委们从1999年初到2000年1月挑选出来的以圣火、长城、天坛最具代表性的候选方案，韩美林执笔修改、创作，巧妙的融合中国传统体育和传统文化的精妙，同时以既抽象又写实的线条语言加以展示，既能以"奥运五环""五大洲""五星"等相互环扣在一起，又有"中国结"的意蕴。经过40多个小时的再创作，韩美林在"中国结"的图案里精心设计了"钩子手和脚"，并融进了56个民族团结的理念，用简洁的线条幻化出了内涵丰富的申奥会徽。最后经过电脑着色、处理，终于彩喷出申奥会徽的定稿图案。申奥会徽由奥运五环构成，形似"中国结"，又似"太极人"，寥寥数笔，蕴含无穷。行云流水的图案，象征着世界人民团结、协作、交流、发展，携手共创新世纪，表达出奥林匹克更快、更高、更强的体育精神。

北京欢迎你
Beijing Welcomes You
韩美林设计的"奥运福娃"

除了申奥会徽，韩美林还担负着奥运会吉祥物设计的使命。虽然"福娃"从设计之初，到最后成形只花了 11 个月，但却经过千锤百炼。经评选、审阅和评议，最终确定以熊猫、老虎、龙、孙悟空、拨浪鼓以及阿福 6 件作品为吉祥物的修改方向，又经北京奥组委多次专题会议研究，众多艺术家参与吉祥物的创作和修改研讨，最后由韩美林等 9 位在国内工艺美术、三维动画设计、玩具制作等领域顶尖的专家组成的吉祥物修改小组，进行封闭式修改和创作。几千张设计图，光民间玩具拨浪鼓就向全国征集实物 200 余个。为了将拥有 5000 多年文化、56 个民族风情、13 亿人口的东方古国的精神气质和谐、完整地表达出来，韩美林提出以"金、木、水、火、土"为创作思路的吉祥物组合形象的方案，实现了从"一"到"五"的思路突破，形成了五个一组的吉祥物创作思路。修改小组继续挖掘熊猫、老虎、龙、孙悟空、拨浪鼓及组合形象的创作，继续探索中华文化与奥运精神相结合的思路。层层推进中，中国"五行"所代表的人与自然和谐相处的哲学理念，以及奥运会五环标志、五大洲共同盛会等主题汇聚到了一个契合点。房间里堆满各种书籍、图册、资料，有几十麻袋之多。专家组又从中国版画、民族服饰、古代饰纹中受到启示，经过连轴作战，福娃面目逐渐清晰。韩美林从自己几十年来积累的素材集里选取了质朴的东北三片瓦帽形，并添加了民族装饰元素，造成了风格各异又具共性的造型。就这样，福娃整体形象大改 5 次，小改 60 多次，设计草稿有 6000 多页，终于定了下来。设计思路受到北京奥组委领导和国内外的艺术专家们一致认可。后又经过方方面面的修改意见，对"中国福娃"方案又进行了调整，大胆地以风筝"京燕"代替"龙"；又大胆地采用中国传统水墨画的手绘技法，重新勾画了福娃的形象，突出了吉祥物生动活泼的性格特质，在整体形象的艺术表现方面有了重大的突破。至此，北京奥运会吉祥物形象定位基本完成。2005 年 6 月 9 日，北京奥组委第 54 次执委会一致审议通过了修改后的吉祥物方案。期间，由于没日没夜的创作，韩美林两次心脏病发作被送到医院，幸好有惊无险，紧急治疗后又重新投入创作。

韩美林"艺术大篷车"在贵州凯里

韩美林艺术大篷车：
扎根民间与探索世界

韩美林始终相信中国最美、最好的艺术在民间，他把下厂、下乡、下基层时的自驾车采风行动称为"艺术大篷车"。从 1977 年开始，韩美林的"艺术大篷车"

开始行走于文化艺术的"三江源"。韩美林觉得民间采风给他带来巨大的惊喜，创作上的涌动堵都堵不住，他真诚地说："我做的艺术作品没有一件是重样的，就这一点来说的话，我希望大家接受韩美林的一些经验，那就是下去，再下去。"

40余年来，韩美林开启了向民族民间艺术致敬、向世界传播中华民族传统文化的重要旅程。"艺术大篷车"驶过了祖国大江南北数百万公里，韩美林带着他的学生，从中原重镇山东、河南，西行到西北边陲的陕西、宁夏，攀登青藏高原进入青海、西藏，深入西南腹地贵州，又一路向南去到江苏、浙江等地。"与人民零距离接触，和老乡们同画、同唱、同舞、同聊、同哭"，从民间艺术中汲取创作养料，从百姓生活中获得精神启迪，同时对一些遭遇困境的民间艺人给予帮助和指导。

韩美林曾自喻为"陕北老奶奶的接班人"，他热衷于将中国民间的审美精神融入到艺术的创作中，发扬艺术的民族性。韩美林的艺术强烈地表现了一种中国气韵，一种民族精神。从艺之初，韩美林就把自己的根深扎于民间文化的土壤中。几十年来，他的足迹遍布神州。燕赵大地的慷慨悲歌，塞北莽原的凛冽雄风，江南山水的雨露岚雾，南国丛林的神奇巫傩，都是他的创作之源。剪纸、土陶、年画、蜡染、木雕，无所不涉；布、木、石、陶、瓷，无所不及；刻、雕、印、染、铸，无所不用。从剪纸、泥塑到陶瓷、钧瓷，从草编、彩印花布到琉璃、紫砂、木雕等，都是韩美林"艺术大篷车"的累累硕果。

在采风的过程中，韩美林除了发掘、发扬民间艺术外，还建立了多所希望小学，并扶持那些无设计力量的小厂、穷厂、快垮台的厂，在现代文明和民族传统间架起了一座桥梁。韩美林说："我的创作基础，就是脚踏实地地去体验生活、探索生活、深入生活，在生活中发现的美才是永恒的美。我的'大篷车'之行是文化扶贫、艺术采风。我是从民族、民间艺术中汲取营养而成长起来的。滴水之恩，当以涌泉相报。"对韩美林而言，采风和"大篷车"之旅不是旅游，不是玩表演，不是搞炒作。所见的一切都会让人有翻天覆地的新认知，会重新构建创作的艺术典型。"

70 年代末以来，韩美林遍访欧美及亚非诸国，汲取世界各地异域文化的精髓，探索艺术更具现代性的表达方式，领会全人类共有的普世价值。在中西方往来愈发频繁的今天，韩美林一直在担当着中外文化交流互鉴的使者。一方面，他从世界各民族的优秀文化中汲取营养，促成传统的民族艺术完成现代意义的转型，在审美理想上超越传统文人的情趣而提升为对普世情怀的追求。另一方面，他又立足民族文化的本位，努力探求符合时代要求的民族艺术精神，让更多的人了解并尊重源远流长的中国文化，在世界各国面前树立中国文化的尊严。

创作天书，为中国传统文化传道

"天书"系列作品，是韩美林艺术的重要组成部分。

四十多年间，韩美林一直从事着一件鲜为人知却十分有意义的事。他造访了国内众多的古陶厂、博物馆、古址、古墓，翻遍了各类古书，从全国各地的甲骨、石刻、岩画、古陶、青铜、陶器、砖铭、石鼓等历代文物上，搜寻记录了数万个符号、记号、图形，以及金文、象形文字等，又耗时数

韩美林创作巨幅《天书》

年，呕心沥血，对这些历史文化遗存做了精心的钩沉、临摹、整理和创造，汇集成"天书"，并将之创造性地拓展至水墨、陶瓷、紫砂、印染、木雕、铁艺等各个领域。古文字的神秘、历史的旷远、书法的韵致，以及艺术家的才情，融会贯通，形成了韩美林独特的"天书"艺术。

韩美林记录的这些已失传、无法释读的符号和文字，大多是秦代统一文字之前的古文字写法，其特点是一字多形、形态多变，多数写法在秦小篆统一之后就被丢弃了。他将这些"义不明"、"不详"或是"无考"的符号和文字搜集整理，以传统笔墨的表达、辅以现代时尚的书写形式，汇集成"天书"，以期用艺术家的笔记录文明的脉络，创造"古老的现代"，传承中华民族珍贵的文化遗产。

2008年，韩美林古文字图录《天书》出版时，学者专家们一致认为，"天书"通过捕捉中国古文字、符号的性格、神韵、气质，充分表达了中华古代文字、符号铭刻的深邃而神秘的文化精神，又显示出古文字、符号超越古代范畴的现代意义。这些看似难以参透的图文，又和我们心灵相通，古朴而现代，雄浑而灵动，飞扬飘逸中蕴涵着博

"纳天为书——韩美林天书艺术故宫展"
在故宫博物院午门正楼展厅

大精深的中华传统，也闪耀着中国先人艺术创造
的独特光芒。

《天书》的出版得益于上世纪八十年代，原
北京师范大学教授、书法大师启功先生对韩美林
收集古文字的勉励和督促。这本书封面的"天书"
二字，则是由北大教授季羡林老先生所题。中国
当代著名的美术评论家黄苗子先生还曾为《天书》
赋诗一首："仓颉造字鬼夜哭，美林天书神灵服。
不似之似美之美，人间能得几回读"。2021年
12月22日，第二部《天书》出版，分上下两册，
由中华书局出版发行。

《天书》既是书法作品，又是绘画作品，也
是一本对专业人员有重要参考性的工具书，具有
极高的欣赏和收藏价值，对于传承中华民族珍贵
文化遗产具有重要意义。2021年12月22日，"纳天为书——韩美林天书艺术故宫展"在故宫博物院午门正楼展厅开幕，展出作品1500件，呈现丰富多样的韩美林"天书"艺术。

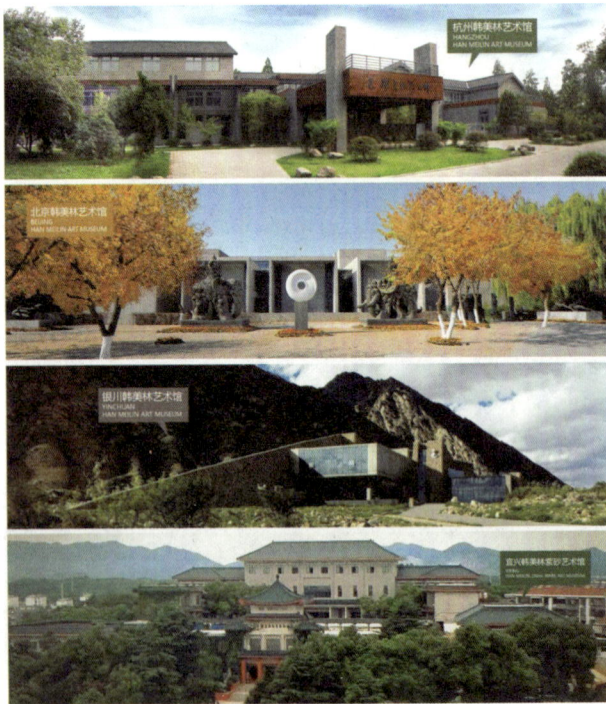

四地韩美林艺术馆

在韩美林的眼中，《天书》是古文字的收容所，一笔一划个个有情。他研究这些"无家可归"的文字，并不一味追求字音和字义，而是以

一个艺术家的身份，从形象美、造型美的角度，研究它们的字形。千变万化的古文字形象，为他的艺术创作带来了新的灵感。提及《天书》，韩美林感言："我是另类古文字的爱好者和搜集者，感谢我们的祖先，他们给了我中华民族的根、古老文明的脉，让我能够探寻更悠久的中华文化，并使其传承发展下去。"

一个韩美林，四地艺术馆

"我一生也不能离开民族艺术的根，要做人民的艺术家"。秉承着这样的初心，韩美林将自己的艺术心血捐赠社会，先后在杭州、北京、银川建立了韩美林艺术馆，在宜兴创建韩美林紫砂艺术馆。当地政府出资创建展馆，集藏他的绘画、雕塑、书法、陶瓷、紫砂、印染等多门类艺术作品，供社会公众学习与交流。

韩美林为梨园题字

2005年10月19日，位于杭州植物园腹地的杭州韩美林艺术馆落成并对外开放，并于2011、2019年先后两次扩建艺术馆，扩建后的全馆总建筑面积约6500平方米，总用地面积约12600平方米，共设7个展厅，展品3000余件，全面系统地展示了韩美林的艺术成就及多方面的艺术才华和无限的创造力，为游客提供了更加广阔的艺术空间和更加丰富的文化资源，给这座历史文化名城增添新的神韵。

2006年，韩美林将几十年来潜心创作的2000件艺术作品捐赠给了北京通州区人民政府。2008年6月25日，位于通州区梨园文化主题公园内的北京韩美林艺术馆正式落成。2013年6月

扩建完成，扩建后的全馆总建筑面积约 12600 平方米，有南北两个展区，展品共 3000 余件，全面、系统地展示了韩美林的艺术成就、多方面的艺术才华和无限的创造力。

2015 年 9 月 26 日，银川韩美林艺术馆隆重开幕，占地总面积约 16000 平方米，建筑总面积约 7000 方米，展品共 1000 余件，集中展示了韩美林以岩画为题材的各个门类的艺术精品，使古老的岩画文化更为直观、广泛地走入民间，开辟了一条全新的古岩画与新时尚的结合之路。

2019 年 12 月 21 日，韩美林紫砂艺术馆在江苏宜兴落成，建筑面积约 1400 平方米，以紫砂艺术为陈列主题，展示了韩美林自 1979 年与紫砂结缘以来的艺术足迹、作品、手稿、创作场景等内容，为观众营造出一场领略韩美林艺术与紫砂文化的绝佳体验。

韩美林全球巡展

2016 年 7 月 21 日，"韩美林全球巡展"新闻发布会在中国国家博物馆举行，经过中华人民共和国文化部批准，秉承"致敬文艺复兴，履职文化担当，回归民族之根"的理念，"韩美林全球巡展"在京启动。韩美林艺术迈出了走向世界的更大步伐。

2016 年 10 月 27 日，"韩美林全球巡展·美林的世界在威尼斯"在意大利威尼斯大学开幕。展览吸引了来自世界各地的众多艺术爱好者，重量级嘉宾如联合国教科文组织总干事伊琳娜·博科娃、意大利后现代设计之父亚历山大·门迪尼以及法国卢浮宫等欧洲美术博物馆代表、收藏家代表纷纷前来观摩与交流，可谓是近年来"中国文化走出去"的成功案例。外媒报道称"威尼斯被韩美林所征服"。2016 年 10 月 28 日，鉴于韩美林在艺术创作和国际文化交流上的突出贡献，威尼斯东方大学特别授予他为"荣誉院士"。

2016 年 12 月 21 日，"美林的世界·韩美林八十大展"在北京中国国家博物馆开幕，韩美林恩师周令钊先生宣布展览开幕。展览共分为"韩美林艺术大篷车""草木皆宾""百鸡迎春""泥土的光芒""展翅的凤凰""远古的呼唤""神遇而迹化""和平守望"

八大主题，全面、系统、综合地展现韩美林多样化的创作面貌以及生动活泼、乐观多彩的作品形象。"韩美林八十大展"举办期间，上百万海内外观众享受了这场艺术盛宴。

2017年3月9日，"美林的世界在巴黎·爱与和平特展"在巴黎联合国教科文组织总部、巴黎中国文化中心相继开幕。在联合国教科文组织总部举办的展览，展示了韩美林《和平守望》、《母与子》系列、《椅子》系列作品。在巴黎文化中心举行的展览，通过平面、手稿、青铜雕塑、铁艺、陶瓷、紫砂、木雕、影像新媒体等作品形式，全面、系统、综合地展现韩美林多样化的创作面貌以及生动活泼、乐观多彩的作品形象。

2018年4月13日，"美林的世界在列支敦士登·韩美林全球巡展"在列支敦士登国家博物馆开幕。韩美林的动物画系列，在列支敦士登可爱亮相。与此同时，列支敦士登公国还为此次展览特别发行一套韩美林十二生肖动物邮票作为纪念。同年6月5日，"韩美林全球巡展·美林的世界在首尔"于韩国首尔艺术殿堂隆重开幕。时任韩国总统文在寅的夫人金正淑出席开幕式。展览的展陈面积1500平方米，展出了韩美林平面、青铜雕塑、铁艺、陶瓷紫砂、木雕、影像新媒体等作品300余件。

2020年1月24日，"泰国欢乐春节——韩美林生肖艺术展"在泰国曼谷正式开幕。作为"韩美林全球巡展"的第六站，"泰国欢乐春节——韩美林生肖艺术展"恰逢中国农历新年，韩美林大量生肖经典作品亮相泰国曼谷，为同样也尊崇生肖文化的泰国人民带来了中国新年的喜庆气氛和美好祝福，为中泰文化艺术交流提供了一个新的平台。泰国公主诗琳通特意参观展览。中泰两国友谊在庚子鼠年新春，以"韩美林全球巡展"的步伐，以韩美林生肖艺术的呈现，奏响欢乐的新春序曲。

韩美林艺术基金会

2012年，韩美林、周建萍夫妇出资2000万人民币设立韩美林艺术基金会，基金会于2013年3月正式成立，是由中华人民共和国文化和旅游部主管的全国性的非公募基金会。2017 年被认定为慈善组织。2022 年被民政部评为 4A 级社会组织。

基金会秉持"以美耕心，兼爱致远"的理念，以探讨韩美林的艺术和学术思想、传承和发展中华文化艺术、传扬爱国情怀以及为民族文化的奉献精神、弘扬艺术所蕴涵的文化精华为宗旨，开展各项学术活动，加强国内外文化交流，致力于推动中国艺术创新发展，为文化繁荣与民族复兴而服务。奖励、资助与艺术教育相关以及对民族文化艺术传承有卓越贡献的团体和个人，并资助举办艺术方面的学术研讨会、研修班以及设立艺术馆、博物馆。

同时，韩美林艺术基金会还聚焦儿童美育，举办文化展览活动，资助文化教育，助力脱贫攻坚与乡村振兴等公益事业，致力于传播美林符号，让世界看到融合之美。

改编于高亚鸣《魅力大师——韩美林传》（2009 年）
北京清华大学美术学院"人文清华讲坛"实录（2023 年）

（姬明星，北京韩美林艺术馆宣传部部长）

"骨"艺之花——北京市非遗传承人陈道清

■ 资料：陈道清　整理：徐　畅

方寸间包罗大千世界，毫厘间雕出世间万象。精巧别致的雕琢，经年累月的沉淀，生活的意趣，难忘的美好，在刻刀下化为永恒。以刀为笔，"刻骨"铭心，匠人匠心，千"骨"流传。

——题记

骨雕，又称"骨刻"，在动物骨骼上的雕刻艺术。骨雕历史悠久，古人很早就将骨利用起来，做成针、刀，并把文字和图案刻在骨上。从在北京周口店龙骨山的山顶洞遗址内发现的钻孔骨坠算起，距今已有10万年的历史。平平无奇的牛骨、驼骨，在匠人的慧心巧手中，变幻为曼妙多姿的大千世界，或玲珑精巧，或大气恢宏，或精致典雅。骨雕主要以牛骨、骆驼骨等动物骨骼为原料进行雕刻和磨制，其工艺包括设计、凿活、铲活、磨活、组装、染色、配座等，最难的便是凿、铲、磨三个步骤，此为造型的关键。作为一种以骨骼为载体的雕刻艺术，骨雕讲究慢工出细活，完全靠手艺人双手上的功夫。

陈道清，通州区梨园镇小街三队村人，燕山民间艺术协会会员，北京市非物质文化遗产项目通州骨雕技艺代表性传承人，以设计制作骨雕工艺品为主。2013年荣获北京民间艺术金奖。陈道清从1976年就跟随师父陈国清学习雕刻，至今已有四十余年，用他的话说就是，"我这一辈子主要就干了这一件事"。

北京市非物质文化遗产骨雕传人陈道清

陈道清自小生长在农村，初中毕业后在小街三队科技组跟老农学习田间管理，那时，队里的试验田种植了一些棉花和水稻，陈道清先学怎么浇水、打药，再学怎么培育良种、下种，从学习到实践，培养了他对农事的热爱，两年简单纯粹的田间作业，也练就了陈道清淳朴稳重的性格，也为日后几十年如一日的雕刻生活磨练了心性。

1976年，小街大队成立了象牙制品加工厂，给北京象牙雕刻厂做加工。有一次，雕刻师傅陈国清在招学员，书记就推荐陈道清，陈道清觉得雕刻也很有意思，学好了就又掌握了一门新的技艺，就从科技组转到了加工厂，没想到这一转竟成就了其一生的事业。刚入厂学徒，要从磨活、凿活开始学，那时雕刻机的转速不高，为了使雕刻刀更加锋利，常常要用手按住雕刻刀在磨刀石上磨，经常把手磨破，他从不叫苦不叫累。做为学徒，初学时只能用一些下脚料雕刻青蛙、花生等小物件。技艺娴熟以后，才可以做大件活，雕刻侍女、八仙等人物。平日，陈道清就在家用木头练习，木头都是从小街大队木艺社找来的桦木下脚料，由于木料比较零散，只能雕刻一些小件，比如水果、花篮及一些配饰。现在，陈道清家里还保存着当时练习时制作的作品（如图《三星献寿》）。

1991年，《濒危野生动植物国际贸易公约》颁布，全面禁止象牙及其制品国际贸易后，国家也不批准任何商业性进口象牙的活动，当时加工厂的原材料都依赖于进口，严格禁止象牙贸易后，厂子被迫停产。厂子解散后，陈道清回到村里继续干农活。由于对雕刻的感情比较深厚，就琢磨如何用别的材料替代象牙，继续雕刻事业。他先后找来木头和骨头反复试验。木头刻出来没有象牙的光滑圆润，质感又不好，骨头壁最厚处也只有 2 公分，不像象牙是实心的，雕刻时一旦掌握不好技法和力度就容易断。但是，用骨头雕刻出来的作品无

作品"三星献寿"

论从感官还是触觉上都和象牙制品比较接近，色泽光亮，质感温润，远远看去，能达到以假乱真的效果。陈道清喜出望外，似乎找到了一个新的出口，准备重操旧业，钻研骨雕。

由于在农田里长大的他，对于田间动物、植物都有着天然的亲切。陈道清前期的骨雕作品常以萝卜、白菜居多，因为陈道清发现，白菜比较适合用骨头来雕刻，可以拼镶。牙雕质地较骨头柔软，易于雕刻造型，而牛骨壁薄、坚硬且易断，陈道清通过仔细观察白菜叶的包裹状态、弯曲翻卷的形态，白菜根的根须形状，然后利用牛骨天然的弯曲，先将牛骨雕刻成一片一片的菜叶子再进行组装，再经上色后形象十分逼真。当时雕的大白菜都被北京工艺品进出口公司收购后出口。陈道清技艺娴熟后，又以玉米、辣椒、藕、柿子、佛手等这样的蔬果为题材。这些蔬果还常配有栩栩如生的昆虫，比如蝈蝈、蜻蜓、螳螂、蝴蝶、

蛐蛐等。陈道清说："这些东西要想雕得神形具备，就必须仔细观察。"所以，他常在外写生，细心观察大自然中动物、昆虫的神态动作和蔬果、花卉的形态。正是这样细致入微地观察，为陈道清精雕细琢的骨雕艺术奠定了基础。

80 年代末 90 年代初，陈道清成立了向荣雕刻厂经营雕刻业务。业务逐渐有起色后，陈道清开始收了第一个徒弟。名叫姬大华，河北香河人，是他爱人的侄子，擅长做骨雕白菜，以白菜造型为主。后又陆陆续续收了十几个徒弟，有来自河北、河南的，也有来自江浙一带的，有的是经人介绍，有的是慕名而来。教徒弟也费心血。学徒创作的作品都按件计量，几十元一件不等，从凿活、铲活再到磨活，陈道清都倾囊教授，最多时有二十多个学徒，还有从河南玉校招收的学员。

1994 年后，骨雕市场的态势日渐低迷，大部分学徒开始遣散，但陈道清依旧把骨雕当成自己钟爱一生的事业，坚守着自己的工厂，至今向荣雕刻厂已走过三十个春秋，正如名字中寓意的一样欣欣向荣。

陈道清从做骨雕开始，所有的料都亲自去购买。邻近北京通州（当时为通县）的河北省大厂回族自治县牛肉交易量比较大，陈道清就常去大厂买牛骨。一开始骑着自行车挎着口袋，后来条件改善，购买了一辆嘉陵 50 轻便摩托车，开始骑着摩托车，到大厂各村去挑牛骨，专挑个大、壁厚、密度大的。因为丈母娘家就在夏垫，有时一去，吃住一个礼拜都在夏垫。有一次，在买完牛骨从大厂夏垫回京的路上，恰逢大雨，道路湿滑，陈道清骑着摩托车，连人带牛骨摔到了泥地里，装牛骨的麻袋摔坏，白花花的牛骨撒了一地。由于雨天潮湿，摩托车打不着火，他就收拾好牛骨，推着摩托车到顺路的北关镇亲戚家，又赶上家里没人，就扛着骨头从墙头爬进去，浑身湿透，十分狼狈。放好骨头后，坐着公交车回家，第二天，天气放晴，又去取骨头，那时摩托车也烘干了，陈道清骑车驮着这袋牛骨一口气回到通州。还有一次，在雕刻时，雕刻机使用的三棱钻头突然飞出，扎到了大腿上，瞬间流出好多血，他随手撒了点象牙面止血，当时也没有当回事，继续雕刻，没多大一会，陈道清就晕了过去，不省人事，他夫人赶忙叫来附近厂的师兄弟和邻里，把陈道清抬到手推车上，推着就往县医院赶，在去医院的半路，陈道清逐渐恢复了意识，众人一看没有大碍，便把陈道清又推回家中。每每说起这一段，也算是陈道清骨雕从业史上的一段轶事了。

作品《五谷丰登》

陈道清说，牛骨一般比羊和马等其他动物的骨壁厚，在选材上，要挑选棕眼少、密度大的。因牛骨富含油脂，仔细挑选出的牛骨，需要加入碱面，大火熬煮，去除残留的骨油，当牛骨中的油脂被沸滚的水带出，撇净油沫，即可捞出。熬煮的牛骨晾晒干燥，就要按照构想锯成需要的大小，由于骨雕材料空心且规格有限，骨雕工艺品的制作，往往需要在构思时将作品拆解为多个小部件，逐一雕琢，锯出尺寸合适的牛骨后，再打磨去除骨料内部蜂窝状骨质，留下密度高的牛骨壁，然后在骨料上勾划出大致形状。

骨雕工艺中，雕刻分为凿活、铲活、磨活三个工序。凿活是用不同尺寸的刀具，勾勒出物体大致轮廓，大胆开凿，谨慎塑形，这是确定作品初步形态的工序，也是最为重要的工序之一。高低起伏、形态比例，已有

陈道清在熬制牛骨

陈道清雕骨使用的工具

定数。

铲活，即是用铲、刮、刻等方式，在骨坯上进行进一步的精细雕琢，使作品细节精致生动、形象传神。让陈道清最为得意的是骨链的雕刻，骨链每一环都是镂雕而成，环环相扣，无法拼接镶嵌。因此骨链雕刻需要一气呵成，其中任一环出现失误，只能从头再来。最难的就是掏链，由于距离近，手必须稳，稍有偏差，链就会折断。掏骨链最能体现出骨链雕刻的关键技术。每到这一工序，陈道清常常屏住呼吸，用极细的刀具，在垂直相接的部分下刀镂雕，直至中心被掏空，留下一个个自然相连的圆环。

为了使骨雕作品更具有表现力，往往需要对作品进行上色。骨头不易着色，普通的染色方法往往浅伏于骨面，陈道清经过多方面的试验，方才将色润入骨。染色前需对上色部分进行特殊水浸处理，依据上色部分大小决定浸泡时长，待骨料阴干后，用颜料调出所需颜色，深浅浓淡，层层叠色，时而点彩晕染，时而浓墨重彩，颜料充分浸润到骨质之中，使之颜色透亮、显而易见、十分美观。每一笔颜色陈道清都了然于胸。

陈道清偏爱以小动物和昆虫为其创作作品进行点缀，蝈蝈、蜻蜓、螳螂、

色泽鲜艳的《连年有余》

松鼠、蛐蛐等造型，在陈道清的手下变得灵巧生动、意趣盎然，使整件作品更加富有神韵。对动物神态动作的生动刻画，源自反复的观察。他经常将抓来的蛐蛐置于蛐蛐罐中观察蛐蛐的一举一动，有时用笔画，有时用相机拍照，反复观看蛐蛐的造型，细致到头部的须子、腿部毛刺的生长形态，以及身体比例。雕琢时将斗蛐蛐前剑拔弩张、将动未动的紧张状态体现得惟妙惟肖。他雕刻松鼠蛐蛐儿笼时，就曾到北京市的鸣虫市场观察鸣虫的形态，鸣虫蛐蛐罐用骨雕的形式雕刻出来，栩栩如生，颇具闲趣。家中常见的毛刷是蛐蛐触须的原料，粘上触须，便成了一只全须全尾儿的蛐蛐儿，白纸做底封，毛刷做触须，平凡生活中的智慧，在陈道清的作品中，焕发出别具一格的光彩。扣上竹笼、松枝、链条、松鼠，依次就位。松鼠憨态可掬，蛐蛐昂扬待发，松树枝杈肆意生长，竹笼与链条雕琢精致动人，光影交错间，一雕一镂一镌一刻，皆是陈道清四十余年岁月的最好见证。牛骨、毛刷、白纸，在陈道清的手中变成精美绝伦的工艺品。我们所追寻的美与艺术，不在别处，只在生活之中。

这些年，陈道清致力于通州运河文化的创作，将不少运河题材融入其中，其体现运河文化的得意之作当属《运河之恋》《情系大运河》。2019年，骨雕作品《运河之恋》还荣获了北运河杯"通武廊"文创产

松鼠蛐蛐儿笼

《运河之恋》

品大赛经典系列主题银奖。

在芦苇荡中，一位少年脚踩莲花，钓起了一条大鲤鱼。一人一鱼还在奋力对抗，雕刻得栩栩如生，且有活力和张力。毫厘间，将孩童钓鱼的灵动感表现得淋漓尽致。《运河之恋》包括荷花、芦苇、鲤鱼、青蛙、小孩等多个事物元素，表现了人与自然和谐相处，充满了作者对自然的热爱。这件作品的制作非常复杂且耗时，花了3年多时间才创作完成。据陈道清讲，光那朵"莲花"就废了5根牛骨，鱼线也断了好几根，整个作品耗用了几十根牛骨。"这画面里的孩童就是我啊！从小我就在运河边上长大，太爱大运河了。现在看见家门口的运河变得更美了，我由衷高兴，就想创作些作品表达这份情。"提起这件他最得意的作品，陈道清总是神采飞扬。

陈道清多次参加京津冀非遗联展，在看展时，他发现参展的各件作品都是由各地老师自己独立制作的，分别代表了各地自己的非遗文化。能不能有一件作品可以体现京津冀的紧密相连呢？陈道清突然想到了连接京津冀的京杭大运河，他豁然开朗，或许可以创造一个关于大运河的作品。于是，他用了三年的时间，自己构思、雕刻，还组合了其他两地老师的作品，最终于2020年成功打造了《情系大运河》。

之所以起"情系大运河"这个名字，主要是因为自古以来京杭大运河就是一条纽带，京、津、冀三地通过大运河相连，连接的不仅是地域，更是情感。《情系大运河》不仅是陈道清老师个人的情系大运河，更包含了京津冀三地非遗传承人的情感。"京"，陈道清老师是北京市非物质文化遗产通州骨雕的传承人，从

《情系大运河》

作品的整体设计，到基础的木座和骨雕，都是由陈道清老师和夫人亲自完成。"津"，作品里的泥塑彩绘老渔翁和渔童使用的是国家级非遗传承人天津泥人张和他的徒弟制作的《渔翁钓鱼》原作品。"冀"，作品里船模使用的是由河北省省级非遗传承人，白洋淀马家寨传统造船技艺姜琳祥老师的作品。因此，《情系大运河》是非遗传承人们投入了大量的精力、物力为京津冀的协同发展共同作出的努力，汇聚了京津冀三地非遗人的专注、精准、创新、完美、人本的工匠精神，是当时全国唯一一件能够体现三地非遗文化的作品。

对陈道清而言，雕刻就在生活之中，取于生活，源于生活。以微见宏，盈寸之间包罗万象。贴近生活的作品尤其出彩。陈道清的爱人佐俊香女士由于受他影响，也从事起骨雕艺术，距今已有近35年历史了。2008年，这个艺术之家荣获由北京市文化局颁发的"北京市文化艺术家庭"称号。

《童年的回忆》，是陈道清和夫人共同创作的作品，先用搓刀将"白菜叶子"打磨，搓光滑；

作品《童年的回忆》

再用钻头精细打磨一次；然后用球钻头在白菜叶子上"点坑儿"；另一面继续用桃钻头打磨光滑，用尖钻头在上面刻出叶子脉络；再用水砂纸继续精细打磨，至少打磨三遍，最后用双氧水进一步漂白。这就是一个"白菜叶子"的复杂制作过程。叶子和蝈蝈的形制十分逼真。而对于上色作品，则需要用照相馆的透明颜料自己调试、配色，最后再附着上色。由于要充分还原作品与实际物品的质感，所以对颜色的把控也是十分重要的。由于骨雕艺术要保证其美观，营造出光滑、洁白、精致的特色，所以除了雕工精湛外，还要有足够的耐心和技艺，一遍一遍打磨、抛光、漂白，才能让骨雕艺术成型，过程十分繁琐而复杂。

手艺，不应只是束之高阁的历史，鲜活的生命力，才是传承延续的秘诀所在。最初和陈道清一起学习牙雕的同伴在牙雕厂关停后都转行了，唯独陈道清，另辟蹊径，由牙雕转为骨雕，正是这种坚持，才成就了今天的陈道清。生活是艺术最本质的源头，陈道清用他的一双慧眼、一双巧手，雕刻着山水人物、花鸟鱼虫，如玉的温润、洁白的光泽、明丽的色彩、玲珑的雕琢，构成了他骨雕艺术的方寸天地。2022 年 8 月，陈道清被北京工艺美术博物馆聘为艺术顾问，现在，陈道清正在创作《菊黄蟹肥》这个作品，底下荷花、螃蟹，象征着国泰民安，表现着对丰收的美好展望。在创作骨雕作品之前，陈道清通常会在骨料上勾画出大致形状，所以为了进一步提高雕刻水平，让作品更具有艺术性，陈道清在骨雕创作之余，开始每周学习国画，在理论上进一步提高，花、鸟、鱼、虫、山水，熟悉这些画作的表现手法，都有利于雕刻。经过学习，反复练习，提高技艺，创作更多、更好、更精美的作品，这就是作为骨雕传承人最大的心愿。下一步陈道清还计划要学习素描，真正体现了艺无止境，干到老、学到老。

通州巧娘祁跃静

■资料：祁跃静　整理：徐　畅　邵青青

　　祁跃静，生于 1978 年，通州区梨园镇车里坟村人，非遗编织技艺传承人。

　　绳编、刺绣、剪纸、布艺，一针一绳一线的色彩、温度与技艺，藏着老去的时光，饱含着手工艺人的诚意与温情，美的质朴，美的本真，美的自带天然滤镜。这些在祁跃静看来，是一份幸运，也是一种选择，更是一种生活。

继承父母天赋的"守艺人"

　　祁跃静手工制作的天赋源自父母，小时候的耳濡目染，加之其耐心、细心的品格，使她在手工编织方面能够取得现在的成就。

　　祁跃静的父亲是个远近闻名的木匠，大到盖房子，小到门窗家具制作，父亲都亲历亲为、驾轻就熟。"记得在我上学的时候，学校教室的门窗桌椅坏了，老师问谁的家长会木工，我总是第一个举手，我还会很得意的和同学说，那个窗户是我爸爸修好的，这个门栓也是我爸爸修的……"祁跃静回忆道。父亲少言寡语、做事认真、工作专注，这些优良品德潜移默化地影响着祁跃静，并为她的创业之路，奠定了坚实的基础。

　　如果说细心、坚韧、不服输的精神来自父亲，那么，灵巧、细致的手艺，更多是来自于母亲的真传。小时候，妈妈在工艺品厂打零工，手工活经常拿回家干，她看着妈妈把融化的玻璃用镊子飞快地捏出来小兔子、孔雀、漂亮的花等各种栩栩如生的工艺品，祁跃静在小时候就在心里埋下了做"手艺人"的种子。

祁跃静说，"自己做了母亲以后，才真正体会到父母的爱子之心，这种爱是无私而伟大的。没有爸爸妈妈给与的勇敢、细心和坚韧不拔的品格，就没有我今天的事业。没有爸爸妈妈的巧手，也没有'祁开心'巧手传承的今天。"如今她的梦想已经从小时候的"手艺人"变为了"守艺人"，不仅要有手艺，还要把技艺守住和传承下去。

巧娘巧手巧创业

2015 年，是祁跃静孩子的本命年，她琢磨着给孩子亲手做一个小羊布偶。经过多家对比，挑选质量好的布料，环保干净的填充棉，一针一线地缝制小羊肖恩布偶玩具。祁跃静将自己给孩子缝制的本命年礼物发到朋友圈，获得了朋友们的喜爱，朋友们一眼就喜欢上了这只肖恩小羊，纷纷要求祁跃静也为他们制作一只。还有的朋友问能不能订做其它生肖的布偶。在朋友们的要求下，她分别制作了猴子、老虎、老鼠、小狗、小鸡、兔子以及数不清的小羊。为了完成

羊羊家族竹炭包

朋友们的订单，从挑选材料到设计、剪裁、缝制，她都亲力亲为。她没有学过任何美工设计和剪裁工艺，就在网上搜集各种动画人物形象，照着图片研究设计图样，凭借感觉和一次次实验，设计制作出了肥羊、瘦羊、大羊、小羊等一系列"肖恩羊羊家族"。另外，祁跃静还结合低碳环保的健康理念，把玩偶里的填充棉换成了竹炭，设计出一款"小羊竹炭包"。在梨园镇妇联的推荐下，她带着自己的创意手工作品"小羊竹炭包"，参加了"2015年北京妇女手工创意大赛"，并获得了鼓励奖。

由此为契机，祁跃静产生了把爱好变为事业的想法。经过多方面的学习、考察，她成功创建了自己的"祁开心艺术工作室"。最初成立工作室，起名首先想的是唯一性，用她的名字来命名。那个时候祁跃静的网名就是"开心"，所以就想到"祁开心"这个名字，正好也符合她的经营理念——让更多的人感受到传统手工艺的乐趣，大家"齐开心"。

2016年，祁开心艺术工作室成立。工作室致力于传统手艺人培养以及传统技艺传承，对中国结绳艺、刺绣、剪纸、布艺、宫灯等传统手工艺进行探索。然后把环保、旧物改造等课程传授给更多的人，在帮助到他们的同时，也让这些充满智慧与馨香的

集装箱改造而成的"祁开心艺术工作室"

手艺可以再放异彩。

在那个只有15平米的小天地中，涵盖了剪纸、北京毛猴、中国结绳艺、仿真花卉、串珠、景泰蓝工艺画、柳编、刺绣、布艺玩偶、布贴画等各类传统手工技艺，有30余个项目，培养了优秀任课讲师10余人，她们曾经都是祁跃静培训课的学员，大都来自各个社区，通过学习各式各样的手工技能，经过慢慢地培养，对手工技艺有了更深刻的理解和兴趣，加入了她的授课团队，成为优秀的手工课讲师。

除了传统文化的手工课程，工作室还特别开设了一门"环保达人课堂"，通过"低碳环保＋手工体验"，研发出了纸盒围巾、袜子传奇、塑料瓶改造、废报纸改造、扑克牌折纸等旧物改造特色课程。根据垃圾分类四分法，工作室设计了垃圾分类联盟玩偶：利用红、绿、蓝、黑四个颜色的袜子，设计出红猫卫士、绿蛙护卫、独眼超人、黑马骑士四只卡通形象的垃圾分类守护者。

"这四个联盟成员各有特点，比如黑马骑士，它是其他垃圾的收集者和处理者，颜色以黑灰为主，有着长长的头帘，身上背着一个'万能梳子'，而梳子刚好属于其他垃圾。我之所以选择"马"这个形象，是因为"其他

垃圾分类联盟成员来啦！

1.独眼超人

标志形象：回收飞镖
技能：可以粉碎、融化可回收垃圾，并将其再生为有用材料。
可收集处理垃圾：塑料、橡胶、玻璃、金属、书本等

3.红猫卫士

标志形象：生化药丸
技能：安全化处理具有传染性、含有病菌以及对环境产生重大危害的垃圾。
可收集处理垃圾：药品、手机电池、油漆、杀毒剂等

"垃圾分类守护者"布偶

垃圾"是几类垃圾中数量最大的，而"马"又有勤劳肯干的特点，所以最适合这份工作。"

这套"垃圾分类守护者"布偶在"2020年北京市第三届妇女创新创意手工技能大赛"中荣获二等奖。在通州区宣传部、区城市管理委员会举办的"变废炫宝"创意作品评比中，获得一等奖。

以己之长，回馈社会

祁跃静不仅在自己的工作室传播着传统技艺，还希望社会上更多的人能够了解和喜爱中国传统技艺。

2017年，祁跃静受聘于梨园镇成人文化技术学校，并连年获评优秀教师荣誉。同时任教于宋庄、永乐店、马驹桥、于家务等乡镇的成人技术文化学校以及中仓街道老干部大学等。还携手多名手工老师，走进永顺、台湖、顺义、昌平等乡镇（区）的中小学校园，担任传统文化手工课教师，给学生们传授技艺。

祁跃静和梨园镇妇联相关工作人员与
梨园镇小学生共度"六一"

2018年，祁开心工作室开始参与北京市妇联开展的北京—拉萨、北京—内蒙对口支援精准扶贫援建任务。她先后三次进藏开展扶贫培训，进藏培训期间，高原反应引起身体不适，但是她依旧坚持辗转多个扶贫点，教会拉萨姐妹们用低成本材料制作精美的工艺品，除了可以做到自给自足以外，还可以作为旅游商品在当地贩卖来增加收入，达到不出家门就可以为家庭创收而脱贫的目的。尤其是祁跃静给藏族姐妹们带去的纸藤编织技术最让人称绝。因为拉萨的

2018 年，祁跃静在拉萨开展编制培训时合影留念

主要农作物是青稞，此时又正值农忙收购季节，收获粮食后剩下的秸秆也就成了"废物"，而"变废为宝"正是祁跃静的拿手绝活，把秸秆稍作处理变成藤来编织作品，让拉萨的姐妹们耳目一新，脑洞大开。

对口支援的同时，祁跃静的工作室还与北京市各区、县，各乡、镇、社区、学校以及成人教育中心建立了长期共建合作项目。2019 年 7 月，"祁开心艺术工作室"经营模式，已经不能满足业务需求，为了开拓更宽广的市场，祁跃静又注册了"北京祁开心艺术发展有限公司"，经营范围更加广泛了。

公司发展了，经营范围广了。为了提高技艺，掌握更多的中国传统技艺，2019 年祁跃静

祁跃静学习制作"掐丝珐琅"

疫情期间，祁跃静在进行线上教学

拜细金工艺大师赵云亮为师，学习花丝镶嵌宫廷技艺。之后又拜景泰蓝技艺传承人王春霞为师，学习景泰蓝技艺。

但是，创业的道路并不是一帆风顺的。2020年，一场突如其来的疫情打乱了祁跃静的步伐，所有线下活动都被迫停止。面对挑战，祁跃静迎难而上，从简单的旧物小手工开始，设计录制了有一百多个"在家学手工"编织技艺、旧物改造等内容的教学视频。这些视频，以公益的性质，在各个社区、学校广泛流传，真正做到了停课不停学，不出门也能学手工。其中，推出的"巧娘作品＋小视频"在抗击"炎症风暴"中起到了安抚人心，缓解焦虑情绪的心理按摩作用。

在两年多的疫情时间里，线下实践课与线上直播课相结合，北京祁开心艺术发展有限公司成功地完成了授课方式的更新，让越来越多的客户，欣然地接受了后疫情时代的转变。2022年11月18日，受疫情影响，本该为内蒙古翁牛特旗和奈曼旗两地妇女姐妹提供的线下教学也改为线上教学，当天共有200人在线上接受了技能培训。

截至2022年，工作室已开展1000余场次的手工技能培训，累计培训4万余人。现在的工作室已经发展成为了一家以传统文化非遗编织工艺品制作和销售、传统文化体验项目策划和实施为主营业务的文化公司，并获得市级"巧娘工作室""北京农村妇女双学双比示范基地"等荣誉称号，被中央电视台焦点访谈栏目、北京电视台、通州电视台、通州区融媒体、通州

"2022年北京市农民教育培训优秀客座教师"证书

区妇联新媒体、北青社区报以及各大网络平台多次宣传报道。2023年4月，北京市农业广播电视学校为祁跃静颁发了"2022年北京市农民教育培训优秀客座教师"证书。

非遗展传播中华传统技艺

祁跃静不但热爱传统技艺，更是致力于展示和传播传统技艺。

2019年，中华人民共国成立70周年，祁跃静受邀参加建国70周年大庆观礼。为了给祖国生日献礼，"祁开心艺术工作室"历时半年，心手相连，采用"立体绳艺"工艺编织成由70只葫芦组合而成的"华诞吉祥"绳艺作品。葫

祁跃静为庆祝祖国成立70周年创作的《华诞吉祥》

祁跃静保留的建国 70 周年
"北京市筹备和服务保障"
纪念证书及请柬、观礼嘉宾出席证和胸牌

芦是一种吉祥的象征，谐音"福禄"。其枝茎称为蔓带，与"万代"谐音。葫芦文化是中华优秀传统文化中具有一定意义的组成部分，先人们赋予了"子孙万代、吉祥和谐"的丰富内涵，蕴含着对党、对国家和对通州的割舍不掉的精神寄托，情感的抒怀……

2020 年 12 月 31 日北京冬奥会体育图标正式公布，祁跃静就被独具"汉印"风格的运动图标所吸引，有了用中国结绳艺编织技巧来展现它们的想法。中国结文化，是我们中国独有的传统手工技艺，冬季运动元素与中华传统文化相互交融，展现出冬季运动挑战自我、追求卓越的特点。作品经历了：设计制图、试验、编制、修整等繁复的工序，四个人用时两个月时间，不厌其烦地重复着穿、挑、拉、结等枯燥的动作，这样一幅作品，至少需要进行约 4 万次的编结动作，组成 10830 个结来完成的。

《2022 吉祥冬奥》运用中国结立体绳结编织技巧，对撞色线材进行巧妙搭配。整套作品共六副，

祁跃静创作的《2022 吉祥冬奥》作品

展现 24 个 2022 北京冬奥会体育图标。共用中国结线 6510 米，由 64980 个斜卷结编制而成的。

2022 年北京冬奥会开幕之际，人民大会堂要举办非遗展，迎接来自国外的元首和政要以及世界各地的运动员。来自通州区巧娘协会的祁跃静团队受邀参加了此次非遗技艺展示，这让祁跃静感到无比荣幸和激动，但是如何才能在此次活动中充分展示出中国非物质文化遗产的魅力呢？经过深思，祁跃静想到用中国结和香囊展现中华传统文化的博大精深。

"盘长馨结"这个中国结的造型，源自中国古代传统的打击乐器"馨"的形状，同时借助了它的读音，用来表达庆祝和祝贺的含义；她还运用具有冰墩墩主色调白色和天蓝色的材料编制成中国结，配以冰墩墩、小雪花和小滑板的小配饰；同样运用同样具有雪容融主色调红色和金黄色的材料编制成中国结，配以雪容融等小配件，制作了一对冬奥吉祥物小挂饰，小巧精致，携带方便；通过天然香料艾草，配以传统刺绣吉祥纹样，制成的布老虎、虎头形象的艾草祈福香囊，祈愿大众吉祥安康，祈愿国泰民安、灾难远离。

创意有了，可准备这些礼品不是件轻松的事情。200 个中国结挂饰，和 100 个虎头香包。为了制作这些作品，祁跃静启动了全家总动员的模式，祁跃静亲自负责购买香包绣片、艾草等原材料，然后

祁跃静和母亲以及果海燕一起制作"虎头香包"

祁跃静在人民大会堂非遗展现场

和母亲，还有团队优秀讲师果海燕，三人一起缝制虎头香包。时间紧任务重，她和爱人用时3天时间，加班加点，一起编制完成中国结吉祥冬奥挂饰。与此同时，72岁老妈妈也帮他们一针一线地缝制虎头香包。在共同的努力下，终于按时完成伴手礼制作任务。

当冬奥会遇上中国年，当非遗技艺遇上新春"庙会"，会碰撞出怎样的火花？2022年农历正月初五，在首都人民大会堂，祁跃静用中国结和香囊，为众多前来参加冬奥会开幕式的外国元首和政要们，展示并讲解中国非物质文化遗产手工技艺；为国际奥委会主席巴赫、摩纳哥亲王阿尔贝二世、新加坡总统哈莉玛·雅各布等人，送上了中国非遗手工艺礼品。通过非遗手工制品，祁跃静将中华传统文化传播到世界各国，让这场特殊的"庙会"为外界认识中国、了解中国文化打开了一扇窗，使喜庆日子里相聚北京的八方来客再一次感受着数千年文化积淀的中国味儿。

"通州巧娘"祁跃

新加坡总统在祁跃静展位现场参观的央视
"新闻联播"剪影

静一直致力于让传统手工技艺走进社区、走进学校、传播传授传统手工技艺的工作。除了固定班课授课，在传统节日开增加特色课程，采用两相结合的教学方式，向大家输送传统文化，为大家带去独具特色的传统手工技艺体验活动，让更多的人从中体验到中国传统技艺的文化魅力。

祁跃静感觉自己身上有一种使命，那就是让更多的人知道传统手工艺是个特别美好的事物。它饱含了太多手工艺人的温情与灵魂，它的美是独一无二的，它的味道是历久弥新的，它应该是被更多的人所看见、熟悉和传承的。在那些断断续续的纤维里，有自然的能量和家的温馨。

目前祁跃静主要的精力都在中国结绳艺上，她特别崇拜老手艺人，希望通过自己的努力，可以传递出更多的传统手工艺的文化与内涵。祁跃静说，"传统手工艺非常有意思，就像变魔术一样，我非常非常享受其中，我觉得这不仅是一种幸运，也是一种选择，更是一种生活。"

永远把期待放在未来，把最满意的作品放在下一个，这就是祁跃静。每一个平凡的物品在一针一绳一线中，在熟能生巧中，在和时间的交易中，都被雕琢到极致从而变得非凡。或许这就是手工艺品用"美"回报时光与岁月的最佳方式。

她说，未来的传承之路还很久远，她会坚持自己的初心，保持着一份对传统文化的热爱，并力求把中华传统文化技艺传承下去，发扬光大，让更多的人认识、了解和热爱中华传统文化。

吨粮户杨雪珍

■ 朱　勇　许全新

　　1967 年嫁到公庄村的杨雪珍，一直是公庄村公认的种地能手。1982 年，梨园镇开始推行家庭联产承包责任制，在"分田到户、包产到户"政策指引下，她承包土地，实行玉米、小麦两茬平播。在梨园（公社）乡政府、科技站的帮助下，通过自己的辛勤付出，最终将盐碱地变成了"吨粮田"。

全家动员，初创高产田

　　1982 年，公庄村开始分田到户，杨雪珍家抓阄抓到了今梨园学校边上的一块地，这九亩一分地是盐碱地，种植条件并不好，土壤结块、透风严重，往往农作物刚出苗的时候就发黄发红。为了克服盐碱地给农作物生长带来的影响，在播种前，杨雪珍每天都要起早贪黑地蹲在地里，用镰刀一块一块地把土坷垃都敲碎，并且在土地周边挖出毛渠，毛渠连接主渠，使土壤保持充足的水分，让作物顺利出苗。

　　当时北京地区的玉米品种大多还是"京早 7 号"，一亩地最佳留苗密度为 3500 株，且容易发生倒伏。为了防止倒伏的发生，在科技站的建议下，在玉米长到差不多和膝盖一边高的时候，杨雪珍开始给玉米使用矮壮素，还要在叶片上喷洒营养素，保障作物健壮生长。遇到大风、暴雨天气导致倒伏发生，杨雪珍就和丈夫一起，带着两个稍大点的孩子，将倒伏的玉米一棵一棵扶起来并培土、施肥。就这样，杨雪珍按照科学的方法实行田间管理，在梨园乡农业科技站的指导下，从播种时间、播种量到什么时间施肥、施什么样的肥以及预防病虫害，不敢有丝毫马虎。在包地的第一年，玉米亩产就由原来的三四百斤提高到七八百斤，收获的作物果实颗粒饱满，玉米晒干了脱粒以后单穗果重能达到 100 多克，好的有 200 多克。这也让很多村民看到了高产的希望，纷纷购买杨雪珍选用的玉米种子，并向杨雪珍学习种田技术。

回忆起包地的日子，杨雪珍心中充满了感慨。为了把地种好，家里的大部分家务都交给了婆婆，她自己每天天刚放亮，就来到地里忙活，婆婆每天都做了饭送到地里去，还要帮她照顾三个孩子。有时两个大点的孩子还要下地帮着一起干活，儿子稚嫩的小手磨出了水泡，夏天，热辣的阳光将孩子后背晒得起皮，她看在眼里，疼在心里，想着不该把孩子累成这样。小闺女刚五六岁，每天早上起来奶奶送饭，小闺女就回家拿水，送到地里来。平时她抓肥，孩子父亲下班就跟着过来，带着孩子一起，拿铁锹培土，用镐埋化肥，等于又松一遍土。全家人就这样，一心扑在了这九亩一分地里。

除了家里人的支持，梨园乡政府和科技站也给了杨雪珍很大的帮助。播种、玉米孕穗、小麦灌浆、三夏三秋，凡是农作物生长的关键时期，乡政府领导、科技站技术员都会来到田间地头亲自察看指导。1984 年一场大雨来袭，杨雪珍的玉米大面积倒伏，科技站技术员张福友、邓永光第一时间来到田间地头，帮助和指导她给倒伏的玉米进行培土、追肥，还免费给她提供了二胺和尿素，以减少她的损失。

在全家人的付出和精心照料下，杨雪珍承包土地获得了成功，1984 年，杨雪珍承包的土地成为梨园乡名副其实的高产田，她包地的事迹被当时在乡广播站工作的王元霞（今梨园镇人大主席）发现并记载了下来。

从高产田到吨粮村

1985 年，因承包土地成绩突出，上级领导让她担任公庄村生产队长，负责全村的农业种植工作。最初杨雪珍觉得自己无法胜任，再三推辞，在上级的多次劝说下，终于放下思想包袱走马上任。此后的十余年时间里，在杨雪珍的带领下，公庄村开始实行土地连片，搞大平播，采用机械化作业，从犁地、精播、施肥、除虫、收割到喷灌、节水型灌溉，较高的机械化水平让公庄村的粮食种植水平一直居全乡前列。

1988年，河北省吴桥县在北京农业大学王树安、蒋钟怀二位教授及科技人员的帮助下，在140亩低洼盐碱地上实现两茬粮食亩产983.4公斤，1989年又创出了3000亩吨粮田。继而开始在北京郊区开始推广"吨粮田"建设。公庄村也成为梨园乡"高产田、样板田、吨粮田"试点村之一。

为了提高粮食产量，实现"吨粮镇"的目标，1989年，梨园乡农口工作人员在北京市农业局的组织下，带领试点村的干部前往山东掖县（今山东省莱州市）参观学习，并引进了以"掖单4号"为代表的"掖单"系列玉米品种。"掖单"系列是紧凑型品种，其优势就是：适合高密度，抗倒伏，生育期属于中早型，比当时北京种植的品种一亩地可多留苗1000棵，这也是它增产的主要原因。针对这一品种的优势，梨园乡决定在公庄村的样板田进行4500 ~ 5500株/亩密度试验。同时，乡科技站和农机站联手，实行精量播种，通过使用引进的精量播种机进行播种，确保每亩地播种量达到试验所需标准。试验的第一年便取得成功，由此确定了5000株/亩是适合梨园地区土壤的留苗密度，并在全乡进行推广，为实现吨粮镇打下坚实的基础。90年代初，为了提高作物种子发芽率，减少病虫害对作物生长的影响，开始采用"包衣"种子的技术，就是在种子播种前，由科技站对作物种子进行"包衣"处理，用农药将种子包裹住，以保证播种后种子的抗病虫害能力。每到播种季节，杨雪珍都跟着科技站的工作人员，前往县（区）种子站，给种子进行包衣处理，回到村里以后再分发给各户，这也为梨园镇实现吨粮创造了良好的技术条件。

杨雪珍热爱土地，在基层工作中勤勤恳恳，只要和种地有关的事，在她看来都不是小事，都认真对待，下地干活也从来不怕辛苦。种植"掖单"系列品种后，她承包的土地参加了通县吨粮田的评审。为了参加评审，杨雪珍没少下功夫，从播种密度、行距、株距到化肥品种、使用数量等各项田间管理的数据，杨雪珍都记得清清楚楚。专家组在对土壤实地采样检测，以及对各项数据现场核实之后，一致认定达到吨粮田的标准，杨雪珍在梨园乡率先成为了吨粮户。北京市和通县许多媒体都对此进行了报道，杨雪珍不想出风头，很少接受媒体采访，在她看来，农民种好地，有个好收成就是农民的本分。

在她的影响下，公庄村的样板田、高产田无论是播种质量还是亩产在全乡都名列前茅，也率先成为梨园乡首批"吨粮村"，并为梨园成为"吨粮镇"起到示范作用。2017年，梨园镇全部完成旧村改造，公庄村也已经搬迁上楼，人们不用再像过去那样靠种地生活，但是杨雪珍这一代人，为梨园镇农业发展做出的贡献会永远留在梨园镇的历史中。

附：

1984年11月，中共北京市委农村工作部、北京人民广播电台农村部和建国三十五周年北京农村建设成就宣传委员会三家单位曾联合举办过一次主题为"建国三十五周年北京农村建设成就"的专题广播稿征文活动，当时在梨园乡广播站担任广播员的王元霞将杨雪珍包地的事迹撰写成《杨雪珍包地》一文，获此次征文的三等奖。此文现在读来依然感觉辞义质朴，其中许多信息，应是当年史事的最好诠解，全文如下：

《杨雪珍包地》

中午，太阳赶走了几天来包围他的乌云，留给大地的又是一片火热。在一片被暴风雨刮倒的玉米地里，时时隐现出三个人影。她们踩着泥泞的土地，把一颗颗倒了的秧苗扶起来，浑身都湿透了。这就是梨园乡公庄大队土地承包者杨雪珍和她的两个孩子在整理秧苗。

她，一个三十多岁的普通劳动妇女，瘦小而能干。去年她承包了九亩一分的庄稼地，仅剩余粮就六千多斤，她全部卖给了国家，为此，乡政府奖给她一块手表。今年她的小麦亩产八百六十斤，她向乡领导表决心：争取一年亩产量达一吨。

她爱肥沃的土地，爱绿油油的庄稼，爱黄灿灿的果实，她把全部的心血和汗水全散在这片土地上。可是一场暴风雨过后，她的心都快碎了，百分之九十的玉米都倒了，雨水没过了膝盖。看着这些惨景，她只想哭。有的人劝她："雪珍，别那么卖命了，够吃够喝的得了，找个轻省点儿的活得了。"也有人讽刺地说："哼，还想得个洗衣机呢，我看她今年交够粮食就不错喽……"，此时，杨雪珍冷静了，她想：现在政策放开了，我们当农民的不就是要种好地吗，这点困难又算得了什么呢，谁爱说什么就让他们说去吧。于是她和全家人仅用两天的时间把雨水全部排了出去，把一颗颗倒了的秧苗扶起来。

在杨雪珍的辛勤劳动下，在乡科技站和生产队的帮助下，地里的玉米又苗壮地生长起来。

一天，雪珍的孩子放学回家，进门就说："妈，咱家别包地了，您听外面都说您什么呀，说上级干部都向着咱家，说……还说……还说您逞能。"孩子低下头不说了，雪珍却爽快地笑了，她明白孩子们的心呀："军子，别瞎听别人的。乡科技站和队干部是帮助了咱家，使咱家成了高产户，但这些都是咱们勤劳得来的呀，谁要说，就当咱们没听见，以后他们说腻了，也就不说了。"孩子们听了，高兴地玩儿去了。

每当人们问起杨雪珍是怎么创高产时，她总是说："这些成绩都是因为有党的好政策，有咱们各级领导的关怀和乡科技站大力帮助的结果呀。"

梨园乡广播站王媛（元）霞

1984 年 8 月 28 日

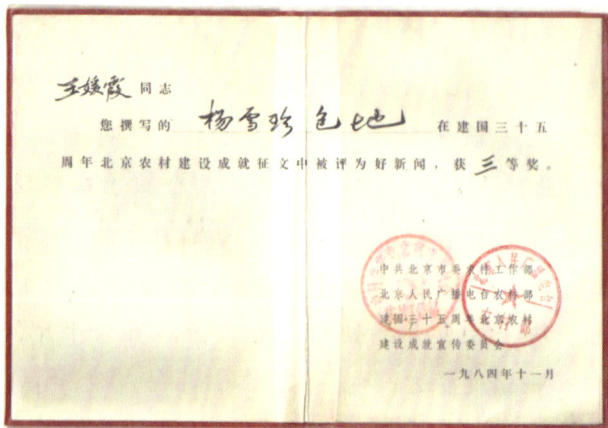

1984 年，《杨雪珍包地》一文获奖证书

华侨张曾书小街小学教书纪实

■ 口述：张曾书　整理：许全新

逃难爱国华侨

我叫张曾书，男，汉族。祖籍为现海南省文昌市（原为广东省海南岛）文昌县赤土村。

1939 年 1 月 21 日出生于印度尼西亚苏门答腊岛北部小镇庞卡兰苏苏（pangkalan，Susu）。1946 年 7 月就读于本镇中华学校小学一年级。1947 年由于躲避战乱辍学，一路逃难，辗转流离于多个城市，期间插班，借读过 5 所小学。直到 1948 年终于平安到达目的地棉兰市 (Medan)。1948 年 7 月考入棉兰市华侨总会附属小学五年级，直至 1950 年小学毕业。1950 年 7 月考入棉兰华侨中学初中部，1954 年 6 月中旬毕业。是年，15 岁的我离开家从印度尼西亚回国，15 年间受家庭影响很大，我很幸运，接触到的念中文的学校，是拥护共产党的进步学校，这个社会教育对我后来回国以后也影响深远。

我的爱国情怀，其实在我小的时候在印尼就已经种上了。我们家也是革命家庭，我妈把我们兄弟 12 人中的 8 人先后都送往了国内。1965 年印尼"九卅事件"后，军人一方排华达到高峰，1966 年，中国跟印尼断交的时候，棉兰领事馆就派人说有一些重要的文件要放在我们家，最后我哥我姐他们就答应在我家大客厅里面挖一个不太深的窖，把文件都搁在那个窖里头，埋上以后铺上大地毯，上面再放有一个大圆桌掩护，保护了该批外交文件的安全。这些事当时都是冒着生命危险做的。同时，我妈当时还带领着八个革命姐妹改易印尼服装到机场以后顺利过关，后于当天晚上九点钟乘飞机回新加坡，随即安全妥当顺利转道回国。因此我们家的人，我妈、我哥、我姐他们回到国内来，来到北京每次都到国家侨务办公室去报到，来看病全免费，所以我可以拍着胸脯说，我们家是在海外的革命家庭。我妹妹当年带着学生到延安插队后，还曾是陕西省革命委员会的委员，在毛主席待过的杨家湾的小学当过校长。后来也曾是北京市的模范教师，还是中国印度尼西亚友好协会的亲善大使。

高中思想成长

我们家庭当时是一个有 50 个人的大家族，兄弟姐妹 12 个，我四岁就没有父亲了，我妈一个人承担起整个家，也是非常不容易的。我回国的时候，我妈嘱咐两件事：第一个，将来走入社会以后要做一个善良的人，这是我们家的传统传家宝训；再有一个，我妈从小的时候就灌输给我们一个观点：我们现在居住的地方不是我们的国家，不是我们的土地，是人家的。嘱咐"你们将来一定要离开这里，要回到国内去念书，哪怕将来你长大以后，你扫大街，那你也是为国家工作做事儿"。这两句话对我有很深刻的影响。

1954 年秋，我回国后开始在北京十二中念书，当时有两件比较重要的事对我以后人生路上的工作影响很大，特别是人生观这方面——人为什么活着。

第一件事是刘胡兰班的事。北京十二中是男女合校不合班，我们班 17 个男生全是归侨，大家当时一心埋头学习，什么班级的活动都不积极参加，气氛也不和睦。班主任叫杜映汝，是山西人，跟山西人刘胡兰是老乡，杜老师就通过教育局联系了烈士刘胡兰母亲，她答应定了时间要来开一次班会，刘妈妈来参加的第一次班会开得很隆重，她给我们讲了刘胡兰的童年和刘胡兰的少年时期，以及刘胡兰最后壮烈牺牲的情况，非常详细的讲述令大家都很感动，刘妈妈鼓励我们大家要团结。通过这次班会，我们班真的发生了翻天覆地的变化，同学间达到空前团结。一九五七年高中毕业前夕，我们班正式递交申请成为刘胡兰班，得到北京教育局同意备案，当时《北京日报》还专门报道此事。是刘胡兰烈士她的英雄事迹深深地影响了我。刘妈妈对我们的期望说实在的，非常高，我们从中得到了很大的鼓舞，刘胡兰的事迹告诉我们，刘胡兰那么年轻，为国家为了乡亲，为了乡亲们的幸福生活牺牲自己的生命。通过刘妈妈的讲述，告诉我们咱们活着应该怎么活，活着要为什么，说我们人活着就是要为了让别人活得更幸福！我当时在心里面就再一次的铭刻上了这句话，"要为别人活得更幸福"。

再有一件事是，北京十二中挨着一个荣誉军人疗养院，院里都是从朝鲜战场退下来的伤残军人，给我印象最深的是一个姓郑的战士，右手就剩三指，左手整个手掌都没了，但是他始终有个愿望——想拉二胡。最后，医院和特殊工厂就替他弄了个假手，实现了他的愿望。所以我问他，你为什么辛辛苦苦那么痛苦地活着，他说：我活着因我还年轻，而且我喜欢拉二胡，我喜欢用我的二胡来欢乐大家，他们活着也是为了大家生活的更幸福。

小街小学教书

1957 年毕业离开北京十二中后，我就上教育学院去报到，当时北京市团委委托北京市教育学院办一个培训班，目的很明确，就是给即将开学的有困难的学校输送一批老师，本来说好了我们要上一年的课，等五八年下半年再统一分配，结果没到半年就工作了。当时做了一些政治动员报告，将来怎么踏踏实实的做工作，就是政治动员比较多，所以什么教育学、教学方法、教材这些我们根本都没有接触过，这么着就走上工作岗位了，说个不好听，就有点赶鸭子上架了，就是行不行反正那时就这么干的。

1958 年 4 月 30 号，我正式到通县小街小学教书，直到 1978 年秋天离开小街，前后待了二十年。当时梨园、三间房、杨家洼这些村都只有一年级到四年级的初小，小街学校当时是中心小学，一年级到六年级都有。

我记得我到小街学校那一天是礼拜六，老师们正都集中到张家湾工委搞运动。小街当时属于张家湾乡，还有台湖、蒋辛庄、牛堡屯、何各庄、梁各庄、里二泗，还有那边发电厂，都属于这一范围，一直到九棵树、杨家洼，就是通县城根那出了通县城门南这一大片都属于张家湾乡，所以我们经常上张家湾小学去开会，那是当时的教育中心。小街学校也叫中心小学，因为它还要管学校下面的几个村支教、开会学习和政治学习，还有什么业务学习，所以那个时候的范围广。我后来教的那帮学生来源很广，做一次家庭访问的话要走好多个村，那个班的学生来自不同的村，小街的三个队加在一起人数上是最多的，我的学生超过一半是小街人，高楼金有九个（高楼金离小街都远了），九棵树有两个（九棵树也离小街挺远的），加上杨家洼、孙王场、砖厂、梨园、三间房，就这么个范围，还有那个东小马庄、西小马庄、苗场，共十来个村的学生。

当初学校是一个大庙，庙的正中是一个最大的殿堂，以前听说是摆的佛爷，我进去一看，这是学校里面最大的房屋，没有桌椅，就是砌的泥台，砌的泥台倒是挺整齐的，方方正正的长方形，也就孩子们坐着小板凳和小马扎到他们的膝盖那么高，感觉长时间坐着挺难受的，教室没有椅子，就是孩子们拿着板凳，板凳儿一放，那就是教室了。其他的几个教室还不错，有教育局已经下发那些比较整齐的桌椅。我来了以后第二天就五一假了，我们主任（当时没校长）就说每一次假期都要轮流值班，我就跟主任说，我说我这个也没家没业的，我来看校吧，结果那天晚上就我看学校。后来，学校又派我去张家湾小学听课学习。回来后我人生贵人、学校领导李主任又亲自陪我在本校听课，学习如何上课。学校食堂秦大妈也很照顾我，在我看校时都让自己孙女送餐，或在厨房支火给我预留热饭，老太太对我的这一片诚心我至今还特别特别的感动！后来每次回京去小街，我也必去她家回访。

我到那以后不久是放麦假，麦假不久就秋假，秋假开学的头一天好多学生都提着一个篮子或者提着一个筐子，或者抱着一个小筐什么的徒步到校，里面都装了鸡蛋，我就问老师，我说老师这么多学生篮筐里干嘛装的鸡蛋，原来他们都没钱交学费就用鸡蛋顶替，一个鸡蛋250元（那时人民币还没改版，就是改版后现在人民币的二分五角），按当时物价是250元一个鸡蛋，学生都拿鸡蛋到学校来当学费，学校就把鸡蛋收购了，收购后作为食堂伙食原材。我只知道农村穷，但我不知道穷到这个程度！平时孩子们买铅笔五分钱一毛钱都没有！类似这样的事还很多，因为我没见过，所以说见到这些情况，当时我就想，你说咱们作为老师的面对的是这样的学生（家庭很困难），从良心上来说咱不好好的教育他们，真的对不起他们，不说别的，就说自己良心上过不去，我觉得就是我到小街以后他们（那会儿叫法是贫下中农）给我上的最深刻的第一课，告诉我一定要好好的教孩子们，让孩子们念好书，将来有出息！这对我来说可谓是特别深刻，刻骨铭心。所以后来县里边领导来问我为什么从国外回来到农村来插队，一下就是二十多年，我觉得很重要的一点就这个，就是这些现实感化了我，我当时也很单纯，我没想那么多。

作为华侨老师，生产队里卖黄瓜卖茄子的也准给我留一份儿，有的是开拖拉机的，有的学生送到我们家去，有时候我都不知道谁送的瓜菜，次数太多了这样的例子说不完。我至今非常感谢！最令人感动的是"困难年代瓜菜代"，体育老师最高的定量是一个月32斤。我的定量是34斤，其实学校我最高，我也不教体育什么的，就是照顾华侨。而且，我的都是大米跟白面，我跟主任说我这个太多了我不要，当时主任说这是你的，让大师傅给你单做，我说不行，得大家一起，大米我留着每天早起熬粥，其它的白面赶上一个礼拜两个礼拜一次咱们集体改善伙食。

当时教育有那么一股评比排名风气。而且，在"教育革命"里面提出一个新的要求，就是要贯彻一种思想，当时来说是一种新的思想新的说法，上级强调的就是要求学生"生动、活泼、主动"地学习。1959年，我到小街半年多以后，学校突然之间让我当班主任了，当时教育局经常抽查进行考评，比每个学校教育质量高低。所以班主任的压力也挺大的，当时我接的班在县里面抽测数学全班平均43点几分，原因是之前老师教错了概念，我们的学校领导觉得问题大了，还有八九个月这个班就要毕业，当时北京市已经实行统一考试，领导因此着急了。后来我们校领导李主任跟几个老教师商量，他们就一致推举说让大张老师接，老师们就说大张老师行，起码他高中毕业，文化水平可以，虽然没教学经验，但也听了那么多课了，起码他心中有数。

我就这么着，当了这个六（一）班的班主任了，平均40多分的班给我，说实在的按现在的说法叫"压力山大"，按照那个时候我的心里说我实在害怕，因为这个班是毕业班，你一旦弄砸了以后，怎么跟人家家长交代，我心里挺害怕的，要改变这个班，我就琢磨得从我这开始。第一点，今后我多跟老师们学习，尤其多请教学校李主任，我们主任既是老教师，又是通县模范教师；第二点，探究清楚学生错误源头，用一个最笨的办法，让成绩差的同学将旧作业从家里找出来，分析出错误类型，思考分类补习办法。分完错误类型后开始分类补课，对学生的进步采取墙报栏（类似"写大字报"）方式普遍开花式的通报表扬，广泛开展表扬式家访，而不是"上眼药"式的家访，彻底改变学生之前唱的顺口溜："天不怕，地不怕，就怕老师到我家！"之不利师生关系的情况，最后学生和家长都特别欢迎我上他们家，我跟家长的关系都很好，说起大张老师，外国张老师，我们全村三个队的社员没有不认得我的，可能一是我身份比较特殊，另外我走的家访也比较多。

这个班后来真是脱胎换骨，那个"教育革命"里边说的那些话，要教育学生"生动、活泼、主动"地学习，你一激发起他们的主动性以后，你跟学生的关系融洽，和这个班的同学的关系和谐，以后的工作就处处很顺利。他主动学习了，你一号召什么他们就干什么。比如说，这个班学生还有一个很不良的毛病，就是考试答卷时，往往写上名字答完了就立马交卷了，试卷从来不检查，我就下苦功夫让他们检查，对作业没有错的进行奖励。我那个时候也没结婚，我买了好多铅笔和好多橡皮，给学生奖励铅笔，一支铅笔几毛钱的事儿，但是，孩子们一得到铅笔这个微薄的鼓励则往往高兴得了不得，所以我接手的我们班这四十七个同学没有一个同学是没得过奖的，认真检查由此慢慢形成习惯。后来我们参加统考的时候，我们学校的学生卷子跟校外的学生卷子就有一个很大的不同，就是我们的学生会在这个卷面上画一道、画两道、画一个曲线，看卷老师看到后不明就里，有的学校有的老师就"嫉妒"，甚至怀疑是那个小街学校的学生在卷子上专做记号，后来一打听，不是，那是我们学生的学习习惯，检查审题做的记号。到最后，我们学生毕业的时候就能做到这个程度，把细心检查当成了习惯，已经习惯到这个程度，这不是一天半天就能训练出来的。

再有一个，您比如说课前预习，一般泛泛的讲预习很空，就得让它具体化了，我就让它具体化。让学生必须置买《新华字典》和《成语词典》，生字生词自己课前主动查考字音字义，用自己的方式识记生字，以课堂游戏方式启发学生背记成语，尽量开动脑筋想办法"生动""活泼"地教，让学生"生动""活泼"地学。所以我觉得接这个班对我来说也是一场革命，是一场教学方式上的革命，在这场教学革命中，在我教这个班的实践过程中，我也做了很多以前从所未有过的事，用在学生的身上，用在我的身上，把学习的事变成游戏。第一，他愿意，第二，学得快记得住。所以类似这样的问题，这样的东西真是自创的，我深深感到你激发学生的积极性以后，老师就省事省多了。

最后到教育局在北京市统一考试之前又出了一次题，三个月统考又出了一次题查考，想看一看成果，教育局还特意派人来上我们学校监考，监考考完以后，卷子马上就拿走了，最后结果，我们这个班以前总成绩平均43.7分，这次我们班的成绩总平均81.7分，总成绩平均分提高了几乎一半。我拼了命九个月汗水总算没白浪费！

这次考试学校领导非常重视，也特别的高兴，我们就坐下来聊六年级两个班。那个班的老师叫张国良老师，还有李主任，我们三个人，做了一个总结，详细地分析了每一份试卷，主要是对我们班的，那班考得很不错，比我们这班强。我们班有三个以前成绩就从来不好，几乎考试就没有及格过的同学，这次都能超过60分，对他们来说也是奇迹的了，全班没有不及格的，从卷面来看，这些同学就是做得比较仔细，就是在学习习惯这方面长进很大，像做错题或者看错题这些顽疾基本上没有了，也就是说这班学生在学习的习惯这方面有很大的进步，所以大家经过分析以后，觉得这个班我带得好。

回忆起陈年往事，刻骨铭心，至今想起来都十分感叹当年的深情付出值得！就因为这个班，正赶上那一年北京市召开群英会（那会儿叫做"群英会"），县里通知我作为通县的代表之一去参加这个会。我感到非常荣幸！其实这些工作，我只是做了一点儿，大部分都是大家帮忙做的。国家这么看得起我，觉得我做得不错，作为代表去参加了群英会。我非常感谢国家，给我这个荣誉。国家当时很关心我们，因为六零年当时国家在粮食这方面已经开始困难了，可是我们到北京开会，住在那个刚建成的当时的十大建筑之——一—民族饭店，每一餐饭都是非常丰盛的，特别是我们郊区的代表团餐桌上的东西，都比别的地方（城里的代表团餐桌）都丰富，专门照顾我们郊区的，因为郊区比较穷嘛。在人民大会堂，白天开会，一共十来天吃住在民族饭店，开会在人民大会堂。会议的最后一天，北京市教育局局长（当时是张文松）还在人民大会堂的宴会厅挺隆重的设宴招待北京市群英会所有的代表吃一餐饭，我记得时任市长彭真也出席了，还给大家敬酒！这情景真是终身难忘。但遗憾的是，荣誉证书当时我走时都上交给了学校存档，现在小街学校没了，估计相关档案也找不到了。

名刻劳模墙上

三年困难时期，小街学校整体的教学秩序还是正常。我教学生那个时候统考并没有停，所以我从六零年开始送走这班以后，我跟临班六（二）班的张国良老师两个人一直从 1960 年到 1966 年（是年停止统一考试）"文化大革命"爆发前坚守着小街小学，把这个六年级这个关，可以这么说，就这几年历届的考试，小街学校不管是按班级计算分数也好，还是按年级计算分数也好，小街学校始终第一名，所以从这一点来说，当时的张家湾工委那所在公社我们这个大学区这一大片，小街学校考试的成绩是最好的，一直维持到 1966 年的"文化大革命"开始之际，所以我觉得在教学这方面，小街学校是做得非常不错的，因为就我所了解的情况，附近的学校（张湾公社这些学校不用说了），小街学校你不管在哪个方面，你就说体育运动，从我来小街以后体育运动历届都是公社第一名，总分第一；考试成绩第一；歌咏比赛，朗诵比赛，就类似这样的活动，小街学校几乎都是包揽第一名的。所以你说小街学校，说实在的，这个是一所很不简单的学校。

1966 年"文化大革命"开始后，学校教学也受到冲击，但是小街学校有一点还坚持：就是让学生"生动、活泼、主动"的学习，所以小街学校"文革"期间这几年毕业出来的学生学习成绩都是不错的。"文革"中我因有手风琴演奏技艺，当时下放劳动时曾调我到小街毛泽东思想宣传队参加演出，我不在学校大概有一两年的时间，后来运动热潮逐渐比较稳定以后，就又把我调回学校去了，调回学校后我正好从五年级接一个班。

我们的学生大多都是农民子弟，进步很不容易，作为老师来说，对他们的关爱和对他们的培养也是义不容辞的责任，我作为老师，这一生中大部分的精力都放在学生的身上，放在农民子弟的身上，总希望他们将来能生活得更幸福。我想这件事对我来说，对我人生来说可以上升到哲学层面：到底咱们活着为什么，应该怎么活的话题。也就是说咱们作为老师，咱们活着应该让咱们的学生和咱们学生的家庭成员都能够生活得更幸福美好，这对我一生来说都是影响至深的。

我记得上高中的时候，有一次寒假，寒假作业里面让我们看苏联的小说《普通一兵》，主人公是马特洛索夫，说他有一句话，有一次他到蜜蜂园里边，那个养蜂老人对他说，你看蜜蜂天天忙忙碌碌的去采蜜，为了什么酿蜜？它是可能吃多少？不是给大家吃吗？你看它勤勤劳劳一生为什么？为了别人的幸福，这个故事也对我的影响特别深。咱们活着能让别人高兴，能让别人幸福，咱们活着最有意义。我想我坚持几十年在农村教书的初心，也就正在于此。

1977 年，通州举行过一次文教卫生系统奖励优秀个人和集体的代表大会。县里曾派一位干事找我谈话两次，主要让我讲讲如何坚持在农村小学踏实工作二十年。最后我被选为四个代表之一，参加宣讲团到全县各学校宣讲。这份资料是县里写的，很全面很具体，我估计县教育局或进修学校的档案室或许有这份资料。能得到县里边的认可，在县里边的领导干部会议上把这件事提出来，也是我们小街学校的光荣；还是同学们努力的结果；更是学校里面所有老师积极配合、团结起来共同努力的成果。

1978 年秋天，我结束了二十年的小街小学教学生涯，然后上通

刻有张曾书名字的劳模墙（最下行右数第 8 列）

县教师进修学校报到，给我安排在教师进修学校的小学教研组当教研员，当时成立一个县一级的小学初年级教研组，那就是把通县县城里跟下边公社里面比较优秀的教初年级的老师集中在一起成立一个教研组，研究初年级的教学。在北京的最后三年，我基本上就做这方面的工作，然后因家庭原因就去了香港。

现在，通州大运河森林公园劳模墙上铭刻我名字的事情，我最初不知道，但是记得当年在学校时我所获得的那些荣誉离开小街小学时全部上交给学校了。我的学生毕业一波又一波，都已经在不同的工作岗位工作。回头看一看，小街学校毕业的学生有不少当农民的，也有后来当小生产队长的；当基层村镇书记的；还有好多后来是中国有些地方的市长；甚至当市委书记的也有；部队里边的也特别特别多，一个一个都成才，都为祖国奉献着自己的青春。

虽然那个时候教学很辛苦，但是，现在回想起来非常幸福。我离开小街到香港至今已经待了四十二年，因当年研究初年级教学的缘故，现在仍在香港受特区政府特邀参与义务审定修改小学教材的工作。已经四五十年了，当年小街小学的学生中，有100多人跟我至今有联系，微信上多有来往，每天早起我一打开手机，满是这个问好！那个也问好！他们知道我爱花，知道我爱鸟，好多学生给我发的图像里面就有好多是花鸟树草这些的，所以每天我没事儿的时候，晚上睡觉之前总会一份儿一份儿看。看着他们发给我的图及祝福我的话，这种幸福不是当老师的真没有，所以我觉得我比别人多一种幸福，心里便很开朗。每逢夏天暑假、冬天寒假的时候我都回北京（我孙子还在北京上学，我一年回去两次）。他们搞同学聚会的时候，也总是叫上我，我已经参加了好几届他们当年同学的聚会了。得到学生的信任，得到家长的爱戴，真是一种幸福！作为老师，有此幸福此生足矣！

2023 年 3 月，张曾书微信口述于香港

像章百物收藏者谢增善

■ 许全新

梨园镇三间房村谢增善老先生家收藏有毛主席像章一万余枚，蔚为大观。

物换星移，时岁易迁。十年"文革"已成历史云烟。当年佩戴毛泽东像章的时代热潮也早已过去。但是，收藏毛主席像章热潮却屡增不减。毛主席像章是指以毛泽东像为表现主体的徽章，亦称像章。1966 年至 1970 年生产制造的有一部分毛主席像章也被称为红宝章、纪念章。按 1982 年通过的《中华人民共和国文物保护法》以及 2017 年修正通过的《中华人民共和国文物保护法》相关规定，1976 年 9 月 9 日以前生产制造的毛主席像章属于现代文物，受文物法保护。

业内收藏家王安建曾以收藏总数量高达五万余枚而顺利载入《吉尼斯世界纪录大全》而扬名世界。吴格控股的湖南奇宝红色展览服务有限公司收藏毛主席像章 135 万枚，近为媒体广泛关注。而梨园镇三间房村的谢增善先生，则以家藏一万枚毛主席像章而被区域内媒体多次报道，曾被称为"毛主席像章收藏狂人"，为目前已知北京市个人收藏毛主席像章较多者。

荣誉报道

谢先生收藏毛主席像章出名之后，慕名采访他的媒体记者也便越来越多。几十年间曾有《京华时报》《老年报》《京郊日报》《通州时讯》等多家平面媒体；声像传媒单位电视剧《年轮》剧组在拍摄剧情时也曾在他家中取景；搜狐网、网易网、新浪网等网络媒体都曾对其进行过专访或者系列的宣传报道。

《京华时报》（2009 年 12 月 1 日 A16 版）
对谢增善的报道

由《北京劳动就业报》主任王陆昕和通州收藏协会陈学增、王起君总策划，《通周刊》编辑部承办，北京市永安旅行社有限公司和北京宋庄旅游开发有限公司协办，三家共同制作发行的"通州民间文化名片扑克"牌中，就在"收藏文化"专题牌面上有一张黑"梅花十"的扑克牌面，图文并茂地介绍谢增善，牌面引用 2007 年 7 月 7 日《京郊日报》的报道文字说："通州区梨园镇三间房村谢增善家里的墙上挂满了毛主席像章，柜子里也放着毛主席像章。他收藏毛主席像章已有 20 多年历史，为了收藏，他曾下江南，上东北。现在他收藏的像章有瓷的、铝的、铜的、银的、鎏金的等 3000 多枚，最大的像章直径有 33.5 厘米。"

2007 年 8 月 7 日，

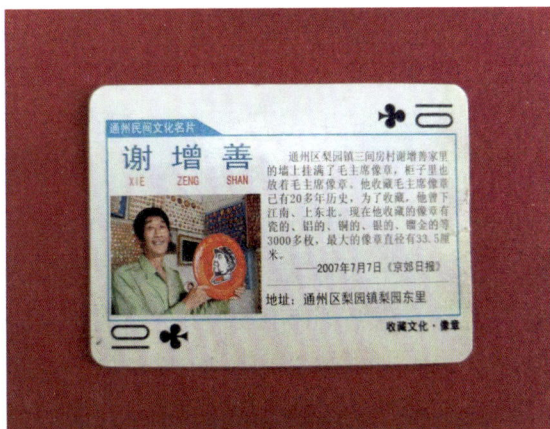

通州民间文化名片扑克牌介绍谢增善

搜狐网"搜狐新闻"转发《法制晚报》题为《北京老翁爱收藏毛主席像章 20 年集 3000 多枚》的文章，对谢先生当时"已 3000 多枚"像章的收藏情况进行了报道。

2009 年 12 月 1 日，新浪网新闻中心转发《京华时报》题为《42 年集 4000 主席像章》的报道，对居住在通州区梨园东里社区的"主席像章收集狂人"谢增善"至今为止已收藏了大大小小、材料各异的毛主席像章近 4000 枚"之事迹进行了绘声绘色图文并茂的宣传报道。

2015 年 12 月 25 日，网易网新闻中心"滚动新闻"栏目转发源自《京郊日报》的题为《用收藏表达热爱》的文章，对谢增善收藏事迹也进行了详细报道。

收藏达人

毛主席像章收藏达人谢增善先生是 1950 年生人，家在北京通州梨园镇三间房村。1966 年开始正式系统化收藏毛主席像章。1977 年，谢增善开始到梨园镇农机部门工作。1987 年 8 月 7 日，他光荣加入中国共产党。2007 年，他加入现通州区收藏协会，成为通州区收藏协会会员。该协会发起人为陈学增（重点收藏酒）和王起君（重点收藏宣传画）。谢先生谦称自己"属于（该协会）第十号重量级人物"（第十位早期会员）。

谢增善最初收藏动机是出于对第一代国家领导人毛泽东主席的无限崇敬的情怀，他说是"从心里热爱毛主席"。他亲笔撰文表述收藏的原因是鉴于"毛主席和老一辈革命家不怕牺牲，舍小家为全国人民翻身解放，让劳苦大众过上幸福生活，从心里感谢毛主席和伟大的中国共产党"。后来这种收藏行动一发而不可收，几十年间始终如一，坚持热爱毛主席等党和国家最高领导人及在党爱党的初心不改。所以收藏活动一直坚持不辍。

刚开始大量收藏时，他就拿自己的奖金和分红的收入偷偷地买，工资按月交到家里作为生活开支。但有时候奖金和分红的钱买像章用完后，他就会连上班的工资也拿来买像章。家属刚开始也偶尔抱怨过他，后来慢慢被他的执着感动，也开始转变态度，支持起他的收藏活动。其妻子偶尔也帮他收购毛主席像章藏品，默默支持他几十年的收藏行动。

对此《京华时报》记者李岩也曾撰文报道过他"'乱花钱'惹妻子不满"的事，文中说"看到心仪的毛主席像章，谢增善会毫不犹豫地买下，'没带够钱就打电话，让朋友送钱过来'。谢增善坦言，家庭并不富裕，但是对于像章的热爱总是让他出手很'大方'。'每次买回来先不告诉家里人，把像章藏起来，一点点拿出来慢慢告诉。'贾女士（其妻子）笑着说，谢增善有时一口气能买上三四百个像章。最初她觉得老伴在乱花钱，两人也因此而拌嘴，后来也被谢增善的执着所感动，还时常陪着他去买像章。"

学术上讲，毛主席像章流传方式主要有四种：第一种是各单位各组织免费发放；第二种为各单位宣传部门或各商店出售，个人花钱购买；第三种方式是各单位互相赠送；第四种方式为人们自发交流，通过亲朋戚友进行跨单位、跨省市的交换和收集。谢先生收藏以第二种方式为主，辅之以第四种方式。谢先生说，他自己刚开始收藏像章之时也大多是向周围的人们免费索要，朋友之间互赠互换甚至"互抢"，等朋友之间索要不到后，就渐渐发展成从附近古旧市场开始购藏。最开始去的最多的是通州乔庄旧货市场，后来发展到去北京琉璃厂古玩市场、北京潘家园古玩市场，北京护国寺旧货市场也是他曾经多次前往购藏毛主席像章的地方。在北京本地及通州附近大量购藏像章的同时，谢先生也不放过任何一个外地购藏像章的机会，遇上集体组织前往外地观光旅游，以及单位出差考察等所有的外出机会，当别人正在兴致勃勃地游山玩水旅游休憩之际，他总是抽时间前往当地的古旧古玩市场，仔细搜寻自己喜好的毛主席像章。北京及通州附近买不到了之后，谢先生就奔赴全国各地访购收藏。几十年间，全国许多省会城市和市县级城市他都曾前往购藏。现场采访之时，他曾明确回忆说自己当年先后曾到过上海、陕西、河南、江苏、承德、廊坊、沈阳等省市，先后到过的收藏像章地的次数多了之后，许多全国各地的像章藏人和卖家就都渐渐成了他的熟人，他坦言："有时手头钱不够时，先拿了像章来，回头再有钱时再分期给人家卖家把钱补上"。他还坦言曾多次出现欠着款先拿了像章然后分期付款的情况。后期购藏像章的主要对象是个人藏家和寄卖行。

2009年版《京华时报》上，有记者李岩曾撰文报道曰："'他每周六都要去通州乔庄附近的一个市场买像章，有时连早饭都顾不上吃'，谢增善的老伴贾女士说，'是个不折不扣的毛主席像章迷'。早在42年前，谢增善就开始收集毛主席像章，'那时把收集到的毛主席像章别在布上挂起来，心里特别美'。旧货古玩市场、旅游景点是谢增善收集毛主席像章的主要'阵地'，亲朋好友得知身边有这么个毛主席像章收集狂人后，也纷纷把像章送给他。"

谢先生所藏毛主席像章数量很大，计有万枚之多。从1966年开始收藏算起，截至2023年仲春本文成稿时，整整五十七年，期间他一直坚持收藏，据谢增善自己统计"像章已有一万多枚"。他将7000余枚像章区分像章制造大概年份，并分组别悬挂于大约一米乘以半米或一米乘以一米的矩形布块之中，三间房屋墙壁之上全都挂满，光彩熠熠，气场宏大，观之规模着实令人震撼不已。另有3000余枚因场地限制，置放于地上箱子里和庋藏于各处柜子之中。

谢增善家中墙上悬挂的毛主席像章

购买之时，有时候是一枚两枚购买，有的时候便是一整塑料袋全部带走。个别情况下，也遇到过卖家准确判断出谢先生一定要买该枚像章而临时坐地涨价故意以更贵的价格卖他的情况，他每每说起这些独特经历，都是侃侃而谈，滔滔不绝。谢先生十多年前曾自己撰文称"特别是去年（2011），我看电视，发现屏幕上显示发行了毛主席的金像章，当时我心潮澎湃，一夜没有睡着，第二天我就按电视上留的号码拨问……"，其收藏情怀之高，十分令人钦仰。

谢增善与他的毛主席像章

藏像特征

藏像材质上来分类，谢增善先生家中所收藏的海量毛主席像章细究其制造材质最多的为铝制像章，可谓不胜枚举。早年有记者采访他时，他曾对自己最初所收藏各种材质的像章做过一个基本的初步分类统计，结果是计有鎏金像章3种、银质像章3种、玉质像章14种、铁质像章20种、软塑像章16种、有机玻璃像章20种、各种瓷质像章20种、不同大小毛主席瓷质塑像17种、瓷牌像6种、铜质砚台盒浮雕像1种、紫砂壶像1种、木雕像1种、丝绢像1种，这只是一个最初的统计数据，谢先生现在所藏，已经远远超出之前所计。当年所有市面可见之制作材料制作而成的毛主席像章，谢先生几乎无不有所珍藏。

藏品大小规格上讲，谢增善收藏像章最小的为1.2厘米，最大的为33.5厘米，大多为三至八厘米大小圆形为主，有不规则大型、异形像章16枚。

风格造型来说，像章在风格造型方面的主题虽不变、造型元素也有限，但也呈现出千姿百态。概而言之，毛泽东的形象主要有照片式和非照片式两类。照片式多取自人们所熟知的毛泽东各个时期的照片，非照片式是各种标准像，或彩色印刷，或浮雕表现。像章又可分为有衬底和无衬底两种。无衬底的多为侧面剪影；有衬底的居多，且形式各异，党旗、国旗、党徽、五角星、韶山、井冈山、遵义会址、延安宝塔山、天安门城楼、红旗、地球、红太阳、卫星、大海、青松、梅花、向日葵、火炬、麦穗、缎带、花环、《毛主席语录》《毛泽东选集》等毛主席著作……各种元素变化组合，颜色多为金、红，尺寸大小不一，整体异彩纷呈。

像章图案款式而言，轮廓多为圆形，后来有各种变体。谢增善收藏像章图案几何图形以圆形为主，计有圆、椭圆、心形、葵花形、正方形、长方形、五角形、多边形、缺角形、上大下窄形、无四角形、带火炬形、毛泽东选集书面图案书卷形章等各种款式应有尽有，款式多样。

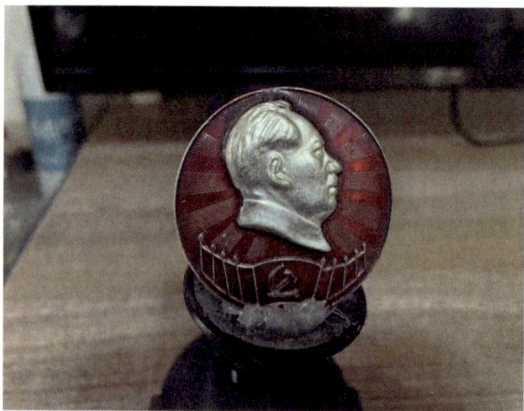

珍罕面向右侧像章

总之，谢增善先生所收藏毛主席像章的具体规格图案计有毛主席正面像及面向左侧的侧面像为主，也有面向右侧珍罕样式稀少藏品。红色为所有像章主色调，也有配以五颜六色的像章大量存在。凡是市面上可见的风格造型，谢增善先生都多有珍藏。

珍罕藏像

谢增善收藏的毛主席像章珍罕藏品有毛主席面向右侧铝圆章一枚；毛（泽东）马（克思）恩（格斯）列（宁）斯（大林）四人向左侧肖像像章一枚；瓷质毛主席青年像章下面有毛主席讲话文字的长方形相框藏品一副；圆形瓷座像十二尊，分大小两组，大的一组共计两尊，正面都是烧制毛主席彩色公开像照；另一组共计十尊，正面都是精选毛主席不同时期的公开照片彩色烧制，署时都是"一九七一年制"。大小两组十二尊瓷像均都烧制精美，色泽光鲜，人物形象容光焕发，栩栩如生，既有很高的艺术价值，又同时颇具当时时代特征，堪为收藏佳品。

百物庋藏

除了像章之外，有关毛泽东主席及国家第一代领导人的宣传画、毛主席小型塑像、与毛主席及红色革命有关的书函信笺等他均有所收藏，最为珍罕的是谢先生珍藏题写有毛主席诗词"雄关漫道真如铁，而今迈步从头越"的绝美行草书法条幅一张。谢先生告诉笔者此书作系八一电影制片厂主任郑拓亲笔手书特赠于他，书作正文是用草书摘写的毛主席诗词中的名句，书法主体笔墨龙蛇，气韵舒畅，俯仰顾盼，大气恢弘。落有下款"敬录毛主席

毛主席圆形瓷座像 12 尊

词句中的几句为座右铭。郑拓。乙酉春"，落款不拘一格，别具风流。衿印两枚，上款衿朱文篆书"九十年代"闲章，下款衿白文篆书"郑拓"名章。相得益彰，逸趣盎然。整幅作品，布局森严，气韵生动，不落俗套，大气磅礴，法追古贤，别开生面，草书佳品，实堪一藏。

谢先生收藏毛主席像章上万枚，蔚为大观。同时，其他种类的收藏品他也多有收藏。藏品数量上仅次于他万枚毛主席像章的第二数量较多藏品是各类胸章，他收藏有各类胸章 180 枚，另有各种材质小型塑像、书籍、书画、文具、照片、钱币、票据、器物、百物、其他各种藏品他也多有涉猎，其种类数量实在难以尽数尽列。

据笔者所见统计，谢增善收藏百物包括列宁单人像十二枚，列宁像与毛主席合影像六枚，鲁迅先生像一枚，还收藏有当年红卫兵袖标一个，四大名著连环画系列整套一套，十大元帅像瓷盘一套，毛主席瓷质半身像一尊、站立像二尊、去安源磁铁像一尊，站立铜像一尊，直径 18.5 公分、署时 1949 年 10 月 1 日的毛主席浮雕像铜砚台一个，飞人牌缝纫机一台，海鸥牌照相机一台，刘绍棠签名所著《青枝绿叶》一本及本人亲笔书函一封（四页），四大名著连环画（小人书）一套，《刘胡兰》《雷锋》《黄继光》报告文学书各一册，《毛泽东选集》四套，原军委主席邓小平黑白照片一套，中国共产党成立九十周年毛泽东、邓小平、江泽民、胡锦涛肖像纪念章各一枚，毛泽东、周恩来、朱德、刘少奇欢迎周恩来从苏联回国照片各一张，毛主席纪念堂画一张，红太阳毛泽东刺绣像一张，1949—2009（国徽、国旗、大阅兵、庆祝游行、国庆游园、联欢晚会、活动标志、纪念章）共计 8 枚，1953 年版纸币（壹分、贰分、伍分）若干，1981 年版（1 角、2 角、五角）硬币一套，1990 年亚运会纪念币壹元硬币 1 枚，2008 年奥运会（梅兰菊竹）纪念币四枚，2008 年奥运会火炬纪念章四个，木化石一个，通讯寻呼机 120 台，画家张菊生猫画一张，通州收藏协会会员马鹿声字画一张，另有老秤两杆，灯塔牌肥皂两块，还有古钱币、照片、粮票、鱼票、邮票、纪念证书、扑克牌、木枕头、伟人宣传画照、全国通用粮票、工业券、购货券、孙中山像银币、袁世凯像银币、中国年纪念币等若干。

关于自己海量藏品的未来，谢先生一贯都有自己卓荦（luò）于世的价值取向和独有初心，据传，曾有人想用十余万元的价钱买走一尊先生收藏已久的汉白玉质毛主席塑像，孰料当场就被他断然拒绝！他在自己的撰文中坦承表露其对毛主席像章始终不改的收藏初心，"我

谢增善收藏的纪念章、勋章

将继续把收藏做下去，收藏是我人生不可缺少的一个部分，在古稀之年到来之前，我要把收藏这项事业传承给我的儿孙后辈，让这项事业传承到永远。"

后　记

　　今年通州区政协教文卫体委员会联合梨园镇党委、政府，重点搜集、整理了反映梨园地区历史文化的"三亲"史料，编辑出版了这本《醴润梨园》。

　　《醴润梨园》一书的出版，得到了社会各界的大力支持，特别是在材料的征集、整理和编辑过程中，得到了陈喜波、丁兆博等专家的指导和帮助，以及通州区政协特邀文史委员的倾力协助。在搜集文史资料过程中，梨园镇各社区、村党支部大力支持，主动搜集并撰写文史资料，协助参与编校工作，为编辑此书奠定了基础。经过编委会多轮次的审校，无论是书籍的体例、记述的事实，还是行文的格式、编排的样式都进行了系统的勘正和梳理，确保了该书的质量。由于掌握知识所限，书中难免会有纰漏，真诚希望广大读者和专家、学者予以批评指正。并再次对所有参与和支持文史资料工作的各级领导和各界人士表示衷心感谢！

《醴润梨园》编委会

2023 年 10 月

图书在版编目（ＣＩＰ）数据

醴润梨园 / 北京市通州区政协教文卫体委员会，
北京市通州区梨园镇人民政府编． -- 北京 ：团结出版社，
2023.10
　　ISBN 978-7-5234-0259-7

　　Ⅰ．①醴… Ⅱ．①北… ②北… Ⅲ．①社会发展－研
究－通州区 Ⅳ．① D671.3

中国国家版本馆 CIP 数据核字 (2023) 第 127440 号

出　版：团结出版社
　　　　（北京市东城区东皇城根南街 84 号　邮编：100006）
电　话：（010）65228880 65244790
网　址：http://www.tjpress.com
E-mail：65244790@163.com
经　销：全国新华书店
印　装：北京博海升彩色印刷有限公司

开　本：170mm×240mm　1/16
印　张：29.75
字　数：280 千字
版　次：2023 年 10 月　第 1 版
印　次：2023 年 10 月　第 1 次印刷

书　号：978-7-5234-0259-7
定　价：86.00 元